KB119180

왜 지금 고조선문명인가

21세기 새로운 고조선문명의 탐구

나남
nanam

한국문명연구학회 총서 1

왜 지금 고조선문명인가

21세기 새로운 고조선문명의 탐구

2019년 4월 25일 발행
2019년 4월 25일 1쇄

지은이	신용하 · 임재해 · 우실하 · 윤명철 · 백종오 · 박선희
발행자	趙相浩
발행처	(주) 나남
주소	10881 경기도 파주시 회동길 193
전화	(031) 955-4601 (代)
FAX	(031) 955-4555
등록	제 1-71호 (1979.5.12)
홈페이지	http://www.nanam.net
전자우편	post@nanam.net

ISBN 978-89-300-8992-0
ISBN 978-89-300-8001-9 (세트)

책값은 뒤표지에 있습니다.

한국문명연구학회 총서 1

왜 지금 고조선문명인가

21세기 새로운 고조선문명의 탐구

신용하 · 임재해 · 우실하

윤명철 · 백종오 · 박선희

나남
nanam

《왜 지금 고조선문명인가》를 펴내며

고조선문명에 관한 본격적인 연구는 몇 년 전 신용하 교수님이 중심이 되어 '고조선문명 연구 프로젝트'가 발족되면서 시작되었다. 연구가 진행되면서 한국문명연구학회도 만들어졌다. 그 결실로 2018년 9월에 고조선문명 총서 6권이 지식산업사에서 출간되었다. 총서는 신용하 교수님의 《고조선문명의 사회사》를 비롯하여 《고조선문명과 신시문화》(임재해), 《고조선문명의 기원과 요하문명》(우실하), 《고조선문명권의 해륙활동》(윤명철), 《요하유역의 청동기문화와 고조선》(백종오), 《고조선문명의 복식사》(박선희) 등이다.

고조선문명 총서의 출간은 고조선문명을 총체적이고 종합적으로 조명하는 기념비적 의미를 지닌 일이었다. 하지만 역사학자가 아닌 일반인이 접근하기에는 너무 방대하여, 이 연구 결과를 축약하여 한 권의 단행본으로 내자는 요청이 강하게 제기되었다.

이런 상황에서 한국문명연구학회는 총서 집필자들이 자신들의 연구 결과를 압축하여 고조선문명에 관심 있는 모든 사람들을 위한 학술대회를 개최했고, 그때 제기된 여러 질문과 논의를 참고하여 다시 다듬은 원고가 이 책, 《왜 지금 고조선문명인가》이다.

우리 역사에서 고조선문명이 갖는 의의는 재차 강조할 필요가 없을 것이다. '고조선' 하면 여전히 단군신화 정도로만 생각하는 분들도 있겠지만, 현재의 상황은 옛날과 많이 달라졌다. 요하 지역에서 고대 유물이 엄청나게 많이 발굴되면서 중국의 황하문명과는 구별되는 요하문명이 논의되기 시작했으며, 이 요하문명이 어떤 식으로든 우리의 고조선문명과 깊은 연관이 있음을 부인할 수 없기 때문이다.

이 책에서 다루는 내용은 엄격히 객관적 자료에 기초하고 있다. 말하자면, 일부 재야 사학계에서 하는 것처럼 주체성을 지나치게 강조한 나머지 검증되지 않은 자료를 활용하여 역사를 재구성한 작업이 아니다. 이 책의 필자들은 역사 왜곡에 맞서기 위해서는, 다른 형태의 왜곡을 만드는 것이 아니라 철저히 역사적 사실에 기초해야 한다는 것을 충분히 잘 알고 이 책을 집필했다. 또한 이 책의 필자들은 인류의 역사를 보편사의 시각에서 보면서 특수성을 이해하려고 했다. 이 점에서 이 책은 단순히 국수주의적 시각에서 고조선을 다룬 것이 아니다.

그럼에도 불구하고 이 책은 기존의 역사적 시각과는 다소 다른 측면을 담고 있기에 논란을 야기할 수도 있겠지만, 이런 논란이 한국사의 발전에 기여할 수 있기를 기대해 마지않는다.

2019년 3월
한국문명연구학회

왜 지금 고조선문명인가

21세기 새로운 고조선문명의 탐구

차 례

제1장

고조선문명의 개념과
인류문명사에서의 위치

—고조선문명의 사회사적 고찰

신용하

1. 지구의 최후빙기와 구석기
인류 동방행렬의 종착지 고(古) 한반도

인류가 오늘날처럼 경이로운 과학적 지식을 갖고 높은 문화생활을 영
위할 수 있게 된 기원은 아득한 옛날부터 문명(文明, *civilization*)을 창
조하여 발전시켰기 때문이다.[1]

---

[1] '문명' 개념은 학자들의 견해마다 상당한 차이가 있다. 20세기에 들어와서 영국 역사가
토인비가 인류문명사의 포괄적 연구서 《역사의 한 연구》(전 10권, 6권은 1954년, 4
권은 1963년)를 발표하자, 문명의 개념, 내용, 연구방법에 대하여 러시아 출신 망명
미국 사회학자 소로킨과 유명한 세기적 논쟁이 있었다. 소로킨의 날카로운 비판에도
불구하고, 사회학자 티마셰프는 토인비를 역사가이며 동시에 동태 사회학(*dynamic
sociology*)의 사회학자로 평가하여 그의 사회학사 저서(《사회학이론: 성격과 성장》)
에 수록하였다. 이 글에서는 소로킨, 토인비, 브로델, 티마셰프, 기타 관련 학자들의
문명 개념과 설명을 참조하여 '문명'을 "인류의 지적 활동과 산물로 형성된 복합적 사
회문화 체계들 및 하위 체계들을 인과적으로 통합한 '거대한 최상위 사회문화 초거대
체계 내지 원형'(*a vast socio-cultural supersystem or prototype*)"이라고 잠정적으로

고인류학·고생물학자들의 통설을 종합해 보면, 최초의 인류의 종(種)은 약 500만 년 전 아프리카에서 출현하여 진화하면서 먼저 유라시아 대륙으로 퍼져 나갔다고 한다. 물론 다기원설도 있다. 인류는 약 500만 년 전에 겨우 손을 땅에서 떼어 꾸부정하게 걷게 되었고, 약 250만 년 전에 손을 자유자재로 사용하는 '손 쓴 사람'(homo habilis)이 되었으며, 약 170만 년 전에 허리를 펴고 꼿꼿하게 걷게 된 '곧선사람'(homo erectus)이 되었고, 약 20만 년 전에 돌을 깨어 불을 사용하는 '슬기 사람'(homo sapiens)이 되었으며, 약 5만여 년 전에는 지혜가 더욱 발전한 '슬기슬기 사람'(homo sapiens sapiens, 新人)도 출현하게 되었다고 한다.

인류가 아프리카 대륙에서 유라시아 대륙으로 건너와 각지로 이동하기 시작한 것은 물론 자유롭게 걸을 수 있는 곧선사람 단계부터이다. 그러나 비교적 활발한 이동은 슬기 사람과 슬기슬기 사람 단계라고 설명된다. 진화고고학에서는 곧선사람부터 이들을 모두 합쳐 '구석기인'(Palaeolithic Man)이라고 호칭한다. 이들은 한곳에 정착하지 않고 인간 무리(bands)를 이루어 유라시아 대륙의 여러 방향으로 분

정의하여 사용하기로 한다. P. Geyl, A. J. Toynbee, & P. A. Sorokin, *The Pattern of the Past*, Boston: The Beacon Press, 1949, 3~126쪽; P. A. Sorokin, *Sociological Theories of Today*, New York: Harper & Low, 1966, 289~383쪽; N. S. Timasheff, *Sociological Theory: Its Nature and Growth*, New York: Random House, 1967, 273~278쪽; A. J. Toynbee, *A Study of History: A New Edition Revised and Abridged by the Author and Jane Caplan*, New York: Weathervane, 1979, 43~46쪽; F. Braudel, *A History of Civilizations*, London: The Penguin Press, 1994, 3~36쪽 참조.

산 이동하였다.

　당시 유라시아 대륙은 아열대성 기후여서 시베리아에도 아열대성 식물이 울창하여, 매머드와 공룡을 비롯한 거대한 초식성 동물들이 살았다. 고(古) 한반도에서도 공룡이 살았음은 화석을 통하여 확인된다.

　구석기인들에게 가장 두려운 것 중 하나는 맹수들과 함께 매일 찾아오는 밤의 어둠이었다. 그러므로 구석기인 가운데 가장 용기 있고 호기심 많은 구석기인 무리는 태양이 가장 먼저 솟아올라 어둠을 사라지게 하는, 밝음의 아침이 먼저 찾아오는 해 뜨는 동방을 향하여 천천히 이동하는 형세를 이루게 되었다(〈자료 1-1〉 참조).

　고한반도와 연해주는 유라시아 대륙의 동쪽 끝이고 그 동쪽은 깊은 태평양 바다(동해와 오호츠크해)이므로, 해(태양) 뜨는 동쪽을 향해 수만, 수십만 년에 걸쳐 천천히 동쪽으로 이동해 온 구석기인 무리의 인류사적 대장정의 '종착역'(terminal) 같은 지역이었다. 구석기인들의 동방행렬은 종착역 고한반도와 연해주 지역에 누적될 수밖에 없었다.[2]

　유라시아 대륙의 가장 동쪽인 고한반도와 연해주 지역에 구석기인 무리가 처음 도착한 것은 약 100만 년 전 무렵이라고 추정된다. 한반도의 가장 오래된 구석기 유적으로, 평안남도 상원군 흑우리 검은모루 유적(약 100~70만 년 전)과 절골 유적(약 93만 년 전),[3] 그리고

---

2 상세한 것은 신용하, 《고조선문명의 사회사》, 지식산업사, 2018, 19~42쪽 참조. 이 글은 전적으로 이 책을 요약하고 재수록한 것이다.

3 고고학연구소, "상원 검은모루 유적 발굴 중간보고", 《고고민속론문집》1, 사회과학출판사, 1969; 김신규·김교경, "상원 검은모루 구석기 유적 발굴보고", 《고고학

〈자료 1-1〉 빙기 때 해안선과 슬기 사람의 주 이동 경로(20만~5만 년 전)

자료: J. M. Roberts, *Prehistory and the First Civilizations*, 1998, 39쪽 지도 재구성.

충청북도 단양군 도담리 금굴 유적(약 70만 년 전)이 이미 발굴되어 있기 때문에 이를 알 수 있다.[4] 이 밖에 한반도·만주·연해주 일대에서 발굴 보고된 주요 구석기 유적이 50개를 넘는다.

그러나 약 5만 3천 년 전 유라시아 대륙의 구석기 인류에게 참으로 대재앙이 닥쳐왔다. 지구 기후의 급격한 변화로 플라이스토세(Pleistocene, 洪積世, 更新世)의 제4 빙하기의 마지막 빙기인 혹한의 '최후 빙기'(The Last Glacial Maximum, LGM, Würm Glaciation, 뷔름 빙기)가 닥쳐온 것이다.[5] 최후빙기의 절정은 약 2만 8천∼1만 3천 년 전에 닥쳤는데, 이 시기에는 대서양 난류 영향을 받는 약간의 특수 지대를 제외하고 전체 유라시아 대륙의 북위 40도 이북 지역은 긴 겨울에는 모두 얼어붙은 동토(凍土)가 되어 생물이 생존할 수 없게 되어 버렸다. 예컨대 우랄 지역 겨울철 1월 평균 온도는 섭씨 영하 30도였다.[6] 그러므로 북위 40도 이북 지역의 유라시아 대륙 구석기인들은 북위 40도 이남의 생존 가능한, 보다 따뜻한 지역의 동굴을 찾아 이동한 구석기인들을 제외하고는 거의 모두 사멸하게 되었다.

자료집》 4, 사회과학출판사, 1974 참조.

4 손보기, "단양 도담리 금굴유적 발굴조사보고", 《충주댐 수몰지구 문화유적 연장 발굴조사 보고서》, 1985; 이융조, 《충북의 선사문화》, 충청북도 충북학연구소, 2006, 78∼80쪽 참조.

5 J. Mangerud, J. Ehlers, & P. L. Gibbad(eds.), *Quaternary Glaciation- Extent and Chronology, Part 1: Europe*, Amsterdam: Elsevier, 2004; J. Ehlers & P. L. Gibbad(eds.), *Quaternary Glaciation- Extent and Chronology, Part 3: South America, Asia, Africa, Australia, Antartica*, Amsterdam: Elsevier, 2004.

6 J. F. Hoffecker, *A Prehistory of the North: Human Settlement of the Higher Latitudes*, Rutgers University Press, 2006, 91∼95쪽 참조.

〈자료 1-2〉 최후빙기 때 동아시아 해안선과 구석기인의 이동 방향

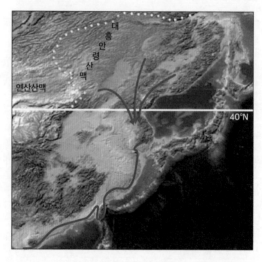

자료: Atlas-v7x, DeviantArt. 'Coastlines of the Ice Age: East Asia' 재구성.

〈자료 1-3〉 최후빙기 이후 동아시아 해안선의 변동

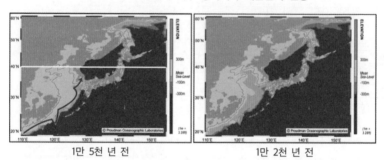

| 1만 5천 년 전 | 1만 2천 년 전 |

주: 화살표는 이동방향.
자료: The National Oceanography Centre.

동아시아에서도 이 최후빙기 기간에 북위 약 40도 이북 지역에서는 인류는 상주(常住)하지 못하였다.[7] 물론 여름에는 북위 40도 이하의 구석기인들도 사냥감을 뒤쫓아 북위 40도 이북에서 열매를 채취하거나 사냥하면서 계절적 일시 거주는 하였다. 그러나 북위 40도 이북에 상주하면서 집단 주거지를 형성하고 문명을 만들지는 못하였다.

동아시아의 북위 40도선은 한반도 신의주와 중국 북경을 지난다. 그러므로 고한반도의 압록강 최하류와 고중국의 북경 이북은 최후빙기의 약 4만 년 넘게 인류가 상주할 수 없는 동토가 되어버린 것이다.

동아시아 혹한의 최후빙기에 이 지역 구석기인의 이동을 가로막은 큰 산맥은 대흥안령산맥과 연산산맥이다. 장비가 없던 구석기인에게 이 높고 긴 준령은 넘기 어려운 자연의 벽이었다. 약 5만 3천 년 전부터 1만 3천 년까지 빙기-간빙기-빙기가 반복된 약 4만 년의 '동토' 기간에, 동아시아의 대흥안령산맥 동쪽과 연산산맥 동북쪽에 살았던 구석기인들 가운데 인간 생존이 가능한 지역을 찾아 북위 40도 이남으로 이동하지 못한 구석기인들은 거의 모두 소멸하고, 북위 40도 이남의 인간 생존이 가능한 동굴 지대로 남방 이동을 감행한 구석기인들은 살아남아 그곳의 구석기인들과 합류하였다.

동아시아의 북위 40도 이남 지역에서 구석기인들이 피한(避寒) 해 들어갈 수 있는 동굴이 가장 많은 지역이 바로 고한반도였다. 한반도

---

[7] J. F. Hoffecker, "The human story", in B. Fagan (ed.), *The Complete Ice Age*, London: Thames & Hudson, 2009, 107쪽.

의 자연 동굴 총수의 90퍼센트 이상이 석회암 동굴이고, 다음이 제주도의 용암 동굴이다. 한반도의 북위 40도 이남의 카르스트(Karst) 지형 석회암지대는 한반도 중부 지역인 충청북도·강원도·경상북도 접경의 태백산맥 끝자락·차령산맥·소백산맥 일대에 가장 잘 발달해 있으며, 무려 1천여 개의 석회암 자연 동굴이 이 지역에 집중되어 있다. 이 지역이 고한반도 '제1 동굴지대'이다. 그 다음이 평안남도와 황해도 접경지대의 석회암 '제2 동굴지대'이다.[8] 중국에서는 남방 양자강 유역과 광서성·귀주성 남방 지역에 가야 석회암 동굴지대가 나온다.[9]

고한반도는 최후빙기에 겨울철에는 동토(凍土)에 연접한 북방한계선의 매우 추운 지역이었다. 그럼에도 불구하고 동아시아 최대 석회암 동굴 밀집 지역이었기 때문에, 기존 고한반도의 구석기인, 북위 40도 이북 지역에서 피한해 들어온 구석기인, 그리고 유라시아 대륙 동남부 해안을 따라 남방에서 꾸준히 또는 간헐적으로 이동해 올라온 구석기 신인(슬기슬기 사람) 세 부류가 합쳐져서, 이 기간에 고한반도는 세계 최대 인구밀집 지역 중 하나가 되었다.

또한 최후빙기에 유라시아 대륙의 해안 지형이 크게 변하였다. 서해가 얼어서 고중국 관내와 연륙해 있었고 대만과 중국 본토와도 연륙해 있었기 때문에, 전체 유라시아 대륙의 가장 동쪽인 고한반도에 유일한 동해안이 있었다. 최후빙기에도 신인이 태양이 솟는 동쪽을

8 서무송, 《한국의 석회암 지형》, 세경자료사, 1996; 홍시환, "우리나라 자연동굴의 지리적 분포와 그 특성에 관한 연구", 〈한국동굴학회지〉 62, 2004 참조.
9 김석주, "중국의 동굴자원과 동굴연구", 〈한국동굴학회지〉 95, 2009 참조.

향하여 꾸준하게 이동해 들어오다가 바다에 부딪혀 정착하는 종착지가 고한반도였다.

2. 인류 최초 문명 탄생의 조건

인류가 최후빙기의 대재난 시대를 극복하고 새 시대를 열기 시작한 것은 약 1만 2천 년 전, 지구 기후가 대체로 오늘날처럼 온난화된 이후부터이다.

당시 지구 기후가 온난화되자 유라시아 대륙의 동토에 인접해 있던 구석기인들은 모두 동굴에서 나와 부근 강변과 해안에 움막을 짓고 새로운 용구로 마제석기(磨製石器)와 토기를 만들어 사냥·어로·식료 채집을 하면서 신석기시대를 열었다. 구석기인이 신석기인으로 진화하게 된 것이다. 유라시아 대륙의 신석기시대가 거의 모두 동일하게 1만 2천 년 전 무렵부터 시작되는 것은 이러한 지구환경 변화에 인류가 동일하게 대응했기 때문이다.

신석기시대에 인류 최초 문명(*the first civilization*) 탄생의 첫째 조건이 된 것은 신석기인들의 농업경작(*agriculture*)의 시작이었다. 종래에는 사냥과 채집으로 한 가족을 부양하는 데 수천 에이커의 토지가 필요했던 데 비하여, 농경을 시작하면서 약 25에이커의 토지로 충분하였다(1에이커는 약 4천 제곱미터이다). [10]

---

10 J. M. Roberts, *Prehistory and the First Civilizations*, Oxford University Press,

그러나 농업경작이 어느 곳에서나 가능했던 것은 아니었다. 비옥한 토지, 온난한 기후, 풍부한 물과 함께 야생종(野生種)을 인공적으로 재배(domesticate)하고 육성(cultivate)하려는 의지를 가진 현명한 인간 집단이 반드시 필요하였다.

농업경작은 신석기인을 특정 지역에 장기간 정착시켰다. 인간의 유랑 시대를 정착 시대로 바꾼 것이었다. 신석기인의 농경 마을과 읍락이 형성되고 이것은 대대로 전승되었다.

사회학적으로 이러한 조건을 갖춘 지역에서 시작된 농업경작은 완전히 새로운 혁명적 사회 변동을 가져왔다. 가장 먼저, 식량 생산 공급의 증가는 인구 증가를 결과하였다. 인간의 지능으로 부단히 개량된 농업경작으로 인구를 증가시키고서도 잉여 생산물이 축적되기 시작하였다. 잉여 생산물의 축적은 분배 과정에서 갈등과 투쟁을 자주 발생시켰다. 갈등과 투쟁을 조정하고 해결하기 위해 권력을 위임받은 우두머리와 그 집단이 출현하였다. 우두머리는 갈등을 조정하고 안정도 가져왔지만, 우두머리 자신과 그의 가족이 권력을 갖고 잉여 생산물을 더 많이 점유하는 결과도 동반하였다.

또한 잉여 생산물의 축적은 농업에 통합되어 있던 수공업을 분리시켰고, 농산물과 수공업 제품의 교환을 중심으로 한 상업이 분화되었다. 수공업의 발전으로 자연동과 주석의 합금인 청동기를 발명 제조하기 시작하게 되었다.

이러한 인구 증가, 특권을 가진 족장의 출현, 그리고 농업·수공업

1998, 56쪽 참조.

·상업의 분화는 사회 조직에 복합성을 결과하였다. 가족들이 집합하여 씨족이 형성되고, 씨족들이 통합하여 부족이 형성되었다. 부족들 사이에 갈등과 투쟁이 일어나면, 패배한 부족의 포로는 노예가 되고 승리한 부족장과 그의 무장들은 노예를 소유하는 세습 귀족이 되어, 신분과 계급이 발생하였다. 부족장들은 다른 부족들을 통합하여 대부족장 또는 군장(*chief*)이 되고 준(準) 국가인 군장사회(*chiefdom*)를 형성하였다. 강력한 군장은 다른 군장을 통합하여 고대 국가를 형성하였다.

이 최초의 고대 국가가 형성되는 과정에서 인류는 최초의 문명을 탄생시켰다. 인류 최초 문명 탄생의 조건이 바로 농업경작과 그 잉여 생산물 축적, 그리고 고대 국가의 형성이었다.

따라서 인류 최초의 문명은 말기 신석기인이 거주한 모든 지역에서 균등하게 탄생한 것이 아니라, 매우 일찍 농업경작이 성립 발전하고, 인구가 밀집되고, 지적 성능을 활용한 과학적 수공업 기술이 성립되고, 고대 국가가 형성된 특정 지역에서 형성되고 탄생하였다.

당시 인류의 교통 통신 수단은 매우 저급했으므로 인류 최초 문명들은 지역적으로 서로 독립적으로 탄생해 성장하면서 인근 지역 사람들과 교류하고 전파되었다.

3. 인류 최초 독립 문명과 잃어버린 고조선문명

현재까지 발견되어 확인된 인류 최초의 문명은 티그리스·유프라테스강 유역에서 탄생한, 약 5,500년 전의 메소포타미아 수메르문명이다. 뒤이어 약 5,100년 전에 이집트문명, 약 4,500년 전에 인도문명, 약 3,700년 전에 중국문명이 탄생하였다.[11]

문명사가 토인비(Arnold J. Toynbee)는 인류문명을 '독립 문명'(independent civilization)과 '위성 문명'(satellite civilization)으로 나누고, 최초의 독립 문명으로서 메소포타미아문명(수메르·아카드문명), 이집트문명, 에게해문명, 인더스문명(인도문명), 중국문명, 중앙아메리카문명(마야문명), 안데스문명(페루 잉카문명)의 7개를 들었다. 그리고 꽃피지 못하고 '유산된 문명'(abortive civilization) 6개가 있다고 관찰하여 기록하였다.[12]

그러나 인류의 최초 독립 문명은 '4대 문명' 또는 '7대 문명'만 있었던 것이 아니다. 훨씬 더 많은 최초의 독립 문명들이 있었다. 언어학자들이 분류하는 큰 어족(語族, language family) 가운데 오늘날에도 수억 명이 사용하면서 높은 문화를 창조 발전시켜 온 민족들은 거슬러 올라가 보면 거의 모두 하나의 '최초의 독립 문명'의 후예들이다.

인류문명의 연구 역사는 매우 짧아서, 다수 실재했던 최초 독립 문

---

11 G. Daniel, *The First Civilizations*, London: Thames & Hudson, 1968, 15~68쪽 참조.

12 A. J. Toynbee, *A Study of History: A New Edition Revised and Abridged by the Author and Jane Caplan*, 52~72쪽 참조.

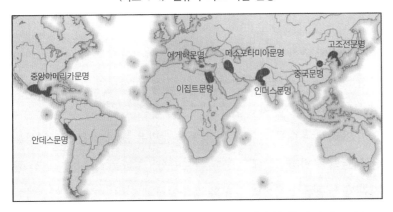

〈자료 1-4〉 인류의 최초 독립 문명

자료: A. J. Toynbee, *A Study of History: A New Edition Revised and Abridged by the Author and Jane Caplan*, New York: Weathervane, 1979; G. Daniel, *The First Civilizations*, 1968, 22~23쪽; J. M. Roberts, *Prehistory and the First Civilizations*, 1998, 66쪽 재구성.

명들을 아직 다 찾지 못했을 뿐이다. 인류문명에는 일찍이 잊어버려서 잃어버린 문명들이 다수 있는 것이다.[13] 이 책에서 우리들이 찾으려고 하는 '고조선문명'도 그러한 잃어버린 문명의 하나이다.

즉, 이 연구는 인류의 잊어버리고 잃어버린 문명 중 하나인 '고조선문명'을 찾아서 그 문명의 특징을 밝히고 인류문명사에서의 지위와 위상을 새로이 점검하려는 것이다.

---

[13] E. Bacon(ed.), *Vanished Civilizations*, London: Thames & Hudson, 1963; A. Atkinson, *Lost Civilizations*, New York: Watson-Guptill Publications, 2002 참조.

4. 고조선문명의 개념과 특징 1

초기 문명에 관한 자료를 검토해 보면, 유라시아 대륙의 극동 지역인 한반도·만주·연해주 일대에 약 5천 년 전 또 하나의 인류 최초의 독립 문명이 있었음을 확인할 수 있다.

이 유라시아 대륙 극동 최초의 독립 문명은 당시 겨울에는 얼어붙은 동토의 북방한계선에 접근해 있으면서, 혹한을 극복하기 위한 환경과의 투쟁에서 독특한 문화와 생활양식과 언어, 신앙을 창조하여 전파하였다.

이 또 하나의 독립 문명은 선행하는 신석기시대의 한강문화와 대동강문화, 요하문화(중국 고고학자들의 통칭 요하문명)를 통합하여 최초의 고대국가를 형성함과 동시에 기원전 3000~2400년 무렵에 동북아시아 지역에 형성되었다. 필자는 이 문명을 '고조선(아사달) 문명'이라고 이름붙이고 있다. 고조선문명의 형성과 특징의 실증 자료로서는 특히 다음의 사실이 주목된다.

1) 동아시아 최초의 신석기시대 농업 혁명

유라시아 대륙 극동 고한반도에서는 밀집된 과잉 인구의 식료 문제를 해결하기 위해 약 1만 2천 년 전부터 5천 년 전까지 초기 신석기시대 농업혁명이 시작되었다. 그 중요 항목을 들면 다음과 같다.

(1) 세계 최초의 단립벼 재배(1만 2천~5천 년 전)

고한반도의 중부 지역 남한강 유역과 금강 상류 지역에서는 약 1만 2천~8천 년 전부터 세계 최초로 단립벼를 재배하여 신석기시대 농업혁명이 시작되었다.

(2) 세계 최초의 콩 재배(7,175~7,160년 전)

국립문화재연구소는 2015년, 신석기시대 토기 몇 점에 박힌 식물의 압흔을 떼어 내 탄소 측정을 하였다. 그 결과 신석기시대 조기와 전기부터 조·기장·콩·들깨를 재배하여 식용하고 있었다는 점이 드러났다.[14] 오산리에서 출토한 신석기 초기 토기에 박힌 콩의 압흔과 토기에 부착된 탄화물을 국립문화재연구소에서 AMS 연대 측정한 결과, '7,175~7,160년 전(uncal BP)'과 '7,000~6,940년 전(uncal BP)'의 연대가 측정되었다.[15]

즉, 콩과 팥이 고한반도에서는 약 7,175~7,160년 전(기원전 5300~5070년)경에 재배되었음이 확인되었다. 나이테 보정 연대로 계산하면 약 8천 년 전에 고한반도에서는 콩과 팥이 재배되어 식용되고 있었음을 확인하여 말할 수 있는 것이다. 서유럽에서는 콩이 18세기에 동방에서 도입되었다.

---

14 국립문화재연구소, 《한국 신석기시대 고고식물 압흔분석 보고서》, 2015, 256~261쪽 참조.
15 국립문화재연구소, 《한국 신석기시대 고고식물 압흔분석 보고서》, 257쪽.

<자료 1-5> 신석기시대 한반도에서의 단립벼 출토

	측정 연대	곡물 종류	출토지
1	기원전 10550~11950년 (12,500 ± 150년 전)	벼(단립벼)	충북 청원 소로리
2	기원전 6050~2050년 (8,000~4,000년 전)	벼 규소체	경기 고양 일산 3지역 대화리
3	기원전 4260년 (6,210년 전)	벼(단립벼)	경기 고양 일산 1지역 대화리 성저
4	기원전 4250 ± 40년 (6,200 ± 40년 전)	벼(단립벼)	충북 충주 조동리(A)
5	기원전 4190 ± 40년 (6,140 ± 40년 전)	벼, 탄화미, 밀 보리, 수수, 기장	충북 충주 조동리(B)
6	기원전 3500 ± 70년 (5,590 ± 70년 전)	탄화미, 밀, 보리 기장, 조, 콩	충북 옥천 대천리
7	보정치 기원전 3070년 (5,020년 전)	벼(단립벼)	경기 고양 2지역 가와지 1지구
8	보정치 기원전 2070 ± 26년 (4,020 ± 26년 전)	탄화미, 조	경기 김포 가현리
9	기원전 1650년 (3,036 ± 70년 전)	탄화미, 조 보리, 수수	경기 여주 흔암리
10	기원전 1270 ± 60년 (3,220 ± 60년 전)	벼(단립벼)	경기 고양 3지역 가와지
11	기원전 3000년대~2000년대	탄화미, 조 수수, 콩, 기장	평양 남경 유적

자료: 1) 이융조, "중원 지역의 구석기문화", <중원광장> 창간호, 중원포럼 · 충북일보, 2009; K. J. Kim, Y. J. Lee, J. Y. Woo, & A. J. T. Jull, "Radiocarbon ages of Sorori ancient rice of Korea", *Beam Interactions with Materials and Atoms(Nuclear Instruments and Methods in Physics Research, B)*, 294, 2013 참조.
2) 이융조 · 김정희, "한국 선사시대 벼농사의 새로운 해석: 식물 규소체 분석자료를 중심으로", <先史와 古代> 11, 1998, 참조.
3) 손보기 · 신숙정 · 장호수, "일산 1지구 고고학조사", 《일산 새도시 개발 지역 학술조사보고 1》, 한국선사문화연구소, 1992, 213~234쪽 참조.
4) 이융조, 《충북의 선사문화》, 충북개발연구원 부설 충북학연구소, 2006, 156쪽 참조.
5) 위와 같음.
6) 한창균 · 김근완 · 구자진, "대천리유적 신석기시대 집자리에 대한 고찰", 《옥천 대천리 신석기유적》, 한남대 중앙박물관 · 한국고속철도건설공단, 2003, 157~171쪽 참조.
7) 박태식 · 이융조, "고양 가와지 1지구 출토 벼 낟알들과 한국선사시대 벼농사", <농업과학논문집> 37, 1995; 이융조 · 박태식 · 우종윤, "고양 가와지 볍씨의 발굴과 농업사적 의미", 《고양 가와지 볍씨와 아시아 쌀농사의 조명》, 고양 600주년 기념 국제학술회의(2014. 12. 3.~12. 7.) 논문집, 한국선사문화원, 2013.
8) 임효재, "경기도 김포 반도의 고고학 조사연구", <서울대박물관 연보> 2, 1990; 임효재 편저, 《한국 고대 도작문화의 기원: 김포의 고대미를 중심으로》, 학연문화사, 2001 참조.
9) 임효재, 《흔암리 주거지 4》, 서울대학교 박물관, 1978 참조.
10) 김용간 · 석광준, 《남경유적에 관한 연구》, 과학 · 백과사전출판사, 1984, 108쪽.
11) 한창균 · 김근완 · 구자진, "대천리유적 신석기시대 집자리에 대한 고찰", 《옥천 대천리 신석기유적》, 한남대 중앙박물관 · 한국고속철도건설공단, 2003, 157~171쪽 참조.

(3) 단립벼(및 잡곡) + 콩 식문화 유형 성립

고한반도에서 1만 2천~8천 년 전이라는 매우 이른 시기에 단립벼와 콩 등을 경작하는 데 성공했다는 점에 기초하여, 쌀(및 잡곡) + 콩 식문화가 형성되었다. 쌀(및 잡곡) + 콩 식문화 유형은 메소포타미아문명 및 이집트문명의 밀 + 보리 식문화, 인도문명의 장립벼 식문화, 고중국문명의 밀 + 잡곡 식문화, 멕시코문명의 옥수수 식문화, 페루문명의 감자 식문화 유형과 대비된다.

단립벼와 콩 식문화는 고조선문명에서 최초로 확립되어 전 세계 모든 인류에게 교류 전파되었다.

식문화 외, 주거 및 복식문화와 관련해서는 다음과 같은 특징이 있다. 고조선문명은 당시 유라시아 대륙 동북부의 가장 추운 지역에서 형성된 독립 문명이었으므로, 추위를 막기 위해 '온돌'이라는 독특한 주거문화를 창조하였다. 복식문화에서도 추위를 막기 위한 독특한 바지와 두루마기 복식을 고안하였다.

2) 청동기문화 형성(약 5,100~3,800년 전)

고한반도에서는 기원전 31세기의 청동합금 덩어리가 출토되었고, 기원전 26세기의 청동단추와 비파형 청동창끝이 출토되었다. 이것은 기원전 31~26세기에 청동기시대가 시작되었음을 알려 준다. 이어서 요동반도에서는 기원전 18세기까지로 소급 측정된 비파형 동검이 최근 출토되었다.

〈자료 1-6〉 고조선문명의 청동기

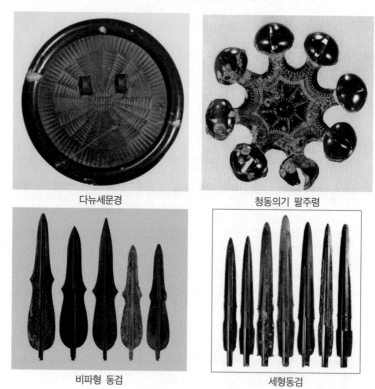

다뉴세문경

청동의기 팔주령

비파형 동검

세형동검

즉, 고조선문명 지역인 대동강 유역과 요동 지역에서는 매우 이른 시기인 기원전 31~18세기에 독특한 도안과 합금 구성비를 가진 독자적 청동기문화가 성립된 것이다. 햇빛살(태양광선) 무늬 청동거울, 비파형 동검, 부채꼴 청동도끼, 팔주령 등 청동의기(靑銅儀器) 등이 대표적 청동기이다. 16

---

16 박진욱·황기덕·강인숙, 《비파형 단검문화에 관한 연구》, 과학·백과사전출판

거의 모든 독립 문명이 청동기문화를 창조했지만, 고조선문명의 청동기문화는 그중에서도 매우 이른 시기에 인류의 모든 초기 문명들과도, 이웃 고중국문명과도 다른 독특한 합금 비율과 독특한 도안의 청동기를 제작하여 독자적인 문명 유형을 형성하였다.

3) 동아시아 최초의 고대 국가와 고조선문명권의 형성

기원전 30~24세기에 한반도에서 고대 국가 '고조선'(아사달 국가)이 성립되었다. 고조선은 건국 후 다수의 후국들을 포섭하여 고대 연방 제국으로 발전하였다.

고조선은 기원전 30~24세기에 한, 맥, 예 3부족의 연맹 결합에 의하여 동아시아 최초의 고대 국가로 형성되었다. 이때 한족과 맥족은 혼인 동맹에 의해 결합하고 예족의 군장에게는 자치권을 주어 처음부터 후국제도를 채택하였다. 여기서 '후국'(侯國)은 고조선 제왕이 제후(諸侯) 또는 후왕(侯王)을 통하여 간접통치하는 복속국가 또는 지역을 가리키는 것이다.

고조선의 단군은 그러므로 처음부터 왕인 동시에 '제왕'이 되었으며, 예족은 고조선 제왕의 간접통치를 받는 동시에 직접적으로는 예족 후왕의 지배 아래 있었다. 예족의 후국 지위는 고조선이 기원전 108년 멸망할 때까지 지속되었다.

사, 1987; 윤무병, 《한국청동기문화 연구》, 애경문화사, 1996; 신용하, "고조선 국가형성과 고조선 금속문화", 〈단군학연구〉 21, 2009 참조.

〈자료 1-7〉 고조선의 제 1단계와 제 2단계 시기 영역

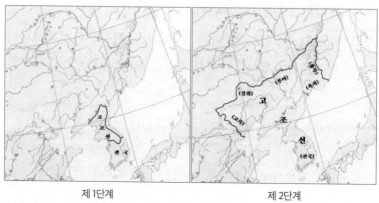

제 1단계   제 2단계

　　고조선은 동아시아 최초의 고대국가였기 때문에 제 1단계에서 한
반도에서 건국된 후 제 2단계에 만주의 요동·요서·연해주 일대로
진출해 나가면서 후국제도가 더욱 필요하게 되었다. 그 이유는 이 지
역 다수의 부족장들이 새로운 형태의 고대 국가에 대하여 자발적 복
속, 투항, 점령, 군장 교체 등의 과정으로, 간접통치 방식의 제후 임
명과 후국제도를 자연히 환영하여 확대되고 일반화되었기 때문이다.
　　고조선은 이에 후국제도를 활용하면서 고대 연방제국으로 비교적
짧은 기간에 크게 발전하였다. 그러나 고조선 연방제국은 현대 연방
제국처럼 치밀하게 잘 조직된 것은 아니었다. 당시의 교통·통신수
단의 저수준과 사회정치 조직기술의 저수준으로 인하여, 느슨하게
묶인 연맹적 성격의 고대 연방제국이었다. [17]

──────────

17 고조선의 후국 후왕의 임명 방식에는 기존 부족장의 후왕 임명, 고조선 제왕의 왕족

고조선 본국을 중심에 놓고, 고조선의 주요 후국들을 방위별로 분류해 보면 대체로 다음과 같이 정리해 볼 수 있다.

- 고조선의 중앙본국: 조선(직령지, 밝달조선, 발조선, 고조선)
- 고조선의 남부 후국: 진(辰·震)국
- 고조선의 동부 후국: 옥저(沃沮), 읍루(挹婁)
- 고조선의 북부 후국: 부여(夫餘)
- 요동 지역 후국: 양맥(良貊), 구려(句麗), 비류(沸流), 개마(蓋馬), 구다(句荼), 행인(荇人), 임둔(臨屯)
- 요서 지역 후국: 고죽(孤竹), 불영지(弗令支), 불도하(不屠何), 청구(靑丘), 진반(眞潘), 동호(東胡), 원오환(原烏桓), 선비(鮮

파견, 기존 부족장에게 제왕의 왕족 여자를 출가시켜 고추가(사위 후왕)를 삼는 방법, 점령지에서 점령에 공훈이 큰 그 지역 대인의 임명 등 여러 가지 방식이 있었다. 고조선의 후국제도 실시는 다음의 요소도 더하여 비교적 단기간에 고조선의 영역 확대에 큰 작용을 하는 제도가 되었다.

- 각 지역 부족장의 지위와 지배의 변동 없이 고조선 국가에 편입되므로, 그 부족의 지역이 비교적 용이하게 고조선 후국으로 들어와 고조선 영역에 포함되었다.
- 각 지역 부족들이 선행 시기에 이미 각종 소통이 가능한 동일 계통의 '고한반도 초기 신석기인 유형'(밝족)의 사람들이었으므로 고조선 후국으로의 통합이 보다 용이하였다.
- 고조선이 동아시아 최초의 고대 국가로서 선진적 정치조직이었기 때문에 국가 형성 단계 이전에 있던 부족들의 후국으로의 편입이 보다 용이하였다.
- 고조선이 지리적으로 원거리에 있는 부족들을 당시 낮은 수준의 교통수단에도 불구하고 후국제도로 말미암아 안심하고 간접통치할 수 있었다.
- 고조선 후국제도는 각 부족 지역의 기존 통치 질서를 인정한 간접통치였으므로 고조선 영역 확대에 대한 저항을 최소화할 수 있었다.

卑), 고마해(庫莫奚), 원정령(原丁零), 오손(烏孫)

● 동내몽고 지역 후국: 산융(山戎), 원유연(原柔然), 실위(室韋)

고조선의 통치 영역에 반드시 후국들을 포함해야 한다고 본 선학은 신채호 선생이었다. 그는 "단군조(檀君朝)의 정치통일구역이 그와 같이 넓어, 북으로 흑룡강을 지나며, 남으로 현해(玄海)를 건너며, 서로 지나(支那)의 연해안과 동몽고(東蒙古)를 포내(抱內)했다"[18]고 썼다.

이것은 고조선 초기의 사실이 아니라, 고조선 최성기의 후국들을 포함한 고조선의 정치적 통일의 영역에 대해 정곡을 꿰뚫은 통찰이었다고 볼 수 있다. 이를 재정립해 보면 〈자료 1-8〉의 지도에서 진하게 표시한 영역과 같이 비정하면서 고조선 연방제국의 개략적 공간범위를 표시할 수 있을 것이다.[19]

고조선 고대 연방제국은 한자 고문헌에 때때로 '발주신'(發珠申), '발숙신'(發肅愼), '발조선'(發朝鮮)이라고 표기하기도 하고, '발'(發)을 생략하여 '珠申', '肅愼', '朝鮮'이라고 표기되기도 한다.[20] 여기서

---

18 申采浩, "朝鮮上古文化史", 《改訂丹齋申采浩全集》上, 401쪽.
19 신용하, 《고조선문명의 사회사》, 지식산업사, 2018, 197~205쪽 참조.
20 《春秋左氏傳》'昭公 9年'條에는 "숙신(肅愼)·연(燕)·박(亳)은 우리의 북쪽 토지이다"라고 기록했는데, 춘추시대 노(魯)나라의 북쪽에 연나라와 함께 (또는 더 가까이) 인접한 나라는 고조선의 서변이었다. 당시 고조선의 서변은 지금의 난하에 이르렀다가 그를 넘어 우북평(右北平) 지역까지 와 있었다. 당시 읍루(挹婁)는 지금의 연해주에 있었으므로, 하(夏)·상(商)·주(周)·춘추(春秋)시대의 중국과 밀접하게 교류한 중국 고문헌의 '숙신'은 읍루와는 관계가 없고, 이때의 '숙신'은 '발숙

〈자료 1-8〉 고조선 연방제국의 최성기(제 3단계) 영역

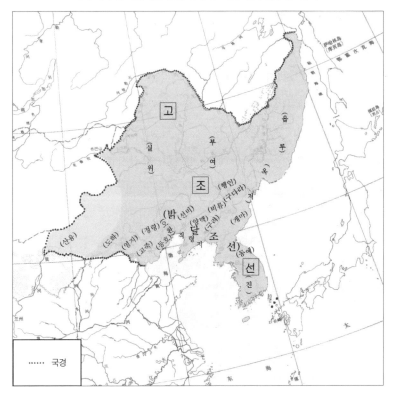

'發'은 '밝', '밝달'의 한자 표기로, '발숙신', '발직신', '발식신'은 '밝달
숙신'의 표기이며, '발', '밝'은 바로 '고조선', '단군(檀君) 조선'을 가
리킨 것이었다.

신'으로서 고조선 연방국가의 별칭이었다. 《竹書紀年》 卷 4, '周武王 15年'條 및
'周成王 9年'條에 '숙신'이 방문하여 "순"임금에게 활과 화살을 선물했다거나, 주나
라 무왕과 성왕을 경축했다는 기사의 "숙신"도 '발숙신'으로서 고조선 연방국가를 별
칭한 것이었다.

청국의 제6대 황제 고종(高宗, 乾隆帝)의 요구로 만주족의 정체성을 정립하기 위해 청국 학자들이 편찬한 《흠정만주원류고》(欽定滿洲源流考, 1777)에서는 만주어로 '珠申'(수신, 주신)을 '소속'(所屬)이라고 하는데 '숙신'(肅愼)의 전화된 발음이라고 하였다.[21] 신채호 선생은 《흠정만주원류고》의 주신(珠申)·숙신(肅愼)의 만주어 해석을 '관경'(管境)이라고 기록하였다.[22]

필자는 《흠정만주원류고》에서 청나라 편찬자들이 "肅愼(숙신) = 珠申(주신) = 所屬(소속) = 管境(관경)"이라고 설명한 기록에서 '소속'과 '관경'에 주목할 것을 강조한다. '소속'은 더 설명할 필요가 없을 것이다. '관경'은 '동일한 돗자리의 경계'를 가리키는 용어로서 '동일한 돗자리에 여러 사람이 앉은 상태의 경계'를 나타낸다. 현대 사회과학 용어로는 '연방'(聯邦)에 해당한다고 본다. 그러므로 '발숙신'(發肅愼), '발직신'(發稷愼), '발주신'(發珠申)은 번역하면 밝달연방 또는 밝달연방 소속, 단군조선연방, 고조선연방, 고조선연방 소속을 가리킨 것이다. 즉, 고조선 연방국가를 지칭한 것이다.[23]

다산 정약용은 "조선의 칭호가 멀리 단군숙신(檀君肅愼)의 이름으로 주나라 역사 기록에 실려 있다"[24]고 표현하였다.

---

21 《欽定滿洲源流考》卷 7, '部族', '完顏'條 참조.
22 申采浩, "朝鮮上古文化史", 《改訂版丹齋申采浩全集》上, 368쪽 참조.
23 청나라 사가들이 만주족의 역사적 기원을 찾으면서 그들의 조상 읍루(挹婁)의 기원을 숙신으로 했기 때문에 마치 숙신(肅愼)이 만주족의 직계 조상인 것처럼 알려지게 되었으나, 사실은 그 내용이 크게 다르다. '숙신'은 중국 고문헌에 발식신(發息愼), 발직신(發稷愼) 또는 발숙신(發肅愼)으로 나오는 고조선 연방국가의 별칭이었다.

최근 중국의 하(夏)·상(商) 시대의 역사지도를 보면 만주 지역에 '숙신'(肅愼)이라고 표기하여 '고조선' 표기를 피하는데, 이것은 잘못된 것이다. 반드시 '고조선'(古朝鮮)이라고 표기해야 할 것이다. 중국의 하·상 시기에 '읍루'(挹婁, 만주족의 선조)는 '고조선 연방국가'(발숙신)에 속하기는 했으나 지금의 연해주 일대에 거주하는 고조선 연방국가의 극동쪽 일부였다. 현대 중국 역사지도에서, 만주에 '숙신'(肅愼)으로 표기한 곳이 바로 '고조선 연방국'으로 표기해야 할 위치이다.

중국 근대학자 부사년(傅斯年)은 숙신과 조선의 관계에 대하여 "'조선'이라는 말은 육경(六經)에는 보이지 않는다. 사마상여(司馬相如)의 《상림부》(上林賦)에 '제(齊)는 … 숙신과 사계(斜界)를 이루고 있다'(斜與肅愼爲界)고 했는데, 서한(西漢) 때의 제의 사계는 조선인즉, 혹은 전국(戰國) 이래의 이른바 조선이 고숙신(古肅愼)이 아니었을까"[25]라고 하여, '고숙신'은 조선을 가리키고 읍루와는 관계없는 별개의 것이라고 하였다.

---

24 《與猶堂全書》詩文集 地理策 참조.
25 傅斯年, "夷夏東西說", 《慶祝蔡元培先生六十五歲論文集》, 1935 참조.
　　리지린은 지리적 고증을 해 보면 중국 고문헌의 춘추시대 이전의 '숙신'은 난하 중류의 '고죽국'과 지리적으로 일치하므로, 숙신은 '읍루'와는 관계없고 고조선을 가리킨 것이라고 하였다(리지린, 《고조선연구》, 백산자료원, 1963, 201~213쪽 참조).
　　'숙신'을 '읍루'의 조상으로 연결하여, 숙신-읍루-물길-말갈-여진-금-후금-만주족으로 연결시켜 계보화한 것은 후대에 와서 일부 중국과 청나라 역사가들이 서술한 것이다.
　　만주족의 조상은 읍루이며, 읍루는 고조선 연방제국에 속한 후국 중의 하나였다가, 고조선연방 해체 뒤에는 독립하여 독립민족으로 발전하면서 만주 일대에서 크게 활약하였다.

고조선 국가 조직이 후국제도를 채택했다 할지라도, 고조선의 중앙정부와 후국의 관계는 본질적으로 지배·종속의 관계였으며, '중앙과 주변'의 관계였다. 오직 그 통치 유형이 직접지배가 아니라 간접지배라는 것뿐이었다.

고조선 후국들의 고조선 중앙 본국에 대한 의무는 전쟁 시 군사 동원, 군사장비의 공납, 군량 제공, 생산물의 교환과 교류, 특산물 공납, 전국 대회 참가, 신앙·종교의식 참가 등과 같은 것이었다.

한편 고조선 후국들이 고조선 중앙 본국으로부터 받는 혜택은 군사적 보호, 후국 제후의 지배질서와 권위 보장, 특산물의 교환, 재난 시 긴급 원조, 선진적 경제와 기술의 전수, 선진적 문화의 전수와 지원, 각종 정당성 및 명분 제공 등과 같은 것이었다.

고조선 중앙 본국과 후국의 관계를 그림으로 그리면, 입체적으로는 고조선 제왕(단군)이 정상에 있고, 그 아래 각급 후국들이 피라미드형으로 종속되어 있는 형태였다. 이것을 평면으로 그리면, 고조선 본국이 정치사회적으로 정중앙에 있고, 다수의 후국들이 그의 지배와 영향을 받으면서 주변에 연결되어 있다.

고조선의 후국 진국 지역의 천군(天君)이 사용했던 의기 중, 고조선과 후국들의 이러한 관계를 평면으로 도안한 것이 있다. 천군의 팔주령에서 중앙의 태양은 고조선 본국과 단군을 상징하고, '햇빛'을 받은, 연결된 8방의 작은 태양들은 고조선의 지배를 받는 8방 후국들을 상징한 것으로 해석된다(〈자료 1-9〉 참조). 한국에는 고조선이 1개 중앙 본국과 8방의 주변 소국들의 9개국 체제로 되어 있었다는 전통적 인식이 존재해 왔다. 고중국에서도 동이(東夷)가 9개 족으로 구성

〈자료 1-9〉 고조선문명의 천군의 의기 팔주령

〈자료 1-10〉 고조선의 제4단계(위만조선 시기) 영역

되어 있어서 '구이'(九夷) 라는 별명이 있는 것으로 인식해 왔다.

이런 일종의 느슨한 연맹적 고대 연방제국의 강점은 중앙 본국이 비교적 안전하고 안정적으로 된다는 것이다. 한편, 고조선 중앙 본국이 강력하여 후국을 통제할 수 있는 시기에는 문제가 없지만, 중앙 본국이 쇠약하고 지방 후국이 강성할 때에는 후국의 분리독립이 용이하게 된다는 약점이 있다.

고조선 연방제국은 고조선 서부방면 방위 담당 사령관 위만이 기원전 194년 군사정변을 일으켜 위만조선을 수립하자, 고조선 연방에 속한 후국들이 불복하여 사실상 해체 단계(고조선 영역의 제4단계)에 들어갔다(〈자료 1-10〉 참조).

고조선이 동북아시아에서 매우 이른 시기에 최초의 고대 국가를 건국해 후국제도를 채택하면서 크게 발전했으므로, 고조선 국가의 직접·간접지배를 받은 후국들 및 후국 민족들 그리고 고조선인들이 진출해 거주한 지역은 고조선문화를 공유하고 분유하여 '고조선문명권(文明圈)'을 형성하게 되었다.[26]

주의할 점은 고조선문명권이 고조선 본국과 후국들로만 구성되는 것이 아니라 다른 지역, 다른 나라에 이주해 간 고조선 이주민들의 자치공동체 또는 분국(分國)의 민족문화권·생활문화권도 포함한다는 사실이다.

그러한 고조선 이주민의 대표적 두 사례가 중국 산동(山東) 반도와 그 이남부터 양자강 하류까지의 중국 동해안 지역에 이주해서 자치생

---

26 신용하, "고조선문명권 형성의 기본구조", 〈단군학연구〉 23, 2010 참조.

활을 하던 고조선 이주민, 즉 고중국인들의 통칭하던 동이(東夷) 족, 그리고 일본열도의 규슈(九州) 지방 등에 이주한 고조선 이주민과 그 후예들이다.

즉, 고조선문명권은 고조선 본국과 고조선 후국들, 그리고 고중국 산동반도와 중국 동해안 고조선 이주민 자치공동체 지역 및 일본열도 규슈 지방 고조선 이주민 자치공동체 지역 등으로 구성되어 있었다고 볼 수 있다.

〈자료 1-11〉 고조선 최전성기 때 문명권의 범위

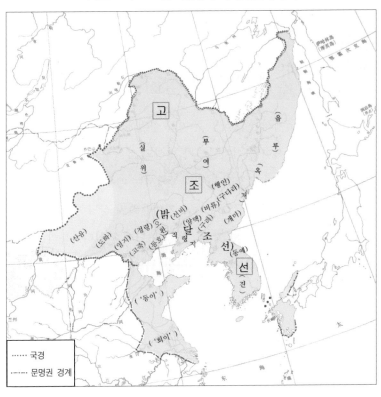

이러한 관점에서 고조선 국가가 해체되기 이전의 고조선문명권을 지도에 그려 보면 〈자료 1-11〉과 같다.

여기서 또한 주의할 것은, 고조선문명권은 고조선의 국경이 아니라는 사실이다. 고조선문명권은 문명사적으로 고조선의 문명과 문화가 고조선 사람들의 이주와 함께 전파되어 고조선문명의 권역 안에 연속되어 포함된 지역을 설정한 것이다. 이것은 다음 논의 전개에 반드시 필요한 작업이다.

5. 고조선문명의 개념과 특징 2

4) 최초의 기마문화 형성

고조선 연방제국에서는 후국인 부여와 실위에서 야생마의 가축화에 성공하여 동북아시아형 기마문화가 형성되고 독특한 기마술이 형성 보급되었다. 그 결과 고조선 연방제국에서는 매우 일찍 말〔馬〕이 교통·통신 수단으로 이용되었다. 즉, 기마문화가 상당히 광대한 규모의 고조선 고대 연방국가의 교통·통신 수단이 되었다. 특히 고조선 연방제국에 포함된 유목 민족은 기마문화를 채용하여 기병술과 기사법(騎射法)을 발전시켜 생활화하였다.[27] 이런 고조선의 기마문화는

----

27 신용하, "고조선의 기마문화와 농경·유목의 복합구성", 〈고조선단군학〉 26, 2012 참조.

동북아형 기마문화로서 아랍형 기마문화와 함께 양대 고대 기마문화를 형성하였다.

5) 공동의 신앙과 종교의 형성

고조선문명에서는 태양숭배를 공동으로 하고, 최초의 고대 국가 고조선을 건국한 단군을 조상신이면서 동시에 하느님으로 숭배하는 단군신앙(*Tengrism*)을 형성하여 공동의 신앙과 종교로 하였다. 이는 유일신 신앙으로, 하느님이며 조상신인 단군이 하늘에서 후손을 항상 가호하고 감독한다고 신앙하였다.

한국민족은 4세기 말엽 불교가 도입되어 국가 신앙 교체가 시작되기 이전까지 단군신앙을 가졌다. 기원전 2세기 고조선이 해체한 후, 서변 후국들은 중앙아시아 등으로 민족이동을 감행하여 13세기 회교 등으로 개종하였으나, 이전에는 모두 단군신앙을 공통 종교로 신앙하였다.

6) 고조선어의 형성과 우랄·알타이어족의 조어

고조선은 주민의 언어를 통일하여 기원전 3000년 무렵 고조선어를 형성하였다. 기원전 2세기 무렵 고조선 연방제국이 해체될 때 고조선문명권의 서변 민족과 부족들은 서방으로 이동하였다. 이들이 중앙아시아 지역과 유럽 중·북부 지역으로 이동하자 이와 함께 고조선어가 서방으로도 확산되어 그들의 새 정착지에서 우랄·알타이어족이 탄생하게 되었다. 즉, 최초의 독립 문명의 하나인 고조선문명은 후에 언어학자들이 분류한 우랄어족과 알타이어족 및 우랄·알타이어족을 탄생시킨 문명이 된 것이다.

우랄·알타이어족에 속한 민족들이 고대에 속했던 최초의 독립 문명은 민족학의 관점에서는 5,000~4,300년 전의 고조선문명이었다. 고조선문명이 지역적으로 한 덩어리로 뭉쳐 있던 시기에 이 문명권에 속한 민족들은 공동의 언어로 고조선어를 사용했다. 기원전 108년에 고조선 연방제국이 해체되고, 고조선 후국민족들의 '민족대이동'이 일어났을 때, 서방행렬의 고조선 후국들은 말을 타고 새 정착지를 찾아 중앙아시아로 이동해 정착하였다. 수백 년에 걸친 이동 과정에서 훈족(Huns), 아발족(Avars), 불가르족(Bulgars), 마자르족(Magyars), 투르크족(Turks) 등 기타 고조선 계통 동방 민족들은 중앙아시아를 거쳐 북으로는 유럽의 에스토니아·핀란드·갈레리아 지방까지, 서쪽으로는 헝가리·고대 불가리아·터키 지역까지 역사적 대장정을 거쳤다. 이 고조선 계통 기마민족의 역사적 대장정 과정은 현재 우랄·알타이어족의 분포 지역과 일치한다.

역사적 민족대이동이라는 변수를 넣어 고찰하면 우랄·알타이어족의 공통조어(祖語)는 고조선어이며, 우랄어족과 알타이어족은 고조선 조어라는 동일한 뿌리에서 기원하여 형성된 것임을 확인할 수 있다. 그러므로 우랄·알타이어족에 속한 언어를 사용하는 한국인, 만주인, 일본인, 몽골인, 위구르인, 카자흐인, 우즈베크인, 투르크멘인, 타지크인, 키르기스인, 아제르바이잔인, 타타르인, 시베리아 고아시아인, 바시키르인, 다게인, 발가르인, 터키인, 불가리아인,

〈자료 1-12〉 민족 이동으로 본 우랄·알타이어족의 형성 경로

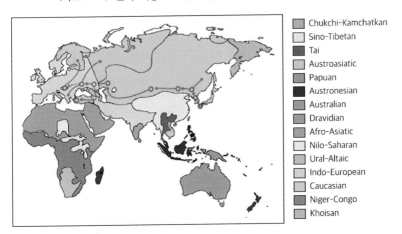

	Chukchi-Kamchatkan
	Sino-Tibetan
	Tai
	Austroasiatic
	Papuan
	Austronesian
	Australian
	Dravidian
	Afro-Asiatic
	Nilo-Saharan
	Ural-Altaic
	Indo-European
	Caucasian
	Niger-Congo
	Khoisan

자료: J. Diamond & P. Bellwood, "Farmers and their languages: The first expansions", *Science*, 2003. 4. 25. Fig. 2 재구성.

헝가리인, 바스크인, 에스토니아인, 핀란드인 등의 조상은 기원적으로 이 '최초의 독립 문명'의 하나인 고조선문명에 속했던 옛 조상들의 직간접 언어·문화·문명의 유산을 부분적으로 간직하며 살았으며, 이를 후손들에게 남겨 주었다고 볼 수 있다.

고조선문명은 '신지문자'(神誌文字)라는 문자도 발명하여 지배층이 사용하였다. 신지문자의 유물과 기록은 소수 남아 있으나, 연구가 되지 않아서 아직 해독하지 못하고 있다.

6. 인류문명사에서 고조선문명의 지위와 위상

유라시아 대륙 동아시아 최초의 독립 문명에 이름이 아직 없으므로, 필자는 이 문명을 처음 탄생시킨 동아시아 최초의 고대 국가의 이름 을 빌려 '고조선문명'(Gojoseon Civilization, Ancient Korean Civili-zation, Asadar Civilization) 이라고 이름 붙여 학술명칭으로 사용하고 있다.[28]

고조선문명은 이 책에서 상세히 설명하고 있지만 우선 간략하게 한 마디로 정의하면, '지금으로부터 약 5천 년 전 한강·대동강·요하 유역 일대에서 독자적 유형의 농경문화와 청동기문화를 창조하고 고 조선 고대국가를 세워 우랄·알타이어족의 기원언어인 고조선어를 창조해 사용하면서 살았던 사람들의, 동아시아 최초의 고대문명'이 라고 정의할 수 있다.

그러나 이 간단한 정의만으로는 종래 잃어버렸던 인류 최초의 문명 하나를 전부 이해할 수 없다. 그러므로 학계의 공동 연구 노력으로 고 조선문명의 형성 과정과 그 독특한 유형의 내용을 보다 상세히 연구

---

[28] '고조선문명'이라는 학술용어는 필자가 정립하여 2000년부터 논문에서도 사용하기 시작한 용어인데, 역사사회학적 비교문명사적 관점에서 기존 수메르문명, 이집트 문명, 인도문명, 중국문명에 비교하여 설정하였다(신용하, "한국민족의 기원과 형성", 〈한국학보〉 100, 2000: 《韓國民族의 形成과 民族社會學》, 지식산업사, 2001 재수록; "古朝鮮文明圈의 三足烏太陽 상징과 朝陽袁台子벽화묘의 三足烏 太陽", 〈한국학보〉 105, 2001; "고조선문명권의 형성과 동북아의 '아사달' 문양", 임재해 외, 《고대에도 한류가 있었다》, 지식산업사, 2007; "고조선문명권 형성의 기본구조", 〈단군학연구〉 23, 2010 참조.

하고 설명하고 실증하여야 할 것이다.

고조선문명은 시기적으로 약 5천 년 전 탄생한 문명으로서 고중국 문명(황하문명)보다 약 1천여 년 앞섰으며, 중국문명의 형성에도 많은 영향을 끼쳤다. 또한 고조선문명은 유라시아 대륙의 극동 지역에서 탄생하여 베링해협과 알류샨열도를 건너서 북·중앙아메리카와 남아메리카 안데스산맥에 도달한 사람들의 아즈텍문명 및 마야문명과 잉카문명의 기원·모체·뿌리가 되었다. [29]

그러므로 토인비의 문명 설정을 참고하면, 인류 최초의 독립 문명 중 고조선문명의 위치는 수메르문명, 이집트문명, 고조선문명, 인도문명, 에게해문명, 중국문명, 중앙아메리카문명, 안데스문명의 순위가 될 것이다. 고조선문명을 연구하고 탐색하는 과제는 인류문명 역사를 규명하는 데 매우 중요한 연구 과제 중 하나라고 말할 수 있다.

7. 고조선문명이 고중국문명의 탄생에 미친 영향

고조선문명은 약 5천 년 전 탄생한 동아시아 최초의 고대문명이기 때문에 그 후 인접 지역에서 형성된 고중국문명(황하문명)의 탄생에 매우 큰 영향을 끼쳤다. 그 중요한 항목을 몇 가지 들면 다음과 같다.

---

29 손성태, 《우리 민족의 대이동》, 코리, 2014; 《고대 아메리카에 나타난 우리민족의 태극》, 코리, 2017 참조.

(1) 고조선 이주민의 이동

약 6천~5천 년 전, 고한반도의 중부인 진(震) 지역에서 태호(太皥)족(용 토템족)이 선진 농업경작과 선진 문화를 갖고 산동반도 등으로 이주했다. 이어서 약 5천~4천 년 전 소호(少皥) 족(새 토템족) 역시 산동반도 등에 이주했다.

그 후 중국 고문헌에 자주 나오는 치우(蚩尤)·전욱(顓頊)·백익(伯益)·우(嵎)·래(萊)·한(寒)·엄(奄)·박(亳)·상(商)·근모(根牟)·거(莒)·서(徐) 등은 모두 고조선 이주민 씨족·부족이었다. 중국 고문헌은 이들을 합쳐서 '동이'(東夷)라고 호칭해 왔다. 이는 '동쪽에서 온 큰 활을 사용하는 사람들'이라는 뜻이다.

(2) 미곡·밀·보리 경작

고조선 이주민 백익족이 고조선의 미곡 경작을 산동반도와 중국 동해안에 전파하였다. 또한 고조선 이주민인 근모족이 고조선의 밀과 보리 재배를 산동반도와 중국 동해안에 전파하였다.

(3) 목축

고조선 이주민 백익족과 래족이 고조선의 선진적 목축(牧畜)을 산동반도와 중국 동해안에 전수·전파하였다.

(4) 누에고치 및 명주 짜는 기술

중국 고문헌은 가장 질긴 고급 명주와 그 직조 방법을 동이족이 가져와 전수해 주었다고 기록하였다.

(5) 치수 사업

동이족인 우족이 초기 고중국의 치수(治水) 사업을 도와주었다고 《상서정의》(尚書精義) 등에 기록되어 있다.

(6) 큰 활(대궁) 및 화살 제작술

중국학자 부사년은 동이 소호족이 처음으로 활과 화살 제조법을 고중국에 가르쳐 주었으며, 동이 전욱족이 크고 좋은 활과 화살 병기를 고중국에 전하여 가르쳐 주었다고 기록하였다.

(7) 청동기문화

고조선 이주민 우족이 청동기문화를 전파·전수해 주었다. 철(鐵)의 고자(古字)는 '銕'로서, '동이의 쇠붙이'라는 뜻이었다.

(8) 기마문화 및 기사술

고중국은 기원전 4세기에야 조(趙)나라가 처음으로 고조선 후국들로부터 호복기사(胡服騎射)를 도입·시행하기 시작하였다.

(9) 상(商)문명의 기원

상(商)의 원 호칭은 '밝'(박, 亳)이었다. 1928년부터 서양 고고학자들이 상문명의 청동기를 발굴하기 시작하여 황하문명 및 고중국문명의 호칭과 개념을 정립했는데, 상의 청동기문화는 고조선 청동기문화를 갖고 가 발전시킨 것이다.

　상의 지배층과 다수 주민은 고조선 이주민이었고, 고조선의 문물을 배워 이주했으므로, 상문명보다 훨씬 먼저 탄생해 발전한 한반도·요동·요서의 청동기와 농경 등 문명 항목을 고조선문명이라 개념화하고 호칭하는 것은 당연하다.

부사년은 이미 1930년대에 상문명이 고중국문명, 황하문명으로 인정받을 당시, 상문명이 발해를 건너 온 동이족이 창조한 문명임을 밝힌 바 있다.

8. 맺음말

이 글을 맺으며 강조할 점으로는 다음을 특히 지적할 수 있다.

첫째, 약 5천 년 전 동아시아에는 토인비 등 문명사가들의 기준을 모두 갖춘, '고조선(아사달) 문명'이라고 호칭할 수 있는 또 하나의 인류 고대 독립 문명이 실재하였다. 이 거대한 문명은 '태양이 가장 먼저 떠오르는 아침의 나라'(*land of the sunrise, land of morning*) 라는 의미의 '아사(시) 달'(조선) 이 동아시아 최초 고대 국가로 형성됨과 궤를 같이하면서 형성되었으며, '아시아'(Asia) 라는 용어를 탄생시킨 문명이다.

둘째, 고조선문명은 인류 초기 5대 문명의 하나로서, 그 내용이 독특하다. 뚜렷한 특징적 항목을 정리하면 다음과 같다.

• 1만 2천 년 전 신석기 농업혁명(단립벼·콩·조·깨·삼 등 경작) 이 시작되었으며, 이에 기초하여 단립벼 + 콩 식문화가 형성되었

다. 이는 메소포타미아문명 및 이집트문명의 밀＋보리 식문화, 인도문명의 장립벼 식문화, 고중국문명의 잡곡＋밀 식문화, 멕시코문명의 옥수수 식문화, 페루문명의 감자 식문화와 대비되는 유형이다.

- 온돌로 대표되는 주거문화와 방한(防寒) 중심 복식문화가 형성 발전되었다.
- 약 5,100~3,800년 전, 독특한 합금 비율과 도안의 청동기문화가 형성되었다.
- 기원전 30~24세기 동아시아 최초의 고대 국가 아사달(고조선)이 형성되었다.
- 동아시아 최초 및 세계 양대 기마문화 중 하나인 고조선 기마문화가 형성되었다.
- 공동의 일신교(단군신앙)가 형성되었다.
- 고조선어가 형성되어 우랄·알타이어족의 공통조어가 되었다.

셋째, 약 5천 년 전 탄생한 고조선문명은 극동아시아에서 신석기시대의 한강문화와 대동강문화, 요하문화(중국 고고학자들의 용어로 요하문명 및 요동 신석기문화)를 통합하여 한 단계 더 발전하면서 한강·대동강·요하 유역을 중심으로 한반도·만주·연해주·동(東)내몽고 지역에 형성된 고대문명이다.

넷째, 인류 초기 독립 문명사에서 고조선문명의 위치를 보면, 약 5,500년 전의 수메르·메소포타미아문명, 약 5,100년 전의 이집트문명, 약 5,000년 전의 고조선문명, 약 4,500년 전의 인도문명, 약

3,700년 전의 고중국(황하) 문명의 순서이다. 토인비를 빌리면, 수메르문명, 이집트문명, 고조선(아사달) 문명, 에게해문명, 인더스(인도) 문명, 중국(황하) 문명, 중앙아메리카(마야) 문명, 안데스(페루 잉카) 문명의 순위이다.

다섯째, 고조선문명은 동아시아 최초의 고대문명으로서, 인접한 지역의 다음 문명인 고중국(황하) 문명의 형성에 큰 도움과 영향을 끼쳤다. 고조선 국가 형성기에 태호·소호족 등 고조선족이 먼저 농업 경작과 목축, 그리고 각종 선진 고대문화를 갖고 산동반도 등에 이주하여 이를 전수해 주었다. 이어서 치우·전욱·백익·우·래·엄·박·상·근모·서 등 고조선 이주민 씨족들이 산동반도와 중국 동해안, 회수 수역, 양자강 하류에 청동기·단립벼 쌀·밀·보리·목축·누에고치와 명주 직조 기술·큰 활 등 각종 선진 문화를 갖고 이주하여 전수해서 고중국(황하) 문명의 창조를 시작하였다. 중국 고문헌은 처음에는 이들을 "동쪽에서 온 큰 활을 사용하는 사람들"이라는 좋은 뜻으로 '동이'(東夷) 라고 호칭했다.

고중국(황하) 문명 형성의 핵심인 상문명을 창조한 상(商)이 바로 고조선 이주민들이 황하 유역에서 세운 고대국가였다. 고대부터 근대까지의 가장 뛰어난 중국 석학들은 이 진실을 알고 있었다. 그들은 비록 이 사실을 연구는 하지 않았으나, 단편적 문구로 언급은 하였다.

고조선문명은 동아시아 고대문명 최초의 모체(母體) 이기도 했으므로, 이 문명을 만든 고한반도 초기 신석기인과 고조선인 및 고조선 후국인들이 베링해협과 알류산열도를 다리 삼아 알래스카 및 북·중앙·남아메리카 대륙에 일찍이 건너가서 그 후 올멕·마야문명 및 아

52

즈텍문명과 잉카문명을 만든 뿌리가 되었다.

여섯째, 앞으로 관련 학계 및 학자들의 세계적 공동 연구로 고조선문명이 더욱 정밀하게 밝혀질 것이다. 고조선문명의 발견과 정립에 의하여 세계사, 동아시아사, 한국사와 인류문명사는 새로 쓰이게 될 것이다. 전 세계에는 고조선문명 외에도 아직 밝혀지지 못한 인류 최초의 독립 문명이 몇 개 더 있다고 본다.

제2장

신시문화의 정체와
고조선문명의 미래

임재해

1. 신시문화의 지속성과 역사적 존재감[1]

우리 역사에서 '고조선'이란 나라는 없다. 단군이 세운 나라는 '조선'
이며, 고조선은 《삼국유사》 '고조선'조(條)의 제목이자[2] 시대 구분
개념이다. '고조선'조에는 환웅의 신시(神市)국 역사를 매우 소상하
게 체계적으로 서술한 뒤, 그 말미에 단군의 조선국 역사를 간략하게
덧붙여 두었다. 그럼에도 생생한 아버지의 역사는 주목하지 않고 엉
성한 아들의 역사만 주목한 채, 아들 단군을 민족시조라 하고 그가 세
운 조선을 '고조선'으로 호명하며 민족사의 최초 국가로 삼고 있다.
단군을 낳은 환웅천왕이 버젓하게 존재하고 그가 세운 신시국이 있는
데, 사학자들은 태연하게 환웅신시의 역사를 삭제하고 단군조선의

---

[1] 이 글은 필자의 《고조선문명과 신시문화》, 지식산업사, 2018, 723~763쪽 내용을
 중심으로 재구성하면서 문명론을 진전시킨 것이다.
[2] 《三國遺事》 卷 1, 〈紀異〉 1, '古朝鮮(王儉朝鮮)'.

역사를 민족사의 출발점으로 삼았다.

아버지의 역사를 찬탈하고 국호까지 고조선으로 바꿔치기하는 데에서 멈추지 않고, 환웅의 홍익인간 이념과 재세이화의 통치방식마저 단군의 이념과 통치방식인 것처럼 엉뚱하게 왜곡하기 일쑤이다. 사학자들은 단군시조론과 고조선건국론의 선험적 틀에 갇혀 있는 까닭에 그 이전의 환웅천왕과 신시 건국 역사에 관해서는 아예 상상조차 하지 않고 있다. 그러므로 환웅천왕이 홍익인간 이념의 실현을 위해 신시국을 세우고 360여 가지 일을 재세이화했다는 체계적 서술의 사료가 있어도, 신시를 국가로 인정하지 않는 것은 물론, 민족사 서술에서 지워버린 것이다.

현재는 단군시조론에 매몰되어 환웅신시의 역사가 없는 것으로 간주되지만, 적어도 고구려 시대에는 환웅천왕을 민족시조로 기린 사실이 벽화와 조형물에 분명하게 나타나 있다. 천신의 후손으로서 천왕에 대한 제천행사를 국중대회로 개최한 사실도 기록으로 남아 있다. 영고와 동맹, 무천의 기록을 보면, "농공시필기"에 "남녀노소"가 "군취가무"하며 "주야무휴"로 "연일 음주가무"하며 축제 형식의 나라굿을 한 사실이 포착된다.[3] 이러한 문화적 유전자는 고을굿과 마을굿 등의 공동체굿으로 지속되는 가운데, 지금의 대중문화로 발현되면서 한류를 이루고 있다.

그런가 하면 마을과 고을에 세워 둔 솟대와 장승, 당나무를 통해 무의식적으로 환웅신시 또는 단군조선의 후예를 상징하고 있다. 단군

---

3 임재해, 《고조선문화의 높이와 깊이》, 경인문화사, 2015, 47~54쪽 참조.

조선의 후손을 상징하는 토템 형상이 장승이라면, 환웅신시의 후손을 상징하는 토템 형상은 솟대이다. 왜냐하면 환웅신시의 천신족이 솟대의 새 토템으로 자신들의 집단 정체성을 상징한 까닭이다. 천하대장군과 지하여장군의 장승은 단군의 출생 양식을 나타내는 토템이라 할 수 있다. 시대에 따라 국조인식이 다른 것처럼, 공동체에 따른 국조인식도 무의식적 차이를 이루는 셈이다. 그러므로 환웅신시의 역사와 문화를 창출한 생태학적 배경이 빙하기를 거친 해빙기의 신석기문화라면, 단군조선 이후의 고대사는 환웅신시의 천신족 문화가 일관성을 지니며 시대에 맞게 창출된 것이라 할 수 있다.

신시 건국의 역사적 전통은 부여와 고구려, 신라, 가야의 건국사까지 고스란히 지속되었으며, 당시의 문화적 전통은 공동체신앙으로 현재까지 이어지고 있다. 신단수의 전통이 당나무로, 환웅족의 토템이 솟대 양식으로, 국중대회는 공동체굿으로 전승되고 있다. 따라서 현재의 당나무를 근거로 신단수를 떠올릴 수 있고, 솟대를 자료로 환웅족의 새 토템을 발견할 수 있으며, 동중대회로 이루어지는 마을굿을 근거로 국중대회라는 고대 나라굿을 추론할 수 있다. 그러므로 과거와 현재의 생활세계를 주목하면, 시대를 가로지르는 통섭의 역사학 방법이 가능해진다.

중요한 점은 단군조선 이전에 환웅천왕의 신시국이 있었다는 사실이 아니다. 역사적 유무론은 덜 중요하다. 지금 우리의 현재사나 생활세계와 무관하다면 환웅신시는 있어도 그만 없어도 그만이기 때문이다. 역사의 알맹이는 유무론이 아니라 존재론에 있다. 존재감이 없으면 있어도 없는 것이나 다름없다. 유무론에 머무는 껍데기 역사는 과

거의 역사이자 소멸의 역사이지만, 존재론의 대상이 되는 알맹이 역사는 통시적으로 지속되면서 생활세계의 실상으로 되살아나는 현재의 역사이자 생성의 역사이다. 연대기적 역사는 과거 속에 사라져 버리기 마련이나, 거기서 꽃핀 문화와 사상의 역사는 현재진행형으로 지속되고 있을 뿐 아니라, 앞으로도 안고 가야 할 미래의 역사이자 문명사이다.

따라서 여기서 주목하는 환웅신시의 역사는 사라진 역사의 연대기를 복원하거나 신시국의 유무론에 매몰되는 껍데기 역사가 아니라, 지금도 살아 있는 문화적 알맹이 역사를 우리 삶 속에서 재인식하는 것이다. 고조선시대의 문화는 한갓 상고사나 사라진 문명이 아니라 지금도 살아 있는 현재사이자 현대 문명으로 지속되고 있다는 사실이 중요하다. 고대사를 현재사로 입증하는 것이야말로 연대기적 유무론을 극복하고 문화적 전통에 입각한 역동적 존재론의 알맹이 역사를 서술하는 것이다. 그러므로 태초의 민족사 해명에 머물지 않고, 지금 여기까지 이어져 왔으며 앞으로도 이어 가야 할 생활세계의 실체로서 환웅신시의 문화적 유전자를 포착하고 고조선문명의 존재론적 실상을 문제 삼는다.

환웅신시의 역사는 단군조선에 선행한 태초의 역사로서 민족사의 꼭짓점을 이룰 뿐 아니라, 환웅천왕의 홍익인간 이념과 태양시조 사상, 신시의 건국정신과 통치규범 등은 삼국시대까지 지속되었다. 고대 초기 국가는 어느 것이든 역사 속으로 사라졌지만, 당시의 문화적 전통은 현재의 생활세계 속에 살아 있으며, 인류사회가 앞으로 추구해야 할 세계관까지 갈무리하고 있다. 따라서 상고사를 확장하는 연대기적 역사의 유무 문제가 아니라, 고조선문명을 이룩한 토대이자 앞으로도 살려 나가야 할 지속과 진행의 역사로서 문화적 역동성의 존재감을 포착하는 것이 긴요한 과제이다. 그러므로 고조선문명사 서술은 연대기적 길이와 강역의 너비를 확장하는 양적 역사가 아니라, 현재 우리 생활세계 속에 지속되고 있는 신시문화의 실체를 포착하는 질적 역사를 쓰는 일이다.

그동안 우리는 환웅신시의 역사를 잃어버린 역사 고아이자, 아버지의 역사를 외면하고 아들의 역사에 매달린 역사 불효자였다. 사학계는 환웅신시의 역사를 묵살한 반역사학의 잘못을 깊이 반성해야 한다. 나쁜 역사학은 과거를 조작하고, 진부한 역사학은 과거 설명을 반복한다. 본풀이 사학은 과거에서 벗어나 과거를 현재화하고 미래화하는 사학이다. 그러므로 밖으로는 중국의 동북공정에 맞서며, 안으로는 술이부작의 동어반복에 매몰된 역사재단의 고조선 연구를 넘어서, 시베리아 기원설과 유목문화 기원설을 극복하고 자력적 농경문화 기원설을 주창한다.

따라서 고조선에 관한 통설에 균열을 내고 고조선을 국호로 일컫는 침묵의 카르텔을 해체하면서, 식민사학의 틀에 갇혀 있었던 필자 자신부터 해방시킨다. 통설의 틀을 깨는 것은 틀린 연구가 아니라 도전적 연구라는 사실을 깨닫고 '빌어먹을 연구' 대신 '벌어먹을 연구'를 표방하며 연구를 수행했다. 그러므로 사학계가 이 글을 통설에서 일탈한 이단으로 규정하고, 찢어 버리고 싶은 글로 간주한다면 연구자로서 큰 보람이 될 것이다. 이미 필자의 책, 《신라 금관의 기원을 밝힌다》(지식산업사, 2008)로 그런 보람을 겪은 사실을 자랑으로 삼는다.

2. 건국 본풀이의 형성과 역사 서술의 인식

환웅신시의 역사를 기록한 사료 《삼국유사》 '고조선'조의 환웅 본풀이는[4] 사실의 역사가 아니라 의식의 역사이자, 사가 개인이 서술한 역사가 아니라 민족집단이 공동 서술한 공공의 역사이다. 건국시조의 역사를 노래한 본풀이의 논리에 따르면, 환웅 본풀이는 민족공동체의 집단의식에 의해 구전되고 공감, 공유되어 온 서사적 역사인 까닭에 공공성을 획득한 공적 사료라 할 수 있다. 다시 말하면 환웅 본풀이를 비롯한 고대의 건국시조 본풀이는 민족 공유의 역사의식으로 구성된 집단적 역사 서술이다. 그러므로 실증주의 논리로 환웅신시를 역사로 인정하지 않는 것은 역사 서술과 해석을 인문 학문이 아닌 자연 학문 수준으로 격하시키는 일이자, 사료의 기표(記標)에 매몰되어 기의(記意) 해석을 포기하는 셈이다.

이러한 실증사학의 논리는 마치 신을 과학적으로 실증할 수 없다는 구실로 신을 믿는 종교문화와 종교사를 인정하지 않는 것과 같은 오류이다. 사료는 어느 것이든 실제 사실이 아니며, 실제와 관련된 사실을 나타내는 자료일 따름이다. 따라서 고고학적 유물과 달리, 실물이 아닌 사료는 그것이 어떤 형태를 하고 있든 실제 역사일 수 없다. 역사적 사실에 대한 구술과 기록은 어느 것이나 사실이 아니라 사실에 관한 언어적 표현, 곧 일종의 기표에 지나지 않는다.

---

4 흔히 '단군신화'로 일컫는 기록을 '환웅 본풀이'라 한다. 단군보다 환웅의 행적에 관한 내용이 훨씬 구체적이고 더 풍부하게 기록되어 있을 뿐 아니라, '신화'의 우리말이 '본풀이'이기 때문이다.

모든 역사 기록은 기억과 상상, 추론, 전승을 거쳐 이루어진 사료이다. 따라서 어떤 기록도 사료일 뿐 역사 자체는 아니다. 역사적 사건의 현장에서 직접 목격한 사실을 이야기하거나 기록한 내용이라 하더라도, 그것은 사람마다 다르기 마련이어서 한갓 문자 기호일 뿐이다. 모든 사료는 역사와 일치하지 않는 까닭에 해석의 대상이다. 달리 말하면, 사료는 실재하지만 역사는 실재하지 않는다. 따라서 역사학은 사료를 수집하고 해석하는 사료학일 따름이다.[5] 그러므로 사료가 어떻게 형성되고 존재하는가 하는 사실이 사료 해석에 상당히 중요하다.

건국의 역사를 이야기하는 본풀이도 사료의 일종일 따름이다. 건국시조 본풀이 또한 역사적 사실에 입각한 민족의식의 구성물일 뿐, 역사 자체이거나 사실 자체는 아니다. 따라서 건국 본풀이 이전에 그것을 추론하고 전승할 수 있는 민족의식이 형성되어 있어야 한다. 환웅 본풀이 또한 건국 과정에 따라 점진적으로 형성된 것이 아니라, 환웅천왕이 신시라는 국가조직을 이룬 뒤 집단적 민족의식에 따라 기억된 과거 사실의 경험과 추론을 바탕으로 형성된 것이다. 그러므로 상고시대 역사일수록 후대에 추론적으로 서술될 수밖에 없다. 다시 말하면, 사실의 관찰 기록이 아니라 기억과 구전으로 인식된 집단지식에 의해 서사적으로 재구성되며 민족공동체가 자기 역사로 공유한 것이 건국 본풀이다.

《삼국유사》에 인용된 《고기》(古記)의 환웅신시 본풀이는 선후 인

---

5 임재해, 《고조선문명과 신시문화》, 95~100쪽 참조.

과관계에 따라 순차적으로 서술되어 있다. 환인이 환웅의 홍익인간 이념을 헤아려 삼위태백을 점지하고 천부인 3개를 하사하자, 환웅은 무리 3천 명을 이끌고 태백산 신단수 아래에 내려와 신시국을 세웠다고 한다. 이 서술을 근거로, 홍익인간 이념에 입각하여 신시국이 건국된 것으로 해석하는 것은 잘못이다. 왜냐하면 서사의 순서에 따라 신시 건국 이전에 이미 홍익인간 이념이라는 민족적 세계관이 갖추어진 것처럼 해석하는 까닭이다.

민족의식이 민족공동체의 성립 이후에 형성되었다고 보면, 태양시조 사상과 홍익인간 이념 같은 관념적인 세계관은 환웅천왕이 신시국을 세운 이후에 과정적으로 형성되다가 어느 단계에 확립된 것이다. 일정한 공동체를 이루고 지도자의 통치체제가 성립되면서 초기국가의 형태를 제대로 갖추게 되자, 비로소 지도자에 대한 신성 관념으로 태양시조 사상이 자리 잡고 국가의 통치철학으로서 홍익인간 이념이 표방된 것이다. 따라서 지도자 환웅이 건국시조로서 신성한 존재로 추앙되는 현실 역사인식을 토대로, 환인의 역사가 거꾸로 쓰인 셈이다. 환웅이 천왕으로서 숭배되려면 환인의 서자로서 하늘에서 내려온 천손으로 미화되지 않을 수 없기 때문이다. 그러므로 환웅이 하늘에서 내려온 기록을 전제로 하여 실증주의 잣대로 사료의 역사적 해석을 부정하는 것은 기본적으로 역사 서술의 논리조차 모른다고 할 수밖에 없다.

《삼국사기》가 고려시대에 집필된 것처럼, 문헌사료든 구전사료든 우리가 만나는 모든 역사적 기록은 그때 있었던 사실이 아니라 뒤늦게 후대 사람들이 재구성하며 의미를 부여한 것이다. 현대사 서술도 마찬가지이다. 환웅신시의 건국 본풀이 또한 신시 건국 훨씬 후대에 와서야 비로소 역사적 서술로 재구성되어 기록된 것이다. 그러므로 환웅천왕의 태양 상징과 홍익인간 이념은 사실상 신시 건국 이후 국가체제를 바람직하게 발전시키기 위해, 마치 건국 이전부터 환웅천왕이 그러한 이념을 품고 나라를 건국했던 것처럼 순차적 논리로 역사적 서사를 구조화한 것이다. 따라서 모든 역사 서술이 역사 진행 과정과 함께 순차적으로 서술된다는 고정관념을 버려야 한다.

환인의 아들 환웅천왕이 하늘에서 태백산 신단수 아래로 강림한 것이나 해모수 같은 건국영웅이 하늘에서 내려와 나라를 세운 것도 후대 사람들이 건국시조를 신성화하기 위해 만든 역사적 상상력의 산물이다. 중국 천자나 일본 천황, 티베트의 달라이 라마 등도 예사 인간으로 출생했을 뿐인데, 다만 역사적 상상력과 종교적 관념에 의해 천자나 천황 또는 환생불로 인식하고 역사적 의미를 부여한 것이다. 실제 사실이 아니지만 그 민족의 집단의식에 따라 공유되는 까닭에 역사적 실체처럼 지속되어 온, 살아 있는 역사이다. 그러므로 천자나 천왕이 실재할 수 없는 존재라고 해서 역사 서술에서 배제할 수 없다. 만일 배제한다면 중국사는 근대사까지, 일본사는 당대사까지 부정되어야 마땅하다.

실제 역사를 가능하게 하는 것은 관념의 역사이다. 따라서 추론에 의한 재구성이라 하여 본풀이의 사료적 가치를 무시할 수 없다. 건국시조 본풀이가 신화라는 이유로 건국시조를 역사에서 배제하는 것도 잘못이다. 건국신화가 없는 역사는 시작 없는 역사이자 고대사 없는 역사이다. 태초의 역사는 으레 건국시조 신화로 쓰이기 때문이며, 신화로 재구성되어야 역사 구실을 할 수 있기 때문이다.

건국영웅의 신이한 행적은 서사구조로 신화화됨으로써 구비전승 과정에 왜곡되지 않고 널리 확산되며, 길이 지속되는 역사 구실을 발휘할 수 있다. 따라서 건국시조 신화, 곧 건국 본풀이는 무(無) 문자 시대의 상고사를 전승하고 공유하기 위해 인류가 개발한 가장 탁월한 역사 서술 양식이라 할 수 있다. 그 가운데서도 환웅신시 본풀이는 가장 체계적이고 가장 이상적인 건국사 서술로서 특별한 역사적 의미를 부여할 만하다. 그러므로 사료 부재나 문헌사료의 결핍을 탓하는 것은 사실상 사료 해석 역량의 부재나 역사적 상상력의 빈곤으로서, 연구자 자신의 학문적 한계를 드러낼 뿐이다.

입증할 사료가 부족하다는 구실로 고조선 시대사를 피해 갈 것이 아니라, 사료의 세계를 파격적으로 확장하고 기존 사료의 입증 논리를 새로 찾아냄으로써 역사 연구의 대상과 방법, 해석과 결론을 두루 혁신해야 할 것이다. 그러자면, 사료와 역사에 대한 고정관념을 해체하고 방법과 이론에 대한 기존 논리를 극복하는 모험적 연구를 수행해야 한다. 새로운 생활사료 발굴에서부터 본풀이 사관 수립에 이르기까지, 역사학의 체계 자체를 과감하게 뒤집어엎고 도전적 역사학을 모색해야 한다.

민족사의 뿌리인 신시의 역사와 문화를 해명하는 일은 잃어버린 상고사를 찾는 일이자, 자기 눈으로 자기 역사를 주체적으로 보는 일이다. 또한 사라진 고조선문명을 복원하는 일에 머물지 않고, 고조선시대 사람으로 살아가는 지금 여기 우리의 역사와 문화를 자각적으로 발견하는 일이기도 하다. 따라서 환웅천왕이 세운 신시문화를 주목하는 것은 한갓 복고적 상고사의 이해나 민족주의적 뿌리 찾기 작업에 만족할 수 없다. 우리 눈으로 우리 역사의 근본을 제대로 알아차리고 지금 여기의 생활세계를 재인식함으로써 바람직한 미래세계의 창을 여는 일이다. 고대사 연구 목적의 시제는 과거형이 아니라 현재형이자 미래형이다. 그러므로 고대사 연구를 제대로 할수록 미래 세계에 대한 독창적 구상과 전망이 오롯하게 떠올라야 제격이라 하겠다.

3. 태양시조 사상과 홍익인간 이념의 합일

상고시대 건국 본풀이일수록 구비 전승되는 까닭에 어느 개인이 사가 구실을 하여 일방적으로 구술할 수 없다. 역사를 문자로 기록하면 사가 개인의 자의적 서술이 가능하지만, 무문자시대의 구비 역사는 공동체가 공감하지 않으면 전파도 전승도 불가능한 까닭에 민족집단의 동의와 공감이 필수적이다. 따라서 공동체의 집단 사관에 입각하여 공동으로 구성되고 사회적으로 전승된 태초의 구비 역사는 어느 천재적 사가가 기록한 역사보다 더 객관적 의미를 지니게 된다. 그러므로 건국 본풀이의 전승 과정에서 공유하게 된 태양시조 사상과 홍익인간 이념은 민족적 세계관으로서 특정 시대와 함께 사라지지 않고 민족사의 지속과 더불어 수천 년 동안 이어져 왔다.

건국영웅을 태양에 은유하는 것은 세계적으로 보편적이다. 태양신 숭배는 빙하기를 견디며 살아남은 신석기인들의 역사적 경험에서 비롯된 것이므로 인류의 보편적 신앙으로 자리 잡을 수밖에 없다. 태양

상징의 건국시조는 세 가지 긍정적 이미지로 포장되었다. 첫째, 초월적 신격으로서 천손이라는 신성 이미지이고, 둘째, 태양처럼 빛나는 존재로서 삼라만상의 모든 생명을 관장한다는 정치적 권위의 이미지이며, 셋째, 태양 같은 지도자야말로 나라를 세울 수 있다는 건국영웅의 이미지이다. 따라서 우리 민족사의 건국시조는 한결같이 태양신앙 사상에 입각해 있다. 그러므로 천손신화든 난생신화든, 건국 본풀이는 모두 태양신앙에 바탕을 둔 태양시조 신화라 할 수 있다.

천손인 환웅과 해모수가 사실상 태양과 같은 이름으로 은유되고 표현됨으로써 태양신을 상징하는 존재인 것처럼, 난생으로 간주된 주몽과 박혁거세 또한 햇빛에 의해서 잉태되거나 붉은 빛을 내는 큰 알로 형상됨으로써 사실상 태양 자체를 상징하는 태양신화의 주체인 것이다. 그러므로 민족신화를 천손신화와 난생신화로 양분하여 마치 북방신화와 남방신화의 영향에 의해 성립된 것으로 해석하는 연구는 다음의 3중 모순에 빠진 셈이다.

하나는 주몽과 박혁거세 등의 난생신화도 한결같이 하늘에서 하강한 천손이거나 천제의 후손으로 출현한 까닭에 모두 천손 개념을 지닌 점이다. 하늘에서 직접 강림한 환웅과 해모수는 물론, 주몽이나 박혁거세, 수로왕 등도 모두 하늘에서 내려오거나 하늘의 점지로 출현한 인물이다. 그러므로 난생이라 하여 천손이라 하지 않을 근거는 어디에도 없다. 난생의 주몽은 '천제(天帝)의 손(孫)'을 자처하지 않았는가.

둘째는 난생이라고 해석하는 근거가 되는 '알'은 외형적 형상일 뿐 실체는 박혁거세의 알처럼 자줏빛을 내는 대광명의 해를 상징한다는 점이다. 주몽의 알도 유화부인이 햇빛을 받아 잉태하였을 뿐 아니라, 금와가 알이라 여겨 버렸지만 짐승들이 피해 가고 구름 속에서도 햇빛이 비추었던 것으로 보면, 사실상 태양을 상징하는 것이다. 가야의 시조도 해 모양의 황금 알로 태어났다고 직접 태양을 거론하고 있다. 그러므로 박혁거세와 주몽, 금수로의 알은 곧 태양을 상징하는 까닭에 난생(卵生)이 아니라 일생(日生)으로서 태양신화라 하지 않을 수 없다.

셋째는 천손신화든 난생신화든 건국영웅이 모두 태양을 상징할 뿐만 아니라 신화의 서사적 구조가 일치한다는 점이다. 상징적 내용과 구조적 형식이 모두 같은 것은 민족신화로서 같은 세계관을 바탕으로 건국 본풀이가 구성된 까닭이다. 따라서 건국 본풀이는 국가별로 서로 다르지만, 우리 민족의 집단의식과 세계관 위에서 생산된 까닭에 태양신을 상징하는 사상과 심층구조는 같을 수밖에 없다. 그러므로 우리 민족신화는 북방신화나 남방신화로부터 영향을 받아 종속적으로 형성된 두 유형으로 존재하는 것이 아니라, 민족적 세계관의 동질성 위에서 독창적으로 형성된 까닭에 역사적 일관성을 지닌 단일 유형이라 할 수 있다.

고대 한국 건국 본풀이는 태양신화로서 보편성과 함께 민족적 독창성을 별도로 지닌다. 태양시조 사상은 종교적으로 신성한 것이면서 정치적으로는 절대 권력을 보장하는 양날의 칼이다. 다시 말해, 고대 제왕들을 태양으로 은유하는 것은 왕권의 신성성을 공인하는 약이 되, 한편으로는 전제군주의 전횡을 보장하는 위험한 독이기도 하다. 아래로부터 섬기는 태양신은 신성 권력이지만, 위로부터 억누르는 태양신은 폭력적 지배 권력인 까닭이다. 그러므로 태양시조 사상의 역기능을 제거하고 순기능을 강화하지 않으면 전제군주의 절대 권력을 옹호하는 역기능을 빚게 된다.

전제군주의 특권화를 막으려면, 위로부터 억누르는 태양신의 초월적 권력을 약화시키는 한편, 아래로부터 섬기는 태양신의 따뜻한 현실 권력을 살려 내야 한다. 하늘의 태양은 초월적 절대 권력이지만, 지상에 내리는 햇살은 삼라만상을 살리는 이타적 권력이다. 따라서 햇살 권력이란 곧 삼라만상을 두루 이롭게 하는 홍익인간 이념을 실현하는 지도력이다. 우리 건국 본풀이에만 등장하는 것이 이러한 이타적 햇살 권력이다.

불멸의 독존으로 군림하는 태양 권력과 가변적으로 베푸는 햇살 권력의 두 기능이 어떻게 조정되고 실현되는가에 따라 태양시조 사상의 건국 본풀이는 전혀 다른 의미를 지니게 된다. 환웅 본풀이로 하여금 태양시조 사상의 보편성을 지니면서도 민족신화로서 독창성을 지니게 하는 것은 환웅의 건국이념과 통치체제이다. 햇살 권력을 표방하는 환웅의 이념과 체제가 태양의 무한 권력을 일정하게 통제하는 것이다.

환웅의 건국이념은 '홍익인간'의 구현이고 통치체제는 '재세이화'의 실현이다. 환웅이 표방하고 실천한 이 두 가지 통치 양식은 태양신으로 추앙하는 시조왕의 절대 권력을 통제하고 인간세계의 삼라만상을 위한 봉사 권력을 행사하도록 일정하게 규제한다. 따라서 환웅은 처음부터 태양신으로서 위력을 발휘하며 초월적 권능을 누리려는 데 뜻을 두지 않았다. 인간세상을 널리 이롭게 하는 데 관심을 두었으므로, 환인 또한 그 뜻을 헤아려 삼위태백을 점지해 주고 천부인 3개를 주어 인간세상을 다스리게 했던 것이다.

환웅의 홍익인간 이념은 신본주의와 대립되는 인본주의이자, '천상세계'와 대립되는 '지상세계'를 구하기 위한 이타적 이념이다. 태양시조 사상이 신본주의와 만나게 되면 초월적 신성 권력만 과도하게 행사하여 폭정에 이르게 된다. 실제로 세계사 속의 고대 군주들 가운데에는 태양신을 자처하며 절대 지배 권력을 누린 왕조가 적지 않다. 그러나 홍익인간 이념처럼 인본주의와 만나게 되면 군주의 지배 권력은 전혀 다른 기능으로 작동하게 된다. 인간세상을 널리 이롭게 하는 햇살처럼 지상의 삼라만상을 두루 살리고 밝히는 따뜻한 해님 구실을 하는 까닭이다. 그러므로 태양시조라는 보편성이 신 중심이 아닌 인간 중심이라는 특수성을 만나서 세상에 없는 독자적 민족사상, 홍익인간 이념을 민족사 초기에 이미 창출한 것이다.

홍익인간 이념은 국가 지도자를 태양신으로 떠받들며 절대군주의 독재 권력을 강화하는 것이 아니라, 인간세계의 삼라만상을 모두 살아 있게 하는 햇살의 생명 기능과 온 누리를 공평하게 두루 밝히는 기능을 특히 강조한 상생 개념이다. 건국시조라면 으레 태양과 같은 신성한 인물이자, 인간세상을 널리 이롭게 하는 홍익인간 이념을 지닌 지도자라야 한다고 생각했던 것이다. 그러한 건국시조가 바로 환웅 천왕이다. 그러므로 환웅 본풀이의 맥락에 따라 홍익인간 이념을 더 구체적으로 포착할 필요가 있다.

태양시조 사상과 홍익인간 이념이 서로 유기적 연관성을 지님으로써 새로운 의미를 갖는 것처럼, 홍익인간 이념 자체도 전후 맥락 속에서 그 의미가 더 구체화된다. 일찍이 환웅은 천하에 뜻을 품고 인간세상을 절실하게 동경한 존재이다. 그러나 환웅의 동경은 인간이 현실을 떠나 신선세계나 낙원을 동경하는 것과 전혀 다른 것이다. 별세계에서 스스로 안락한 삶을 누리려는 이기적 동경이 아니라, 문제적 인간세상을 널리 이롭게 하기 위한 이타적 동경이 환웅의 홍익인간 이념이었다.

더군다나 홍익인간 이념은 인본주의와 만나긴 해도 인간중심주의나 민족중심주의도 아니다. 천하세계에 뜻을 두고 인간세상을 동경한 것처럼, 홍익인간 이념은 천상세계에 대한 지구촌의 삼라만상을 두루 포괄하는 생태학적 세계관에 입각해 있다. 따라서 중화사상과 대화혼(大和魂)이 각각 중국과 일본의 이기적 자국중심주의라면,[6] 홍익인간은 이타적 지구촌 공동체주의라 할 수 있다. 그러자면 천신도 환웅처럼 태백산 신단수 아래로 내려와 인간의 무리와 더불어 살아야 하는 것처럼, 곰과 범도 인간세상으로 찾아와 인간과 더불어 살아야 한다. 신과 인간, 짐승이 자연 속에서 서로 공생하는 것이야말로 인본주의를 넘어선 생태학적 세계관으로서 홍인인간 이념의 실현이다.[7] 그러므로 환웅신시 본풀이는 건국시조 이야기로서 신시국의 역사를 서술하는 태초의 사료일 뿐 아니라, 우리 민족이 공유했던 지도자상과 국가이념을 담고 있는 역사철학의 원형이라 할 수 있다.

---

6 중화주의가 중국의 중원을 천하의 중심으로 여기는 봉건적 지배질서에 따른 패권적 국가주의라면, 일본의 대화혼, 곧 야마토 다마시이는 천황을 구심점으로 한 종적 민족주의로서 전투적 무사정신을 앞세워 침략적 군국주의로 흐르기도 했다.

7 임재해, "단군신화를 보는 생태학적인 눈과 자연친화적 홍익인간 사상", 〈단군학연구〉 9, 2003, 115~157쪽.

4. 신시문화의 바탕을 이룬 신석기인의 생활

태양숭배는 빙하기를 동굴 속에서 보낸 신석기인들의 사유에서 비롯되었다. 신석기인들의 문화를 이해하려면, 동굴 속에서 오랜 칩거생활을 한 빙하기인의 생활세계를 제대로 포착해야 한다. 빙하기는 생태학적으로 구석기시대와 전혀 다른 생업양식과 생활세계를 요구하기 때문이다. 먹을 것을 찾아 야외에서 활동하는 수렵채취 생활과 달리, 동굴생활은 폐쇄된 공간에서 오랫동안 머물러 사는 정착생활이다. 그러자면 먹을 것을 장기적으로 비축하는 일이 긴요하고, 소량의 식재료를 풍부하게 불려 먹는 조리의 슬기도 요구된다.

특히 빙하기에는 지독한 정착생활을 할 수밖에 없는 까닭에 이동을 전제로 한 유목이 불가능한 것은 물론, 가축의 사육도 구조적으로 불가능하다. 자연히 육식생활보다 곡물의 열매를 먹는 채식생활이 제격이다. 곡물은 좁은 공간에 장기간 비축할 수 있을 뿐 아니라 익히면 크게 불어나며, 이듬해 씨앗을 뿌려 경작하면 확대재생산도 가능하다. 따라서 해빙기에 이르면 정착생활을 기반으로 한 농경활동이 더 긴요한 생업양식으로 자리 잡기 마련이다. 그러므로 빙하기를 겪은 신석기인들에게는 주곡이 재세이화의 으뜸으로 추구되는 한편, 주명·주병·주형·주선악 등 다양한 가치들이 생활세계의 규범으로 추구되었던 것이다.

자연 속에서 풍요를 누리며 대지와 더불어 생활하던 구석기인들은 빙하기가 닥치자 부득이 좁은 동굴에서 여러 사람들끼리 장기간 생활함에 따라 크게 다섯 가지 문제를 해결해야 했다. 첫째는 주곡 문제로, 곡식과 같은 양식의 확보가 무엇보다 중요했다. 다음은 주명과 주병 문제로, 동굴에서의 오랜 칩거생활이 인간의 건강에 심각한 영향을 미치는 탓에 수명과 질병에 특히 유의해야 했다. 또한 주형과 주선악 문제로, 자연 속 야외 생활과 달리 좁고 폐쇄된 어두운 공간에서 여럿이 장기간 생활하는 까닭에 선악의 규범을 엄격하게 하고 형벌로 다스리지 않으면 질서를 유지하기 어려웠다. 그러므로 주곡을 비롯한 주명, 주병, 주형, 주선악 등 다섯 가지 규범이 특히 문제될 수밖에 없다.

이 다섯 가지는 360여 사 가운데 상대적으로 주요 규범에 해당될 뿐, 빙하기 동굴생활에 슬기롭게 적응하려면 더 구체적인 규범들이 필요하다. 대자연 속에서 자유롭게 살아가던 구석기인들의 생활에서는 요구되지 않았던 생활규범들이 동굴의 공동체생활에서는 다양하고 세밀하게 요구되었던 것이다. 먹고 마시고 배설하는 기본적인 생존 문제를 넘어서, 폐쇄된 공간에서 공동으로 양식을 저장하고 이용하는 규칙은 물론, 불을 밝히고 환기하는 공적 영역에서부터 남녀관계의 사적 영역에 이르기까지 수많은 규범이 필요하다. 그러므로 주곡과 주명·주병·주형·주선악 외에 360여 가지 일을 구체적으로 촘촘하게 설정하지 않을 수 없다.

이처럼 닫히고 갇힌 어두운 공간에서 머물러 사는 동안 태양신을 섬기는 천신숭배의 종교적 신앙활동 외에 세 층위의 문화적 활동을 새롭게 하게 된다. 하나는 역사적 상상과 미래의 가능성을 꿈꾸는 서사적 이야기를 하는 활동이고, 둘은 생활도구를 오랫동안 갈아서 만드는 미학적 형상화 활동이며, 셋은 먹을 것을 가공하고 음식을 익혀 먹는 조리활동이다.

첫째, 이 시기에 특히 문제되는 것은 언어의 발전과 관념적 상상력이다. 대자연 속에서 생활하던 구석기인들이 즉물적이고 시각적인 반면, 어두운 동굴생활 속에서는 현실세계를 넘어 관념적 사유를 하게 되고, 그에 따른 개념어가 발전되면서 서사적 상상력을 발휘하게 된다. 동굴생활은 어두운 밤의 생활이자 사실상 앞이 보이지 않는 장님 생활이나 다름없기 때문이다. 자연히 즉물적 언어에서 관념적 언어 구사력이 발전되기 마련이다. [8]

눈을 뜨면 눈앞의 실제 현실이 보이지만 눈을 감으면 현실세계를 넘어선 추억과 상상의 세계가 보이기 시작한다. 마찬가지로 낮에는 현실의 실존 사물이 보이지만, 밤에는 도깨비나 귀신과 같은, 상상세계의 초월적 존재가 떠오른다. 그러므로 동굴생활을 장기간 하게 되면 눈먼 장님처럼 눈으로 볼 수 없는 세계에 대한 상상력을 발휘하기 마련이며, 이야기를 하며 겨울밤을 보내는 것처럼 흥미로운 상상의 이야기를 하고 들으면서 지내기 마련이다.

동굴생활에서는 구체적 사물을 지시하고 끌어와 의사소통을 하던 종래의 언어생활을 지속할 수 없다. 어두운 공간에서는 불가시적 세계에 대한 상상의 나래를 펼치는 가운데, 관념적 사유의 가치를 개념

---

8 자연 생태계 속에서 야외생활을 하는 구석기인들은 눈앞에 보이는 사물과 행위를 지시하는 것만으로도 충분한 의사소통이 가능하지만, 어두운 동굴 속에서는 눈에 보이지 않는 사물과 행위를 언어로 나타내야 의사소통이 가능하다. 그러므로 오랜 동굴생활을 하는 동안 사물과 행위를 나타내는 언어는 물론 상상의 세계, 관념적 가치를 나타내는 개념어가 발전하게 되었다.

어로 구성하는 서사적 언어생활을 하기 마련이다. 따라서 자기 존재와 세계의 근원에 대한 질문을 던지고, 다른 세계와 초월적 존재에 대한 상상을 자유롭게 하면서 신화적 서사를 구성하는 수준으로 언어문화가 성장하게 된다. 빙하기에 죽어 가고 사라져 가는 현상들을 목격한 까닭에 이전 시기의 사건과 역사를 기억하고 전승하려는 욕구도 커졌을 것이다. 그러므로 이 시기부터 개념어가 발달하기 시작하고 역사적 서사로서 초보적인 시조 본풀이가 형성된 것으로 추론한다.

둘째, 신석기인들이 돌을 갈아서 마제석기를 사용한 것도 오랜 동굴생활에서 비롯된 것이다. 마제석기가 등장한 것은 구체적 사물이나 행동을 일컫는 일상어에서 추상적 정서와 관념을 나타내는 개념어가 나타난 것과 같은 수준의 발전 현상이다. 동굴인들은 즉물적인 일상어로 하는 대화에 만족하지 않고 흥미로운 상상의 신화를 이야기하며 시간을 보내는 것처럼, 즉석에서 돌을 깨어 쓰는 타제석기에 만족하지 않고 세련된 생활도구를 오랫동안 공들여 갈아서 만드는 것으로 시간을 보냈던 것이다. 그러므로 신석기는 신화시대와 함께 등장하였으며, 빙하기의 동굴생활에서 싹튼 문화라 할 수 있다.

일상어와 다른 신화적 서사에서 세련된 언어가 만들어진 것처럼, 신석기도 도구의 실용성을 넘어서 매끈하고 정교한 구조의 미의식을 실현한 공예품으로서 만들어졌다. 마제석기는 단순히 동굴생활의 무료함을 달래는 소일거리가 아니라, 하나의 창조적 형상을 만들어 내는 큰 성취이자 보람이었다. 따라서 미학적인 가치와 예술적 창작활동에 눈을 뜨게 되었을 뿐 아니라, 아무나 가질 수 없는 잘 만들어진 석기공예품을 소유하는 만족감까지 누리게 되었다. 일시적으로 쓰고 버리던 도구로서 기능적인 타제석기들과 달리, 오랫동안 소장할 만한 미학적인 공예품으로서 마제석기가 이 시기부터 점차 발전한 것이다. 그러므로 신석기는 신석기인이 발명한 것이지만, 사실상 빙하기인의 산물이라 할 수 있다.

사물과 행동을 나타내는 지시적 일상 언어에서 사유와 상상을 나타내는 관념적 언어로 발전하고, 역사적 상상력의 본풀이를 이야기하는 동시에 동굴 벽에다가 주술적 그림을 그리기 시작한 것도 이 시기였다. 동굴생활을 거친 신석기인들은 하늘과 태양으로 상징되는 초월적 존재를 섬기는 종교인이자, 관념적 세계를 상상하고 서사적으로 이야기하는 지성인이며, 아름다운 형상의 공예품을 만들고 동굴벽화와 암각화를 그리는 예술인으로 거듭났다고 할 수 있다. 이러한 역량을 갖춘 이후에 비로소 태양시조 사상의 건국시조 본풀이를 전승하고 농공시필기에 제천의식을 올리는 하늘굿을 국중대회로 열게 되었다. 그리고 동굴벽화의 전통은 고분벽화로 이어졌고, 마제석검을 만드는 전통은 세련된 고조선식 동검으로 발전하였다.

셋째, 수렵채취 생활로 먹을 것을 쉽게 자급할 수 있었던 구석기시대와 달리, 빙하기에는 동굴에서 오래 칩거해야 하는 까닭에 먹을 것을 장기간 저장해야 할 뿐 아니라, 식재료를 가공하거나 조리함으로써 한정된 식량을 여러 사람들이 오랫동안 먹을 수 있도록 만들어야 한다. 따라서 식재료를 끓여서 양적으로 늘려 먹는 식문화가 형성될 수밖에 없다. 곡물은 익히면 불어날 뿐 아니라 장기간 저장하면 이듬해 봄에 다시 심어 증식할 수 있는 식량이기도 하다. 따라서 빙하기인들에게 절실하게 필요했던 것은 곡물의 경작이자 농기구의 제작이었다. 그러므로 빙하기를 겪은 신석기인들은 농경생활이 가능하게 되었으며, 이때부터 돌괭이와 돌보습, 돌낫 등 석기 농기구를 만들어 사용하게 되었다.

식량을 어느 정도 저장해도 오랜 칩거생활을 해야 하는 까닭에 이를 늘려 먹는 방법을 궁리하지 않을 수 없었다. 한정된 먹거리를 늘려 먹는 가공법이나 조리법을 개발하기 마련이다. 육류도 생식하는 것보다 채소와 물을 넣고 끓이면 그 양이 엄청나게 늘어나고, 곡류는 익히기만 해도 상당히 불어난다. 따라서 동굴에서는 구석기시대의 생식이나 구워 먹는 생활을 청산하여, 갈아서 먹고 발효해서 먹는 등 양식을 늘려 먹고 오래 저장해 먹는 식문화가 발전하였을 것이다.

쌀이든 밀이든 가루를 내어 먹으면 더 늘려서 먹을 수 있다. 곡물을 최대한 늘려 먹는 조리법은 갈아서 죽으로 쑤어 먹는 방법이고, 그 다음은 떡이다. 따라서 양식을 절약하려면 밥을 지어 먹다가 떡을 만들어 먹고 마지막에는 죽을 쑤어 먹어야 하는 것이다. 이때 가장 필요한 도구가 곡물을 가루로 만드는 갈돌이다. 그러므로 빙하기를 거치며 갈돌 사용이 일반화되기 시작할 뿐만 아니라, 구석기시대와 달리 신석기인들은 식재료를 조리해서 먹는 식생활을 하게 되었다.

따라서 고대사 시대 구분을 단순히 구석기와 신석기시대로 구분할 것이 아니라, 자연 생태계와 유기적 관련성 속에서 그 발전 원인과 과정을 복합적으로 해명하는 데까지 나아가야 한다. 왜냐하면 석기를 단순히 깨뜨려 만들었는가 갈아서 만들었는가 하는 기술적 차이와 전혀 다른, 세계관과 생활세계의 차이가 오랜 빙하기를 거치면서 형성되었기 때문이다. 신석기시대는 단순히 마제석기를 사용한 시대가 아니라 정착형 농경문화의 시대로, 식량을 가공하고 익히는 조리문화의 시대이고, 태양신을 숭배하는 신화의 시대이자 제천의식인 종교주술의 시대이며, 창조적 형상을 만들고 그리는 초기 예술의 시대라 할 수 있다. 그러므로 신석기인들은 빙하기의 동굴생활을 거치며 정착농경문화를 이룩하고 태양 상징의 환웅신시를 세웠으며, 신시고국의 역사를 환웅 본풀이로 구송하는 가운데 신시문화의 정체성을 확립한 것이다.

5. 재세이화의 통치체제와 이상적인 공동체

특정 개인의 가치나 철학이 아니라, 공동체가 역사적으로 터득하고 집단적으로 공유하며 전승하는 가치나 철학은 쉽게 사라지지 않는다. 특히 민족 공동체가 함께 공감하며 전승한 집단무의식의 가치 체계나 철학의 틀은 문화적 유전자로서 역사적 전승 능력을 지닌 까닭에 그 원형이 쉽게 해체되지 않고 지속된다. 각성된 개인의 의식은 죽음과 함께 소멸될 수 있지만, 민족 공동의 집단의식은 누가 나서서 애써 지우려고 해도 쉽게 지워지지 않고 세대를 넘어서 지속되는 까닭이다. 그러므로 민족적 집단의식은 시대에 따라 어느 정도의 변화가 있어도 원형적 사유의 틀은 지속되므로 역사적 유전자를 이루기 마련이다.

실제로 환웅 본풀이의 서사구조와 사상체계는 가야시대까지 심층구조를 이루며 역사적 유전자로 지속되었다.

- 환웅이 태백산에 하강 → 신시의 천왕 → 단군왕검의 조선 건국
- 해모수가 웅심산에 하강 → 부여의 천왕[9] → 고주몽의 고구려 건국
- 육촌 시조가 산에 하강 → 육촌의 촌장 → 박혁거세의 신라 건국
- 천명으로 구지에 하강 → 구촌의 구간 → 금수로의 가락국 건국

　건국신화는 모두 신시와 조선, 부여와 고구려, 육촌과 신라, 구촌과 가락국이 짝을 이루는 이중구조로 되어 있다. 선행 시조가 하늘에서 산으로 하강하는 천손강림형이라면 후대 시조는 어머니로부터 태어나는 모계출생형이다. 그러한 원형이 환웅신시와 단군조선에서 보기를 이루었는데, 후대로 갈수록 모계는 점차 잠적하고 태양신화로서 천손강림형이 강조된다. 따라서 단군의 성모 곰네, 주몽의 성모 유화부인은 분명하게 밝혀져 있지만, 박혁거세의 성모는 선도산 성모와 금수로[10]의 성모 가야산 정견묘주는 주류 신화에서 거론되지 못하고 소외되었다.

　태양시조 사상을 강화하기 위하여 주몽처럼 성모 유화가 햇빛을 받아 잉태하고 태양을 상징하는 알을 낳거나, 박혁거세와 금수로처럼 아예 성모의 개입 없이 하늘에서 자줏빛 알이나 황금알 형태로 강림하는 구조로 건국시조는 한층 구체화된다. 건국시조가 태양을 상징하는 존재로 성모의 몸에서 태어나다가 점차 태양의 형태 자체로 지

9　李奎報, 《東國李相國集》, 卷 3, '東明王'篇에서는 해모수를 일러 사람들이 '天王郎'(천왕랑)이라 했다고 한다.

10　알지가 금궤에서 나온 까닭에 '金'씨로 일컬었으므로 김알지가 아니라 금알지, 김수로 또한 황금알에서 나온 까닭에 금수로로 일컬어야 마땅하다.

상에 하강하여 출현하는 것이다. 후대로 갈수록 초기의 은유적 태양 시조 사상이 더 직접적으로 구체화되었다. 통치이념도 환웅의 '홍익 인간', '재세이화'에서 신라에 오면 박혁거세의 '광명이세'로 태양시조 사상이 한층 강화된다. 가야의 황금알은 아예 해에 직접 비유된다. 따라서 이 모든 건국신화들을 북방계 천손신화와 다른 남방계 난생신 화로 해석하는 것은 잘못이다. 고대 건국신화는 태양신화로서 동질 성을 지닐 뿐 아니라 환웅 본풀이 이래 지속된 민족신화의 일관성을 지님으로써 자기 정체성이 분명하다고 해야 할 것이다.

환웅 본풀이에서 가야 본풀이까지 일관되게 변화 발전한 건국시조 신화의 계통을 정리해 보면 태양신화로서 동질성이 더 분명해진다. 첫째, 태양시조 사상과 홍익인간 이념을 처음 수립한 신시의 환웅 본 풀이가 1.0이라면 조선의 단군 본풀이는 1.1이고, 둘째, 부여의 해 모수 본풀이가 2.0이라면 고구려의 주몽 본풀이는 2.1이다. 셋째, 육촌의 촌장 본풀이가 3.0이라면 신라의 박혁거세 본풀이는 3.1이 며, 넷째, 가락국의 금수로 본풀이가 4.0이라면 육가야 본풀이는 4.1 이다.

처음 형성된 1.0과 1.1의 역사철학적 세계관이 4.0과 4.1까지 같 은 서사구조와 논리로 발전하는 것을 보면, 민족적 세계관의 원형은 변화하지 않고 강고한 지속성을 지니며 전승된 사실을 포착할 수 있 다. 환웅 본풀이는 태초의 역사이자 구술사료로서 여러모로 한계를 지니는 것 같으나, 수천 년 동안 잊히지 않고 지속된 데에는 그럴 만 한 의의와 장점이 있기 때문이다.

건국 본풀이는 어느 것이든 장기간의 역사를 줄거리만 짧고 굵게 핵심 내용을 서술한 까닭에 구체성이 떨어지기 마련이다. 그러나 자세하게 다 서술하면 서사성이 없어져 이야기로서 역사 구실을 하기 어렵다. 과감하게 생략된 역사 서술 속에 있어야 할 만한 내용이 신화적 이야기 속에 모두 함축되어 있을 뿐 아니라, 한 편의 잘 짜인 서사문학 양식으로 구성되는 것이 중요하다. 문학성을 갖춘 역사라야 쉽게 이해하고 후대에까지 전승할 수 있는 까닭에 그렇다.

만일 환웅 본풀이가 이처럼 공감할 만한 건국이념과 흥미로운 줄거리로 구성되지 않았다면, 수천 년 동안 지속되지 않았을 것이며 그 핵심적인 내용과 서사구조가 신라·가야시대 건국 본풀이까지 이어지지도 않았을 것이다. 아무리 공감할 만한 내용이라도 흥미로운 이야기로 구성되지 않으면 기억해서 전승하기 어렵고, 서사적 구성이 뛰어나도 알맹이가 없으면 전승할 의미와 가치를 잃게 된다. 그러므로 환웅 본풀이는 신시고국의 위대한 건국이념과 놀랄 만한 역사적 사실을 흥미롭게 구성한 고대 건국사 최고(最古)의 사료이자, 한민족 역사철학의 틀을 마련하여 후대 건국사의 원형을 이룬 사료라고 할 수 있다.

만일 환웅 본풀이가 없었다면, 단군 본풀이는 그 자체로 전승되기 어려웠을 것이다. 왜냐하면 단군 출현 이후의 역사적 사실은 문학적 서사성을 획득하지 못했을 뿐 아니라, 홍익인간 이념이나 재세이화와 같은 역사철학조차 없기 때문이다. 단군은 조선을 개국한 뒤에 도읍지를 여기저기 옮긴 역사적 사실 외에, 죽어서 아사달의 산신이 되었다고 함으로써 산신신앙의 뿌리를 이룬 사실이 주목될 뿐이다. 그러므로 단군조선의 역사를 살아 있게 한 것은 사실상 환웅신시의 역사와 사상, 문화를 두루 담고 있는 환웅 본풀이의 서사구조라 하지 않을 수 없다.

환웅 본풀이는 인류사의 보편적인 태양숭배 사상과 함께 바람직한 공동체 이념을 독창적으로 서술한 사료로서 그 역사철학이 상당히 독특하다. 태양시조 사상처럼 인류사회의 보편성은 드러내지 않은 채 본풀이의 서사적 틀 속에 버무려 둔 반면에, 민족사의 독자적 사상에 관해서는 상당히 구체적으로 서술했다. 여기서 새삼 주목해야 할 것은 인류사의 보편성이 아니라, 환웅신시에서 시작되는 민족사의 독자적 개성이다.

신시문화의 독자성은 건국이념과 통치체제에서 구체화되어 있다. '홍익인간'의 건국이념을 명시적으로 표방하고 있을 뿐 아니라, 그 맥락에서 환웅의 건국의도를 '수의천하'(數意天下), '탐구인세'(貪求人世)로 밝혀 두었다. 따라서 홍익인간 이념은 수의천하와 탐구인세라는 맥락 속에서 해석되어야 한다. 그러므로 홍익인간은 단순히 인간을 널리 이롭게 하는 인간중심주의가 아니라, 인본주의에 초점을 두되 지구촌 전체의 생태학적 공생을 표방하는 이념이다.

어떤 민족의 초기 역사에서도 일찍이 이런 수준의 역사철학과 체계를 갖춘 건국 본풀이를 발견하기는 어렵다. 자의적으로 구성한 개인적 서술의 역사가 아니라, 하나의 민족집단이 공동으로 추구하면서 현실적으로 실천해 온 공동체의 역사라는 점에서 더 주목된다. 따라서 신시국 가까이 사는 종족들은 신시국을 동경하지 않을 수 없다. 곰족과 범족 지도자들이 환웅족의 신시국 문화를 동경하고 이에 동화되기를 기대한 것이 그러한 보기이다. 그러므로 환웅신시의 체제와 문화는 으뜸 수준이었을 뿐 아니라, 후대에도 전범을 이루어 역사적 유전자 구실을 하게 된 것으로 추론된다.

전범의 근거는 간략하게 구성된 환웅신시의 건국 본풀이에 고스란히 집약되어 있다. 반 쪽밖에 안 되는 분량의 단군신화 서사, 곧 신시 건국 본풀이를 분석적으로 정리해 보면 엄청난 양의 역사적 정보가 집약되어 있다.

① 태양시조인 환웅천왕이 ② 홍익인간의 건국이념을 수립하고 ③ 권력 상징을 나타내는 천부인 3개를 지닌 채, ④ 무리 3천을 거느리고 ⑤ 풍백, 우사, 운사를 중심으로 3상 5부의 행정조직을 구성하여, ⑥ 태백산 신단수를 구심점으로 통치 공간을 마련하였다. ⑦ 왕호는 천손강림에 따라 천왕으로 일컬었으며, ⑧ 국호는 해밝은 숲을 상징하는 '神市'이라 하였다. [11] 구체적인 통치체제로 ⑨ 생산양식은 주곡(主穀) 중심의 농경 생활을 표방하고, ⑩ 생존권은 주명(主命)과 주병(主病)의 건강장수 생활, ⑪ 도덕적 규범은 주형(主刑)과 주선악(主善惡)의 윤리생활, ⑫ 기타 통치내용은 360여 가지 일로 세분하여, ⑬ 재세이화의 통치방식을 구체화하였다.

---

11 '神市'는 흔히 '신시'라고 읽어 왔다. 그러나 태초의 역사적 상황과 태백산 정상의 신단수라고 하는 구체적 공간을 고려할 때 '저자 시'(市)를 표방하기 어렵다. 잡목이 무성한 숲의 공간일 가능성이 큰 까닭에 '초목 무성할 불'(市)로 읽는 것이 적절하다. 따라서 신불은 곧 해숲을 뜻하는 말로서 조선(朝鮮)과 같은 뜻을 지닌 국호라 하겠다. 임재해, 《고조선문명과 신시문화》, 339~342쪽에 이 문제를 자세하게 다루었다.

이 분석적 서술을 참조하면 환웅신시가 고대국가로서 완벽한 체계를 갖췄다는 사실을 알 수 있다. 일찍이 이와 같은 완벽한 건국 본풀이로 서술된 고대국가가 없었다. 따라서 동시대 다른 종족들이 환웅신시의 국가이념과 사회체제를 동경하고 찾아와서 동화되고자 했다. 하물며 환웅신시의 후손들이야 더 이를 필요가 없다. 단군조선을 비롯하여 부여, 고구려, 신라인들이 태양시조 사상과 홍익인간 이념, 재세이화의 체제를 본보기로 삼는 것은 당연한 일이다. 그러므로 단군은 밝달임금으로서 태양신 상징의 혈연적 정통성을 환웅천왕으로부터 물려받는 한편, 도읍지를 아사달에 정하고 나라 이름을 '조선'이라 일컬어 태양국 신시의 전통을 계승했던 것이다.

단군은 환웅처럼 태양시조로 상징되었지만, 해모수나 박혁거세처럼 하늘로 되돌아가지 않았다. 1908세를 살다가 죽어서 아사달에 은거하여 산신이 되었던 것이다. 따라서 단군은 태양시조로서 천손이면서도 산신이었던 인물이다. 홍익인간 이념을 구현하기 위해 재세이화의 규범을 실천했던 까닭이다. 재세이화는 홍익인간 이념을 구체화한 실천 지침으로서 '재세'(在世), 곧 세상에 머물러 살면서 백성들을 교화시키는 것이 핵심 논리이다. 그러므로 단군은 천손으로서 지상의 임무를 마치면 천상으로 돌아갈 수 있으나, 재세이화의 통치규범을 저버리지 않기 위해 죽어서 아사달에 들어가 산신이 되었던 것이다.

태양시조 사상을 현실세계에 뿌리내리게 하는 재세이화의 이치를 존중할 때 비로소 홍익인간 이념이 올바르게 실현되는 것이다. 환웅본풀이가 세계적인 태양신화의 보편성을 지니면서도 민족신화로서 독자적인 개성을 지닐 뿐 아니라, 태초에 형성된 세계관이면서 현재는 물론 미래 인류의 세계관으로도 훌륭한 역사철학적 의의를 지닌 것은 홍익인간 이념과 재세이화의 규범 때문이다. 인간세상을 널리 이롭게 하는 건국이념이 한갓 명분이 아니라 실질적인 삶이자 구체적인 목적으로 추구되려면 사람들과 더불어 인간세상에 머물러 살아야 한다.

특정 대상과 더불어 살지 않으면서 그 대상을 위한다는 말은 한갓 명분일 수 있다. 따라서 환웅천왕의 통치철학 가운데 홍익인간 이념 못지않게 중요한 것이 재세이화의 실천규범이다. 재세이화의 실천을 전제로 하지 않은 태양시조왕은 신성왕권을 일방적으로 추구하는 까닭에 백성들 위에서 군림할 뿐 백성들의 삶과 함께하지 못한다. 재세이화는 태양 상징의 시조왕을 천왕으로 군림하게 하는 것이 아니라, 백성들과 함께 살면서 교화로 다스리게 하는 실천 지침이자 봉사 규범이다. 그러므로 단군은 천손이되 죽어서 하늘로 올라가지 않고 도읍지 아사달을 지키는 산신이 됨으로써 죽음 이후에도 재세이화의 규범을 실천한 것이다.

홍익인간이 통치의 대상과 목적을 폭넓게 열어 놓은 관념적 세계관이라면, 재세이화는 통치자 자신의 위상과 직무를 제약하는 실제적 규범이다. 통치자를 중심으로 보면 이타적 세계관인 홍익인간과 통치규범인 재세이화는 '외유내강'의 긴장 관계를 이룬다. 따라서 재세이화의 규범은 홍익인간 이념처럼 포괄적 이념이 아니라, 구체적인 생활세계의 실천 지침에 해당된다. 그러므로 관장해야 할 직무가 360여 가지나 될 만큼 방대하고 촘촘한데, 이 중 특히 다섯 가지 영역은 명시적으로 제시되었다.

첫째, '주곡'을 내세워 농경 중심의 생산양식과 경제적 풍요를 관장하고, 둘째 '주명'과 셋째 '주병'을 설정하여 인간의 생명과 건강을 관장한다. 인간세상을 널리 이롭게 하는 최상의 전제가 농경생활에 의한 경제적 안정이다. 다음은 질병 없이 건강하게 장수하며 천수를 누리는 일로서 생명권과 건강권을 보장하는 일이다. 이 둘만 보장되어도 일상생활을 누리는 데 큰 문제가 없다. 어느 정도 복지국가의 면모를 갖추었기 때문이다.

넷째 '주형'과 다섯째 '주선악'을 표방하여 기본적인 생존의 문제를 넘어서 사회질서와 윤리 문제를 중요한 통치규범으로 삼았다. 경제적 풍요가 보장되고 건강한 삶을 누릴 수 있어도, 누군가 부도덕한 짓을 일삼고 사회적 질서를 무너뜨리면 공동체의 안정을 이루기 어렵다. 따라서 선악의 윤리를 실천 덕목으로 내세우고 일탈자들은 법에 따라 통제할 필요가 있다. 그러므로 선악의 문제를 자각하고 공동선을 일깨워 나가는 윤리를 강조하는 한편 공동체의 규범을 어긴 자들은 형벌로 다스리지 않을 수 없다. "일찍이 고조선에 팔조금법(八條禁法)이 있었다"[12]는 것은 곧 '주형'의 전통에서 비롯된 것으로 추론된다.

경제권과 생명권, 건강권의 확보로 기본적인 생존이 보장되는 단계에서 나아가 금법에 의한 치안 유지로 공동체의 안정성이 보장되는 단계의 사회, 그리고 선악의 윤리의식을 바탕으로 공동선을 추구하는 단계의 사회까지를 지향하는 것이 신시국의 재세이화 규범이다. 360여

12 서대석, 《한국 신화의 연구》, 집문당, 2001, 47쪽.

가지 가운데 다섯 가지 문제만 잘 다스려도 바람직한 이상사회를 구현할 수 있다. 이처럼 재세이화는 홍익인간 이념을 구체적으로 실현하는 통치활동을 손에 잡힐 듯이 체계화한 것이다. 그러므로 신시국의 '홍익인간'과 '재세이화'는 당대 최고의 이상사회를 구현하는 지침일 뿐 아니라, 앞으로도 추구해야 할 인류사회의 미래 가치라 할 수 있다.

6. 민족문화 유전자의 역사적 지속과 변화

신시문화의 생활세계는 두 차원으로 나누어진다. 하나는 태양시조 사상에 따른 천신신앙 중심의 관념적 생활세계이자 국중대회 수준의 제천행사 전통을 형성한 것이고, 둘은 재세이화 체제에 따른 주곡의 농경문화를 중심으로 한 실사구시의 생활세계이자 정착생활과 채식 생활 전통을 형성한 것이다.

태양시조 사상에 치우치면 정치적으로 태양신을 자처하며 절대군주의 특권을 휘두르거나, 종교적 관념에 따라 타력적 신앙의 맹목성에 빠지게 된다. 반면 재세이화의 가치에 매몰되면 눈앞의 현실적 이익에 매몰되거나, 자민족 중심의 이기주의에 빠져서 인류 공영의 지구공동체 인식에 이를 수 없다. 따라서 이 두 차원의 생활세계를 조화롭게 합일시킬 수 있는 세계관이 필요하다. 그러므로 '홍익인간' 이념은 태양숭배의 천신신앙과 재세이화의 현실체제를 조화시키는 구심점이자 좌우 균형을 이루게 하는 중심추라 할 수 있다.

홍익인간과 재세이화에 입각한 신시국의 사회체제와 문화 수준은 당대 세계에서 비교우위를 점유할 수밖에 없었다. 이웃의 다른 집단들이 동경할 만한 이상적인 사회였던 까닭에, 아직 동굴생활을 하고 있던 곰족과 범족은 신시국을 인간다운 사회로 동경하기 마련이다. 따라서 곰족과 범족 지도자가 환웅천왕을 찾아와 자기들도 인간다운 삶을 누릴 수 있게 도와달라고 요청했던 것이다. 그러자 환웅천왕은 홍익인간 재세이화의 논리에 맞게 그들에게 인간다운 삶의 길을 일깨워 주었다.

홍익인간 이념은 민족에 따른 문화 수준을 차별하지 않고 대등하게 공존하는 것이다. 환웅이 곰족과 범족을 내치지 않고 그들의 요청을 들어주면서 인간다운 삶의 길을 일깨워 준 것은 홍익민족을 표방하는 자민족 중심주의가 아니라 홍익인간을 표방하는 이타적인 세계관을 실천한 것이며, 쑥과 마늘을 먹으며 햇빛을 보지 말고 100일을 견디라고 한 것은 재세이화의 첫째 덕목인 '주곡'의 농경생활에 적응시키기 위한 것이다.

주곡은 정착생활과 채식생활을 전제로 한 농경문화의 으뜸 덕목으로서, 이동생활과 육식생활을 전제로 한 유목문화와 맞서는 농경민의 생활세계이다. 따라서 환웅신시의 생활세계에 편입되려면 그동안 누려 왔던 이동 및 육식생활을 결별해야 할 뿐 아니라, 정착 및 채식생활에 적응해야 한다. 그 결별과 적응의 과정을 검증하기 위해 쑥과 마늘을 먹는 지독한 채식생활과, 햇빛을 보지 않고 칩거하는 지독한 정착생활을 통과의례로 거치도록 한 것이다. 검증에 따라 적응 가능한 민족을 수용하여 통합함으로써 환웅신시는 사실상 단군조선을 개국할 수 있는 국가적 기틀을 마련하고 마침내 고조선문명 시대를 연 것이다.

환웅신시의 문화적 정체성과 생활세계 수준은 공시적으로는 확산되는 사회적 구심점이 되고 통시적으로는 발전된 국가 형태로 나아가는 역사적 지속성을 발휘하였다. 따라서 단군조선 이후 인접한 여러 민족들이 결합하여 예맥조선으로 합병되는 것은[13] 물론, 여러 후국을[14] 거느리는 연방국가 형태로 지리적 강역이 커지는 한편, 통시적 지속성을 확보하여 고구려와 신라·가야에 이르기까지[15] 환웅신시의 민족의식과 세계관이 역사적 유전자로 이어진 것이다.

환웅 본풀이 내용을 형상화한 고구려 금동장신구의 '환웅천조상'(桓雄天鳥像)[16]이나 각저총 벽화의 '신단수도'(神檀樹圖)[17]를 보면, 고구려인들은 단군왕검이 아닌 환웅천왕을 민족시조로 기린 사실을 알아차릴 수 있다(〈자료 2-1〉, 〈자료 2-2〉). 신단수를 무대로 환웅천왕이 곰족과 범족을 만나는 서사적 이야기를 형상화한 반면에, 단군

---

13 신용하, 《한국 원민족 형성과 역사적 전통》, 나남출판, 2005, 15~62쪽; 신용하, 《한국 민족의 기원과 형성 연구》, 서울대학교출판문화원, 2017, 135~171쪽에서 자세하게 논의했다.

14 윤내현, 《고조선 연구》, 일지사, 1994, 63쪽에서 고조선의 제후국을 '거수국'(渠帥國)이라 일컫기 시작했다. 신용하, 《한국 원민족 형성과 역사적 전통》, 29쪽에서 고조선의 후국 제도를 주목하면서 거수국을 '후국'이라 일컬었다.

15 윤내현, 《한국열국사연구》, 지식산업사, 1998. 부여에서부터 신라·가야에 이르는 여러 국가를 고조선에서 분화 독립된 열국으로 다루었다.

16 청동장신구의 형상이 나타내고 있는 역사적 내용에 따라 '환웅천조상'이라 일컫기로 한다.

17 '각저총'은 씨름 그림을 근거로 명명된 것인데, 이 벽화에서 중요한 것은 씨름이 아니라 환웅신시의 역사를 나타낸 신단수 그림이다. 각저희 왼쪽의 나무 그림을 '신단수도'라고 새로 일컫는다. 따라서 각저총은 신단수총으로 일컫는 것이 더 역사적 명명이라 하겠다.

〈자료 2-1〉요령성 평강지구 출토 환웅천조상

자료: 徐秉琨·孫守道,《中國地域文化大系》, 上海遠東出版社, 1998, 129쪽 그림 149; 박선희,《고조선
복식문화의 발견》, 지식산업사, 2011, 362쪽에서 재인용.

〈자료 2-2〉각저총의 각저희와 신단수도

자료: 임재해,《고조선문명과 신시문화》, 211쪽.

왕검의 존재는 어디에도 형상화되어 있지 않은 까닭이다. 환웅 본풀이를 근거로 축제 상황을 벽화로 그리는 한편, 신시 역사의 서사적 내용을 장신구로 만들어 사용할 만큼 환웅천왕의 신시 역사를 널리 공유한 사실을 포착할 수 있다. 그러므로 고구려시대는 환웅 본풀이를 구전하는 가운데 홍익인간 재세이화의 세계관을 실현하는 국가제의와 제천행사를 올렸을 것으로 추론된다.

고구려 이전 시기인 부여에서도 환웅의 세계관이 적극적으로 계승되었다. 해모수는 태양시조왕답게 스스로 '해 모습'을 표방하며 '부여'라는 국호로 태양을 상징했을 뿐 아니라, 환웅처럼 지상에 내려와 세상을 다스림으로써 홍익인간의 이념을 실천하려 했다. 그러나 환웅과 달리, 천왕으로서 태양시조의 신성한 권위를 누리는 데 치우쳐 재세이화의 통치규범은 제대로 계승하지 않았다. 따라서 아침에 하늘에서 내려와 일을 하고 저녁에는 다시 하늘로 돌아갔던 것이다. 그러므로 이타적 세계관으로 재세이화를 실천하지 않고 태양신의 초월적 권력을 발휘하는 데 치우쳤다고 할 수 있다.

그러한 행태는 다른 국면에서도 발견된다. 혼인하기를 원하는 곰네의 뜻을 따른 환웅과 달리, 해모수는 하백의 딸 유화부인을 일방적으로 취해서 하백과 분쟁을 일으키는 것은 물론, 마침내 유화부인을 버려두고 혼자 하늘로 떠나 버리기까지 했다. 아기를 배고자 한 곰네의 뜻을 수용한 환웅과 대조적으로, 남성적 욕망으로 유화부인을 취한 뒤에 혼자 하늘로 올라가 버린 해모수는 태양왕으로서 특권을 누리는 데 만족했던 한계를 드러낸다. 따라서 해모수는 태양시조로서 지상으로 내려왔으되, 환웅처럼 홍익인간 이념에 따라 재세이화의 정책을 적극적으로 실천하지 않은 것이다. 그러므로 부여의 문화적 정체성은 물론 역사적 지속성이 제대로 확립될 수 없었다.

부여와 달리 고구려와 신라의 역사적 비중은 상대적으로 대단하다. 공교롭게도 이 두 나라는 환웅의 홍익인간 이념과 재세이화의 정신을 온전하게 계승했다. 환웅신시의 통치이념과 문화적 정체성을 고스란히 계승한 단군조선과 함께, 고구려와 신라의 역사가 특히 오랜 역사를 이어 갔다는 사실은 예사롭지 않다. 그만큼 환웅신시에서 마련한 건국이념과 통치체제가 역사철학으로서 보편적 가치를 지닌 것으로 입증된다.

고구려의 시조 주몽은 해모수의 아들이면서 아버지의 사랑을 받지 못한다. 어머니와 함께 금와왕 밑에서 차별과 고난을 겪다가 탈출하여 고구려를 세운다. 해모수의 아들 주몽은 태양시조 사상을 이어받은 천손이긴 하나, 아버지로부터 버림받은 시조왕이다. 주몽은 태양신의 권능에 도취된 해모수와 달리, 철저하게 지상세계에 뿌리박고 재세이화의 통치 양식을 실현한다. 따라서 비류수 가에 초막을 짓고 오랜 투쟁 끝에 고구려를 건국하며, '해'(解) 씨 성을 버리고 '고'(高) 씨로 성을 삼은 것이다. 이처럼 주몽은 태양시조의 권위에 매몰되지 않고 재세이화의 생활세계를 추구했던 까닭에, 고구려사는 환웅신시의 문화적 정체성을 계승하고 역사적 지속성까지 획득한 것이다. 그러므로 고구려인들은 단군조선이 아니라 환웅신시가 민족사의 기원이라는 사실을 분명하게 인식하고 역사적으로 기렸던 것이다.

신라시조 박혁거세는 태양을 상징하는 자줏빛 알에서 태어났을 뿐 아니라 온몸에서 빛이 나는 까닭에 '혁거세'라 이름 짓고 '불구내', 곧 우리말로 '붉은 해'라고 일컬었다. 온 누리를 밝히는 '혁거세 이념'은 태양시조로서 사실상 '탐구인세'를 위해 지상으로 내려온 환웅의 홍익 인간 이념이나 다르지 않다. 그러나 구체적 실천의 길은 '광명이세'를 표방함으로써 환웅의 재세이화와 다른 길을 택했다. 따라서 박혁거 세의 건국이념은 지상세계에 토대를 둔 재세이화로 조화를 이루지 못 하고 태양신의 권위에 입각한 광명이세로 붉은 해를 상징하는 태양왕 의 신성성을 더 강화하였다. 그러므로 박혁거세는 죽어서 아사달에 들어간 단군과 달리 하늘로 올라갔다.

해모수는 하늘에 올라간 까닭에 지상에 흔적을 남기지 않았다. 그 러나 박혁거세는 하늘에 올라간 뒤 7일 만에 주검이 땅에 떨어져서 지 상에 무덤을 남긴다. 일방적인 태양신화에서 지상에 무덤을 남기는 '사후재세'(死後在世)의 결과로 마무리된다. 재세이화의 한계는 석탈 해신화로 보완되었다. 석탈해도 박혁거세처럼 알에서 태어났지만 바 다를 상징하는 용성국 사람으로서 태양신화의 정통성을 일탈했다. 그럼에도 석탈해가 신라 왕실에 인정받는 계기는, 돌무덤에서 7일간 머물면서 호공의 집을 지목하고 슬기로서 차지하는 '재세이화'의 실천 에서 마련된다. 재세이화의 실천에 따라 단군이 죽어서 아사달의 산 신이 된 것처럼, 석탈해 또한 죽어서 토함산의 산신이 되었다. 태양 시조의 천신이 죽어서 하늘로 돌아가지 않고 지상의 산신이 되는 것 은 '재세'(在世)의 정신에 따른 것이라 할 수 있다.

천신과 산신의 존재, 하늘에 오르는 '득천'과 지상에 머무는 '재세' 는 태양신화의 전통과 재세이화의 실천철학을 균형 있게 갖추었을 때 나타나는 문화이다. 따라서 신라 왕실은 안정을 찾지 못하고 왕조가 태양신 중심의 박씨와 재세이화 중심의 석씨 사이에서 오락가락하며 요동친다. 왕권이 김씨(미추왕)로 갔다가 석씨로 와서 다시 김씨(내물왕)로 이동하면서[18] 신라 왕실은 서서히 안정을 찾기 시작한다. 19대 눌지왕 시대에 이르러 종래의 '이사금'시대를 청산하고 '마립간'시대를 열면서 새삼 주목한 것이 김씨 시조인 금알지 신화이며, 금알지가 출현한 계림을 상징적으로 형상화한 금관을 왕관으로[19] 사용하게 된다.

금알지 신화는 환웅이 신단수에 하강한 신시의 세계관을 더 구체적으로 나타내면서 박혁거세의 태양신화와 석탈해의 재세이화 전통을 아우른 것이다. 금알지는 하늘에서 붉은 구름이 시림에 뻗쳐 있는 가운데 닭의 울음소리와 함께 빛을 내는 금궤에서 태어난다. 여명의 해오름 형상을 은유한 태양신화의 한 모습이되, 시림의 나뭇가지는 환웅의 강림처인 태백산 신단수와 같은 신성 공간이다. 신단수가 재세이화의 세계관을 상징하는 공간인 것처럼, 금알지 신화에서는 시림의 공간이 그런 구실을 한다. 신단수나 시림은 땅에 뿌리박은 신수(神樹)인 까닭에 재세이화를 표방하는 국가공동체의 공간적 토대이

---

18 흔히 신라왕조는 박씨에서 석씨, 김씨로 교체되었다고 단순화시키는데, 사실은 그렇지 않다. 박씨 3대에서 석씨로 갔다가 다시 박씨로 돌아와 4대 지속된 이후에 석씨가 4대 지속된다. 석씨와 김씨의 교체도 마찬가지이다. 석씨 4대에서 김씨로 갔다가 다시 석씨로 돌아와 3대 지속되었다. 그 이후 김씨로 가서 김씨계 왕실이 계속 이어진다. 박·석·김의 성씨 교체가 질서 있게 진행된 것이 아니라 오락가락 하면서 상당히 요동친 것이다. 자세한 것은 임재해, 《신라 금관의 기원을 밝힌다》, 지식산업사, 2008, 73쪽 참조.

19 임재해, 《신라 금관의 기원을 밝힌다》, 369~395쪽에서 자세하게 다루었다.

자 시각적 상징물이다. 그러므로 국호조차 '신단수'에서 '神市'(신불), 곧 신숲으로 일컬었던 것처럼, 신라의 국호 또한 '시림'에서 '계림' 또는 '계림국'으로 일컬었던 것이다.

금알지는 태자로 책봉되었지만 사양하고 왕좌에 오르지 않았다. 해모수나 박혁거세, 석탈해처럼 현실세계를 떠난 것도 아니다. 금알지와 후손들은 왕이 아닌 신하로서 미추왕대에 이르기까지 '재세이화'의 삶을 살았다. 김씨 왕실은 금알지의 세계관을 계승하기 위해 금알지가 출현한 계림을 금관의 형상으로 만들어 왕관으로 사용했다. 금관의 번쩍거리는 황금은 태양왕으로서 햇빛을 상징하고, 나무 모양의 세움 장식은 계림을 상징하는 것으로서[20] 신단수의 전통과 재세이화의 생활세계를 반영한 것이다.

김씨 왕실이 환웅 본풀이의 두 세계관을 조화롭게 계승한 까닭에 김씨계의 눌지 마립간 이후 신라는 안정된 국가로서 천 년의 역사를 이어갈 수 있었다. 뿐만 아니라, 환웅신시가 곰족을 비롯한 이웃나라와 연대하여 단군조선시대를 연 것처럼, 김씨계의 신라 또한 횡적 확장으로 통일신라시대를 열었다. 그 이후 삼국의 역사는 청산되고 신라, 고려, 조선의 역사를 지속했다. 그러므로 민족사를 돌아볼 때, 홍익인간 이념과 재세이화의 통치규범이 균형과 조화를 이루는 국가체제일수록 공간적 확장성과 시간적 지속성을 함께 획득한다고 할 수 있다.

홍익인간 이념으로 온 누리를 밝히는 태양 같은 지도자가 되려면

---

20 임재해, 《신라 금관의 기원을 밝힌다》, 401~426쪽 참조.

태양왕으로서 천손 상징의 신성한 권력에 매몰되지 말고, 낮은 곳에서 예사 사람들과 더불어 살아가는 '재세이화'의 구체적 덕목들을 실천해야 한다. 이러한 집단무의식의 민족적 세계관은 한갓 국가이념과 통치체제로 존재했던 태초의 관념에 머물지 않는다. 실제 역사 속에서 구현되고 입증된 역사철학으로서, 오늘의 현실 정치에서도 기대되는 지도자의 덕목이자, 앞으로 추구해야 할 미래 정치의 바람직한 지표이기도 하다.

따라서 환웅신시에서 이룩한 건국철학과 지도자의 세계관은 민족적 원형으로서 지금도 지속되고 앞으로도 이어가야 할 현재형이자 미래형이라 할 수 있다. 환웅신시의 건국사와 문화적 정체성은 한갓 지나간 시대의 케케묵은 과거사가 아니라, 인류문명의 독자적 유형으로 자리매김하고 창조적으로 계승해야 할 역사철학의 훌륭한 보기로 삼을 만하다.

7. 현재진행의 신시문화 정체성과 역사인식

신시문화의 정체성은 민족사의 전개 속에서 문화적 유전자로 지속되는 가운데 다양한 변화를 빚어내며 지금도 우리 생활세계 속에 살아 있다. 환웅신시는 사라진 역사가 아니라 지금까지 기능하고 있는 역사적 실체이자 현재진행의 생활사다. 따라서 신시문화를 중심으로 그 이전 시대 문화 못지않게 신시 이후의 문화적 지속성을 포착하고 나아가 미래문화의 전망까지 제시할 수 있어야 한다. 미래의 문제까지 대안적 논의를 할 수 있을 때, 본풀이 사관에[21] 입각한 역사 연구로서 고조선문명과 신시문화의 논의가 온전하게 마무리되는 까닭이다.

신시문화에서 정립된 태양시조 신화의 전통은 신라 · 가야시대까지 이어졌다. 신성한 숲을 근거로 한 '신시국'의 국호는 신라 초기에 '계림국'으로 이어졌으며, 신단수의 전통은 당나무와 마을숲의 전통으로 살아 있다. 쑥과 마늘을 먹는 채식문화의 전통은 현재까지 고스란히 이어질 뿐 아니라, 앞으로도 지속될 것이다. 한곳에 머물러 사는 정착생활은 구들에 의한 바닥 난방문화를 창출했을 뿐 아니라, 전기 난방기, 그리고 돌침대와 같은 다양한 온돌문화로 발전해 왔으며,[22] 앞으로 새로운 난방문화로 확대재생산될 것이다. 따라서 식생활의 미래는 채식문화 중심으로, 주생활의 미래는 밑면난방 중심으로 세계화될 전망이다. 신시문화는 민족문화의 유전자로서 현재형으로 살아 있을 뿐 아니라, 인류문화의 미래형으로 추구해야 할 가치이다.

민족의 집단 정체성을 곰과 범으로 나타내는 동물 상징의 전통 또한 지금까지 생생하게 살아 있으며, 미래에도 지속될 수밖에 없다. 직관적 인식의 사물, 시각적 아이콘(icon), 그 가운데서도 동물 형상은 논리적 추론의 언어보다 집단 정체성을 더 효과적으로 전달하기 때문이다. 현대는 문자문화 시대를 넘어서 문자 이전의 그림문화 시대로 돌아가고 있다. 고대인들이 암각화와 벽화를 남겼던 것처럼, 지금 다시 그림으로 된 시각적 형상을 유용하게 쓰는 아이콘의 시대로

21 임재해, "고조선 '본풀이'의 역사인식과 본풀이사관의 수립", 〈단군학연구〉 21, 2009, 351~408쪽에서 본풀이 사관을 본격적으로 다루었다.
22 임재해, 《고조선문화의 높이와 깊이》, 128~146쪽에서 자세하게 다루었다.

가고 있다. 문자를 일일이 쳐서 컴퓨터를 작동하던 시대에서 그림을 클릭하는 윈도우 시대에 이르렀듯이, 주의 표시판이나 시설의 알림판이 문자에서 시각적 아이콘으로 바뀌었다.

환웅족이 거대한 천조나 신수로 상징되고 예맥족이 범과 곰으로 제각기 상징되는 것처럼, 각종 사회 집단과 기관은 물론 다양한 상품과 프로그램이 동식물 상징으로 시각화되고 있다. 집단 정체성을 나타내는 동식물 상징은 신시시대의 옛 문화이자 우리 시대의 현실 문화이다. 그러므로 특정 기관이나 집단, 상품 등을 어떤 동물상으로 이미지화하여 집단 정체성을 효과적으로 나타내는 것은[23] 신시시대에 창출한 문화적 원형으로서, 지금 여기의 문화일 뿐 아니라 앞으로도 가꾸어 가야 할 미래 문화이다.

따라서 '환웅이 하늘에서 내려왔다는 것이 말이 되는가?', '곰이 어떻게 사람으로 변신할 수 있는가?' 하는 따위의 억지 논리로 환웅신시의 역사는커녕 단군조선의 역사까지 부정하려는 축자적 해석의 실증주의 사학을 청산하지 않을 수 없다. 기표가 담고 있는 기의의 역사적 의미와 문화적 상징을 본풀이 사관에 입각한 주체적 역사의식에 따라 해석할 수 있어야 진부한 수준의 실증사학이 조성한 반역사학적 폐단을 극복할 수 있다. 사료의 '기표' 읽기에 매달린 초보적 역사학이 아니라, 사료의 숨은 의미와 맥락의 이면을 탐색하는 '기의'의 해석학적 역사학으로 나아가야 인문 학문으로서 통찰의 길이 열린다.

---

23 임재해, "민속학의 생활사료 인식과 역사학의 통섭", 〈한국민속학〉 61, 2015, 7~53 참조.

더 도전적인 역사학을 모색하려면 기존 사료의 새로운 해석을 넘어서 사료 자체를 새롭게 개척해야 한다. 도전적 역사학은 과거의 기록과 유물에 의존하여 사료 부족만 탓하는 것을 직무유기로 간주한다. 지금 여기를 살아가는 사람들의 생활세계가 곧 살아 있는 생활사료이자 고대사를 담고 있는 풍부한 사료 창고라는 인식 전환을 요구한다. 쑥과 마늘을 먹는 식문화의 유전자야말로 생활사료로서 환웅신시의 역사적 실체를 존재감 있게 입증하는 가장 설득력 있는 사료이다. 앞으로 구비사료에 이어서 생활사료에 입각한 역사학의 새 지평을 열어가야 할 뿐 아니라, 과거 사실을 근거로 현재를 해석하는 데에서 현재 사실을 근거로 과거를 재해석하는 역순적 역사 해석의 방법도 개척해야 할 것이다.

모험적 역사학은 기존의 역사학을 더 이상 '공든 탑'으로 인정하지 않는다. "역사는 현재와 과거의 끊임없는 대화"라는 E. H. 카의 주장[24]도 무너뜨려야 할 공든 탑에 지나지 않는다. 본풀이 사관에 입각한 역사는 현실 문제에 입각하여 과거와 현재의 대화는 물론, 현재와 현재의 대화, 현재와 미래의 대화를 지속하는 것이다. 이러한 역사적 대화를 통시대적으로 수행하려면 현재와 현재의 대화부터 제대로 해야 한다.[25] 그러므로 고대사 연구자들은 현재사의 해석에서 출발하여

---

24 E. H. 카 지음, 길현모 옮김, 《歷史란 무엇인가》, 탐구당, 1984, 43쪽.
25 현재와 현재의 대화란 사가가 현재의 눈으로 현재의 문제를 포착한 역사적 현실인식의 확보를 뜻한다. 따라서 이 명제는 크로체(B. Croce)의 '모든 역사는 현대의 역사'라는 주장과 만난다. 크로체가 말하는 '현대의 역사'란 "서술되는 사건이 아무리 먼 시대의 것이라고 할지라도 역사가 실제로 반영하는 것은 현재의 요구 및 현재

'과거와 미래'의 통섭적 대화를 하는 가운데 미래에 대한 바람직한 전망까지 제시할 필요가 있다. 본풀이 사학은 현재학에서 출발한 과거학이자 미래학이기 때문이다.

그러자면 본풀이 사관처럼 진보적 사관을 독창적으로 수립하는 것은 물론, 기존 사료의 틀을 해체하고 새로운 사료 영역을 개척하는 가운데, 고대사가 곧 현재사이자 미래사라는 통섭적 역사학의 새 길을 열어야 한다. 역사의 존재양식을 과거형에 가두지 말고 현재진행형으로 개방하고 미래형으로 펼칠 수 있어야 한다. 미래의 가능성은 전통과 역사에 있는 까닭이다. 미래학자 피터 드러커(Peter F. Drucker)는 미래는 누구도 알 수 없는 불확실성의 세계라고 단정하면서도 확실한 것은 이미 일어난 일 속에 미래가 있다는 점이라고 주장했다. 따라서 과거를 "이미 일어난 미래"라고 형용모순의 논리로 정의한다.[26]

본풀이 사관에 따라 지금 여기의 관점에서 고대와 현재, 미래를 통시적으로 오르내리며 생활사료의 현실 속에서 시대를 통섭하는 모험적 역사학의 새 지평을 구상하면, 미래를 내다보는 역사적 질문을 다시 던지지 않을 수 없다. 동아시아에서 우리 민족만 쑥과 마늘을 먹는다는 것은 역사적으로 어떤 의미를 지니는가? 환웅신시에서 인간다운 삶을 누리는 데 필수적인 먹거리로 제시된 것이 쑥과 마늘이기 때문이다. 그러나 이렇게만 말하는 것은 현실 역사를 역사적 과거를 근거로 설명하고 마는 일이므로 한계가 있다. 그때 그랬으니 지금도 그

의 상황이며, 사건은 다만 그 속에서 메아리 칠 따름"이라는 것이다. E. H. 카 지음, 《歷史란 무엇인가》, 1984, 28쪽.

26 우에다 아츠오 지음, 남상진 옮김, 《만인을 위한 제왕학》, 지평, 2007, 178~179쪽.

렇다는 것은 통시적 인과논리를 갖춘 사실이긴 해도 미래사의 전개에 도움을 주지 못하는 까닭이다.

8. 신시문화에 입각한 현실 인식과 미래 전망

미래의 전망을 만들어 가려면 과거의 역사와 문화적 전통을 재해석할 필요가 있다. 쑥과 달래는 빙하기를 겪고 해빙기를 맞은 신석기인들이 쉽게 채취해서 먹을 수 있는 소중한 먹거리이자 건강한 채식 재료로서 정착생활과 농경문화에 적응하는 통과의례의 시금석 구실을 하였다. 그런 한편, 쑥과 달래는 앞으로 닥치게 될 생태계 위기를 예상할 때 지구생태계에서 가장 끈질기게 살아남을 긴요한 채식 먹거리라는 사실을 재인식해야 한다. 마늘은 쑥과 함께 최고의 건강식품이다. 그러므로 현실의 원인으로서 역사 연구가 아니라 미래를 준비하는 대안으로서 역사 연구를 한다면, 쑥과 마늘의 생태학적 적응성과 건강식품으로서 유용성을 계속해서 주목해야 한다.

미래의 지구촌 공동체를 위해 '쑥과 마늘 연구'가 긴요한 것처럼, 재세이화의 360여 가지 일 가운데 가장 으뜸으로 삼은 '주곡'의 문제도 재인식되어야 한다. 동아시아에서 우리 민족은 벼농사에 특히 탁월한 능력을 발휘하여, 이주해 가는 곳마다 밭농사 지역을 논농사 지역으로 개척한 사실도 우연한 현상으로 간주할 일이 아니다. 벼농사 불모지였던 척박한 곳이 한민족이 이주하게 되면 어김없이 벼농사 지역으로 변모하기 시작했다.

이를테면, 한반도에서 블라디보스토크로 이주한 사람들이 벼농사를 처음 시작하여 한인 거주지를 건설했을 뿐 아니라, 거기서 다시 강제 이주된 카자흐스탄 알마티와 우즈베키스탄의 타슈켄트에서도 황무지와 갈대밭을 논으로 개간하고 벼농사를 지어 풍요로운 공동체를 일구어 냈다. 중국 동북 지역으로 이동한 사람들도 같은 궤적을 보였다. 중국의 조선족 마을은 으레 밭농사 지역을 논농사 지역으로 바꾸어 놓은 성과로 중국 정부의 지지를 받았다.

중국 정부가 성공한 농촌마을로 선정한 길림성의 알라딘촌이 그러한 보기이다.[27] 알라딘촌은 원래 옥수수를 주업으로 하는 밭농사 지역이었는데, 조선족이 입주하면서 밭과 들을 논으로 바꾸어 벼농사 지역으로 전환되었다. 알라딘촌을 비롯한 조선족 마을 대부분이 벼농사로 전환함으로써 부촌이 되었다. 그런데 최근 20년 사이에 조선족 젊은이들이 대도시나 한국으로 취업해 나가자, 한족이 들어와 논을 밭으로 바꾸어 다시 옥수수 농사로 돌아간 탓에 소득이 크게 줄어들고 있다. 길림성 도문시 삼도구촌이 그러한 보기이다.[28] 한족이 논농사에 적응하지 못해 옥수수 농사로 되돌아간 것이다. 이런 사실을 보면, 한국인과 달리 중국인에게는 벼농사문화의 유전자가 상대적으로 부족한 것을 알 수 있다.

---

27 중국 길림성 길림시 용담구 우라진 알라디촌은 중국 정부에서 성공한 농촌마을로 선정하여 홍보한 까닭에 전국적으로 알려진 마을이다(2017년 1월 15~17일, 마을에서 현지조사).

28 중국 길림성 연변조선족 자치주 도문시 동광진 삼도구촌은 한족이 들어와 농사를 지으면서 논이 모두 옥수수밭으로 바뀌었다.

우리 민족이 집단 이주한 지역은 어느 곳이든 벼농사 지역으로 전환되는 농업혁명이 일어났다. 그냥 보면 우연한 일 같지만, 역사적으로 보면 그 원인을 역사적 유전자에서 찾을 수 있다. 상고시대부터 벼농사를 지은 농경문화의 전통이 그 뿌리이다. 신석기시대 초기에 이미 세계 최초의 단립벼가 재배된 사실이 1만 2천 년 전의 소로리 볍씨로 입증된다.[29] 환웅신시의 360여 사 가운데 으뜸으로 여긴 '주곡'도 벼농사의 전통을 증언한다. 장립벼를 재배하는 남방 지역과 달리, 단립벼의 역사적 기원은 신석기의 한반도에서 처음 시작되어[30] 지금까지 지속되고 있다. 그러므로 단립벼의 역사적 기원과 근대 민족 이동에 따른 단립벼 재배의 국제적 확산은 신시문화에 바탕을 둔 고조선 문명의 유산이라 하지 않을 수 없다.

따라서 생태계 위기에 대비한 구황 식품으로서 쑥과 마늘처럼, 한민족의 주곡으로서 쌀, 즉 벼농사에 대한 연구가 필요하고, 더 포괄적으로는 채식문화 전반에 관한 대안 연구도 필요하다. 공동노동 양식인 두레도 벼농사의 전통에서 비롯된 것이다. 미시적으로는 정착 생활을 토대로 한 온돌문화 연구를 진전시켜 주거문화를 한 단계 발전시키는 한편, 거시적으로는 홍익인간의 이상과 재세이화의 논리에 따라 '지구촌 공동체 연구'를 진행함으로써 지속 가능한 인류공동체 이론을 만들어갈 필요가 있다.

그러한 이론의 논리는 홍익인간 정신을 바탕으로 재세이화의 이치

---

29 이융조 · 우종윤, 《선사유적 발굴도록》, 충북대학교 박물관, 1998, 188쪽.

30 신용하, 《고조선 국가형성의 사회사》, 지식산업사, 2010, 47~55쪽 및 《한국 민족의 기원과 형성 연구》, 서울대학교출판문화원, 2017, 30~34쪽 참조.

에 따라 마련되어야 한다. 지금 여기서 문제를 해결하는 것은 지구촌 공동체의 지속 가능성을 보장하는 홍익인간 정신의 실현이자 재세이화의 논리이다. 우주과학자들은 지구촌 문제를 해결하기 위해 지구를 떠나 우주를 개척하는 데에서 대안을 찾는다. 그러나 재세이화의 논리를 따르면, 지구에 머물러 살면서 지구촌의 문제를 해결하고 인류의 지속 가능성을 모색하게 된다. 그러므로 생활세계에서 필요한 물적 자원을 지금 여기서 확대재생산하는 것은 물론, 해결 불가능한 문제를 해결해 줄 초월적 존재도 지금 여기로 불러오는 것이 중요하다. 이것이 농경문화의 기본적 삶의 방식이다.

'농경·유목문화 비교 모형'에 의하면, 유목문화 지역에서는 농경문화와 반대로, 문제 해결을 위해 지금 여기를 떠나야 한다. 성을 쌓는 자는 망한다고 한 것처럼, 유목문화는 일정한 지역에서 붙박이로 사는 것을 부정한다. 늘 새로운 먹거리를 찾아 이동하는 것이 유목문화인 까닭이다. 따라서 굿을 할 때에도 샤먼은 이계여행을 한다. 탈혼굿의 엑스터시 상태가 유목문화 지역의 샤머니즘이다. 입무의식을 할 때에도 큰 나무에 높이 올라가서 오래 머무는 능력을 발휘해야 샤먼의 자격을 획득할 수 있다.

그러나 우리 굿문화는 신을 불러와서 굿을 하는 '내림굿'문화가 기본을 이룬다. 환웅이 태백산 신단수에 내려와 인간세상을 구했던 것처럼, 신이 굿판에 좌정하거나 내림대에 내려와서 문제 해결을 도와주는 것이 굿문화의 기본이다. 따라서 한국 굿에서는 무당이 신의 세계로 이동하는 것이 아니라, 신을 굿판으로 불러와서 무당의 몸에 실리도록 하는 빙의 현상이 곧 무당의 능력이다. 샤머니즘의 탈혼굿이 이계여행의 논리에 입각한 유목문화의 굿이라면, 굿문화의 내림굿은 재세이화의 논리에 입각해 있는 농경문화의 굿이다. 그러므로 지구촌의 미래 문제를 해결하는 대안을 이계여행이 아니라 재세이화의 논리에서 찾아야 할 것이다.

탈혼굿의 이계여행과 내림굿의 재세이화의 논리는 문제 해결 방식이 대립적이다. 이계여행의 문제 해결 논리는 미래의 전망을 지금 여기가 아닌 엉뚱한 공간에서 찾게 되는 까닭에 끊임없이 다른 공간을 점유하는 침입자 노릇을 하다가 마침내 제국주의를 합리화하게 된다. 더 나아가면, 인류사회의 지속 가능성을 지구촌 안에서 생태학적으로 해결하려 하지 않고 외계의 정복으로 해결하게 된다. 지구를 마음껏 사용하다가 자원이 고갈되고 기후가 변화되면 지구촌을 버리고 우주로 떠날 것을 기획한다. 이런 구상은 지구촌을 함부로 소비하여 망가뜨리는 동시에 다른 세계를 정복하는 이중의 잘못을 저지르게 만든다.

지구촌 문제를 지구촌에 살면서 해결하려고 하지 않고 우주 공간의 다른 세계로 이동해서 해결하려는 것에는 두 가지 문제가 있다. 첫째, 지구촌의 온전한 보존을 위한 생태학적 노력을 소홀히 하게 만들어서, 환경오염은 물론 자원을 과도하게 소비하여 지구를 진작 망가뜨리는 위기를 자초하게 되는 일이다. 둘째, 특수층 몇 사람의 지속적 삶을 보장하기 위해 〈인터스텔라〉[31]에서와 같은 불가사의한 우주

---

31 〈인터스텔라〉(*Interstellar*)는 2014년 개봉한 크리스토퍼 놀란 감독의 SF 영화로, 지구가 기후 이변으로 사막화되자 인간이 이주해 살 수 있는 행성을 탐사하기 위해 모험적인 우주여행을 하는 내용이다.

여행과 과도한 행성 개발에 골몰한 나머지 지구촌 인류의 대다수 삶을 돌아보지 않는 위험에 빠지게 되는 일이다.

따라서 지금 여기의 문제를 그 자체로 해결하려 들지 않고 여기를 버리고 다른 곳으로 이동해서 해결하려는 발상은 여러 모로 위험하다. 그러므로 홍익인간 이념을 생태학적으로 실현하려면 지금 여기를 지키고 가꾸며 살아가는 '재세이화'의 실천 지침이 긴요한 가치라 하지 않을 수 없다.

9. 고조선문명의 역사철학과 미래 문화 구상

홍익인간 이념은 이계의 우주를 넘보는 것이 아니라 지구촌을 지속 가능한 생태학적 공동체로 만들어 가는 것이다. 세계화로 지구촌 공동체의 가능성이 더 커졌으나 여전히 20세기적 경제주의에 집착하여 무역전쟁에 골몰하고 있다. 21세기의 지표인 문화주의 가치에 따라 문화 상생과 다문화 공유의 활동을 펼쳐야 한다. 그러자면 다문화주의에서 '다중문화주의'[32]로 나아가야 한다.

서로 다른 문화를 대등하게 인정하는 것이 다문화주의이다. 소수

---

32 J. H. Lim, "Plans of future toward multicultural society and multiple culture", *International Conference on Multiculture and Education*(Inha University, 2016. 11. 4.), 34~35쪽. 다중문화주의는 자민족문화와 함께 타민족문화를 복수로 공유하는 것을 말한다. 더 적극적으로 말하면 다중언어 다중문화주의이다. 한 사람이 복수의 언어와 복수의 문화를 누려야 문화 다양성의 세계화에 이를 수 있다.

민족문화를 대등하게 인정해 준다고 해서 그들의 문제가 해결되는 것은 아니다. 적극적으로 그들의 문화를 자문화처럼 수용하여 누릴 수 있어야 한다. 따라서 다문화주의를 극복해야 지구촌이 문화 상생으로 진정한 삶의 공동체를 만들어갈 수 있다. 왜냐하면 '너희 문화도 우리 문화와 대등하다'는 다문화주의는 미국 사회가 안고 있는 모순과 위기를 감추는 것이자, 집단주의와 포퓰리즘, 도덕주의 등 미국의 세 가지 악덕을 빚어낸다고 보기 때문이다.

집단주의는 사회분열을 고착화할 따름이고, 포퓰리즘은 지배구조의 메커니즘을 분석하기보다 피지배층 문화의 찬양으로 인기에 영합할 뿐이다. 도덕주의는 정체성 인정에 관한 토론에 머무르고 경제 차별의 실제 문제를 외면하게 만든다. [33] 따라서 미국의 다문화주의는 학자들이 '문화적 인정'을 현학적으로 다루는 동안, 비주류 계층과 소수민족의 일상적 소외는 고스란히 그들의 문제로 남을 따름이다. 그러므로 스웨덴의 이민자들은 다문화주의가 이민자 사회를 통제하고 특정 정치적 집단으로 고정시키려는 수단으로 보는 까닭에 다문화주의를 거부한다. [34] 오스트레일리아 원주민은 서구에서 온 이주민이 문화 차이를 존중하는 이데올로기로 자신들의 주권을 위협하는 까닭에 다문화 정책을 반대한다. [35]

그러나 신시문화에서는 약자의 문화를 대등하게 인정하는 다문화

33 피에르 부르디외, 〈진리를 조작하는 지식인들〉, 르몽드 디플로마티크 엮음, 《르몽드 인문학》, 휴먼큐브, 2014, 289쪽 참조.
34 M. 마르티니엘로 지음, 윤진 옮김, 《현대사회와 다문화주의》, 한울, 2002, 105쪽.
35 M. 마르티니엘로, 《현대사회와 다문화주의》, 104쪽.

주의가 아니라, 다른 문화를 함께 수용하며 자문화를 공유하도록 전수하는 다중문화주의를 추구한다. 환웅족은 문화가 서로 다른 곰족과 범족을 수용함으로써 이문화의 공유를 받아들인 셈이다. 그러면서 곰족과 범족이 자문화 수용을 원하는 까닭에 쑥과 마늘의 식문화와 정착생활의 주거문화를 전수해 준다. 곰족은 환웅족의 채식문화와 정착문화를 받아들여서 다중문화를 누렸고, 그 결과 환웅족과 통합을 이루었다.

곰족은 자문화와 함께 환웅족의 문화를 터득하고 실천함으로써 이중문화를 누린 셈이다. 따라서 환웅족과 곰족 사이에서 태어난 단군은 두 종족의 문화를 공유하는 가운데 성장한다. 단군은 부계의 환웅족과 모계의 곰족 문화가 공존하는 환웅신시의 두 문화를 모두 계승한 까닭에 문화 다양성을 확보하고 고대국가의 수립을 이룩했다. 단군조선의 건국은 이문화의 수용과 이민족의 결합이 중요한 기틀을 이루었다.

단군조선은 그 뒤 범족과 합류하여 예맥조선을 이루면서 고대국가로서 면모를 제대로 갖춘다. 범족과 합류함으로써 천신신앙 외에 호신신앙을 받아들여 문화 다양성을 확보하고, 그 결과 산신신앙이라는 문화를 새로 창출한다. 천신신앙과 호신신앙, 산신신앙은 서로 배타적인 관계에 있는 것이 아니라 서로 공유된다. 환웅족의 천신신앙이 범족의 호신신앙을 만나 제3의 신앙인 산신신앙을 창출한 까닭이다.[36] 따라서 단군은 죽어서 아사달의 산신이 되었다. 이 세 갈래 신

36 임재해, 《고조선문화의 높이와 깊이》, 778~779쪽.

앙의 전통은 최근까지 민속신앙으로서 지속되고 있다. 그러므로 고조선문명은 환웅족이라는 단일한 민족·문화로 성립되고 발전된 것이 아니라, 곰족과 범족을 끌어안은 다민족 국가이자, 이웃민족의 문화까지 두루 공유함으로써 다중문화 사회의 면모를 갖춘 문명이다.

문화의 세기이자 우주시대인 지금, 고조선문명은 재해석되어야 한다. 문화의 세기에 실천해야 할 홍익인간 이념의 문화적 대안은 타자의 문화를 대등하게 인정하는 배타적 다문화주의가 아니라, 타자의 문화를 적극 익혀서 자문화와 함께 공유하고 발전시키는 수용적 태도의 다중문화주의를 추구하는 것이다. 우주시대에 추구해야 할 인류사회의 전망은, 지구촌의 위기를 대비한 우주 개척과 외계로 이동하는 탈지구촌 논리가 아니라 지구촌에 머물면서 지구생태계를 건강하게 유지하는 재세이화의 논리로 지속 가능성을 창출해야 할 것이다. 그러므로 홍익인간 사상과 재세이화 정신은 미래에도 가꾸어 가야 할 고조선문명의 역사 유산이자 인류문명의 미래 가치라 하지 않을 수 없다.

10. 고대문명 연구의 한계와 문명론의 진전

고조선시대의 문화를 밝혀 인류사의 고대문명 가운데 하나로 자리매김하고 '고조선문명'으로 호명하는 데 거부감을 가진 사람들이 적지 않다. 고조선시대의 역사를 적극적으로 인정하며, 고조선문화 연구에 상당히 호의적인 연구자들 가운데도 고조선문명으로 일컫는 사실에 대해서는 손사래를 치기가 예사다. 학계의 중진 학자 가운데에서도 문명이라는 말만은 쓰지 말아 달라고 우정 어린 충고를 하는 분도 계시다. 그러므로 지금까지 밝혀 본 고조선시대 역사와 문화가 문명인가 하는 사실을 따져 보지 않을 수 없다.

문명이 무엇인지 정의부터 제대로 해야 문명 여부를 판단하는 준거가 마련된다. 이미 거론되고 있는 고대문명에 견주어서 문명 여부를 가리는 것은 불공정하다. 문명의 재정의에 따라 흔히 고대문명이라 하는 것이 과연 문명인지 다시 따져 볼 수 있어야 진정한 문명론에 이른다. 문명의 논리적 준거와 역사적 의의를 새로운 체계로 제기할 때 비로소 문명론의 진전이 이루어진다. 특정 민족의 문화를 두고 문명인가 아닌가 하는 것은 문명론이 아니라 문명 판별일 따름이다. 문명은 이러저러한 것이라는 상투적 고정관념에서 해방되어야 새 문명론에 이를 수 있다. 새 문명론을 펼치려면 다음과 같은 기존의 세 가지 방법을 극복해야 한다.

첫째, 문명의 어원 풀이에서 벗어나야 한다.

둘째, 문명에 대한 기존 정의를 동어반복하는 인용주의를 극복해야 한다.

셋째, 고정관념으로 굳어진 고대문명을 사례로 문명 개념을 귀납하는 작업을 넘어서야 한다.

문명론의 수준은 첫째 방법론에서 두 번째, 세 번째로 나아갔다. 이제는 문명론을 개척하여 세 번째 방법론도 넘어서야 한다. 그러면 고대문명이 과연 문명인가 하는 의문도 가질 수 있다.

첫 번째 방법론이 가장 문제인 것은, 가장 초보적인 방법이어서가 아니라, 어원이 개념을 가장 잘 나타내지 못한 까닭이다. 따라서 어원을 실마리로 삼아 비판적 논지를 전개할 수 있지만 어원에 집착할 필요는 없다. 게다가 어원 풀이는 으레 서구어를 중심으로 이루어지는 까닭에 이중의 한계를 지닌다. 서구어가 곧 개념어의 표준이라는 편견에서 해방되어야 한국학이 제자리를 찾을 수 있다.

두 번째 방법론은 일정한 수준을 갖춘 것으로 보이는 학자들의 흔한 수법인데, 문명에 관한 서구학자들의 정의를 이것저것 인용하거나 고주알미주알 열거하는 일이다. 서구학자들의 문명 정의를 두루 섭렵하여 고스란히 되뇌는 것은 문명에 관한 지식 자랑일 뿐 문명론일 수 없다. 기존 문명 개념을 요모조모 손질하여 제시한다고 문명론이 되는 것은 아니다. 개념 규정은 으레 서구학자의 것을 따르는 것이 상책이라는 종속주의 학문에서 탈피해야만 학문의 독창성을 확보할 수 있다.

세 번째 방법론으로는 세계적으로 널리 인정된 고대문명을 대상으로 공통점을 분석해서 문명 개념을 귀납할 수 있다. 가장 합리적인 방법이긴 해도 가장 바람직한 방법이라 하긴 어렵다. 문명론이 기존의 문명 현상에서 더 나아갈 수 없을 뿐 아니라, 새 문명은 포착하기 어렵기 때문이다. 더 큰 문제는 7대 문명은 온전한 문명인가, 7대 문명 외에 다른 문명은 없는가 하는 의문을 제기할 수 없는 한계가 있다는 점이다. 문명 현상론의 닫힌 체계를 벗어나야 새 문명론을 연역적으로 펼칠 수 있다. 그러므로 문명에 대한 정의부터 미래 지향적으로 다시 해야 할 것이다.

11. 문화론과 변별되는 문명론의 새 범주 구상

문명론은 문화론과 분별되면서 문화와의 관련성 속에서 논의되어야
한다. 문명은 문화의 질적 수준과 연관되어 있기 때문이다. 문화는
일정한 공동체가 공유하는 인간다운 삶의 양식이다. 문명은 특정 문
화의 일반화로 민족과 국가를 넘어 공유될 뿐 아니라, 역사적 지속성
을 확보함으로써 인류가 추구할 만한 보편적 가치를 지닌 문화로 한
정된다고 할 수 있다. 따라서 문명은 문화보다 일반화 가능성이 높
고, 역사적으로 장기지속성을 지니며, 인류사회가 공동으로 추구할
만한 보편적 가치가 있어야 한다는 세 가지 차이점이 있다. 그러므로
문화에는 시대가 발전하는 데 따라 청산해야 할 잔재나 극복해야 할
인습이 있지만, 문명에는 그런 것이 없어야 한다.

상대적으로 문화에는 특수성이 있게 마련이다. 특정 시기, 특정 사
회에서만 유의미하게 존재할 수 있어서 보편적 가치로 받아들일 수
없는 기이한 관행도 문화로 인정된다. 따라서 일정한 공동체가 특정
한 생활양식을 누리게 되면 기이하여 일반화가 불가능해도 문화로 호
명된다. 모든 문화는 문화상대주의 이론에 입각하여 우열이 없으며
고유한 가치로 대등하게 인정된다. 그러므로 문명과 달리 문화는 공
동체마다, 나아가 특정 공간과 시간, 계층에 따라 제각기 다르다.

그러나 보편을 지향하는 문명은 공동체 중심으로 특수하게 존재하
는 문화와 다르다. 대학문화와 밤문화, 연극문화, 대중문화, 민속문
화, 양반문화는 있어도 대학문명이나 밤문명, 연극문명, 대중문명,
민속문명, 양반문명이란 없다. 문화는 마을문화에서 고을문화, 민

족문화, 국가문화, 인류문화까지 공간적으로 층위가 다양하지만, 문명은 국가 단위 이상으로 존재한다. 그러므로 하회마을 문화가 아무리 수준이 높아도 하회문명으로 자리매김되지 않으며, 서울문화나 북경문화가 아무리 발전해도 서울문명이나 북경문명으로 호명되지 않는다. 문명의 보편성은 구체적 시공간과 공동체, 계층을 넘어서는 까닭이다.

새뮤얼 헌팅턴은 《문명의 충돌》에서 종교를 중심으로 문명을 구분한다.[37] 일반적으로 종교는 국경과 민족, 계층을 넘어서는 보편성을 지닌다. 그러나 소수민족 종교나 민속 종교는 지역과 민족, 계층의 범주를 넘어서지 못한다. 따라서 기독교문명, 이슬람문명, 불교문명, 유교문명은 가능해도 기타 소수민족의 종교문화는 민족과 국가, 시대를 넘어서는 보편성이 없어서 문명으로 인정될 수 없다. 그러므로 종교가 문명을 결정하는 것이 아니라, 인류가 공동으로 추구할 만한 보편적 가치가 문명을 결정하는 것을 거듭 확인할 수 있다.

그렇다면 고대문명도 다시 따져 봐야 한다. 현재 4대 문명 또는 7대 문명으로 일컫는 고대문명을 보면, 상대적으로 비교우위에 있는 문화유적을 남긴 고대 제국을 문명으로 간주하는 셈이다. 경제적 생산력과 군사적 지배력이 뒷받침하는 제국의 국력이 아니면 거대한 문화유적을 건설하기 어렵다. 실제로 고대 제국의 거대한 문화유적이 문명을 결정하는 중요한 요건이 되곤 한다.

---

37 새뮤얼 헌팅턴 지음, 이희재 옮김, 《문명의 충돌》, 김영사, 1997, 45~52쪽 참조.

만일 우뚝한 문화유적을 근거로 고대문명을 설정한다면, 장기간의 노예노동을 동원한 거대 유적이 문명의 상징이 되어도 좋은가 되묻지 않을 수 없다. 이집트문명의 피라미드나 마야문명의 석조 신전, 잉카문명의 마추픽추, 인더스문명의 모헨조다로, 중국문명의 만리장성처럼 노예노동의 산물이 문명의 핵심 준거이다. 그렇다면 문명은 권력의 인력 동원에 따른 유적의 규모를 과시하는 데 지나지 않는다. 백성의 노동력을 동원해 만들어진 거대한 왕궁과 신전, 왕릉, 성벽 등이 문명의 상징이라면, 오히려 문명으로부터 벗어나는 것이 인간해방의 길이다. 그러므로 문명에 대한 고정관념을 해체할 필요가 있다.

문명은 문화유적의 규모와 수준을 넘어서는 것이다. 문화와 문명의 범주는 서로 다르기 때문이다. 문화적 범주는 민족이나 국가 단위로, 또는 그 이하와 그 이상의 단위로 다양한 스펙트럼을 이룬다. 사람살이가 이루어지는 공동체라면 언제 어디서든 문화라는 것이 존재할 수밖에 없다. 그러나 문명은 공동체 단위로 존재하는 것이 아닌 까닭에, 고대문명이 4~9개로 극히 한정된다. 범주를 확대하여 민족국가마다 고대문명을 인정하면 그 숫자는 엄청 많아야 하지만, 그렇지 않기 때문에 아주 소수로 제한되어 있다.

문화는 국가마다 독자성을 부여하지만, 문명은 그렇지 않은 까닭이다. 고대에 많은 국가가 존재했으나 고대문명으로 인정받는 경우는 많아야 10개 내외이다. 문명은 문화와 달리 상대주의 가치가 인정되지 않기 때문이다. 문명은 공시적으로 민족국가의 범위를 넘어서야 할 뿐 아니라, 통시적으로 인류가 길이 가꾸어 갈 만한 것이어야 한다. 따라서 자민족 문화와 상관없이 인류 차원에서 문명을 설정하고 문명론을 펼치는 것이다. 그러므로 문화상대주의는 있어도 문명 상대주의는 없다.

문화상대주의는 모든 공동체의 다양한 문화를 두루 인정하는 까닭에 문화 차별을 인정하지 않는다. 그러나 실제 수용에 있어서는 일정한 제약이 따른다. 역사적 흐름에 따라 고대문화나 전통문화는 시대정신에 맞지 않아서 청산되어야 할 문화적 잔재나 극복되어야 할 인습이 되기도 한다. 특히 다른 민족의 문화는 상대주의나 다문화주의로 가치는 인정하되, 자연환경의 차이나 문화적 전통에 따라 전혀 받아들이지 않기 예사다. 아예 혁파의 대상으로 삼아 배격하기도 한다. 그러나 문명은 이러한 공시적·통시적 한계를 넘어서는 인류의 보편적 가치 체계라 할 수 있다. 그러므로 문명은 문화의 고전으로 정의할 수 있다.

문화의 차이는 거부 가능하지만, 문명은 고전으로서 가치를 지닌 까닭에 거부할 명분이 없게 된다. 문명은 고전처럼 시대와 사회를 넘어서 인류 공동의 보편적 가치를 갖춘 것이기 때문이다. 따라서 문화가 상대적 비교우위에 있다고 해서 문명이 되지는 않는다. 그러나 지금까지 고대문명은 으레 놀랄 만한 문화적 수준을 말하기 일쑤였다. 거대한 문화유적이나 불가사의한 문화유산을 갖춘 특정 국가체제를 고대문명으로 일컬어 왔다. 자연히 제왕적 권력과 경제적 풍요, 기술적 수준이 고대문명을 만들어 낸 셈이다. 그러므로 고대문명은 국력의 부강과 문화적 우위, 발달된 기술을 배경으로 성립된 것이라 할 수 있다.

이러한 준거를 받아들이면, 상대적으로 발달된 고대국가의 문화가 문명으로 호명되는 셈이다. 결국 문명은 문화의 상대적 우위 개념이어서 문화상대주의 관점을 해체하게 된다. 왜냐하면 문명은 곧 문화의 차별을 전제로 성립된 개념이기 때문이다. 결국 문명은 반문화적 개념에 이르게 된다. 따라서 공시적으로도 문화 차별을 조성할 뿐 아니라 통시적으로도 문화를 일시적인 개념으로 머물게 한다. 아무리 수준 높은 문화라 하더라도 고대문화는 곧 다음의 발전된 문화에 의해 극복되기 마련인 까닭이다. 그러고 보면 상대적 우위의 문화를 문명이라는 이름으로 포장한 것일 따름이다. 그러므로 지금까지의 고대문명은 문화 차별과 노예노동을 전제로 한 것이어서 인류가 공동으로 추구할 만한 바람직한 문화라고 하기 어렵다.

그러나 '문화의 고전'을 문명으로 정의하면 상황이 다르다. 고전은 음악이든 문학이든 시공간을 초월하여 인류가 공감하는 불후의 명작을 일컫는다. 문화도 민족과 시대를 넘어서 인류사의 보기가 될 만한 모범을 이룸으로써 현재는 물론 미래에도 추구할 만한 가치를 지녀야 문명의 반열에 오른다. 아무리 대단한 문화라도 고전으로서 가치를 갖추어야 문화의 세계를 넘어서 문명의 지위를 획득할 수 있다.

12. 고조선문명의 유산과 인류문명의 재인식

중국이 황하문명을 고대문명으로 자랑하지만, 황하문명에 인류가 공동으로 추구할 만한 보편적 가치가 무엇이 있는지 알기 어렵다. 우선 현대 중국인들조차 자국 고대문명인 황하문명의 무엇을 계승하고 있는지, 또는 계승하려고 노력하는지 궁금하다. 황하문명으로 고대문화의 우위를 강조하며 역사적 기득권을 누리려 할 뿐 문명인답게 황하문명의 특정 가치를 계승하려는 노력이 보이지 않는다. 황하문명의 갑골문자만 하더라도 해독 가치는 있지만 계승 가치는 없다. 그러므로 갑골문자는커녕 한자조차 혁신하여 간체자로 바꿈으로써 황하문명을 극복했다.

오히려 중국이 추구하는 가치는 반문명적이다. 고대부터 지금까지 줄곧 추구하고 있는 중화주의 또는 화이론은 자민족 중심주의로서 다른 민족을 차별하고 억압하는 반인류적 이념인 까닭이다. 따라서 문화상대주의로 황하문화의 상대적 가치를 인정할 수 있지만, 중국조차 본보기로 삼지 않는 황하문화를 인류의 본보기 문명으로 추구하기는 어렵다. 그러므로 황하문명을 비롯한 기존의 고대문명을 새 문명론에 따라 다시 따져 볼 필요가 있다.

그러나 홍익인간 이념과 재세이화를 표방하는 고조선문명의 역사철학과 문화적 전통은 다르다. 인간세상의 삼라만상을 널리 이롭게 하고 인간세계에 머물러 살면서 이타적 세계관을 실천하는 것은 온 인류가 추구해야 할 미래의 세계관이다. 따라서 지금도 홍익인간 이념을 교육 목표로 추구하고 있다. 중국의 화이론이 청산해야 할 중세적 관념이라면, 홍익인간론은 환웅신시의 건국이념이자 현재의 교육이념이며, 인류사회가 함께 안고 가야 할 미래의 세계관이다.

재세이화의 구체적 내용으로 제시한 주곡·주명·주병·주형·주선악 등의 통치체제는 농업 중심의 경제적 풍요, 인간의 장수와 건강생활, 공동선 지향의 윤리적 생활 등을 규정한 것이다. 이 가운데 어느 하나도, 극복하거나 청산해야 할 대상이기는커녕 현대사회에도 보기로 삼아 마땅한 것이다. 쑥과 마늘을 비롯해 만 년 동안 지속한 채식 전통은 인류가 추구해야 할 건강한 식문화의 보기이다. 동물을 토템으로 이용하여 민족을 상징하고 무문자시대의 역사를 서술한 문화적 전통은 현대사회에도 널리 이용되고 있을 뿐 아니라 미래에도 가꾸어 가야 할 동물 캐릭터문화이자 아이콘문화라 할 수 있다. 이런 이유로, 고조선문명은 동서고금의 경계를 넘어서 인류사회가 보기로 삼을 만한 문화의 고전으로 자리매김할 가치를 확보한 까닭에 진정한 문명이라고 할 수 있다.

이제 우리는 단군조선만 있었던 기나긴 어둠의 시대를 보내고, 환웅신시가 있는 광명의 역사 시대를 비로소 열게 되었다. 7대 고대문명으로 세계문명사를 쓰던 시대를 지나, 고조선문명이 포함된 세계문명사를 다시 써야 하는 시대를 맞이하기에 이르렀다. 따라서 고조선문명론을 계기로 거시적 사학사의 분기점에 이른 사실을 자각하고 새 시대 역사학의 주체로 거듭날 필요가 있다. 그래야 상투적 역사학의 틀에서 해방되어 도전 역사학의 새 지평을 열 수 있다. 문명론도 기존 고대문명의 고정관념을 해체함으로써 인간해방의 문명론을 새로 펼칠 수 있다.

각국 문화 대등론에서 인류문명 이상론으로 나아가야 자문화 중심주의를 극복하고 인류문화의 보편적 이상을 실현할 수 있다. 문화의 고전을 이루어서 어느 사회, 어느 시대, 어느 민족이든 가치 있는 문화의 보기로 삼을 수 있는 인류문명의 전망이 긴요하다. 따라서 우리 시대 문명론은 고대문명 중심의 복고주의를 극복하고 미래문명을 창조적으로 구상하는 논리 개척을 하지 않을 수 없다. 그러한 대안문명이 고조선문명에 입각한 미래문명 구상이다. 고조선문명은 지금 우리 사회에서 계승해야 할 삶의 양식이자, 바람직한 미래 구상의 문화적 자산이기 때문이다. 그러므로 고대사 연구의 문제점은 문헌사료의 부재가 아니라 역사적 상상력의 부재이며, 실증주의적 해석의 오류보다 해석학적 지평 융합의 역량 부족이 한계라는 사실을 절감하면서, 저마다 자신의 연구를 성찰할 필요가 있다.

제3장

요하문명의 발견과
한반도

—요하문명 도사 유지의 발견과
　단군조선의 가능성

우실하

1. 글을 시작하며

1980년 초부터 새롭게 전모를 드러내고 있는 요하문명(遼河文明)에 대한 필자의 연구는 요녕대학(遼寧大學, 중국 요녕성 심양시에 위치) 교수 시기(2000. 2. ~2002. 8.)에 시작되었다. 최근에는 홍산문화 연구의 중심지인 적봉학원(赤峰學院, 중국 내몽고 자치구 적봉시에 위치) 홍산문화연구원(紅山文化硏究院) 방문교수로 안식년(2014. 9. ~2015. 8.)을 거치며 근 20년이 되어 간다.

지금도 매년 방학 때마다 답사를 다닌다. 새롭게 발견된 요하문명의 각 유적과 발굴 유물들은 필자가 눈으로 보면서도 믿을 수 없을 정도로 거대한 규모와 발달된 단계를 보인다. 특히나 '요하문명의 꽃'으로 불리는 홍산문화의 유적과 유물은 필자에게는 놀라움 그 자체였다. 그러나 아직도 국내 고고학 및 역사학계에서는 본격적인 연구가 이루어지지 않고 있다.

수천 년 동안 아무도 알 수 없었던 이 새로운 고대문명이 요서 지역을 중심으로 새롭게 발견되면서, 1995년에 곽대순(郭大順)에 의해 '요하문명'으로 명명되었다. 요하문명 명명 이후에 중국에서는 요하문명을 '중국의 것'으로 끌어들이기 위한 국가 차원의 많은 역사 관련 공정(工程, 프로젝트)이 본격적으로 진행되었다.

우리나라 일반인들 대부분은 '고구려 역사 빼앗기' 정도로 잘못 알려진 동북공정만 안다. 그러나 중국에서는 요하문명이라 명명한 이후 1996년부터 ① 하상주단대공정(夏商周斷代工程, 1996∼2000년), ② 동북공정(東北工程)으로 약칭되는 동북변강역사와현상계열연구공정(東北邊疆歷史與現狀系列研究工程, 2002∼2007년), ③ 중화문명탐원공정(中華文明探源工程, 2004∼2015년), ④ 국사수정공정(國史修訂工程, 2010∼2013년) 등을 기획하고 완료했으며, 현재는 ⑤ 중화문명전파(선전) 공정〔中華文明傳播(宣傳)工程〕이 제안되어 있는 상태이다. 이 모든 역사 관련 공정의 출발점이 바로 요하문명의 발견이다.[1]

이런 다양한 국가 차원의 역사 관련 공정들을 통해서 중국 학계는 만주 일대 요하문명의 주도 세력이 한족의 조상이라는 전설적인 황제족(黃帝族)이고, 따라서 만주 일대에서 발원한 후대의 모든 소수민족은 황제족의 후예이며, 이 황제족 후예들이 이룩한 역사는 모두 중국사의 일부라는 논리를 만들어 가고 있다. 중국 학계는 요하문명의 발견 이후, 1996년부터 이어지는 각종 역사 관련 공정들을 통해서 그

---

1 우실하, 《고조선문명의 기원과 요하문명》, 지식산업사, 2018. 제3장, 제12장 참조.

들의 상고사를 완전히 재편하고 있는 것이다.

새롭게 발견된 요하문명과 그들의 상고사와의 연결 가능성을 중국 학자들이 연구하는 것은 어쩌면 당연한 것이다. 문제는 만주 일대의 요하문명을 주도한 세력을 한족의 조상이라는 황제족으로 끌고 가려는 일방적인 시각이다. 이런 중국 학계의 시각에 한국 학계가 적절히 대응하지 않는다면 예맥, 부여, 발해, 고조선 등과 연결되는 한민족의 조상들은 모두 황제족의 후예가 된다는 것, 그리고 이들이 이룩한 역사는 모두 중국사의 일부가 된다는 것, 이 두 가지를 분명하게 기억해야 한다. 현재도 중국의 역사교과서에서 부여, 발해, 고구려를 중국사로 가르치고 있다는 것을 모르는 한국인들이 많다.

현재까지 요하문명의 각종 신석기-청동기시대 유적들은 요서(遼西) 지역을 중심으로 발견되고 있다. 그런데, 우리나라 중·고등학교 역사교과서에는 비파형 동검 등이 분포하는 요서 지역을 포함한 만주 지역도 고조선 영역이나 고조선 문화권, 고조선의 세력 범위 등으로 본다. 현재 대부분의 역사교과서에서 청동기시대를 기원전 2000~1500년 사이에 시작된 것으로 보고, 고조선의 건국을 기원전 2333년 이라고 기술한다.

특히 고조선 문화권 또는 세력 범위 관련 지도에는 요하문명의 중심지인 요서 지역이 분명하게 포함되어 있다. 요서 지역을 고조선의 문화권/지역/영역/세력 범위 등으로 인정하면서, 이 지역에서 새롭게 발견된 요하문명이 우리와 상관없다는 것이 말이 되는가? 요하문명이 한국 상고사와 무관하다며 연구하지 않는 한국 고고학 및 역사학계의 현실을 필자는 도저히 이해할 수가 없다.

〈자료 3-1〉 요하문명, 황하문명, 장강문명의 위치

요하문명

황하문명

장강문명

자료: 우실하, 《고조선의 강역과 요하문명》, 동아지도, 2007 재구성.

〈자료 3-2〉 신석기-청동기시대 요하문명, 황하문명, 장강문명의 주요 고고학 문화와 유적

문명	위치	시대 구분	연대	주요 문화 및 유적
황하 문명	황하 중류	신석기시대	기원전 5000~3000년	앙소(仰韶)문화
		동석병용시대	기원전 2450~1900년	도사(陶寺) 유지 요도(堯都) = 평양(平陽)
		청동기시대	기원전 2000~1500년	이리두(二里頭) 유지 하도(夏都)
장강 문명	장강 하류	신석기시대	기원전 5000~3300년	하모도(河姆渡)문화
			기원전 3600~3300년	능가탄(凌家灘) 유지
		청동기시대	기원전 3000~1000년	삼성퇴(三星堆) 유지
요하 문명	요하 중·상류	신석기시대	기원전 7000~3000년	소하서문화, 흥륭와문화 부하문화, 조보구문화, 홍산문화
		동석병용시대	기원전 3000~2000년	소하연문화
		청동기시대	기원전 2300~1600년	하가점하층문화
			기원전 1000~300년	하가점상층문화

주: 1) 표기된 연대는 모두 나이테 교정연대로 실제 연대에 더 가까운 절대연대이다.
   2) 나이테 교정연대는 일반적으로 탄소-14 측정 연대보다 500~800년 정도 빠르다.

126

〈자료 3-3〉 요하문명 지역의 지세도

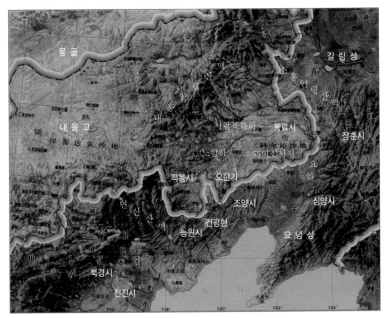

주: 현재는 적봉에서 통료에 이르는 넓은 지역이 과이심(科爾沁, 카라친)사지이다.
자료: 國家文物局 외 엮음, 《中國文物地圖集: 內蒙古自治區分冊(上)》, 西安地圖出版社, 2003, 36~37쪽,
   부분 확대하여 재구성.

요하문명 지역은 우리의 상고사와 떼어 놓을 수 없는 곳이다. 고조
선, 예맥, 부여, 고구려 등은 바로 이 지역과 직간접적으로 연결되어
있다. 늦었지만 이제라도 요하문명에 대해 체계적으로 연구해야 한
다. 요하문명에 대한 연구는 식민사학을 둘러싼 사학계의 갈등이나
이른바 재야사학과 강단사학 사이의 갈등, 민족주의사학이나 실증주
의사학 등의 문제와도 전혀 상관없다. 만주 일대에 수천 년 동안 묻혀
있다가 새롭게 드러난 요하문명이 우리의 상고사·고대사와 어떻게
연결되는지를 연구하는 것은 학자로서 당연히 해야 하는 일이다. 중

국 학계는 이를 본격적으로 연구하여 그들의 상고사를 완전히 재편하고 있는데, 이 지역이 고조선의 강역/영향권/문화권이라고 인정하면서도 강 건너 불구경하듯이 하는 것이 우리의 현실이다.

이 글에서는 요하문명에 대해 개략적으로 소개하고, 요하문명의 각종 유물들이 한반도와 어떻게 연결되어 있는지 간략히 살펴본다. 또한 요하문명의 새로운 발견과, 2015년에 요임금의 도성인 평양(平陽)으로 밝혀진 도사(陶寺) 유지(遺址) 등을 통해서 단군조선의 가능성에 대해서 살펴보고자 한다.

2. 요하문명에 대한 간략한 소개

예로부터 중국은 만리장성을 북방한계선으로 하여 야만인이라고 여겨 온 북방 민족들과 분명한 경계를 두었다. 황화문명을 중국 고대문명의 발상지로 여겼으며, 기타 지역에서 발견되는 것들은 이 지역에서 전파된 것으로 보는 설명이 일반적이었다.

그런데 1970년대 말부터 시작해서 1980년대에 들어서면서 장성 밖 요하(遼河) 일대에서 황하문명보다 시기적으로 앞서고 문화적으로도 발달된 신석기문화가 속속 확인되었다. 특히 요하문명의 홍산문화(紅山文化) 후기(기원전 3500~3000년)에 속하는 우하량(牛河梁) 유지에서 발견된 대규모 적석총, 제단, 여신사당 등을 갖춘 유적은 중국 학계에 큰 충격이었다. 이후 중국 학계는 중국의 상고사·고대사를 전면적으로 재편하고 있다.

1) 신석기-청동기시대 요하문명의 주요 고고학 문화의 편년과 분포 범위

요하문명 지역의 여러 신석기시대 고고학 문화의 연대에 대해서는 논문마다, 또 박물관의 전시 안내물마다 약간씩의 차이가 있다. 이 글에서는 중국사회과학원 고고연구소 내몽고공작대 대장으로 있으면서 흥륭와문화 등 주요 유적을 직접 발굴한 류국상(劉國祥)이 2006년에 발표한 〈서요하 유역 신석기시대에서 조기 청동기시대까지의 고고학 문화 개론〉(西遼河流域新石器時代至早期青銅時代考古學文化槪論)에서 정리한 연대를 기초로 하였다.[2]

신석기시대에 속하는 고고학 문화를 연대순으로 보면, 기원전 7000~6500년의 소하서(小河西) 문화, 기원전 6200~5200년의 흥륭와(興隆洼) 문화, 기원전 5200~5000년의 부하(富河) 문화, 기원전 5000~4400년의 조보구(趙寶溝) 문화, 그리고 신석기시대와 동석병용(銅石竝用) 시대에 걸친, 기원전 4500~3000년의 홍산(紅山) 문화가 있다. 홍산문화는 일반적으로 신석기시대의 문화로 알려져 있지만, 홍산문화 후기(기원전 3500~3000년)에는 구리[銅]를 주조한 흔적과 순동 귀고리 등이 발견되어 류국상 등은 이를 동석병용시대로 보고 있다. 류국상 등 많은 중국 학자들은 우하량 유지가 발견된 홍산문화 후기에는 이미 '초급(初級) 문명사회' 초기 국가단계에 진입

---

2 劉國祥, "西遼河流域新石器時代至早期青銅時代考古學文化槪論", 〈遼寧師範大學學報(社會科學版)〉2006-1期, 113~122쪽.

했다고 본다.

이후 소하연(小河沿) 문화를 고리로 청동기시대로 이어진다. 조기(早期) 청동기시대에는 하가점(夏家店) 하층(下層) 문화가 속한다.[3] 류국상은 청동기시대로 진입하는 하가점하층문화 시기에는 '고급(高級) 문명사회'에 진입했다고 본다. 하가점하층문화 시기에 요서 지역에는 중국 고고학의 대원로인 고(故) 소병기(蘇秉琦)가 "방국(方國) 단계의 대국(大國)"이라고 부르고,[4] 설지강(薛志强)이 "하(夏) 나라보다 앞서서 건설된 문명고국(文明古國)"이라고 부르는 국가가 존재했다고 본다.[5] 한국 학자들 가운데 단군조선을 인정하는 사람들은 이 시기를 초기 단군조선과 연결시키기도 한다.

---

3 류국상은 위 글에서 하가점하층문화의 연대를 기원전 2000~1500년으로 표기하고 있다. 하가점하층문화의 연대에 대해서 한국 학계에서는 류국상과 마찬가지로 탄소-14 측정 연대를 바탕으로 기원전 2000~1500년으로 보고 있지만(국립문화재연구소, 《한국고고학사전》, 2001), 중국 학계에서는 백과사전에서도 이미 많은 목탄 시료의 나이테 수정연대를 통해 절대연대로 기원전 2300~1600년으로 보고 있다(〈百度百科〉 자료). 다른 신석기시대 고고학문화에서도 절대연대를 사용한 것이므로, 이 책에서는 절대연대인 기원전 2300~1600년을 사용하기로 한다. 중국 학계에서 상한과 하한 연대의 기준이 된 몇몇 연대 측정 자료를 소개하면 다음과 같다.
  ① 적봉시 지주산(蜘蛛山) 유지: 나이테 교정연대 기원전 2410년, 탄소-14 연대 기원전 2015년(3965±90a년 전).
  ② 북표시(北票市) 풍하(豊下) 유지: 나이테 교정연대 기원전 1890±130년.
  ③ 오한기 대전자(大甸子) 유지: 나이테 교정연대 기원전 1695±130년, 기원전 1735 ±135년.
4 蘇秉琦, "論西遼河古文化: 與赤峰史學工作者的談話", 《北方民族文化》, 1993; 蘇秉琦, 《華人, 龍的傳人, 中國人》, 遼寧大學出版社, 1994, 130~131쪽.
5 薛志强, "紅山諸文化與中華文明", 《中國北方古代文化國際學術討論會論文集》, 中國文史出版社, 1995, 43~49쪽.

〈자료 3-4〉 신석기-청동기시대 요하문명의 주요 고고학 문화

시대 구분	연대	주요 문화	비고
신석기시대	기원전 7000~3000년	소하서문화	
	기원전 6200~5200년	흥륭와문화	
	기원전 5200~5000년	부하문화	
	기원전 5000~4400년	조보구문화	
	기원전 4500~3500년	홍산문화 전기	
동석병용시대	기원전 3500~3000년	홍산문화 후기	초기 국가단계 초급 문명사회
	기원전 3000~2000년	소하연문화(=후홍산문화)	
청동기시대	기원전 2300~1600년	하가점하층문화	고급 문명사회
	기원전 1000~300년	하가점상층문화	비파형 동검 출현

〈자료 3-5〉 신석기-청동기시대 요하문명의 주요 문화 유적지 분포 지역

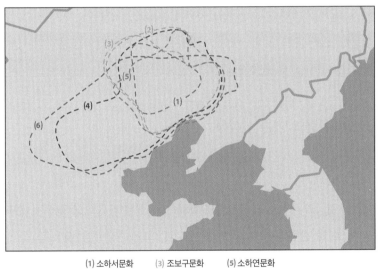

(1) 소하서문화   (3) 조보구문화   (5) 소하연문화
(2) 흥륭와문화   (4) 홍산문화   (6) 하가점하층문화

자료: 중국 오한기사전문화박물관 내부 자료 재구성.

다음으로 기원전 1000~300년 후기 청동기시대에는 하가점상층 (上層) 문화가 속한다. 이 시기는 비파형 동검이 출토되는 시기로 많은 한국 학자들이 고조선과 연결시킨다.

소하서문화, 흥륭와문화, 부하문화, 조보구문화, 홍산문화, 소하연문화의 유적지들은 대부분 요하 중・상류와 대릉하(大凌河) 유역에 밀집되어 있다.

이 중 가장 주목받는, 홍산문화 유적이 밀집되어 있는 내몽고 동부의 중심 도시인 적봉시의 경우, 2011년을 기준으로 홍산문화 유적지 총 1천여 곳 가운데 적봉시 경내에만 725곳(약 72퍼센트)이 있으며, 그 가운데 적봉시 오한기(敖漢旗)에만 292곳(약 29퍼센트)이 밀집되어 있다.[6] 2018년 기준으로는 이미 1,200곳이 넘는다. 이런 중요성 때문에 오한기를 '요하문명의 기원지'이자, '중화 5천 년 문명의 기원지 가운데 하나'로 보고 있다.[7]

2) 요하문명의 기본적 성격

요하문명 지역에서는 이른 신석기시대부터 많은 옥기(玉器)들이 발견되는데, 옥기문화는 흥륭와문화에서 시작되어 홍산문화에서 꽃피운다. 이와 관련하여, 중국의 곽대순과 대만의 양미리(楊美莉) 등은 발달된 옥기문화가 서요하 유역에서 기원한 것은 이 지역의 세석기

---

6 赤峰市, 《紅山後及魏家窩鋪遺址群申遺文本》, 2011. 적봉시 내부 자료.
7 〈赤峰畫報〉, 2015. 3., 2쪽. 3월호는 전체가 오한기 특집으로 꾸려져 있다.

(細石器) 문화 전통과 직접적으로 연관된다고 본다.[8]

　요하문명은 중석기시대 세석기문화의 후속으로 발달된 옥기문화를 바탕으로 한 문명으로, 황하문명과는 이질적인, 전형적인 북방문화 계통이다. 특히 요하문명 지역에서 보이는 옥기문화의 원류인 세석기문화, 소하서문화에서부터 보이는 빗살무늬 토기, 흥륭와문화 시기에 시작되어 홍산문화에서 대표적 묘제가 된 각종 적석묘, 청동기시대 하가점하층문화에서 보이기 시작하는 '치(雉)를 갖춘' 석성(石城), 그리고 청동기시대 하가점상층문화부터 보이는 비파형 동검 등은 같은 시기의 황화문명 지역에서는 보이지 않는 것으로, 대부분은 '시베리아 남단 → 몽골 초원 → 만주 지역 → 한반도 → 일본'으로 이어지는 전형적인 북방계통 문화와 연결되는 것이다.

3) 요하문명의 꽃, 홍산문화의 기본적 성격

'요하문명의 꽃'이라고 할 수 있는 홍산문화는 동북아시아 고대사와 관련해 새로운 시각을 제공한다. 홍산문화를 개괄적으로 소개하면 다음과 같다.

　첫째, 홍산문화 단계에서 이미 발달된 농경사회로 접어든다. 홍산문화 시기는 농업 위주이면서 수렵과 목축을 겸하는 사회였다.

　둘째, 동북아시아에서 최초로 계단식 적석총이 나타나며, 다양한

---

8 郭大順, "玉器的起源與漁獵文化", 〈北方文物〉 1996-4期; 楊美莉, "試論新石器時代北方系統的環形玉器", 《北方民族文化新論》, 哈爾濱出版社, 2001.

형태의 적석총을 주된 묘제로 하고 있다. 뒤에서 소개하겠지만, 동북아시아 최초의 적석묘인 토광적석묘(土壙積石墓)와 석관적석묘(石棺積石墓)는 흥륭와문화 유적지에서부터 이미 나온다. 그러나 흥륭와문화의 대표적인 묘제가 되지는 못했다. 적석묘 가운데 가장 발달된 양식이라고 할 수 있는 계단식 적석총을 비롯한 각종 적석묘는 홍산문화 시기에 모두 보이며, 홍산문화 시기에 보편적인 묘제가 된다. 같은 시기 황하문명 지역에서는 발견되지 않는 것이다.

흥륭와문화 시기에 시작된 적석묘 문화는 홍산문화 시기에 보편화되어 요동, 요서를 포함한 만주 일대의 청동기시대와 철기시대의 묘제로 이어지고, 후에는 고구려, 백제, 가야, 신라, 일본의 묘제로 연결되는 것이다.

셋째, 홍산문화 후기 유적 가운데 가장 주목받는 우하량 유지는 기원전 3500년 무렵 조성된 것으로, 탄소-14 연대 측정 이후 나이테 교정을 거친 절대연대는 기원전 3779~3517년이다.[9] 인간 실물의 1배, 2배, 3배 크기의 여신을 모신 여신사당인 여신묘(女神廟), 그리고 천단으로 보고 있는 3층 원형 제단(祭壇), 밑변이 20~30미터나 되는 거대한 3층의 방형 계단식 적석총(積石塚) 등을 이미 갖추어, 당시 사회가 초기 국가 단계 내지 고국 단계, 초기 문명 단계에 진입해 있었다는 점을 보여 준다. 또한 다양한 크기의 적석총들은 한 명의 지고무상(至高無上)한 존재, 즉 왕의 신분(王者身分)에 상응하는 인물이

9 遼寧省文物考古硏究所 편저, 《牛河梁遺址發掘報告(1983-2003年度) : 中》, 文物出版社, 2012, 483쪽.

출현했고, 신분의 등급 분화와 예제(禮制)의 조기(早期) 형태가 이미 제도화되었음을 나타낸다. 신상(神像)들은 실물의 1~3배까지 층차(層次)를 보이며 주신(主神)이 이미 출현했음을 보여 준다.

넷째, 홍산문화의 '초기 국가 단계', '초기 문명 단계' 논의와 관련하여, 중국 학자들 가운데는 신석기시대와 청동기시대 사이에 옥기(玉器) 시대를 새롭게 설정해야 한다고 주장하는 학자들이 많다. 서구와 달리 동북아시아에서는 청동기시대 이전인 옥기시대에 '초기 국가 단계', '초기 문명 단계'에 진입한다는 것이다. 이것은 청동기나 문자 없이도 문명 단계, 국가 단계에 진입한 세계적인 사례들이 많다는 것을 바탕으로, 옥기시대인 홍산문화 후기에 초기 국가나 초기 문명 단계에 진입했다고 보는 시각이다.

다섯째, 홍산문화 후기에는 황하문명의 중심지인 앙소문화 지역에서 유입된 채도문화와 합쳐진다.

여섯째, 홍산문화 후기의 우하량 유지에서는 동북아시아에서 가장 이른 시기 동(銅) 제품 중 하나인, 순동(純銅)으로 만든 귀고리가 발견되었다.

일곱째, 홍산문화에서는 다양한 형태의 옥기가 매우 풍부하게 발굴되고 있다. 신분의 차이에 따라 많게는 하나의 무덤에서 스무 개의 옥기가 부장품으로 나온다. 이를 통해 홍산문화 시대에는 권력이 분리되고 신분이 나뉜 사회라는 것을 알 수 있다.

현재 학자들은 홍산문화 후기 단계에서는 옥기를 전문적으로 만드는 옥장인(玉匠人)이 직업적으로 분화되어 있었고, 최소한 6~7등급의 신분이 나뉘어 있었다고 본다. 필자는 홍산문화 시기에 거대한 적석총과 천단 등을 설계하고 만드는 석장인(石匠人)도 직업적으로 분화되어 있었다고 본다.

여덟째, 홍산문화 후기의 많은 무덤들에서는 남녀 한 쌍이 합장된 적석석관묘들이 많이 보여, 일부일처제(一夫一妻制)가 이미 확립되었을 가능성이 매우 높다고 본다.

아홉째, 홍산인들은 인공적으로 두개골을 변형시키는 편두(偏頭) 관습을 지니고 있었다. 홍산문화 후기의 우하량 유지에서 발견된 남녀 두개골 총 17개 가운데 76.47퍼센트에 달하는, 13개의 남녀 두개골이 두개골 변형이 이루어진 편두이다.[10] 남녀가 보편적으로 편두를 하였음을 알 수 있다. 편두 전통은 흉노, 진한, 변한, 가야, 신라, 일본 등에서도 보인다.

4) 요하문명 지역 신석기-청동기시대 유적 분포[11]

첫째, 내몽고자치구 동부 지역의 경우 대부분의 요하문명 신석기-청동기시대 유적들이 적봉시를 중심으로 한 대흥안령 동부 지역에 밀집되어 있다. 특히 적봉시 오한기(敖漢旗) 일대에 밀집되어 있다.

요녕성의 경우 조양시 지역에 신석기-청동기시대 유적이 밀집되어 있다. 예를 들어 요녕성 전체에서 현재까지 발견된 신석기시대 유적

---

10 遼寧省文物考古硏究所 편저, 《牛河梁遺址發掘報告(1983-2003年度) : 中》, 501쪽.

11 우실하, "요하문명, 홍산문화 지역의 지리적 기후적 조건", 〈고조선단군학〉 30, 2014, 243~245쪽을 일부 수정한 것이다.

〈자료 3-6〉 내몽고 동부와 요녕성 지역 청동기시대 유적 분포도

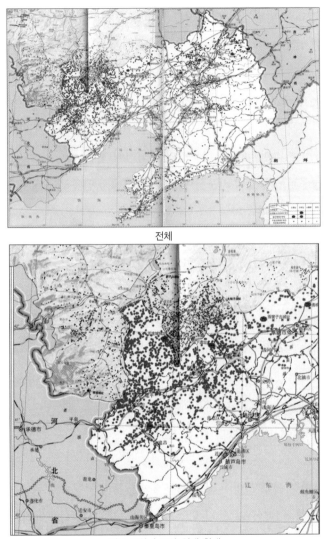

전체

적봉-오한기-조양 일대 확대

자료: 國家文物局 외 엮음, 《中國文物地圖集: 內蒙古自治區分冊(上)》, 西安地圖出版社, 2003, 56~57쪽
'내몽고 동부 지역의 청동기 유적 분포도' 및 國家文物局 외 엮음, 《中國文物地圖集: 遼寧分冊(上)》,
西安地圖出版社, 2009, 58~59쪽 '요녕성 지역 청동기 유적 분포도' 재구성.

250곳 가운데 71곳, 청동기시대 유적 3,250곳 가운데 1,858곳이 조양시 경내에 밀집되어 있다.[12]

둘째, 만주 일대의 청동기 유적지도 요서 지역에 밀집되어 있다. 〈자료 3-6〉을 보면, 내몽고 적봉시 일대와 특히 오한기 지역, 그리고 요녕성 조양시, 건평(建平) 현, 능원(凌源) 시 지역 등을 중심으로 청동기시대 유적이 엄청나게 밀집되어 있다는 것을 한눈에 확인할 수 있다. 이 지역이 바로 요하문명의 중심지이다.

요녕성과 내몽고의 지도를 서로 다른 책에서 인용하여 필자가 포토샵으로 합쳐 놓은 〈자료 3-6〉을 보면, 내몽고 지역은 유적 수가 많아서 붉은 점의 크기 자체가 작다. 만일 요녕성과 같은 크기의 붉은 점으로 표시했다면 오한기 지역은 전체가 붉은 색으로 덮였을 것이다.

좀더 많은 연구가 필요한 상황이지만, 필자는 고조선문명의 토대가 되는 초기 청동기문화의 중심지가 적봉시 오한기와 조양시 일대일 가능성이 높다고 본다. 특히 오한기 지역은 그 밀집도에서 타의 추종을 불허한다. 이런 점은 문헌사료만으로는 알 수 없는 것이다.

5) 요하문명 당시 지리 및 기후 조건

요하문명 지역은 사방이 산지로 둘러싸인 분지 지역으로 현재는 한가운데에 과이심(科爾沁) 사지(沙地) 가 자리하고 있다. 그러나 요하

---

12 國家文物局 외 엮음, 《中國文物地圖集: 遼寧分冊(上)》, 西安地圖出版社, 2009, 18쪽 遼寧省文物單位統計總表(요녕성 문물 단위통계 총표) 참조.

〈자료 3-7〉 과거 1만 년 동안의 요녕성 남부 지역 기후 조건의 변화 종합

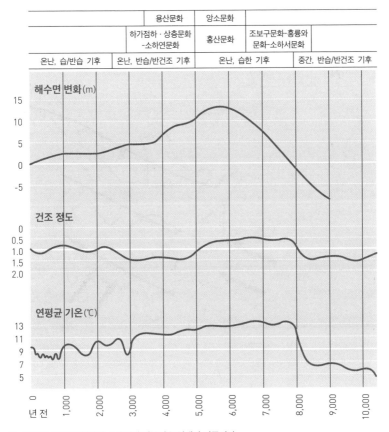

주: 1) '해수면 변화'와 '연평균 기온'의 기준선은 현재의 기준이다.
   2) '건조 정도'에서 기준선 1보다 작으면 습하고, 1보다 크면 건조하다.
자료: 우실하, "요하문명, 홍산문화 지역의 지리적 기후적 조건", 〈고조선단군학〉 30, 2014, 240쪽 자료 16 재구성.

〈자료 3-8〉 동아시아 계절풍 북방한계선의 변화

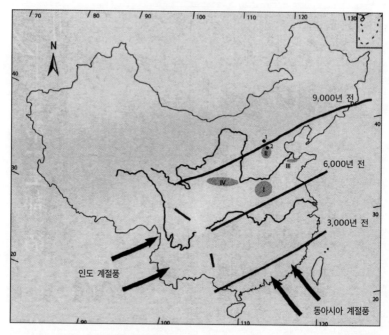

자료: 劉莉,《中國新石器時代: 邁向早期國家之路》, 文物出版社, 2007; 許宏,《最早的中國》, 科學出版社, 2009, 52쪽에서 재인용. 원문은 Li Liu & Xingcan Chen, *State Formation in Early China*, London: Duckworth, 2003.

문명이 꽃피던 시기에는 동아시아 계절풍, 즉 태풍이 만주 지역까지 올라왔었고, 물도 풍부하고 기온과 습도도 높아 사람이 살기 좋았던 지역으로, 현재 한반도 중부 지역과 비슷한 기후 조건으로 문명이 꽃 피기에 더없이 좋은 곳이었다. [13]

---

13 우실하, "요하문명, 홍산문화 지역의 지리적 기후적 조건", 〈고조선단군학〉 30, 2014, 213~251쪽.

3. 요하문명과 한반도와의 관련성

1980년대 이후 본격적으로 전모를 드러내고 있는 요하문명의 각 고고학
문화와 한반도와의 관련성에 대해서 간단히 정리해 보면 다음과 같다.

1) 소하서문화와 한반도

소하서문화에서 최초로 등장하여 흥륭와문화 등으로 이어지는 빗살
무늬 토기는 중원 황하문명 지역에서는 보이지 않는 것으로 만주 일
대와 한반도 지역과 연결된다.[14]

〈자료 3-9〉 적봉대학 박물관에 수집된 다양한 소하서문화 토기 파편

주: 왼쪽 위에 보이는 '무늬가 없이 흙 띠를 덧댄 부가퇴문(附加堆紋)' 토기가 전형적인 것이며,
　　그 외 점을 찍은 와점문 토기, 전형적인 빗살무늬 토기를 확인할 수 있다.
자료: 필자 촬영(2014. 9. 25.).

---

14 우실하, 《고조선문명의 기원과 요하문명》, 제5장 참조.

〈자료 3-10〉 강원도 문암리 유적과 오산리 유적의 토기 문양

꺽쇠문	능형집선문	단사선문	단사집선	반죽관문
방형압점문	점열문	조문	지자문	횡선문
거치문	격자문	능형집선문	방사상문	사선문
삼각집선문	제형집선문	종주어골문	횡주어골문 1	횡주어골문 2

문암리 유적 (기원전 6000~3000년)

오산리 유적
(기원전 6000~4500년)

자료: 국립문화재연구소, 《고성 문암리 유적 Ⅱ: 발굴조사보고서》, 16~17쪽(왼쪽).

〈자료 3-11〉 신석기시대 4대 문화권과 빗살무늬 토기의 분포 지역

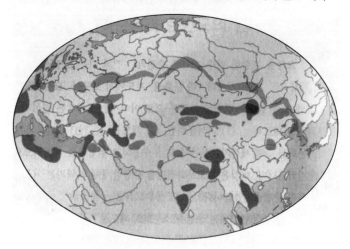

■ 거석 문화권 ■ 채도 문화권 ■ 빗살무늬 토기 문화권 ■ 세석기 문화권

주: 요하문명 지역은 신석기시대 4대 문화권이 모두 공존하는 세계에서 유일한 지역이다.
자료: 무하마드 깐수(정수일), 《고대 문명 교류사》, 사계절, 2002, 70쪽을 재구성한 우실하, 《동북공정
너머 요하문명론》, 296쪽 자료 4-1 수정·재인용.

2) 흥륭와문화와 한반도

흥륭와문화에서는 세계 최초의 옥결(玉玦), 세계 최초의 재배종 기장[黍]과 조[粟], 세계 최초의 치아 수술 흔적, 600~700명이 거주한 동북아시아 최초의 환호취락(環濠聚落), 동북아시아 최초의 적석묘, 동북아시아 최초의 석인상(石人像) 등이 발견되었다.[15] 이 중 한반도와 직결되는 것은 옥결과 적석묘다.

(1) 옥결

흥륭와문화에서 보이기 시작하는 옥귀고리, 즉 옥결(玉玦)은 중국의 동해안 일대와 그 남부, 한반도와 일본 지역으로 전파되었다. 이것은 전통적인 동이족의 분포 지역을 중심으로 확산되는 것이다.[16]

옥결은 신석기시대 초기부터 한반도에서도 많이 발견된다. 남한에서 발견되는 옥기들은 동해안, 남해안과 서해안 일부 지역에서 출토되며, 주로 동해안과 남해안 지역에서 많이 발견된다.[17] 남한의 신석기시대 옥결은 현재까지 13곳에서 14점이 출토되었다. 그 연대는 대부분 신석기시대 조기(기원전 6000~4500년)에 해당하는 것이고, 울산 처용리 유적의 것은 신석기시대 전기(기원전 4500~3500년)의 전반부, 신암리 유적의 것은 전기 중엽으로 보며, 용담동, 사동리, 옹

---

15 우실하, 《고조선문명의 기원과 요하문명》, 제 6 장 참조.

16 위와 같음.

17 임승경, "중국 동북 지역 신석기시대 옥문화", 《한국 선사, 고대의 옥문화 연구》, 복천박물관, 2013, 37쪽.

〈자료 3-12〉 세계 최초의 옥결 발굴 모습과 착용 방법

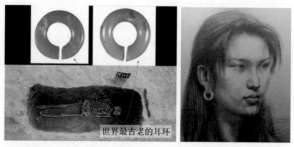

자료: 중국 오한기박물관 필자 촬영 자료.

〈자료 3-13〉 남한 출토 신석기시대 결상이식 출토 현황과 형태

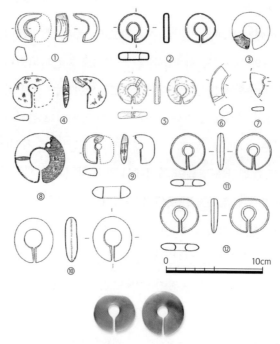

주: ① 동삼동, ② 안도, ③ 용담동, ④ 고산리, ⑤ 처용리, ⑥ 삼양동(삼화지구), ⑦ 도두동, ⑧ 사동리,
　　⑨ 사촌리, ⑩ 선진리, ⑪~⑫ 문암리(아래 사진).
자료: 하인수, "신석기시대 옥기의 기초적 검토", 《한국 선사, 고대의 옥문화 연구》, 복천박물관, 2013,
　　82쪽 표 1, 83쪽 도면 1.

〈자료 3-14〉 동북아시아 결상이식의 전파와 분포 범위

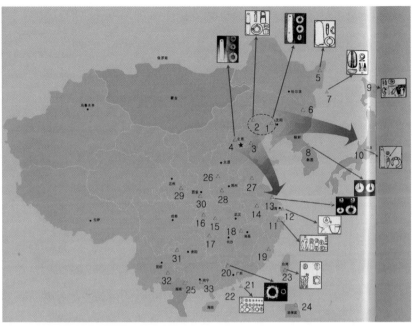

시기	위치
8,000년 전	1. 흥륭와문화 사해 유지, 2. 흥륭와문화 흥륭구 유지
7,000년 전	4. 하북성, 7. 러시아 연해주, 8. 한국 문암리 유적, 9. 일본 홋카이도, 10. 일본 후쿠이(福井), 11. 절강성 하모도(河姆渡) 유지
6,000년 전	3. 천진시, 5. 흑룡강성, 12. 상해시, 16. 중경시 대계(大溪) 유지, 19. 복건성
5,000년 전	13. 강소성, 14. 안휘성 능가탄(凌家灘) 유지, 15. 호북성, 17. 호남성, 18. 강서성, 20. 광동성
4,500년 전	26. 산서성 도사 유지
4,000년 전	6. 길림성, 21. 홍콩, 22. 오문(澳門), 23. 대만, 24. 필리핀, 25. 베트남
3,800년 전	28. 하남성
3,500년 전	27. 산동성
2,800년 전	29. 감숙성, 30. 섬서성
2,600년 전	33. 광서성
2,400년 전	32. 운남성
2,000년 전	31. 귀주성

주: 완전히 일치하진 않지만 대부분 번호가 빠를수록 오래된 유적지다.

자료: 國家文物局 · 中和人民共和國科學技術部 · 遼寧省人民政府 엮음,《遼河尋根文明溯源》, 文物出版社,
2011, 50~51쪽 '珙文化圈' 示意圖 재구성.

기만 유적의 것은 판단을 유보하고 있다.[18] 결상이식 자체가 신석기 시대를 대표하는 유물이므로, 판단이 유보된 것도 신석기시대의 유물일 가능성이 높다고 본다.

황해를 좌우로 감싼 지역은 가장 이른 시기부터 옥결을 포함한 결상이식을 공유한 문화권이었고, 고대로부터 동이문화권이라고 부르는 지역과 거의 일치함을 알 수 있다. 결상이식의 분포는 요하문명과 한반도의 관계를 연구해야 할 필요성을 웅변하고 있다(〈자료 3-14〉 참조).

(2) 적석묘

홍륭와문화 백음장한(白音長汗) 유지 2기에서는 동북아 최초의 석관 적석묘, 토광적석묘 등의 돌무덤이 발견된다. 이런 적석묘는 전형적인 후대 동이족의 묘제로, 홍산문화 시기에는 한 변이 20~30미터에 이르는 3층 계단식 적석총도 등장하는 등 당대의 대표적인 묘제로 자리 잡는다. 그러나 중원의 황하문명 지역에서는 발견되지 않았다.

다양한 형태의 적석묘는 요하문명 홍륭와문화 시기에 기원하여, 홍산문화 시기에는 3층 계단식 적석총으로 발전하고, 후대에는 몽골 초원과 중앙아시아 지역의 청동기시대부터 스키타이시대 무덤과 흉노, 돌궐 등의 묘제로 이어지며, 하가점하층문화, 하가점상층문화를 거쳐 고조선, 고구려, 백제, 가야, 신라, 일본 지역까지 이어진다.

---

18 하인수, "신석기시대 옥기의 기초적 검토", 《한국 선사, 고대의 옥문화 연구》, 복천박물관, 2013, 82쪽.

〈자료 3-15〉 흥륭와문화 백음장한 유지 1묘장군 5호묘(M5) 석관적석묘

주: 1) 외부 모습, 2) 석관묘가 드러난 상태, 3) 석관 내부 모습.
자료: 內蒙古自治區文物考古硏究所,《白音長汗: 新石器時代遺址發掘報告》, 科學出版社, 2004, 下권.

3) 부하문화와 한반도

부하문화에서는 동북아 최초로 '점을 친 뼈'인 복골이 발견되었다. 주로 동물의 견갑골(肩胛骨)을 이용해서 점을 치는 것을 골복(骨卜)이라고 부르고, 그 점친 뼈는 복골(卜骨)이라 부른다.

골복문화는 중국에서는 주(周)나라 이후에 사라지지만, 한반도 지역에서는 청동기시대, 철기시대, 삼국시대, 통일신라시대까지도 이어진다. 골복문화 역시 동이족 문화의 일부이다. 각 지역의 골복문화 유적을 살펴보면 다음과 같다.

황하문명 지역에서는 부하문화보다 1천 년 후인 기원전 4000년 무렵 감숙성 무산(武山)의 마가요(馬家窯)문화 석령하(石嶺下) 유형 부가문(傅家門) 유지[19]와 하남성 절천(淅川)현 앙소문화 3기의 하왕강(下王岡) 유지[20]에서 처음 발견되었다. 청동기시대 이리두(二里頭)문화와 이리강(二里岡)문화의 여러 유적지 등으로 이어지며 상나라 시기에 가장 번성하지만, 주나라 이후로는 주역(周易)의 기원이 되는 시초점(蓍草占)이나 서죽점(筮竹占)으로 대체되기 시작해서, 주나라 중기 이후로는 골복문화가 사라진다.

만주 지역에서 골복문화는 초기 청동기시대인 하가점하층문화 시기에 번성하고 후기 청동기시대인 위영자(魏營子)문화, 하가점상

---

19 中國社會科學院考古硏究所甘青考古隊, "甘青武山傅家門史前文化遺址發掘簡報", 〈考古〉 1995-4期.

20 河南省文物硏究所 · 長江流域規劃辦公室考古隊, 《淅川下王崗》, 文物出版社, 1989, 200쪽.

〈자료 3-16〉 부하구문 유지에서 발견된 최초의 복골

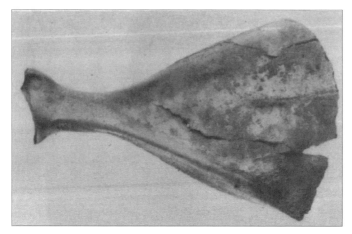

자료: 徐光冀, "內蒙古巴林左旗富河溝門遺址發掘簡報", 6쪽 圖版 1-9.

층문화, 십이대영자(十二臺營子) 문화 등으로 지속적으로 이어진다.

한반도 지역에서는 현재까지 가장 이른 시기의 것이 한반도 북부 함경북도 무산(茂山)군 무산읍 청동시시대 범의구석 유적 혹은 호곡 (虎谷)동 유적(기원전 1000~500년)에서 발견되었으며, 이후 철기시 대, 삼한시대, 삼국시대, 통일신라시대까지도 이어지고, 일본 야요 이시대로 이어진다. 이러한 사실은 골복문화의 전통이 시작된 요하 문명과 한반도가 긴밀히 연결되어 있다는 것을 보여 준다.[21]

---

21 상세한 것은 우실하, 《고조선문명의 기원과 요하문명》, 제 7 장 참조.

4) 조보구문화와 한반도

조보구문화의 토기에 처음 등장하는, 흑도(黑陶)를 바탕으로 하여 '도안의 안쪽이나 바깥쪽을 사선, 격자문 등을 그어서 제거하고 도안을 도드라지게 만드는 기법'은 조보구문화보다 조금 늦은 신석기시대에 한반도 북부 지역과 연해주 일대의 토기에도 보인다. 이러한 기법은 황하문명 지역에서는 보이지 않는 기법이다.

이것은 요하문명 지역이 황하문명 지역과는 다른 독자적인 문화권이었음을 보여 주며, 연해주와 한반도 북부 그리고 평양 지역까지도 요하문명 지역과 밀접하게 연결되어 있다는 것을 보여 준다.[22]

소산 유지 존형기의 신령도안을 보면 7천 년 전의 토기임에도 불구하고 현대적 디자인이라고 해도 손색이 없는 세련된 반추상의 도안에 놀란다. 또한 도안과 여백 처리의 조화로움에 놀라고, 사선격자문으로 도안 내부를 긁어서 도드라지게 한 새로운 제작기법에도 놀라게 된다. 이는 청자의 역사에서 상감기법에 빗댈 수 있을 만큼 새롭고 놀라운 제작기법이다.

비슷한 시기 황하문명 지역의 앙소문화에서 나오는 채도들은 점토질의 붉은색 토기에 붓으로 검은색의 검댕을 이용하여 반복적 기하문이나 물고기, 사람 얼굴 등을 그린 것이 전부다. 조보구문화는 앙소문화보다 조금 이른 시기임에도 불구하고, 이전에 어디에서도 보이지 않는 대단히 발달되고 세련된 디자인과 기법을 선보인 것이다.

---

22 우실하, 《고조선문명의 기원과 요하문명》, 제8장 참조.

〈자료 3-17〉 조보구문화 소산 유지 출토 신령도안

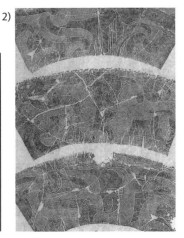

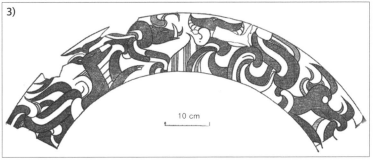

10 cm

주: 1) 소산유지 신령도안 존형기.
　　2) 신령도안 탁본 자료.
　　3) 신령도안 전개도. 왼쪽에는 사슴 머리의 용(녹수룡, 鹿首龍), 중앙에는 돼지 머리의 용(저수룡,
　　猪首龍), 오른쪽에는 새 머리의 용(조수룡, 鳥首龍)이 그려져 있다.
자료: 中國社會科學院考古硏究所內蒙古工作隊, "內蒙古敖漢旗小山遺址", 496쪽　圖 4.

〈자료 3-18〉 조보구문화 소산 유지의 토기 파편에 보이는 다양한 번개무늬

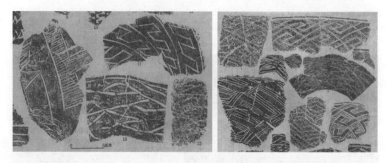

주: 여러 파편에서 사선으로 긁어낸 기법이 보인다.
자료: 中國社會科學院考古研究所內蒙古工作隊, "內蒙古敖漢旗小山遺址", 486쪽 圖 6[직선기하문
(直線幾何紋)으로 소개됨]; 487쪽 圖 7 일부.

〈자료 3-19〉 한반도 지역의 신석기시대 번개무늬 토기

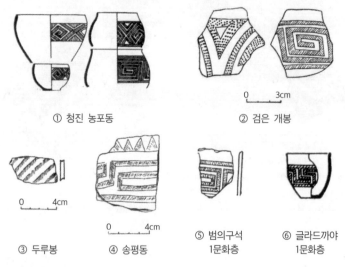

① 청진 농포동   ② 검은 개봉

③ 두루봉   ④ 송평동   ⑤ 범의구석   ⑥ 글라드까야
                              1문화층   1문화층

자료: 김원룡, 《한국 고고학 개설》 제 3판, 일조각, 1986, 49쪽; 한영희, "신석기시대: 지역적 비교", 513~
   514쪽을 재구성한 우실하, 《전통문화의 구성 원리》, 소나무, 1997, 101쪽 도표 4-12 수정 재인용.

소하서문화와 홍륭와문화 시기에 이미 사선문, 사선격자문, 점열문 등을 이용하여 빗살무늬 토기를 제작했었기 때문에 이러한 발달된 기법들이 조보구문화 토기에 보이는 것이 가능했다. 필자는 이를 '빗살무늬 토기 기법의 발전적 변형'이라고 본다.

조보구문화에서는 고고학에서 이른바 번개무늬 혹은 뇌문(雷紋)이라고 부르는 문양이 장식된 흑도(黑陶)가 대량으로 발견된다. 조보구문화를 대표하는 존형기 외에 또 하나의 대표적인 토기가 다양한 형태의 번개무늬 토기, 즉 뇌문 토기들이다.

번개무늬로 장식된 번개무늬 토기는 기원전 5000년 무렵 조보구문화에서 처음 보인다. 번개무늬 토기는 이후 연해주 지역과 한반도 여러 지역에서도 발견되지만 중원의 황화문명 지역에서는 보이지 않는 북방문화 계통이다.

그런데 조보구문화에서 처음 등장하는 흑도를 바탕으로 하는, 도안의 안쪽에 사선, 사선격자문, 점열문 등을 넣어서 도안을 도드라지게 만드는 기법은 황하문명 지역에서는 보이지 않지만, 조보구문화보다 조금 늦은 신석기시대 한반도 지역과 연해주 일대의 토기에도 보인다.

조보구문화에서 시작된 이런 기법이 연해주 지역뿐만 아니라 한반도 북부와 평양 지역에까지도 보인다는 것은 요하문명이 한반도와 밀접히 연결되어 있다는 것을 보여 준다. 필자가 보기에 번개무늬 자체보다 제작기법도 똑같다는 점이 더 중요하다. 조보구문화의 각종 존형기, 녹문도두, 번개무늬 토기 등에서 보이는 기법은 연해주나 한반도 지역의 번개무늬 토기에도 그대로 이어진다.

〈자료 3-20〉함경북도 서포항 유적 신석기 3기 타래무늬 토기

주: 타래무늬의 바깥쪽을 사선으로 긁어내서 무늬를 도드라지게 표현한 기법
자료: 조선유적유물도감편찬위원회, 《조선유적유물도감 1: 원시편》, 동광출판사, 1990, 68쪽.

〈자료 3-21〉평양시 남경 유적 출토 번개무늬 토기

자료: 조선유적유물도감편찬위원회, 《조선유적유물도감 1: 원시편》, 112쪽.

154

〈자료 3-22〉 연해주 보즈네세노프카 유적의 인물문양 토기

주: 1), 2) '아무르의 얼굴'(the Face of Amur, 높이 20.5센티미터)과 세부.
   3), 4) 인물문양 토기(높이 33.5센티미터)와 세부.
자료 1) 국립문화재연구소, 《아무르·연해주의 신비: 한러 공동발굴특별전》, 49쪽.
   2) 국립문화재연구소, 《아무르·연해주의 신비: 한러 공동발굴특별전》, 51쪽.
   3), 4) 러시아과학원 시베리아지부 고고학민족학연구소 홈페이지(http://www.sati.archaeology.nsc.
   ru/gen-i/Virtual/Amur/Artefacts/Vessels_and_vase.htm). 홈페이지 초기 화면의 왼쪽 위에
   '아무르의 얼굴'이 상징처럼 올라가 있다.

5) 홍산문화와 한반도

편두(偏頭)와 각종 적석묘 및 계단식 적석총, 3수 분화의 세계관 등이 홍산문화와 한반도의 관계를 보여 준다.

(1) 편두

홍산문화 후기(기원전 3500~3000년) 우하량 유지에서 보이는, 두개골을 변형시키는 편두(偏頭) 관습은 고조선의 후예들이 남하한 변한, 진한, 가야 등지에서도 보인다. 이 역시 요하문명 지역과 한반도의 연관성을 보여 주는 중요한 자료 가운데 하나이다. [23]

홍산문화 후기 우하량 유지에서 발견된 인골 가운데 두개골이 남아 있는 남녀 두개골 총 17개 중 76.47퍼센트에 달하는 13개의 남녀 두개골이 편두이다. 이로부터 남녀가 모두 편두를 하였음을 알 수 있다. [24] 그러나 홍산문화 시기의 편두 전통은 아직도 국내 학계에 잘 알려져 있지 않다.

《삼국지》(三國志) 《위서》(魏書) '동이전'(東夷傳)에는 진한(辰韓) 사람들도 어릴 때 편두를 했다는 기록이 남아 있다. 곧, 진한 사람들은 "어린 아이가 출생하면 곧 돌로 머리를 눌러서 납작하게 만들려 하기 때문에, 지금 진한 사람들 머리는 모두 납작하다"는 것이다. [25]

---

23 우실하, 《고조선문명의 기원과 요하문명》, 제9장 참조.
24 遼寧省文物考古研究所 편저, 《牛河梁遺址發掘報告(1983-2003年度) : 中》, 501쪽.
25 《三國志》〈魏書〉, 〈東夷傳〉, "兒生 便以石壓其頭 欲其褊 今辰韓人皆褊頭".

<자료 3-23> 홍산문화 우하량 유지 출토 두개골의 편두 통계

표본 번호	성별	인공 변형 유무	인공 변형 정도	두개골 보존 상태
N2Z1M15	여	○	확인 가능	완전하게 보존
N2Z1M17	남(?)	○	확인 가능	비교적 완전
N2Z1M25	남	○	기본적 판정 가능	큰 조각
N2Z1M27	여	無?	당연히 했다고 봄	조각
N2Z4M6	여(?)	○	기본적 판정 가능	조각, 뒷머리 주변 뼈
N2Z4M8	남	無?	당연히 했다고 봄	쪼개진 조각
N2Z4	여	無?	판정하기 어려움	뒷머리 조각
N5Z1M1	남	○	확인 가능	완전하게 보존
N16M1	남	○	확인 가능	조각
N16M2	남	○	확인 가능	조각
N16M4	남	○	확인 가능	비교적 완전
N16M7	여	○	확인 가능	두개골 위 큰 조각
N16M14	여	無?	판정하기 어려움	쇄골 조각
N16M15	남	○	확인 가능	비교적 완전
N 표본 1	여	○	확인 가능	두개골 뒷부분 비교적 완전
N 표본 2	남	○	확인 가능	큰 조각
N 표본 3	남	○	확인 가능	보통(일반)

주: 1) 표본 번호의 의미는 'N2Z1M15'='제2지점(N2) 1호총(Z1) 15호묘(M15)'와 같다.
    2) 인공 변형 유무의 '無?' 표시는 판정하기 어렵다는 의미이다.
자료:《牛河梁遺址發掘報告(1983-2003年度): 中》, 501쪽 표 11.

<자료 3-24> 홍산문화 우하량 유지 편두 사례

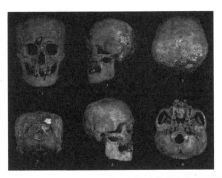

주: 제 2지점 1호총 1호묘(N5Z1M1)의 50세 전후 남성 두개골. 정면(왼쪽 위), 후면(왼쪽 아래),
    좌측면(가운데 위), 우측면(가운데 아래), 윗면(오른쪽 위), 아랫면(오른쪽 아래).
자료:《牛河梁遺址發掘報告(1983-2003年度): 中》, 494쪽 도판 19.

〈자료 3-25〉 상형문자에서 나타난 '머리가 기울 녈' 자

현대문	갑골문	금문	소전		비고
矢	𡗉	𡗉	矢	𡗉	머리가 기울어진 사람의 형상으로, 편두를 한 사람을 의미한다.

자료: 王弘力 엮음,《古篆釋源》, 遼寧美術出版社, 1997, 3쪽 재구성.

한반도에서는 고고학 자료로 가야시대인 2~3세기 무렵 김해시 예안리(禮安里) 고분 유적에서 이미 많은 편두 인골이 확인되었다. 예안리 고분 유적은 진한 지역이 아니라 변한(弁韓) 지역이므로, 이는 진한 지역뿐만이 아니라 그 아래 변한 지역에서도 편두 전통이 확대되어 있었다는 것을 보여 준다. 진한이나 변한뿐만이 아니라 흉노, 가야, 신라, 일본 등의 편두 전통에 대해서도 이미 알려져 있다.

요하문명 지역에서 남하한 상(商)나라 주도세력들도 편두를 했을 것으로 보인다. 상나라 갑골문에는 '矢'(머리가 기울 녈) 자가 등장한다. 현재는 거의 사용되지 않는 한자이지만, 두개골이 편두로 인해 기울어 진 것을 상형한 '矢' 자는, 최초 형태인 갑골문, 청동기에 새겨진 금문, 한자가 통일된 진나라 시기의 소전에서 모두 그 형태는 '편두로 변형된 머리를 한 사람 형상'의 상형문자이다(〈자료 3-25〉). 그러나 상나라 이후 중원 지역에서는 편두 전통이 보이지 않는다.

필자는 홍산문화 시기부터 이미 보이는 편두의 전통이 상나라·흉노 등으로 이어지고, 고조선이 해체되면서 남하한 진한·변한을 통해 가야·신라·일본으로 이어진 것으로 본다.

(2) 적석묘

홍산문화에서는 적석묘가 보편적인 묘제가 되었고, 특히 한 변이 20 ~30미터에 이르는 거대한 3층 계단식 적석총이 최초로 나타난다.

토광적석묘, 석관적석묘는 이미 홍륭와문화 백음장한 유지에서 출현한다. 하지만 홍륭와문화 시기에는 대부분 토광묘였고 적석묘는 보편적인 묘제는 아니었다. 이 시기에는 각종 형태의 적석묘가 보편적인 묘제로 주류를 이루고, 상대적으로 큰 대형의 것은 거의 다 외부가 3층 계단식 적석총이다.

특히 우하량 유지에는 홍산문화 후기의 거대한 적석총들이 밀집되어 있다. 특히 3층 계단식 적석총은 한 변의 길이가 20~30미터에 달하며, 기단석 등은 자연석이 아니라 인공적으로 네모나게 다듬은 돌을 사용했다. 이에 따라 옥장인(玉匠人)과 더불어 전문적인 석장인(石匠人)도 직업적으로 분화되어 있었을 가능성이 높다고 보인다.

이러한 다양한 형태의 적석묘는 홍륭와문화 시기에 최초로 등장하여, 홍산문화 시기에 대표적인 묘제로 확립되고, 이후 몽골 초원과 중앙아시아의 신석기-청동기시대 무덤과 흉노, 돌궐 무덤으로, 만주 일대의 하가점하층문화, 하가점상층문화 등의 각종 청동기시대 무덤, 그리고 고조선, 고구려, 백제, 가야, 신라에 이르기까지 한반도에서 지속적으로 이어진다. 특히 홍산문화에서 처음 보이는 가장 발달된 돌무덤 형식인 계단식 적석총도 고구려, 백제, 가야, 일본까지도 이어진다.

한반도의 다양한 석관묘나 토광적석묘, 계단식 적석총 등의 기원은 홍륭와-홍산문화로 이어지는 요하문명 지역에 있다. 현재 한국 학계

〈자료 3-26〉 홍산문화 우하량 유지 제 2지점

주: 1) 현재는 이 전체를 철골구조로 덮어서 전시관을 만들어 놓았다.
  2) 우하량 유지 제2지점 2호총 1호묘 = 중심 대묘 N2Z2M1.
  3) 인공적으로 직사각형으로 다듬어 경계를 돌린 돌.
자료 1) 遼寧省文物考古硏究所, 《牛河梁遺址發掘報告(1983~2003年度): 下》, 文物出版社, 2012, 圖版 38.
  2), 3) 필자 답사 사진(2015. 8. 6.).

에서는 우리나라 적석총의 기원을 고구려로 보거나, 이르면 기원전 1500년 무렵의 인천시 시도(矢島) 유적으로 보고 있다. 필자는 이런 학계의 시각이 홍산문화에 대한 연구를 통해 바뀌어야 한다고 본다.

(3) 3수 분화 세계관

홍산문화에서 보이는 천지인(天地人) 관념, 원방각(圓方角) 관념, 성수(聖數) 3의 관념, 3·1신 관념 등은 필자가 이론화한 '3수 분화 (1-3-9-81) 세계관'이 홍산문화 시기에 최초로 체계화되었음을 보여 준다. '3수 분화 세계관'은 후대에 중원 지역에서는 신선사상, 도가사상, 황노학, 도교 등에 그대로 전승되며, 한반도 지역에서는 선도, 풍류도, 대종교, 천도교 등의 민족종교에 그대로 전승된다. 이 역시 요하문명과 한반도의 관계를 푸는 중요한 열쇠 가운데 하나라고 본다.[26]

6) 하가점하층문화와 한반도

하가점하층문화에서는 동북아에서 최초로 '치를 갖춘 석성'이 등장한다. '치'(雉)는 석성을 쌓는 중간중간에 돌출부를 쌓는 것을 말한다. 하가점하층문화 유적지는 요하문명의 중심지인 대릉하, 노합하, 요하 일대가 압도적으로 많다. 현재까지 발견된 유적지 수는 이미 3천 곳을 넘어선다.

---

26 우실하, 《3수 분화의 세계관》, 소나무, 2012; 우실하, 《고조선문명의 기원과 요하문명》, 제 10장 참조.

석성(石城) 자체는 신석기시대부터, 내몽고 오란찰포맹(烏蘭察布盟)의 양성현(涼城縣) 대해(岱海) 서북의 언덕 지역에서 4곳, 내몽고 포두시(包頭市) 대청산(大靑山) 남쪽 기슭에서 9곳, 내몽고 이극소맹(伊克昭盟) 준격이기(准格爾旗)와 호화호특시(呼和浩特市) 청수하현(靑水河縣) 사이의 황하를 낀 양족 언덕에서 9곳, 황하를 조금 더 내려온 섬서성 가현(佳縣) 지역에서 1곳 등 총 23곳에서 발견되었다.[27] 주로 내몽고 중부의 남단 지역과 황하를 끼고 내려오는 위쪽이다. 그러나 이들 신석기시대의 석성들에서는 치를 갖춘 석성이 발견되지 않는다.

치를 갖춘 석성은 하가점하층문화 시기 요서 지역에서 처음으로 등장한다. 이후 이것이 고구려까지 연결된다. 고구려 당시까지도 황하문명 지역에는 치를 갖춘 석성이 없었다. 하가점하층문화에서 시작되는 '치를 갖춘 석성'은 한동안 잊혔다가, 이후 고구려에서 화려하게 부활하여 고구려 석성의 독특한 특징이 되는 것이다.

고구려(기원전 37년~서기 668년)가 700년 동안이나 수나라 당나라 등과의 전쟁을 거치면서도 단일 국가를 유지할 수 있었던 데에는 고구려의 치를 갖춘 석성도 큰 역할을 하였다. 당시 중원에는 치를 갖춘 석성이 없었다.

중국 학계에서도 이미 하가점하층문화 시기에 요서 지역에는 국가 단계에 진입한다고 보고 있다.

---

27 서길수, "고구려 석성의 시원에 관한 연구-신석기시대 석성", 〈고구려발해연구〉, 23집, 2006. 6., 112~113쪽 표 1 참조.

〈자료 3-27〉 하가점하층문화 삼좌점 유지

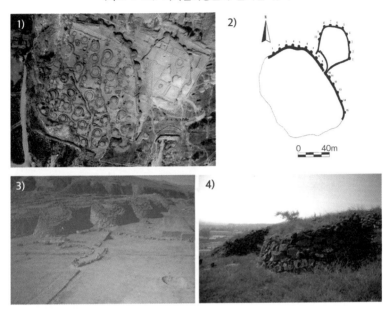

0 ___ 40m

주: 1) 삼좌점 유지 항공사진, 2) 삼좌점 유지 평면도와 치, 3) 발굴 초기 치의 모습, 4) 필자 답사 사진.
자료 1) 國家文物局,《2006 中國重要考古發見》, 文物出版社, 2007, 46쪽.
    2) 서길수, "하가점하층문화(夏家店下層文化)의 석성(石城) 연구", 94쪽 그림 69.
    3) 중국 적봉박물관 자료.
    4) 필자 답사 사진(2014. 9. 6.).

첫째, 고(故) 소병기 선생은 서요하 지역에서 홍산문화 시기에는 고국(古國)이, 하가점하층문화 시기에는 하-상-주와 같은 방국, 곧 치를 갖춘 석성과 채회도(彩繪陶)로 대표되는 "하나라와 상나라 사이 의 '방국'"(夏商之間的'方國')[28] 단계의 대국이 있었다고 본다.[29]

---

28 蘇秉基,《華人, 龍的傳人, 中國人: 考古尋根記》, 遼寧大學出版社, 1994. 도 입부 컬러 도판에 대한 설명문.
29 蘇秉琦, "論西遼河古文化: 與赤峰史學工作者的談話",《北方民族文化》; 蘇秉

둘째, 설지강은 서요하 지역에서 하가점하층문화 시기에 "하(夏) 나라보다 앞서서 문명고국(文明古國)"이 건설되었으며, 이후 이 지역의 고대 민족들이 남쪽으로 이동하여 하(夏)나라를 대체하는 상(商)나라를 건설한 것이라고 본다.[30]

물론 소병기나 설지강은 그 홍산문화나 하가점하층문화의 주도세력을 황제족으로 보고 있다. 요하문명의 주도세력이 황제족이라는 중국 학계의 일방적인 주장을 배제하고 보면, 하가점하층문화 시기의 요서 지역에는 치를 갖춘 석성과 채회도(彩繪陶)로 대표되는 "방국 단계의 대국"(소병기) 혹은 "하나라보다 앞선 문명고국"(설지강)이 존재했다는 것이다. 중국 학계에서는 비정할 만한 국가명이 없어서 그렇게 표현하지만, 우리에게는 신화적으로 기록된 단군조선이 있다. 필자는 이 "방국 단계의 대국"이 초기 단군조선일 가능성이 높다고 본다.

7) 하가점상층문화와 한반도

하가점상층문화(기원전 1000~300년)에서는 이른바 '비파형 동검'이 최초로 발견된다. 현행 우리나라 역사교과서의 대부분은 비파형 동검과 고인돌, 미송리식 토기와 팽이형 토기 등을 고조선을 상징하는 유물로 본다. 비파형 동검은 이 가운데서도 가장 중요한 유물 중 하나이다.

대부분의 경우 비파형 동검 등이 발견되는 지역을 고조선의 영역,

琦, 《華人, 龍的傳人, 中國人》, 130~131쪽.
30 薛志强, "紅山諸文化與中華文明", 《中國北方古代文化國際學術討論會論文集》, 中國文史出版社, 1995, 43~49쪽.

문화권, 문화 범위 및 세력 범위 등으로 본다. 2007년 개정된 교육 과정에 따라 제작된 중·고등학교의 역사교과서에서 해당 부분을 보면 다음과 같다.

청동기시대에 만든 비파형 동검과 고인돌(탁자식), 미송리식 토기와 팽이형 토기는 주로 만주와 한반도 북부 지방에서 집중적으로 발굴되는데, 이를 통해 고조선의 문화권을 짐작할 수 있다.

— 이상, 주진오 외,《역사(상)》, 천재교육, 2011, 34쪽.

비파형 동검과 고인돌(탁자식), 미송리식 토기 등이 고조선 문화를 대표하는 특징적 유물이다. 고조선은 이들 유물이 분포하는 지역과 밀접한 관련이 있다.

— 이문기 외,《중학교 역사(상)》, 두산, 2011, 31쪽.

탁자식 고인돌과 비파형 동검 등의 유물이 출토되는 지역을 통해 고조선의 영역을 짐작할 수 있다.

— 양호환 외,《중학교 역사(상)》, 교학사, 2011, 36쪽.

오늘날 이 지역에서 출토되는 비파형 동검과 탁자식 고인돌, 미송리형 토기와 팽이형 토기는 이러한 고조선의 문화 범위와 세력 범위를 잘 보여 주고 있다.

— 김종수 외,《고등학교 한국사》, 금성출판사, 2014, 29쪽.

많은 사람들은 〈자료 3-28〉이 제시하는 비파형 동검의 분포 지도에 익숙할 것이다. 그러나 이런 기존의 분포도에서는 비파형 동검이 출토된 유적의 **위치**만을 표기할 뿐이고, 그 유적지에서 얼마나 많은 비파형 동검이 출토되었는지 비파형 동검의 발굴 **개수**는 알 수가 없다.

출토된 비파형 동검의 개수는 한반도 지역보다는 요서, 요동 지역에서 집중적으로 발견되고 시기도 빠르다. 특히 요녕성에서 발굴되는 것이 압도적이어서 '요녕식 동검'이라고도 불린다.

2000년 기준으로 비파형 동검은 총 331개가 출토되었는데, 적봉시를 중심으로 한 내몽고 동부 지역이 19개, 요녕성의 요서 지역이 91개이고, 요동 지역이 128개, 길림·장춘 지역 지역이 18개, 한반도 지역이 75개 등이다. [31]

요하문명 지역인 내몽고 동부(19개)와 요녕성 서부(91개)를 포함하는 요서 지역에서 전체(331개)의 3분의 1(19 + 91 = 110개)이 발견되었다. 여기에 요동 지역(128개)을 합치면 요하문명 지역 일대에서 발견된 것(238개)이 전체(331개)의 70퍼센트를 넘는다. 물론 한반도 지역보다 시기적으로도 빠르다. 이것은 비파형 동검이 요서 → 요동 → 한반도로 이동하면서 확대되었음을 의미한다.

요서 지역에서 얼마나 많은 비파형 동검이 출토되었는지를 한눈에 알 수 있는 곳이 조양시박물관(朝陽市博物館)이다. 2011년에 확장한 조양시박물관의 당시 전시 설명문에는 비파형 동검, 즉 요녕식 동검

---

31 김정배, "동북아의 비파형 동검문화에 대한 종합적 연구", 4쪽 표 1. 상세한 출토지는 82쪽 분포도와 83~94쪽 '동북아 출토 비파형 동검 일람' 참조.

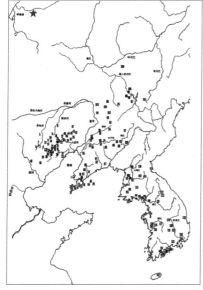

〈자료 3-28〉 2000년 기준 비파형 동검 발견지 및 지역별 통계

지역		개수(개)	비율(%)
내몽고 동부		19	6
요녕성	요서	91	27
	요동	128	38
길림 · 장춘		18	6
한반도		75	23
합계		331	100

주: 지도에 기호(★)로 표시된 부분이 비파형 동검이 출토된 최북단인 이민하매광(伊敏河煤鑛)
　　유지이다.
자료: 김정배, "동북아의 비파형 동검문화에 대한 종합적 연구", 82쪽, 4쪽 표 1 재구성.

을 '곡인검'(曲刃劍)[32] 혹은 '청동단검'으로 설명하며, "조양시에서 청
동단검(＝비파형 동검＝요녕식 동검)이 출토된 묘(墓)가 이미 100개
가 넘었다"(朝陽發現的靑銅短劍墓已超百座)고 한다. 100개의 묘에
서 1개씩만 발견되었다고 하더라도, 조양시 경내에서만 2011년까지
100개 이상이 출토되었다는 것이다.

---

[32] 조양시박물관의 전시 안내문에는 주상정 비파형 곡인검(柱狀鋌琵琶形曲刃劍)과
　　공병 곡인검(銎柄曲刃劍) 두 가지로 나누어진다. 두 가지 모두에서 칼날이 곡선으
　　로 되어 있다는 '곡인검'이라는 것이 넓은 의미의 비파형 동검을 의미한다.

단적인 예로, 현재 조양시박물관에는 이 지역에서 출토된 비파형 동검을 하나의 전시 박스 안에 21개나 전시하고 있을 정도다. 여기에는 비파형 동검을 찍어 내던 거푸집도 전시되어 있다. 전시 박스 옆에는 비파형 동검과 같이 출토된 투구와 장화 등을 갖춘 당시의 군장급 인물의 동상도 전시되어 있다

2018년 1월 18일에 열린 요녕성문물고고연구소의 '2017년 요녕성 고고 업무 회보회'(2017年度遼寧省考古業務匯報會)에서 발표한 보도 자료에 따르면, 2017년에도 요녕성 심양시에 속한 작은 현급시인 신민시(新民市) 북외(北崴) 유지에서 현재까지 가장 이른 시기의 비파형 동검 1개가 발굴되었다. 북외 유지의 방 유적지 연대는 3,800∼3,000년 전이다.[33] 곽대순에 따르면, 이것이 현재까지 중국의 동북 3성 지역에서 발견된 비파형 동검 가운데 가장 이른 것이다.[34]

적봉, 조양, 오한기를 연결한 지역은 청동기시대 유적이 매우 밀집되어 있는, 청동기시대 유적지의 최대 중심지이다(〈자료 3-6〉 참조). 결국 이 지역은 비파형 동검을 비롯한 각종 청동기를 제작했던 초기 중심지였던 것이다. 필자는 이 지역이 단군조선의 초기 중심지였을 가능성이 높다고 본다.

---

33 〈遼寧日報〉 2018. 1. 19., "2017年度我省重要考古成果發布". 이 기사는 중국사회과학원 고고연구소 홈페이지(www.kaogu.cn)에도 새로운 소식으로 실려 있다 (http://www.kaogu.cn/cn/xccz/20180119/60778.html) ; 〈遼寧日報〉 2018. 1. 19. "沈陽北崴遺址出土青銅短劍 完善青銅考古學序列"; 〈中國新聞网〉, 2018. 2. 10., "遼宁北崴遺址出土東北地區年代最早青銅劍".
34 〈中國新聞网〉 2018. 2. 10, "遼宁北崴遺址出土東北地區年代最早青銅劍".

〈자료 3-29〉 조양시박물관의 비파형 동검 전시 모습

주: 비파형 동검 전시 박스 및 비파형 동검을 든 인물상 전시 모습.
자료: 필자 답사 사진(2015. 5. 14.).

〈자료 3-30〉 2017년 요녕성 신민시 북외 유지와 출토된 비파형 동검

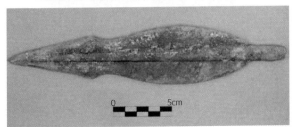

자료: 〈遼瀋晚報〉, 2018. 1. 18., "沈陽發現最早靑銅短劍已沈睡3000年".

4. 요임금의 도성 평양으로 밝혀진
   도사 유지와 단군조선

1) 임분시 요도구와 요임금

중국에서는 중화문명의 근원을 탐구한다는 중화문명탐원공정(中華
文明探原工程, 2004~2015년)을 끝내면서 산서성에서 발견된 도사
유지를 집중적으로 조명하였다. 2015년 12월 중화문명탐원공정을 마
무리하는 자리에서 도사 유지가 바로 전설시대로만 알던 요(堯) 임금
의 도성인 평양(平陽)이며, 이곳이 '최초의 중국'(最早中國)이자 '화
하민족의 첫 도성'(華夏第一都)이라고 공표한 것이다.

우리나라의 각종 사서에서는 단군조선의 건국과 관련하여 '요임금
과 같은 시기' 혹은 '요임금 즉위 후 50년' 등으로 언급하고 있다. 중
국에서는 2015년 12월에 요임금의 도성이 발굴되었고, 요순(堯舜)
시대가 실재하는 역사임을 공표하였다. 그렇다면 '요임금과 같은 시
기'인 단군조선이 단순히 신화가 아니라 실존했을 가능성이 더 높아
졌다고 본다. 이는 단군조선 연구에 새로운 활력소가 될 수 있을 것
이다.

도사 유지는 산서성(山西省) 임분시(臨汾市) 양분현(襄汾縣) 도사
진(陶寺鎭) 도사향(陶寺鄉) 도사촌(陶寺村)에서 발견되었다. 임분
시 일대는, 행정 중심은 현재도 요도구(堯都區)이고 수천 년 전부터
요임금의 도성으로 알려져 있던 곳이며, 현재도 요묘(堯廟), 요능(堯
陵), 제요고거(帝堯古居), 고사선동(姑射仙洞) 등 많은 요임금 관련

유적지가 있다. 이런 전설이 도사 유지의 발굴을 통해서 정식으로 입증된 것이다.

2) 도사 유지의 발견과 요순시대

2015년 6월 18일 국무원 기자회견실에서 열린 '산서성 도사 유지 발굴 성과 기자회견'에서 도사 유지가 전설로만 전하던 요임금의 도성인 평양(平陽)임을 공식적으로 발표하였다. 이 기자회견은 12년 동안 지속되었던 중화문명탐원공정의 총책임자이자 중국사회과학원 고고연구소 소장 겸 중국고고학회 이사장인 왕외(王巍)가 직접 나서서 설명한 것이고, 기자회견이 열린 장소가 사회과학원이나 고고연구소가 아니라 '국무원 기자회견실'이었다는 것은 그 위상을 보여 준다. 국가적인 입장이라는 것이다. [35]

또한 2015년 12월에는 중화문명탐원공정을 마무리하면서 《양분도사: 1978~1985년 발굴보고》(襄汾陶寺: 1978~1985年發掘報)가 마지막으로 출간되었다. [36] 이 책의 출간을 기념하고 10여 년에 걸친 공정의 마무리를 기념하기 위해서 2015년 12월 12일 북경에서 〈도사유지와 도사문화 출판 학술 연토회〉[陶寺遺址與陶寺文化出版學術研討會]가 열렸다. 도사 유지에 대한 새로운 시각의 해석이 중화문

---

35 霍文琦·齊澤垚, "陶寺遺址考古發掘成果在京發布". 〈中國社會科學網〉, 2015. 6. 18.

36 中國社會科學院考古研究所·山西省臨汾市文物局 편저, 《襄汾陶寺: 1978~ 1985年考古發掘報告》, 文物出版社, 2015. 이 보고서는 총 4권으로 구성되어 있다.

〈자료 3-31〉 산서성 임분시의 위치와 행정구역

주: 임분시(아래)는 1개의 직할구(요도구)와 2개의 현급시, 14개의 현으로 이루어져 있다.
자료: 우실하, 《고조선의 강역과 요하문명》, 동아지도, 2007, 부분도 재구성.

172

〈자료 3-32〉 임분시 요도구 내 요임금 관련 유적 및 도사 유지의 위치

1. 요능(堯陵)
2. 요묘(堯廟)
3. 제요고거(帝堯古居)
4. 고사선동(姑射仙洞)
5. 도사 유지

자료: 堯都區文物旅遊局, 《堯都平陽》, 1쪽 재구성.

명탑원공정의 대미를 장식한 것이다. 도사 유지를 간략히 소개하면 다음과 같다.

- 도사 유지는 산서성 임분시 양분현 도사진 도사향 도사촌에서 발견된 용산(龍山) 문화 도사유형(陶寺類型) 유적지다. 도사 유지는 도사문화로 격상되어 불리기도 한다.
- 전체 유적지 총면적은 430만 제곱미터이며 내성과 외성을 갖춘 이중성으로, 외성 안의 면적이 280만 제곱미터, 내성 안의 면적이 13만 제곱미터에 달하는 거대한 '방국 혹은 왕국 단계'의 도성 유적이다. [37]

• 아래층인 앙소문화 '묘저구(廟底溝) 2기 문화'는 나이테 수정을 거친 절대연대가 기원전 2900~2800년[38]이다. 도성(都城) 유적은 기원전 2500~1900년,[39] 기원전 2450~1900년,[40] 기원전 2500~2000년[41] 등으로 나오는데, 일반적으로는 기원전 2500~1900년으로 본다. 직접 발굴을 지휘한 하노(何駑)는 도사 유지의 중심 유적은 약 400년 동안 지속되었고, 조기는 기원전 2300~2100년, 중기는 기원전 2100~2000년, 만기는 기원전 2000~1900년으로 본다.[42]

　석경(石磬), 악어가죽으로 만든 북인 타고(鼉鼓) 등이 나오는 가장 큰 무덤들은 '기원전 2400년 무렵의 방국 단계의 왕릉'으로 본다. 영어 요약문은 도사 유지에 대해서 "기원전 2400년 무렵 조기의 사전(史前) 국가의 수도"로 표현한다.[43] 결국 도사 유지의 왕궁은 기원전 2400~2300년 무렵 요임금의 왕궁인 평양이라는 것이다.

• 도사 유지에서는 홍동(紅銅, 청동이 아닌 순동)으로 만든, 중국에서

---

37 《襄汾陶寺: 1978~1985年考古發掘報告》 제1권, 11쪽; 梁星彭·嚴志斌, "山西襄汾陶寺文化城址", 《2001年中國重要考古發見》, 文物出版社, 2002; 中國社會科學院考古研究所山西工作隊 외, "山西襄汾陶寺城址2002年發掘報告", 〈考古學報〉 2005-3期.

38 《襄汾陶寺: 1978~1985年考古發掘報告》 제1권, 120쪽.

39 《襄汾陶寺: 1978~1985年考古發掘報告》 제1권, 388~390쪽.

40 《襄汾陶寺: 1978~1985年考古發掘報告》 제3권, 1348쪽 영문 요약.

41 張江凱, 魏峻, 《新石器時代考古》, 文物出版社, 2004, 230~231쪽.

42 何駑, "陶寺文化譜系研究綜論", 《古代文明》 제3권, 文物出版社, 2004.

43 《襄汾陶寺: 1978-1985年考古發掘報告》 제3권, 1351쪽 영문 요약. "the capital city of early prehistoric state around 2400 BC."

〈자료 3-33〉 요묘의 전체 모습

자료: 堯都區文物旅遊局,《堯都平陽》, 6쪽.

〈자료 3-34〉 도사 유적지

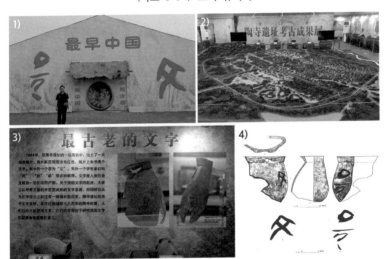

주: 전체 유적지는 430만 제곱미터, 외성 안은 280만 제곱미터, 내성 안은 13만 제곱미터.
　　1) 전시관 입구, 2) 요임금의 왕성인 평양(平陽) 모형, 3), 4) 문자편호에 보이는 중국 최초의 문자인
　　'文'(문) 자와 '堯'(요) 자. '최초의 중국'(最早中國), '제요고도'(帝堯古都), 문자편호에 보이는 두 개의
　　문자, '文'(문) 자와 '요'(堯)자를 강조하였다. '文'(문) 자는 갑골문과 똑같고, '堯'(요) 자에 대해서는
　　'昜', '明', '命' 등 이견이 있다.
자료: 필자 답사 사진(2016. 8. 16.).

가장 오래된 동령(銅鈴, 순동 방울)과 순동으로 만든 '톱니가 있는 바퀴'인 동치륜(銅齒輪), 동령을 비롯한 도고(陶鼓)・타고・석경・도훈(陶塤) 등 각종 악기, 천단을 겸했다고 보는 최초의 관상대(觀象臺)와 남문 밖의 지단(地壇) 등의 제단, 조-중-만기의 내성(왕궁)과 외성(외곽성)을 갖춘 쌍성 구조의 280만 제곱미터의 거대한 궁성(宮城)과 왕릉, 신분에 따라 나뉜 주거지, 예제(禮制)의 확립, 두 개의 문자가 있는 납작한 토기인 '문자편호'(文字扁壺)가 발견되었다. 따라서 명실상부한 '방국 단계'에 진입했다고 보며, 도사 유지에서 가장 큰 왕릉을 "왕의 신분을 지닌 방국의 수령 급 인물"(王者身分的方國首領人物)의 묘로 본다. 44

도사 유지에서는 네 개의 작은 동기(銅器)가 발견되는데, 홍동령(紅銅鈴), 홍동환(紅銅環), 비소를 합금한 신동(砷銅)으로 만든 동치륜(銅齒輪), 동용기(銅容器) 잔편(殘片) 등이 발굴되었다. 도사 유지에서 발견된 홍동령은 동아시아에서 가장 이른 '복합 거푸집을 사용한 동기'(複合范銅器)이며, 동용기(銅容器) 잔편(殘片)은 비소를 섞은 신동(砷銅)으로 만든 것으로 동이 모양의 동분(銅盆)의 일부로 보고 있다. 45

- 각종 문헌기록에 신화처럼 기술된 요순시대가 실존하고, 도사 유지가 바로 '최초의 중국(中國)'이라고 본다. 46

---

44 《襄汾陶寺: 1978-1985年考古發掘報告》 제 2권, 528쪽.
45 許宏, "邁入青銅時代: 資源視角下的文明擴張", 〈發現中國〉 2012. 1. (創刊號). 이 글은 다음 블로그에서도 볼 수 있다. http://blog.sina.com.cn/s/blog_4ac-539700102dvfz.html

특히 도사 유지에서 발견된 두 개의 '중국 최초의 문자'가 있는 문자편호(文字扁壺)는 특별한 관심을 끌었으며, 연대는 기원전 2000~1900년이다. [47] 결국 도사 유지의 발굴을 통해서, 이제까지 하-상-주로 시작되는 중원 지역 황하문명의 문명사를 그 이전의 요순시대로 끌어올려 '당요(唐堯) - 우순(虞舜) - 하우(夏禹) - 상탕(商湯) - 주공(周公)'으로 이어지는 역사시대의 계보를 새롭게 재정립하고 인정한 것이다.

3) 요하문명, 도사 유지, 요임금 그리고 단군조선

《삼국유사》권 1 〈기이〉 1 '고조선(왕검조선)'조에서는 고조선의 건국과 관련하여, 《위서》를 인용한 부분에서는 "요임금과 같은 시기"로, 《고기》를 인용한 부분에서는 "요임금 즉위 50년 후"라고 기록하고 있다.

① (고) 조선을 개국하였는데, 고(高 = 堯)와 같은 시기이다. [48]

② 단군왕검이라 불렀다. 당고(唐高)가 즉위한 지 50년인 경인(庚寅)년(당고 즉위 원년은 무진년이니, 50년 후는 정사년이지 경인년이 아니다. 아마도 틀린 것일 것이다)에 평양성(지금의 서경)에 도읍을 하고 처음으로 조선이라 칭하였다. [49]

---

46 〈百度百科〉 '도사유적' 항목 참고.

47 《襄汾陶寺: 1978-1985年考古發掘報告》 제 3권, 1349쪽.

48 《三國遺事》〈紀異〉 第 1 '古朝鮮(王儉朝鮮)'. "魏書云, 乃往二千載有壇君王儉, 立都阿斯達(經云無葉山, 亦云白岳, 在白州地, 或云在開城東, 今白岳宮是), 開國號朝鮮, 與高同時."

《위서》를 인용한 부분에서는 단군조선 건국연대를 당요(唐堯)와 같은 시기로 보고 있다. 《고기》를 인용한 부분에서는 단군조선의 건국 연대에 대해서 '당고(唐高 = 唐堯 = 帝堯), 즉 요임금이 즉위한 후 50년'인데, 이것은 경인년(庚寅年)이 아니라 정사년(丁巳年)이라고 수정하였다.

그런데 요임금에 대해서 중국 학계에서 통용되는 바에 따르면, 요가 천자에 오른 해인 제요원년(帝堯元年)을 갑진년(甲辰年)이라고 보고 있고, 학자들이 여러 자료를 검토하여 내린 제요, 즉 당요원년은 기원전 2357년으로 보고 있으며, 20세에 천자에 오르니 생졸연대를 약 기원전 2377~2259년으로 보고 있다.

만일 중국 학계의 논의대로 제요원년을 갑진년인 기원전 2357년으로 보면, 단군조선의 건국연대인 당고가 즉위한 후 50년은 기원전 2307년이 되고, 이는 현재 통용되는 단군조선의 건국연대인 기원전 2333년과 불과 26년밖에 차이가 안 나며, 요임금과 같은 시기인 기원전 2357년이라면 통용되는 기원전 2333년보다 불과 24년 이르다.

《사기정의》(史記正義), 《제왕세기》(帝王世紀), 《시경》(詩經), 《상서》(尙書 = 書經) 등 많은 사서들은 '요임금의 도읍이 평양이다' (堯都平陽), '요임금이 봉해진 곳이 당국(唐國)이다' 등으로 기록하였다. 왕외가 강조하듯이, 도사 유지의 발굴로 요임금이 전설이나 신

---

49 《三國遺事》〈紀異〉第 1 '古朝鮮(王儉朝鮮)'. "古記云, 昔有桓國(謂帝釋也) 庶子桓雄, … 號曰壇君王儉. 以唐高卽位五十年庚寅(唐高卽位元年戊辰, 則五十年丁巳, 非庚寅也, 疑其未實), 都平壤城(今西京), 始稱朝鮮."

화적인 인물이 아니라 실제로 존재하였음이 밝혀진 이상, 단군조선에 대한 새로운 시각의 연구가 필요해졌다고 본다.

또한, 중원 지역에서 요임금의 도성으로 비정하는 도사 유지나 황제의 도성으로 비정하는 석묘 유지 등을 중심으로 방국이 시작될 때, 요서 지역에도 하가점하층문화 시기에 거대한 방국이 존재하고 있었다.

곧 요하문명 지역에서는 하가점하층문화 시기에 중국 고고학의 대원로인 고(故) 소병기가 "방국 단계의 대국"이라고 부르고, 설지강이 "하나라보다 앞서서 건설된 문명고국"이라고 부르는 대국이 존재하고 있었다. 황하문명 지역에서 요-순-우 시대가 열리는 시기에, 요서 지역에서는 또 다른 고대 국가가 존재하고 있었다는 것이다.

소병기나 설지강의 논지에서, 요하문명의 주도세력을 황제족으로 끌고 가려는 논의를 제외하고 생각해 보자. 필자는, 설지강이 이야기하는 것처럼 서요하 지역에 "하나라(기원전 2070~1600년) 보다 앞서서 건설된 문명고국"이 있었다면 그것이 바로 고조선일 가능성이 높고, 이 문명고국은, 앞서 소병기가 이야기하는 "하가점하층문화 시기 방국 단계 대국"이라고 할 수 있으며, 홍산문화, 하가점하층문화를 주도한 세력의 일부가 중원으로 남하한 이후에야 황제족이 형성되어 요-순-우 시대로 이어진다고 보고, 중원 지역에서 요-순-우 시대가 열릴 때 요서 지역에서 "방국 단계 대국" 혹은 "문명고국"이 존재하였다면 단군조선일 가능성이 높다고 본다.

중국의 권위 있는 학자들이 하가점하층문화 시기에 서요하 지역에 "방국 단계 대국" 혹은 "문명고국"이 존재했다고 함에도 불구하고, 한국 학계에서는 요하문명에 대한 각종 연구들을 중국 학계에서 벌어지는 일이고 우리와는 상관없다는 식의 태도를 보이고 있다. 이제라도 요하문명과 단군조선의 관계, 더 나아가 한반도와 요하문명과의 관계에 대한 연구가 시작되어야 한다. 그렇지 않으면, 요하문명의 주도 세력이 황제족이며, 후대에 등장하는 이 일대의 모든 북방 민족들은 황제의 후예라는 중국 학계의 견해가 국제 학계에서도 그대로 정설이 될 수밖에 없다.

5. 요하문명과 한국 학계의 과제

1980년 이후 요서 지역을 중심으로 새로 발견된 요하문명 유적으로, 이 지역에 고대로부터 하나의 거대한 문명이 있었다는 것이 밝혀졌다. 중국 학계에서는 이 요하문명의 주도세력을 중국인들의 조상이라는 황제족으로 끌고 가고 있지만, 한국의 상고사·고대사와도 밀접히 연결되어 있다.

여기에서는 필자가 여러 책과 글을 통해서 부분적으로 제시했던 한국 고고학 및 역사학계의 과제를 나름대로 재정리하여 제기한다. 우리 학계의 현실을 볼 때, 필자가 제안하는 사항들이 얼마나 적극적으로 반영될지는 알 수 없다. 그러나 이런 제안들에 대해서 좀더 열려 있는 학자들을 중심으로 진지하게 논의되기를 진심으로 바란다.

첫째, 요하 일대에 중원의 '황하문명'과는 전혀 이질적이고 새로운 '요하문명'이 있었고, 그 주도 세력은 우리 민족의 선조들과도 연결된다는 것을 바탕으로 동북 상고사·고대사를 다시 읽어야 한다.

둘째, 요하문명, 홍산문화 지역을 중심으로 하여 좌로는 중원, 우로는 한반도로 이동했다는 새로운 관점이 필요하다. 필자는 이것을 'A자형 문화대(文化帶)'라고 부른다. 이것은 소병기가 황화문명과 요하문명과의 교류 관계만을 'Y자형 문화대'로 부르는 것과는 다르다.[50] 필자의 A자형 문화대 논의는 2015년에 적봉시에서 열린 '제 10회 홍산문화고봉논단'(2015. 8. 11~12.)에서 정식 논문으로 발표하였고, 함께 발표된 논문들과 엮어서 책으로 출판되어 있다.[51]

필자는 요하문명 지역에서 한반도로 연결되는 A자형 문화대를 세석기, 빗살무늬 토기, 옥결, 복골, 각종 형태의 돌무덤과 적석총, 치를 갖춘 석성, 비파형 동검 등이 입증한다고 본다.

A자형 문화대는 요하문명을 '동북아 공통의 시원문명'으로 삼아서 한·중 공동 연구의 필요성을 인정하는 것이고, 단군조선의 실체를 좀더 실제적으로 연구하고 입증할 수 있는 것이며, 미래의 한·중 간의 역사 갈등을 미연에 방지할 수 있는 시각이다.

셋째, 한반도 중심의 역사관을 만주와 몽골초원으로 확대하고, 더

---

50 소병기의 'Y자형 문화대'론은 1988년에 최초로 제기하여 그의 여러 책들에 실려 있고, 필자의 책에서도 소개한 바 있다. 蘇秉琦, "中華文明的新曙光", 〈東南文化〉 1988-5期; 蘇秉琦, "中華文明的新曙光", 《華人, 龍的傳人, 中國人: 考古尋根記》, 85쪽; 蘇秉琦, "中華文明的新曙光", 《蘇秉琦文集(三)》, 文物出版社, 2009, 51쪽; 우실하, 《동북공정 너머 요하문명론》, 소나무, 2007.

51 발표 논문은 다음의 책으로 출판되었다. 禹實夏, "遼河文明和'A字形文化帶'", 赤峰學院紅山文化研究院 엮음, 《第十屆虹山文化高峰論壇論文集》, 吉林出版集團股份有限公司, 2016, 217~233쪽.

〈자료 3-35〉 Y자형 문화대

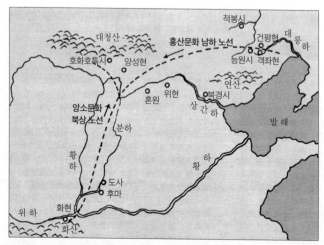

자료: 蘇秉琦, "中華文明的新曙光", 《華人, 龍的傳人, 中國人: 考古尋根記》, 85쪽 圖 3; 蘇秉琦, "中華文明的
新曙光", 《蘇秉琦文集 (三)》, 51쪽, 圖 4; 우실하, 《동북공정 너머 요하문명론》, 자료 2-28 재구성.

〈자료 3-36〉 A자형 문화대

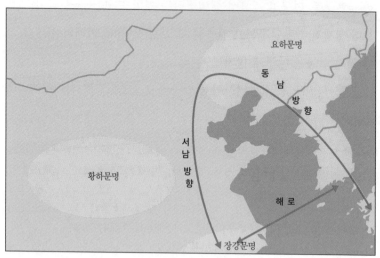

자료: 禹實夏, "遼河文明和'A字形文化帶", 赤峰學院紅山文化研究院 엮음, 《第十屆虹山文化高峰論壇論文
集》, 吉林出版集團股份彬有限公司, 2016, 223쪽 資料 7 재구성.

넓게는 중앙아시아와 메소포타미아 지역까지 시야를 넓혀서 교류와 이동의 역사관으로 새롭게 우리의 상고사를 바라보아야 한다.

현재 한국 상고사·고대사의 기본적인 시각을 정립한 선배 학자들이 연구를 할 당시에는 북한을 비롯해서 중국, 몽골, 소련, 중앙아시아 등 대부분의 국가들이 모두 공산권이어서 연구와 답사의 장이 한반도, 만주, 일본 지역을 벗어나기 어려웠다.

그러나 이제는 마음만 먹으면 거의 모든 국가에 갈 수 있는 시대를 살고 있고, 또한 새롭게 발견된 요하문명이 요서 지역에서 그 전모를 드러내고 있다. 이제는 한국사의 지리적 장을 더 넓게 보며 연구할 필요가 있다.

넷째, 요하문명 및 홍산문화에 대한 다양한 분야의 연구가 이루어져야 한다. 요하문명은 글자 그대로 하나의 거대한 **문명**이다. 하나의 문명에 대한 연구는 고고학자나 역사학자만의 전유물이 절대로 아니다. 고고학, 역사학, 민속학, 사회학, 정치학, 문화학, 종교학, 신화학, 미술, 미학, 건축학, 철학 등 많은 학문 분야에서 연구할 수 있다.

이집트문명의 상형문자는 언어학자들이 연구하고, 이집트인들의 상형문자에 드러난 사후세계나 종교에 대해서는 종교학자나 신화학자가 연구하고, 거대 피라미드에 대해서는 건축학자나 천문학자들이 더 잘 연구할 수 있는 것과 마찬가지이다.

다섯째, 우리 학계나 언론도 요하문명 지역의 발굴 결과에 대해 항상 관심을 가지고 지켜보아야 한다. 현재 요하문명 홍산문화 지역은 발굴이 진행될수록 기존의 요하문명 지역, 몽골공화국 동부 지역, 내몽고 북부 후룬베이얼 지역, 요동반도 지역 등으로 그 영역이 점차 확대되고 있다.

특히 요하문명의 한가운데인 과이심사지는 동서 약 500킬로미터, 남북 약 200킬로미터에 달하는 어마어마한 크기이다. 기원전 3000년 이후 건조화가 시작되어 현재는 사막으로 덮여 있지만, 이 거대한 사막 지역에도 현재까지 알려지지 않은 수많은 유적들이 묻혀 있을 것이다. 현재까지 정식 발굴된 것의 수십 배, 어쩌면 수백 배나 더 많은 유적이 발굴을 기다리고 있다. 기원전 7000년 무렵의 소하서문화나 기원전 6000년 무렵 흥륭와문화보다 이른 시기의 신석기문화는 언제든지 발견될 가능성이 있다.

아직은 국내 학계나 언론에서 요하문명에 대해서 관심이 크지 않기 때문에, 요하문명을 둘러싸고 중국에서 벌어지는 놀라운 소식들도 모르고 지나가는 경우가 많다. 비근한 예로, 2012년 5~7월에 발굴된 '5,300년 전 홍산문화 도소남신상(陶塑男神像)'의 발견, '국사수정공정'의 시작 소식, '중화문명선전공정' 준비 소식 등은 필자가 최초로 한국 언론에 소개한 것이다. 또한 적봉에서 매년 열리는 홍산문화고봉논단에 참가하여 발표하는 학자도 필자 외에는 거의 없다. 이제는 학계 차원에서 요하문명의 새로운 발굴 결과들을 모니터링하고 대응 연구를 해 가야 한다.

여섯째, 늦었지만 이제부터라도 요하문명 및 홍산문화를 연구할 수 있는 전문적인 학자들을 길러야 한다. 요하문명은 중국이 독점할 수 있는 것이 아니라 동북아 공통의 시원 문명이며, 우리의 상고사와도 바로 이어져 있다는 것을 기억해야 한다.

주요 대학에서는 요하문명에 대한 정규강좌를 만들어 후학들이라도 가르쳐야 한다. 요하문명을 강의할 수 있는 전문 인력이 부족하다면 중국에서 전문가를 초빙해서라도 강의를 개설해야 한다.

　일곱째, 중·고등학교 역사교과서에서도 요하문명에 대해 가르쳐야 한다. 최근 논란이 된 국정교과서 이전의 검인정 중·고등 역사교과서를 찾아보니, 요하문명이나 홍산문화에 대해서 간단하게나마 소개하고 있는 것은 단 1종뿐이었다. 그것마저도 본문이 아니라 '그때 그 시절: 랴오닝 지역의 선사문화'라는 제목으로, 참고 사항처럼 박스 처리한 것이다. 우하량 유지에서 출토된 홍산여신 얼굴, 두 점의 옥기 사진과 함께 소개하였는데, 이것이 요하문명에 대해서 조금이라도 소개하고 있는 유일한 역사교과서다.

　이 교과서는 '요하문명'이라는 명칭은 사용하고 있지 않지만, "만리장성 밖 동북 만주 지역에서 황하 지역의 문화보다 앞서거나 비슷한 시기의 신석기문화가 속속 확인"되었고, 이것은 "황하 지역의 중국 문

〈자료 3-37〉 현행 역사교과서에 유일하게 보이는 홍산문화 소개 부분

중국 황허 강 중류 지역에서 발굴된 신석기 시대 양사오 문화는 황허 문명의 원류로 여겨진다. 그런데 20세기 중반 이후 만리장성 밖 동북 만주 지역에서 황허 지역의 문화보다 훨씬 앞서거나 비슷한 시기의 신석기 문화가 속속 확인되었다. 이들 문화 중 하나인 홍산 문화가 크게 꽃을 피웠던 기원전 3500~3000년경 뉴허량(牛河梁)의 신석기 유적에서는 대규모의 돌무지무덤과 제단이 발견되고, 세련된 옥기들이 대거 출토되었는데 황허 지역의 중국 문화와는 구별되는 것이었다.

　이 일대의 선사 문화는 청동기 시대까지 이어지는데, 한반도 지역에서 많이 보이는 빗살무늬 토기, 돌무지무덤, 고인돌, 비파형 동검, 청동 거울 등이 대량으로 발굴되기도 하였다. 그리하여 고조선의 성립과 발전 등 우리 민족의 역사와 밀접한 관련이 있을 것으로 추정되기도 한다.

○ 뉴허량의 신석기 유적에서 출토된 여러 가지 모양의 옥기들과 여신상(얼굴 부분)

자료: 한철호 외, 《고등학교 한국사》, 미래엔, 2011, 13쪽.

화와는 구별되는 것"이라고 강조하고, "이 일대의 선사문화는 청동기 시대까지 이어지는데, 한반도 지역에서 많이 보이는 빗살무늬 토기, 돌무지무덤, 고인돌, 비파형 동검, 청동거울 등이 대량으로 발굴"되며, 이런 것들이 "고조선의 성립과 발전 등 우리 민족의 역사와 밀접한 관련이 있을 것으로 추정되기도 한다"고 소개한다.

이 서술처럼 요하문명이 '고조선의 성립과 발전 등 우리 민족의 역사와 밀접한 관련이 있을 것으로 추정'된다면, 이제는 학자들이 본격적으로 연구를 해야 하고, 우리의 역사교과서에서도 정식으로 가르쳐야 한다.

여덟째, 옥기(玉器) 전문가를 길러야 한다. 요하문명, 홍산문화에 대한 연구는 고대 옥기에 대한 전문적 지식이 없이는 접근하기가 어렵다. 12년 동안 중화문명탐원공정을 이끌었고, 현재 중국사회과학원 고고연구소 소장 겸 중국고고학회 이사장인 왕외가 세계적인 옥기 전문가라는 점은 동북아 고대문명사 연구에서 옥기 연구가 얼마나 중요한지를 상징적으로 보여 준다.

아홉째, 가능하다면 현재의 동북아역사재단을 해체하고 새롭게 **순수한 학술재단**으로 거듭나야 한다. 이사장 아래서 실무를 총괄하는 사무총장으로 외교부 관료가 상주하면서 중국과의 외교적 마찰을 우려해 학술적 연구를 통제하는 현재의 운영방식은 잘못되었다. 재단법인으로 독립하여 외교 문제와 상관없이 순수하게 학자적 양심에 따라 학술 연구가 이루어질 수 있는 조직으로 거듭나야 한다.

이것이 현실적으로 어렵다면 차선으로, 동북아역사재단에 요하문명·홍산문화 연구소를 개설하고 전문 인력을 배치해야 한다. 요하문명을 바라보는 우리의 시각이 없다면, 요하문명이 중화문명의 시발점이고 그 주도세력이 화하(華夏)족의 조상인 황제족이라는 중국 학계의 시각이 전 세계에 확대될 것이다.

열째, 단군조선을 적극적으로 검토해야 한다. 새로운 거대한 요하문명이 우리의 상고사·고대사와 연결된 지역에서 발견된 이상 우리의 상고사·고대사, 특히 고조선과의 연관성을 연구해야 함은 너무나 당연한 것이다.

중국은 이미 중화문명탐원공정을 통해 그들의 상고사·고대사를 전면적으로 재편하고 있고, 요하문명의 주도세력이 중국인의 시조라는 황제족이었다는 학설이 점차 확대되고 있다.

최근 도사(陶寺) 유지가 요임금의 왕도(王都)인 평양으로 밝혀지고 있다. 요임금과 같은 시기라는 단군조선도 단순한 허구나 전설 혹은 신화가 아닐 가능성이 높다. 요하문명 지역에는 홍산문화 단계에서 소병기가 이야기하는 "초기 국가단계의 고국"이 존재했었고, 하가점하층문화 단계에는 "방국 단계의 대국"(소병기) 혹은 "하(夏)나라보다 앞선 문명고국"(설지강)이 존재했음은 의심할 나위가 없다. 하가점하층문화 시기의 방국 단계의 대국, 하나라보다 앞선 문명고국은 중국의 역사서 어디에도 비정할 만한 국가명이 존재하지 않는다. 그것이 우리 역사서에 신화처럼 기록된 단군조선이라고 필자는 본다.

열한째, 중국인의 신화적 조상들 가운데 중요한 인물들이 왜 동이족으로 기록되어 있는지, 이제는 요하문명의 발견으로 이해할 수 있게 되었다. 단적으로 중국에서 인류의 조상으로 팔괘(八卦)를 그렸다는 태호(太昊) 복희씨(伏羲氏)부터도 동이족으로 기록되어 있을 정도다.

일부 학자들은 중국인의 조상이라는 황제(黃帝) 자체가 동이족이라고 보기도 한다. 소호(少昊) 금천씨(金天氏), 순(舜) 임금, 상족(商族) 등 역사 기록에 동이족으로 기록된 중국인들의 선조들은 너무나 많다.

또한 공자가 왜 구이(九夷), 즉 동이(東夷)에 가서 살고 싶다고 했는지도, 그동안 잊혔던 요하문명의 발견으로 진실의 한 면을 보게 되었다. 동이족은 도(道)나 예(禮)가 실현되는 동방의 문명 세력이었다는 점이 공자 시대까지도 전승되었음을 알 수 있다.

요하문명의 앞선 문화를 지니고 중원 쪽으로 남하한 이들이 나중에 동이족으로 기록되는 세력이다. 동이족은 앞선 문명을 지닌 집단이었지, 결코 '동쪽 야만인'이 아니었던 것이다. 동북아시아 상고사에서 동이족의 역할은 지대하며, 그 동이족의 선조들이 건설한 것이 요하문명인 것이다.

필자는 우리나라 학계에서 요하문명에 대해서 좀더 진지하게 연구하는 것이 급선무라고 본다. 새롭게 발견된 이상 관심을 가지고 연구해야 한다. 남아메리카나 아프리카에서 발견된 것도 아니고, 우리의 상고사·고대사와 직결되는 만주 일대에서 발견된 새로운 문명을 왜 연구하지 않는가?

6. '동방 르네상스'를 위하여

요하문명의 새로운 발견 이후 중국의 고고학 및 역사학계는 그야말로 벌집을 쑤셔 놓은 것 같았다. 요하문명의 주도세력을 '황제족'으로 정리한 이후에는, 아주 차근차근 이런 가설을 정립하기 위해 각종 역사 관련 공정들을 진행해 왔다.

　중국 학계에서는 중화문명탐원공정 등의 각종 역사 관련 공정을 통해, 요하문명과 홍산문화의 주도세력이 중화민족의 시조인 황제족이라는 새로운 관점을 정립해 가고 있다. '요하문명의 꽃' 홍산문화의 주도 세력은 구체적으로 황제의 후예인 고양씨(高陽氏) 전욱(顓頊)과 고신씨(高辛氏) 제곡(帝嚳) 집단으로 본다. 따라서 만주 일대에서 등장하는 후대의 모든 소수민족들은 황제족의 후예이며, 이 황제족 후예들의 역사는 모두 중국사의 일부라고 본다. 이를 토대로 '중화문명 5천 년'을 당당하게 주장하고 있으며, 이제는 전 세계에 이런 상황을 알리는 중화문명선전공정을 준비하고 있다.

　우리가 중국 학계의 최근 동향에 적절히 대응하지 않는다면, 우리의 모든 상고사·고대사는 황제족의 방계역사로 전락하게 된다는 점을 분명히 기억해야 한다. 이제까지 필자가 출판한 여러 책과 논문들을 통해서 살펴본 요하문명 및 홍산문화를 연구하는 중국 학계와 필자의 기본적인 시각 차이를 비교하여 정리한 것이 〈자료 3-38〉이다.

　필자는 2000년 요녕대학 한국학과 교수로 재직할 때부터 요하문명 각 지역을 답사하면서 나름대로 연구를 지속하고 있다. 그러나 아직도 한국의 고고학 및 역사학계에서는 요하문명에 대해서 본격적으로 연구하는 사람이 거의 없는 실정이다.

　우리나라 중·고등학교 역사교과서에서는 비파형 동검이 분포하는 요서 지역을 포함한 만주 지역도 고조선의 영역이나 문화권, 세력 범위 등으로 소개한다. 현재 대부분의 역사교과서에서 청동기시대를

	중국 학계의 시각	필자의 시각
요하문명의 주도세력	• 중국인의 시조라는 황제족 • 유웅씨 황제 집단	• 동이족의 선조
요하문명의 성격	• 중화문명의 시발지	• 동북아 공통의 시원문명
요하문명과 주변의 관계	• Y자형 문화대(소병기)	• A자형 문화대
홍산문화의 단계	• 초기 국가(문명)단계 • 추방(酋邦, Chifdom, 군장국가) • 고국 단계	• 동의함
홍산문화의 주도세력	• 황제의 후예인 고양씨 전욱과 고신씨 제곡 집단	• 단군조선 이전의 토착세력 가운데 웅녀족일 가능성이 높음
하가점 하층문화의 단계	• 방국 단계의 대국(소병기) • 하나라보다 앞선 문명고국(설지강)	• 여러 방국(方國) 혹은 방국(邦國)들의 연합체 • 중국의 상고사에서는 비정할 국가 이름이 없으므로 단군조선일 가능성이 높음

기원전 2000~1500년 사이에 시작된 것으로 보고, 고조선의 건국을 기원전 2333년이라고 기술한다. 특히 고조선 문화권 또는 세력 범위 관련 지도에는 요하문명의 심장부인 요서 지역이 분명하게 포함된다. 요서 지역을 고조선의 문화권/지역/영역/세력 범위 등으로 인정하면서, 이 지역에서 새롭게 발견된 요하문명이 우리와 상관없다는 것이 말이 되는가?

요하문명에 대한 연구는 식민사학을 둘러싼 학계의 갈등이나 재야 사학과 강단사학과의 갈등 문제와도 전혀 상관없으며, 민족주의사학이나 실증주의사학 등의 문제와도 전혀 상관없다. 새롭게 발견된 요하문명이 우리의 상고사・고대사와 어떻게 연결되는지를 연구하는 것은 학자로서 당연히 해야 하는 일이다. 중국 학계는 이를 본격적으로 연구하여 그들의 상고사를 완전히 재편하고 있는데, 이 지역이 고조선의 강역/영향권/문화권이라고 인정하면서도 강 건너 불구경하듯이 하는 것이 우리의 현실이다. 늦었지만 이제라도 본격적인 연구가 시작되어야 한다.

요하문명을 A자형 문화대의 시각으로 바라보고, 또한 '동북아 공통의 시원문명'이라는 인식 아래 한·중·일·몽골 등이 함께 공동 연구를 진행할 때, 요하문명이 한·중·일·몽골의 공통의 문명적 기반이라는 인식을 확산시킬 수 있고, 이런 인식을 통해 각 국가 간의 많은 갈등을 해결하고 동북아 문화공동체를 앞당길 수 있으며, 세계 정치, 경제, 문화의 중심으로서 동북아시아가 거듭나는 '동방 르네상스'를 이룰 수 있을 것이다.

제4장

고조선문명권의 흥망과
해륙활동

윤명철

1. 머리말

조선(朝鮮), 이른바 고조선은 한국 역사의 출발점이자 한민족이 세운 최초의 시원국가이다. 또한 우리 문화의 원형(原形)이 생성된 민족문화의 원핵(原核)이다. '원조선'(原朝鮮)은 기존의 '고조선'(古朝鮮)이란 용어가 가진 문제점을 지적하면서 필자가 설정한 개념이다. 동아시아 공동의 핵(核, core)은 아니지만, 중화 및 북방과는 다른 동방문명의 최초 정치체를 형성한 한민족 국가의 시원(始原)이다. 동아시아 세계에서 은(殷), 주(周), 흉노(匈奴), 동호(東胡), 한(漢) 등 정치체가 등장하던 시기에 동방문명의 범주 속에서 지리적으로나 역사적으로나 정치적으로 원핵을 이룬 실체가 원조선이다.[1] 그런데 역사학계의

---

1 필자는 '원조선'(原朝鮮)이라는 용어를 부여하면서 조선 계승성과 정통성을 주장해 왔다. 윤명철, "고구려의 고조선 계승성에 관한 연구 2", 〈단군학 연구〉 14, 2006; "고구려 문화형성에 작용한 자연환경의 검토: '터와 다핵(*field & multi-core*)이론'

일부에서는 위만이 세웠던 '조선' 이전의 '조선'(朝鮮)에 대해서는 실체를 평가절하하거나, 존재 자체를 의심하고 있다. 여기에는 몇 가지 이유가 있다. 우선 이와 관련된 연구 자료들이 부족한 면이 있다. 또한 역사에서 정치적인 실체들의 계승성을 자각하거나, 우리 역사와 문화를 거시적이고 범공간적인 인식으로 대하고 연구하는 자세가 부족하다. 그리고 많은 연구자들이 지적하고 있지만, 역사를 연구하는 방법론이 편협하고, 문헌사료 외에 다양한 자료들을 다루는 능력이 미숙하다. 그 밖에 다음 몇 가지 이유들이 있다. 분단과 냉전체제로 인하여 고조선의 핵심이 생성되고 발전했던 중핵 지역은 북한 지역은 물론이고, 심지어는 만주 지역도 1990년대 중반까지는 답사할 수 없었다. 또한 해양활동은 연구 자체가 매우 어렵기 때문이었다. 따라서 고조선의 실체를 파악하고 이해하려면 몇 가지 방법론이 필요하다.[2]

첫째, '역사학은 행동학이다'라는 것이 필자의 이론 가운데 하나이다. 역사는, 특히 고조선을 비롯한 고대 역사상은 사료가 부족하므로 상황을 구체적이고 정확하게 재구성하는 데 어려움이 있다. 그러한 한계를 극복하는 방법 가운데 하나는 동일하거나 유사한 장소에서 역사상을 '실체험'(實體驗)하고 '사고실험'(思考實驗, thought experiment)을 하는 일이다. 그러면 기록의 한계를 부분적으로 극복하고, 검증할 수가 있다. 특히 고조선, 고구려, 발해 등 우리 고대 역사상을 이해하는 데 현장성(現場性)은 필수 요건이다. 영토 및 영역의 상실로 인한

을 통해서", 〈한민족〉 4호, 2008.
2 윤명철, 《역사는 진보하는가》, 온누리, 1992, 2장 '사관이란 무엇인가' 참조.

역사적 기억 및 인식의 상실이 크기 때문이다. 만주 일대는 한반도 중부 이남의 자연환경과는 다른 점이 많다. 우선 지형으로 보면 공간의 구획 단위가 다르고, 성격 또한 다르다. 그 밖에 자연과 역사 및 문화의 크기와 내용도 다른 점이 많다. 그렇다면 당연한 현상이지만 사람의 형태, 기질 또한 다른 점이 많다. 의식주를 비롯한 삶의 양식이 다르고, 통치방식이나 전쟁방식 등도 동일하지 않다.

둘째, 가치지향적인 역사 연구가 필요하다. 일반적으로 역사학은 엄격하게 객관성을 유지하며 가치중립적이어야 한다고 주장한다. 하지만 필자는 이러한 주장과 논리에 회의를 갖고 있다. 모든 존재물에게는 존재 이유가 있고, 운동에도 반드시 이유가 있다. 역사 또한 가치(value)를 지향하고 있다. 그런데 근대 역사학은 학문적으로 헤게모니를 장악한 일본 제국주의자와 그 질서에 순응하여 자발적으로 참여한 역사학자들이 주도하였다. 그들은 '가치중립적'이라는 미사여구로 위장한 몰가치성(沒價値性)을 역사학의 본령으로 삼았다. 다만 가치지향성은 추상성과 선언성을 뛰어넘어 현실성을 지녀야 한다는 전제가 있다.

셋째, 역사학과 사료뿐만 아니라 종교, 신앙, 설화 등을 중요시하여 역사 연구에 활용할 필요가 있다. 이미 19세기 말 20세기 초엽 서양의 역사학계가 보여 준 연구 방식들은 학제 간 연구가 얼마나 소중한 것인가를 단적으로 입증한다.

넷째, 역사는 생명이며, 역사학은 생명학이다. 사건이나 주체, 상황 등을 관념적이거나 추상적으로 대해서는 인간 존재의 가치와 삶의 진정성(眞情性)을 인식하기 힘들다.

마지막으로, 미래지향적이어야 한다. 이러한 인식과 방법론을 동원하여 이른바 '고조선'의 실체와 직결된 영토 범위, 주민의 성격, 수도의 위치, 정치제도와 구조, 경제형태와 생산방식, 외교관계, 종교 신앙 및 예술 등 문화현상의 실상을 구체적으로 규명하고 파악해야 한다.

이 글에서는 필자의 문명 이론을 전개하고, 그것을 토대로 고조선 문명권의 설정과 실체를 규명하고자 한다. 그리고 고조선의 실체와 역사상을 국가가 아닌 '정치체', 그를 넘어 '체제'(體制, system) 와 '문명'(文明, civilization) 이라는 관점에서 이해한다. 따라서 '문명권' 개념을 도입하여 '고조선문명권'이라는 가설을 세운 후에 문명권의 설정 가능성을 모색하고, 문명권을 채우는 실제적인 활동을 규명하는 방법으로서 해륙활동이라는 분야를 규명하려 한다. 따라서 우리 역사에 적용해 온 문화 및 문명에 대한 기존의 이론을 탈피하고, 새로운 이론적 틀을 구축한다. 또한 사회과학, 인문지리학, 철학, 종교, 신화, 언어학 등과 함께 자연과학의 분야로서 기후, 지형, 지질, 토양 등도 연구한다. 특히 이 글의 핵심 주제와 직결된 해양활동은 해양물리, 해양생물, 해양문명 등의 이론을 적용할 예정이다.

만주 일대와 한반도에서 해당되는 육지는 물론이고, 강 및 해양의 자연환경을 비롯하여, 그와 연관된 인문환경 및 종족, 정치, 전쟁, 산업활동 등을 지역 및 시대별로 규명하고 정리한다. 고조선은 비록 현재 요서(遼西)지방을 중심으로 한 요하문명(遼河文明)처럼 동아시아 공동의 핵은 아니지만,[3] 중화 및 북방 유목과는 다른 동방문명권에서 최초로 정치체를 형성한 시원국가이다. 동방문명권의 원핵을 이룬 실체가 고조선이다. [4] 필자는 만주와 함께 한강 이남의 공간과 주민 및 역사 또한 고조선문명권이라는 하나의 틀 속에서 설명할 수 있도록 '조선·한 공동체'(朝鮮·韓 共同體)라는 단어와 개념을 제시한바 있다. 그 밖에 필자가 전개해 온 '동아지중해 모델', '역사유기체설', '터와 다핵 이론', '해륙 사관', '해륙문명론', '해륙교통망', '1산(山) 2해(海) 3강(江) 론' 등의 이론을 적용할 예정이다.

2. 문명권 설정의 이론과 모델 검토

1) 문명권 설정에 필요한 이론들

문명은 복수의 국가와 다양한 민족들을 포함하는 대단위 공간, 다양한 종족 공동체 등을 유형화, 범주화하는 작업에 필요하다. '문화'(文化, culture)와 '문명'(文明, civilization)의 차이점을 정리하여 제시하

---

3 윤명철, "渤海 유역의 역사문화와 동아시아 세계의 이해: '터(場, field) 이론'의 적용을 통해서", 〈동아시아 고대학〉 17집, 2008. 이 글에서 다른 연구자들의 연구 성과를 반영해서 홍산문화와 우리의 관계를 기술하였다. 비록 '요하문명론'이라는 중국식 논리포장과 용어로 소개되고 있지만, 이 부분에 대해서는 이형구, 윤내현, 리지린 등의 소개와 연구가 있었고, 이 유역의 성격과 관련하여 우리 문화 또는 국가의 성립과 관련해서 신채호 등 선학들의 언급이 있었다. 이형구는 '발해문명론'을 제기하였고, 복기대는 '요서문명'이라는 용어를 잠정적으로 사용하자는 견해이다. 필자는 동아지중해의 한 중요한 부분이며 초기 핵으로서 '발해문명론'을 주장해 왔다.
4 최남선을 비롯하여 신채호, 문일평(文一平), 안확(安廓), 정인보(鄭寅普) 등 인물들이 우리 역사를 문명의 관점에서 접근하였다.

면 다음과 같다. 문명은 개성을 가진 다양한 주제와 소재의 소단위 문화들이 일정한 시대, 자연환경, 정치질서, 종교 등을 고려하여 구분된 일정한 공간에서 조우하고 교류하면서 혼합된, 크고 광범위하고 복합적인 단위이다. 또한 포섭된, 또는 구성된 문화의 내용들이 확장성(擴張性)과 포용성(包容性)을 지닌다. 그리고 구성원들이며 창조의 주체인 인간집단들의 혼합이 더 다양하고 역동적으로 이루어진다. 역사와 문명을 바라보는 시좌구조(視座構造)와 기준에 변화가 있어야 한다.[5] 최근에는 거시사(macrohistory), 세계학(world studies), 인류미래사·빅히스토리(big history)에서 보이듯 인식이 확장되고 인류 전체를 조망하는 연구들이 이루어졌다.[6] 또한 1970년에 들어 환경사

5 다음 책들은 새로운 시각을 갖고 역사와 문명을 바라보면서 집필한 책이다. 물론 이 외에도 많이 있으며, 본문에서 언급한 경우도 있다. 빌 브라이슨 지음, 이덕환 옮김, 《거의 모든 것의 역사》, 까치, 2007; 제임스 E. 매클렐란 3세 지음, 전대호 옮김, 《과학과 기술로 본 세계사 강의》, 모티브북, 2006; 앤서니 기든스 지음, 홍욱희 옮김, 《기후변화의 정치학》, 에코리브르, 2009; 유소민 지음, 박기수 외 옮김, 《기후의 반역》, 성균관대학교 출판부, 2005; 앨프리드. W. 크로스비 지음, 안효상·정범진 옮김, 《생태 제국주의》, 지식의 풍경, 2002; 하워드 오덤 지음, 박석순·강대석 옮김, 《시스템 생태학 1》, 아르케, 2000; 브라이언 페이건 지음, 남경태 옮김, 《기후, 문명의 지도를 바꾸다》, 예지, 2007; 브라이언 페이건 지음, 이승호·김맹기·황상일 옮김, 《완벽한 빙하시대》, 푸른길, 2011; 이시 히로유키·야스다 요시노리·유아사 다케오 지음, 이하준 옮김, 《환경은 세계사를 어떻게 바꾸었는가》, 경당, 2003; 루이스 멈포드 지음, 김문환 옮김, 《예술과 기술》, 민음사, 1999; 엘리란 스토로스베르 지음, 김승윤 옮김, 《예술과 과학》, 을유문화사, 2002; 이인식, 《지식의 대융합》, 고즈윈, 2008 등.
6 I. Wallerstein, *The Capitalist World-Economy*, Cambridge University Press, 1979; 이매뉴엘 월러스틴 지음, 김인중·이동기 옮김, 《근대세계체제 1~3》, 까치, 2013; 앤소니 기든스 지음, 한상진·박찬욱 옮김, 《제3의 길》, 책과함께,

(environmental history)에 대한 관심이 급속하게 높아졌다. '물문명'(water civilization) ,[7] '숲문명'(forest civilization) 이라는 용어들도 사용되고, '해양문명', 중국에서 사용하는 '남색 (藍色, blue) 문명' 등이 있다.[8] 또한 인류문명의 기원과 발전 의미를 이해하는 데는 불의 존재와 역할이 매우 중요하다. 하지만 '불〔火〕문명'(fire civilization) 에 대한 연구는 희박한 데다가 필자 또한 연구 결과가 미흡하므로 다음의 연구 과제로 남긴다.

그런데 고조선을 고유한 문명 또는 문명권으로 설정하지 못한 데에는 몇 가지 이유가 있다. 첫째, 문명의 개념과 성격에 대한 인식과 지혜의 한계 및 기준의 편향성 때문이다. 즉, 오랫동안 전통적으로 유교, 성리학 등 중국식의 사유 방식과 사회체제를 기준으로 삼았기 때문이다. 둘째, 기존의 문명을 분류하고 유형화하는 방식이 근대 산업사회 이후에 전개된 세계질서화 과정에서 적용되었던 세계관의 산물이기 때문이다. 셋째, 경쟁과 갈등이라는 생명계의 체계 속에서 승자

2014; 새뮤얼 헌팅턴 지음, 이희재 옮김, 《문명의 충돌》, 김영사, 2016; 엘빈 토플러 지음, 이규행 옮김, 《권력 이동》, 한국경제신문사, 1990; 그렉 클라이즈데일 지음, 김유신 옮김, 《부의 이동》, 21세기북스, 2008; 조지 프리드먼 지음, 김홍래 옮김, 《넥스트 디케이드》, 쌤앤파커스, 2011; 니얼 퍼거슨 지음, 구세희·김정희 옮김, 《시빌라이제이션》, 21세기북스, 2011; 재레드 다이아몬드 지음, 강주현 옮김, 《어제까지의 세계》, 김영사, 2013 등.

7 스티븐 솔로몬 지음, 주경철·안민석 옮김, 《물의 세계사》, 민음사, 2013. '부와 권력을 향한 인류문명의 투쟁'이라는 부제에서 보이듯 물의 효용성과 문명의 흥망을 구체적으로 다루었다.

8 鄭敬高, "海洋文明的歷史類型-兼論歐洲文明不等于海洋文明", 〈福建論壇: 人文社會科學版〉 2004. 6. , 35~39쪽 참조.

가 되려면 조직력, 무장력, 논리력, 경제력, 기술력 등이 실질적인 요소인데, 이것의 집합체가 이른바 문화 및 문명이라는 주장이다. 문화 또는 문명을 정치·경제적인 승자 중심의 소산물로 보는 것이다. 그래서 이른바 '4대 문명'(cradle of civilization)이 문명의 전범(典範)처럼 알려져 왔다.[9] 넷째, 고조선을 비롯한 우리의 역사활동이 이루어진 공간과 주체, 시간, 사상 등을 일국사적인 관점에 입각하여 일민족사적인 관점, 일문명사적인 관점에서 국제관계의 중요성을 인식하지 못했기 때문이다. 또 하나의 오류는 역동성이 미약한 농경적 세계관을 투영시켜 우리 문화 전체를 해석한 것이다. 정치·문화·경제적인 교류가 이루어지는 데 해양은 절대적인 역할을 하였다.

여기서 말하는 고조선문명권은 일반적으로 알려진 고전적 정의와는 여러 가지 면에서 차이점이 있다. 따라서 일반적인 영토 개념을 적용하거나, 강고한 조직적 관리체제가 실재한 것으로 주장해서는 안 된다. 내세우는 몇몇 증거들 가운데는 사실과 다를 뿐 아니라 논리상으로도 무리한 것들이 있다. 따라서 필자는 '문명'이라는 용어를 일방적으로 적용하는 대신에 '문명권'이라는 다소 느슨한 개념과 언어를 사용한다.

문명에 대한 다양한 이론을 전개하면서 내린 결론은 다음과 같다.

---

9 '인류 4대 문명설', 아놀드 토인비와 오스발트 슈펭글러 등의 문명권 이론들부터 최근의 새뮤얼 헌팅턴, 프랜시스 후쿠야마에 이르기까지 대부분 학자들은 그 틀에서 크게 벗어나지 못했다. 한편 레비-스트로스 등 인류학자, 엘리아데 같은 종교학자 등이 약간은 다른 관점으로 인류와 문명을 해석하였다. 최근에 재레드 다이아몬드는 《어제까지의 세계》를 통해서 《총, 균, 쇠》에서 보여 준 관점과는 약간 다르게, 즉 다소 비판적으로 전통세계를 해석하였다.

즉, 문명이란 '多(다) 공간', '多 기호(언어, 신화, 문자 등)', '多 생물적 요소(혈연, 종족)', '多 시간', '多 경제 양식', '多 문화(민속, 신앙, 종교, 관습)', '多 역사적 경험', '多 정치체제', '多 가치관(생활양식, 가치관, 철학)', '多 인간형'으로 구성되므로 '多'라는 특성을 갖고 있다. 뿐만 아니라 이 다양한 요소들은 몇 가지 특성을 갖고 있는데, 느슨한 통일성을 유지하고 상호연관성을 유지하며 부분(部分, part)과 전체(全體, whole)가 유기적으로 작동하며, 다핵(多核, multi core)을 중심으로 '환류(環流) 시스템'〔삼류(三流) 시스템, triple circulation system〕을 유지한다. 때로는 이러한 요소들 사이에 갈등과 충돌이 발생하지만, 궁극적으로는 생명체의 기본 속성과 동일하게 협력을 기조로 경쟁하는 체계라고 생각한다. 따라서 필자가 정립한 몇몇 문명 이론들, 예를 들면 '터 이론', '환류시스템 이론', '역사 유기체론', '동아지중해 모델', '해륙문명론' 등을 적절하게 활용하면서 고조선의 문명적 성격을 찾아본다.

2) 문명권 설정의 모델: 해륙문명론

(1) 고조선문명권의 공간[10]

문명권을 설정하는 데 첫째로 중요한 요소는 '공간의 공유'와 '공질성(共質性)의 확보'이다. 공간에서 '지심학'(地心學)[11]적으로 세계와 사

---

10 윤명철, "역사해석의 한 관점 이해: 공간의 문제", 한민족학회 18차 학술회의, 2010. 12. 18.; 윤명철, 《해양사연구방법론》, 학연문화사, 2012.

11 '지심학'(地心學, geo-mentalogy)이라는 용어는 필자가 만든 조어이다. 우리 전통

물을 바라보는 관점, 즉 가치관 등이 생성된다. 원토의식(原土意識)[12]과 '중심사상'(中心思想)이다.[13] 공간은 지리문화(geo-culture)적으로 문화의 생성 및 변형과 발전이 이루어지는 '터'(場, field)이다. 공간은 지리정치(geo-politic)적[14]으로는 영토 또는 영역이며, 때문에 관리와 지배방식, 사회제도와 정치구조 등과 불가분의 관계가 있다. 공간은 지리경제(geo-economic)적으로는 '생산 장소'로서 개체가 생존과 생활에 필요한 생산물의 '취득 장소'이다.

필자는 '유라시아', '동방문명권', '동아지중해 모델', '해류문명론', '1산 2해 3강 문명권' 등 고조선문명권과 관련된 몇몇 개념을 단계적으로 적용하였다. 유라시아 세계의 자연, 종족, 정치를 기초로 한 체계 속에서 유형화시키면, 넓은 의미의 동아시아 세계는 한국 지역,

적인 풍수관 등을 보면 지리로 표현되는 자연공간이 마음이나 심리 등과 직결된 것은 분명하다. 분명한 것은 '지'(地), '지형'(地形) 또는 'land', 'space', 'field', '터'라고 개념 정의가 되거나 용어화된 공간에서 마음 또는 정신과 연관된 요소들을 따로 유형화해 부각할 필요는 있다. 필자는 '지심학'이라는 용어를 'geo-psychology', 또는 'geo-mentalogy'로 번역하여 사용한다. 이러한 유사한 논리를 전개한 책들은 많다: 김광언, 《바람·물·땅의 이치》, 기파랑, 2009, 등. 와쓰지 데쓰로(和辻哲郎)가 주장한 '풍토론'(風土論) 등이나 러브록(Lovelock) 등의 '가이아 이론'(Gaia theory) 등도 개념상 유사하다고 생각한다.

12 M. 엘리아데 지음, 정진홍 옮김, 《우주와 역사》, 현대사상사, 1976, 27쪽. 엘리아데는 《聖과 俗》 등에서 '우주산', '중심성' 등 특별한 공간이 지닌 의미에 대하여 자기 논리를 전개하였다.

13 엘리아데의 이론들을 원용하였다. 특히 필자의 단군신화의 구조적 분석 등에서는 원형과 변형 등 이론을 전개하였고, 중심사상은 이러한 맥락에서 전개되었다.

14 미즈우치 도시오(水內俊雄) 엮음, 심정보 옮김, 《공간의 정치지리》, 푸른길, 2010, 22~24쪽. 지정학은 영어권에서는 국제정치와 외교정책을 다루는 분야를 지칭한다.

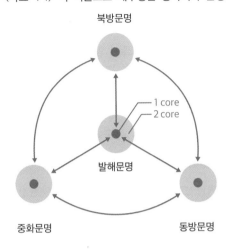

중국 지역, 북방 지역으로 구분되는 3핵(核) 체계로 분류할 수 있다. 즉, 북방 유목문명, 중화문명, 그리고 동방문명이다. 따라서 우리와 연관해서는 '동방문명' 또는 '동이문명권'을 설정하였다. '동방문명'은 한반도 북부와 요동과 요서 일부를 포함한 남만주 일대를 중핵으로 출발하여 연해주 북부와 오호츠크해 연안 및 일본열도 등 사방으로 확장된 문명이다. 이것이 이른바 '고조선문명권'이다. 그 동방문명의 중핵에 해당하는 문화가 고조선문화이고, 정치체가 고조선이다. 고조선문명권을 설정하고, 한민족의 역사와 문화, 동아시아 세계의 문명을 이해하고, 또 다른 성격과 의미를 지닌 새로운 문명의 모델을 모색하기 위해 '동아지중해 모델'과 '해륙문명론'을 적용한다.

(2) 동아지중해 모델

동아시아 세계는 아시아 대륙의 동쪽 하단부에 자리하면서 중국이 있는 대륙, 북방으로 연결되는 대륙의 일부와 한반도, 그리고 일본열도로 이루어져 있다. 그런데 이 권에서는 한반도를 중핵(core, hub)으로 하면서 한반도와 일본열도 사이에는 광대한 넓이의 동해와 비교적 폭이 좁고 넓지 않은 남해가 있고, 중국과 한반도 사이에는 황해라는 내해(inland sea)가 있다. 그리고 한반도의 남부(제주도 포함)와 일본열도의 서부(규슈 지역), 그리고 중국의 남부 지역(양자강 이남에서 복건성 지역을 통상 남부 지역으로 한다)은 이른바 동중국해를 매개로 연결되어 있다. 지금의 연해주 지역 및 북방, 캄차카반도 등도 동해 연안을 통해서 우리와 연결되고 있으며, 타타르해협(Tatar Strait)[15]을 통해서 두만강 유역 및 연해주 지역과 건너편의 사할린·홋카이도 또한 연결된다. 즉, 다국간지중해(多國間地中海, multinational mediterranean sea)의 형태와 성격을 지니고 있다.

황해는 그 면적이 38만 제곱킬로미터이며 한반도와 요동반도, 중국 대륙을 연결하고 있다. 발해는 7만 7천 제곱킬로미터로, 선사시대에는 해안선이 지금보다 더 내륙으로 들어갔다.[16] 남해는 대마도를 55킬로미터 사이에 두고 한반도와 일본열도 사이에 있는 협수로이

---

15 타타르해협(Татарский пролив, 韃靼海峽)은 동해의 일부분으로, 중국, 일본, 러시아 학자들 및 일부 한국 학자들은 역사 및 고고학 논문 등에서 일본해라고 표기한다. 영국의 윌리엄 브로턴(William Robert Broughton, 1762~1821) 함장이 1797년 이 만을 발견하여 'Channel of Tartary'라고 명명하였다.

16 孫光圻, 《中國古代航海史》, 海洋出版社, 1989, 13~22쪽.

〈자료 4-2〉 동아지중해 범위도

다. 또한 가장 넓은 해역을 가진 동중국해가 있다. 동해는 남북 길이 가 1,700킬로미터, 동서 최대 너비는 1,000여 킬로미터, 면적이 107 만 제곱킬로미터로서 3분의 1을 차지한다. 여기에는 우리의 인식이 못 미치는 타타르해협까지 포함한 것이다. 총 340만 제곱킬로미터이 다. 필자는 이러한 인식을 갖고 '동아지중해'(東亞地中海, East Asian Mediterranean Sea) 라고 명명한 모델을 설정해서 동아시아 역사를 해 석해 왔다.[17]

지중해는 나름대로 몇 가지 특성을 가지고 있다. 이동성(mobility) 이 강하여 각 지역 간의 이동이 비교적 자유롭고, 비조직적이므로 국가의

---

[17] 동아지중해의 자연환경에 대한 검토와 이론 등은 윤명철, "해양조건을 통해서 본 고대 한일관계사의 이해", 〈일본학〉 14, 동국대 일본학연구소, 1995; "황해의 地中海的 성격 연구", 《한중문화교류와 남방해로》, 국학자료원, 1997 및 기타 논문 참고.

형성 과정이나 정치집단들 간의 관계도 매우 복잡하다. 해양력의 강약에 따라 국력이 결정되었다고 볼 수 있다. 한편 정치·군사적인 것보다는 교역, 문화 등 구체적인 이해관계를 중시하는 경향이 있다. 항상 개방적이고, 여러 가지의 다양한 문화를 전파하고 수용할 수밖에 없다. 전형적인 정착성(stability) 문화와 이동성(mobility) 문화가 이곳에서 만나 상호보완한 것이다. 즉, 바다를 가운데 두고 주변의 주민과 문화는 서로 영향을 주고받는 일종의 환류시스템을 이루고 있었다. 그 결과 농경의 '정주성 문화'와 유목 및 삼림, 어렵, 해양의 '이동성 문화'가 만나 적절하게 공유된 혼합문화 지대를 이루었다. 동방문명은 중화문명 지역이나 유목문명, 삼림수렵문화, 강어렵문화, 해양문화 지역과는 사뭇 다른 특성들이 있었다.

이러한 체계로 이해하면 고조선은 국가 단위, 종족 단위, 문화 단위를 넘어 '질서'나 '체제'는 물론이고, '문명'으로 파악할 수 있다. 또한 시간적으로 고조선 멸망 후에 나타났고, 고조선을 계승한 고구려, 백제, 신라, 가야, 왜 등은 서로 단절되고 무관하며 격절된 부분이 아닌 것으로 파악된다. 동방문명권 또는 고조선문명권이라는 전체 속의 부분으로서 항상 유기적인 관계에 있는 부분들이다. 행성들은 각 중핵의 주변에 위치한 지역들로서 동만주, 북만주 일부, 일본열도의 일부, 연해주 전체이다. 결론적으로 만주(연해주 포함)와 한반도 전역, 일본열도를 터로 삼아 꽃을 피운 문명으로서 한민족 문화 생성과 직결된 문명이다.

그러므로 동방문명 또는 고조선문명은 이질적이고 분절되었던 각 지역, 각 국가 또는 각 종족들의 문화를 직접적일 뿐만 아니라 간접적으로 연결된 관계 속에서 파악해야 한다. 즉, 혈연과 언어, 문화 등에 약간의 차이가 있고, 중심부들 사이의 거리가 멀거나 국부적인 자연환경에 차이가 있으며, 정치체제의 차이가 있어도 느슨한 하나의 통일체 혹은 역사유기체, 문명공동체였다. 그리고 공간의 특성을 고려할 때 해양과 육지가 유기적으로 작동하는 해륙문명이었다.

(3) 해륙문명론

그렇다면 해륙(海陸) 문명론이 성립되려면 어떠한 조건을 갖추어야 할까?

첫째, 자연환경은 해륙적 연관성이 깊어야 한다. 둘째, 문화의 성격과 생성이 복합적 또는 혼합적이며, 공간적으로는 해륙적인 체계와 성격을 띠어야 한다. 고조선문명권의 주요한 터인 동아지중해는 혼합문명 지대이다.[18] 셋째, '농경적 인간', '유목적 인간', '채집적 인간', '수렵적 인간', '해양적 인간'으로 구성되었으며, 그들은 차단·격실 구조나 다층 구조로 구성된 것이 아니라 통일적이고 혼합적인 상호호혜 체계로 이루어져야 한다. 넷째, 고조선문명권에 거주하는 정치체와 주민들은 지경학(地經學)적으로 공동의 생존구조와 함께 해륙적 성격을 갖고 있어야 한다. 생활에 필요한 물품들은 필요의 원

---

18 초원 유목인과 사막 유목인의 이동성은 질적으로 다른 점이 있다. 또한 '항해인'과 '어렵인'도 질적으로 다른 점이 있다. 어렵문화의 특성 가운데 하나는 '회유성'(回遊性, *migratory*) 이다. 이러한 구분과 문화의 차이는 언급한 바 있다. 윤명철, "역사활동에 나타나는 '운동성' 문제", 《윤명철 해양논문선집 6: 역사활동과 사관의 이해》, 학연문화사, 2012, 77~94쪽 참조.

칙에 따라 정치력과는 무관하게 육지의 각종 도로와 수로망, 해로를 통해서도 이루어졌다. 동아시아의 전 지역을 연결하는 해륙교통망 (海陸交通網)이 존재했다. 다섯째, 해양문화의 위상과 해양활동의 수준이다. 동아시아 지역은 선사시대에도 바다를 삶의 터전으로 삼고 생활하였다. 기원을 전후한 시대 이후에는 해양과 관련하여 정치세력이 흥망을 거듭하는 일이 자주 벌어졌다. 대다수 국가들은 대륙과 해양을 유기적으로 연결한 터 속에서 생성하고 발전한 해륙국가의 성격을 갖고 있었으며, 수도는 해륙도시의 성격을 가졌다.

3. 고조선문명권의 자연환경

문명 형성에 영향을 끼치는 가장 근본적이고 강력한 요소는 '기후' (*climate*, *weather*)[19]이다. 해양문명과 연관하여 중요한 자연의 구성요소는 바람(세기와 방향)이다. 또 하나는 해류(海流), 조류(潮流) 및 해역(海域)의 범위인데, 해양과 연관된 주민과 문명 이동에 결정적인 영향을 끼친다. 또 하나의 자연환경은 지형(地形, *landform*)[20]

---

19 헨드릭 W. 반 룬 지음, 임경민 옮김, 《반 룬의 지리학》, 아이필드, 2011, 34쪽. "기후(*climate*)의 현재 상태(애석하게도 기후에 '당위'란 없다)를 규정하는 세 가지 요소는 땅의 온도, 우세한 바람, 대기 중에 존재하는 수분의 양이다"라고 정의하고 있다.

20 지표면의 기복형태를 말한다. 해수면에 돌출되어 있는 부분의 지형을 육상지형, 해수면 아래에 있는 지형을 해저지형이라고 한다(한국지리정보연구회 엮음, 《자연지리학 사전》, 한울아카데미, 2006).

이다.

'문명권'이라는 개념을 기반으로 중요한 공간인 만주[21]의 자연환경을 구체적으로 살펴보면 몇 개로 유형화가 가능하다. 즉, 육지는 남만주의 밭농사 지대, 중만주의 농경 및 초원지대, 서만주의 건조지대, 북만주의 초원 삼림지대, 동만주의 삼림지대이다. 그리고 해양은 요동반도와 황해 북부 해역, 요동반도와 발해, 두만강 하구와 동해북부 해역, 연해주와 타타르 해역, 대동강 하류와 황해 중부 해역, 한강 하류와 경기만 해역, 압록강 하류와 서한만 해역 등으로 범주화가 가능하다. 또한 육지와 해양을 이어 주며 중요한 역할을 하는 제3의 존재인, 수량이 풍부하고 긴 강(江)들이 있다.

이러한 자연환경과 인문환경을 고려하면 고조선문명권의 공간은 육지와 해양이란 두 가지 관점에서 동시에 접근하는 '해륙사관'(海陸史觀)이 필요하고, 이렇게 해야 '해륙문명'이라는 틀을 설정할 수 있다. 따라서 고조선문명권의 이러한 자연환경과 인문환경을 고려하여 공간을 몇 개로 범주화함으로써 '1산 2해 3강권'이라는 모델로 범주화했다. '1산(山)'은 실질적인 역사 공간이면서 동시에 관념적, 상징적인 존재인 백두산이고, '2해(海)'는 황해 중부 이북과 동해 중부 이북의 해양이며, '3강(江)'은 송화강 수계, 요하 수계, 대동강 수계를 말한다.

---

21 만주 일대와 한반도를 포함한 약 420만 제곱킬로미터의 동북 지역은 대략 동경 116 ~135도, 북위 39~53도 사이에 있다. 북쪽에는 이륵호리산(伊勒呼裏山)과 소흥안령(小興安嶺)이 있고, 동쪽에는 장광재령(張廣才嶺), 노부령(老斧嶺)과 백두산(장백산)이 있다.

〈자료 4-3〉 만주 지역의 자연환경

의무려산의 주봉오리.   자료: 석하사진문화연구소.

후룬호 근처의 건조지대에서 방목하는 염소와 양.

북만주와 시베리아에 자생한 자작나무 숲.

<자료 4-3> 만주 지역의 자연환경(계속)

소흥안령 북쪽의 평원지대.

흥개호(중국과 러시아가 각각 나누어 갖고 있다).

<자료 4-3> 만주 지역의 자연환경(계속)

내몽고 건조지대.　　　　　　　　　　　　　　　　　　자료: 석하사진문화연구소.

요서 건조지대에서 방목하는 양떼.　　　　　　　　　　자료: 석하사진문화연구소.

1) 고조선문명권의 육지환경

(1) 중핵 지역

첫째는 백두산(白頭山)[22]이 있다. 그 위치와 산의 형태로 보아 천지의 존재와 역할을 가진 백두산은 동아시아의 여러 민족들에게는 특별한 존재로서 다양한 명칭들로 불리었다.[23] 백두산의 명칭과 관련된 기록들이 매우 많다.

백두산에 왜 자연환경이나 생태계, 또는 생활공간을 넘어서는 특별한 의미를 부여했을까? 첫째는 상징성 때문이다.[24] '백'(白)은 우리말 '붉'을 한자로 표기한 것이다.[25] 최남선(崔南善)은 '붉'의 개념을 확대하고, 불함문화론을 제기하면서, 발칸반도까지 그 분포 범위로 상정할 수 있다고 하였다.[26] 백두산은 또 다른 의미의 명칭을 갖고 있다. 즉, '개마산'(蓋馬山), '개마대산'(蓋馬大山), '웅신산'(熊神山) 등 '곰'계의 언어이다.[27] 알타이어 계통에서는 '신'(神), '군'(君), '인'(人)의 뜻을 가지고 있다. 또 하나, 백두산의 상징성을 더해 주는 것은 '천지'(天池, 달문, 용왕담)라는 존재이다.[28] 둘째는 위치이다.

---

22 양태진, "民族地緣으로 본 白頭山 領域 考察", 〈백산학보〉 28, 1984 참고.

23 안호상, 《민족의 주체성과 화랑얼》, 배달문화연구원, 1967, 136쪽 참조.

24 M. 엘리아데 지음, 이재실 옮김, 《이미지와 상징: 주술적-종교적 상징체계에 관한 시론》, 까치글방, 1998.

25 이 부분에 대해서는 필자의 "단군신화에 대한 구조적 분석"(〈한국사상사학〉 2집, 1988)에 총정리되어 있다.

26 최남선 지음, 정재승·이주현 역주, 《불함문화론》, 우리역사연구재단, 2008 참조.

27 이 부분에 대해서는 필자의 "단군신화에 대한 구조적 분석"에 총정리되어 있다.

백두산이 조종이라는 인식은 이전부터 있었다. 셋째, 제의와 밀접한 관련이 있다. 백두산은 단군신화와 연관성이 있다.[29] 넷째는 백두산이 가진 경제적인 가치 때문이다.

둘째는 남만주 일대이다. 고조선문명권에서 중핵에 해당하는 공간은 남만주 일대와 대동강 하류 유역이다. 남만주의 육지 영역을 살펴보면 북류 송화강 및 동류 송화강 일부의 유역권으로서 길림성(吉林省)의 남부 지역과 압록강 유역권, 그리고 요하 유역권(요동 및 요서) 등 세 개의 권역으로 분류할 수 있다. 즉, 현재 길림성의 남부 지역과 요녕성의 일부 지역이다.

(2) 주변 지역

중핵 지역을 중심으로 몇몇 주변 지역들이 있다. 우선 내몽고 및 몽골 지역의 일부이다. 내몽고는 몽골고원과 직결되는 지역으로서 오르도스(Ordos) 지역과도 이어진다. 또 한 지역이 북만주와 흑룡강 상류 일대이다. 이 지역은 흥안령(興安嶺) 지역으로도 불린다.[30] 일반적으로 투르크계와 몽골어계인 선비족 등 동아시아 초원 유목 민족의 발원지이다. 동만주 북부에는 소흥안령 지구와는 흑룡강계와 울창한

---

28 북한의 량강도(兩江道) 삼지연군(三池淵郡) 신무성(神武城) 로동자구이며 북한의 천연기념물 제351호로 지정되어 있다.

29 윤명철, 《단군신화, 또 하나의 해석》, 백산, 2008.

30 段英 외 엮음, 《走上高高的 興安嶺》, 작가출판사, 2006 참조. 필자는 이 지역들을 여러 차례 답사했으나 현재의 상황이 과거의 사료 또는 유물, 생활습속 등과 꼭 일치하지 않음을 여러 곳에서 발견하였다.

삼림으로 연결된 '삼강평원'(三江平原) 지구가 있다. 연해주의 대부분 지역과 캄차카반도의 일부도 주변 지역에 해당한다. 이렇게 자연환경을 살펴본 결과 고조선문명권은 남만주 및 대동강 유역이라는 중핵 지역과 함께 내몽고 및 몽골의 일부 지역, 대·소흥안령 지역의 일부, 흑룡강 중류 이북 및 연해주 남부 지역까지 하나의 문명권 범주에 포함할 가능성이 크다고 판단한다.

2) 고조선문명권의 강

강은 육지라는 '전체'에 부속된 단순한 '부분'이 아니다. 내륙 깊숙하게 있는 넓은 본류와 규모가 크고 작은 지천(支川)들을 매개로 사방으로 연결된, 굵은 동맥 같은 '선'(線)이다. 자체의 동력과 활동 범위를 가진 독립된 존재이면서, 다른 요소들과 유기적으로 관계를 맺으면서 전체적인 시스템을 유지한다.[31] 이러한 체계와 기능, 의미를 가진 강은 만주와 한반도의 역사에서 어떤 위치에 있었으며, 어떤 자연환경을 갖고 있었을까?

(1) 만주 공간의 강

근대를 기준으로 삼으면 만주에는 대략 60여 개의 크고 작은 강들이

---

31 윤명철, "고구려 문화형성에 작용한 자연환경의 검토: '터와 다핵(*field & multi-core*) 이론'을 통해서"; "한민족 역사공간의 이해와 강해도시론 모델", 〈동아시아 고대학〉 23, 2010. 2. ; "동아시아 문명의 생성과 강의 연관성", 강과 동아시아문명: 동아시아 고대학회 제 42회 발표회, 2010. 12. 4. 등 참고.

흐르고 있다. 그 가운데 필자가 주장한 3강(송화강, 요하, 대동강) 가운데 만주에는 송화강, 요하 등 2강이 있고, 나머지 강들은 그 2강의 수계와 직간접적으로 연결되었다.

① 송화강 유역

'송화강'(松花江)이라는 명칭은 만주어인 '숭가리강'(松戞烏拉)에서 나왔으며, 뜻은 '천하'(天河)이다. [32] 북위(北魏) 시대에는 '속말수'(速末水), 당(唐)나라 시대에는 '속말수'(粟末水), 요(遼)나라 시대에는 '압자하'(押子河), 금(金)·원(元)나라 시대와 명(明)나라 초기에는 '송와강'(宋瓦江)이라고 불렀다. 뿐만 아니라 위치, 즉 강의 상류와 하류를 다르게 불렀다. 송화강의 수계와 유역의 범위는 송화강 수계, 눈강 수계, 목단강 수계가 모두 모이는 범위이다. 그 송화강이 흑룡강 본류와 동강시(同江市) 및 하바롭스크시에서 합수하여 동해(타타르해 포함)로 흘러들어 간다. [33]

② 눈강 유역

눈강(嫩江)은 사료에 처음 기록될 때는 '난수'(難水)로 불렸으나 청나라 시대에 처음으로 '눈강'이라 불렸다. '눈'(嫩)은 여진어로 '벽'(碧)과 '청'(青)을 뜻하고, 몽골어 이름의 의미는 '벽록(碧綠)색의 강물'이다. 눈강의 전체 길이는 1,370킬로미터에 이르며, 유역 면적은 28.3

---

32 신채호가 이러한 설을 주장하였다.
33 《魏書》〈列傳〉'豆莫婁', 《北史》〈列傳〉'豆莫婁國' 기록을 보면 이 수로망 주변 지역은 관련이 있다.

만 제곱킬로미터이다. 세석기문화와 청동기문화가 일찍부터 발달한 앙앙계는 치치하얼에서 서남쪽으로 25킬로미터 지점에 위치해 있다.

③ 목단강(모란강) 유역

목단강(牡丹江)의 옛 명칭으로 '홀한수'(忽汗水), [34] '호이합하'(瑚爾哈河) 등이 있었다. 현재의 흑룡강성 영안현에 있는 경박호(鏡泊湖)를 '홀한하'(忽汗河)라고 불렀는데, 《신당서》(新唐書)에는 '오루하'(奧婁河)라고 기록하였다. [35] 전체 길이가 666킬로미터에 달하며, 유역의 총면적은 37,023제곱킬로미터이다.

④ 흑룡강 유역[36]

흑룡강(黑龍江)은 고대 사서에는 '흑수'(黑水)로 표기되었고, 퉁구스어로 '검은색 물'이라는 의미의 '하라무렌'으로 불렸다. [37] 러시아인들이 부르는 '아무르'(Амур)는 에로스, 즉 사랑이라는 뜻이다. 《북사》(北史), 《구당서》(舊唐書), 《통고》(通考), 《금사》(金史), 《원사》(元史) 등 중국 사료에는 기록이 많다. 시베리아 남동쪽과 중국 동북쪽의

---

34 발해의 수도 홀한성의 옆을 흐르고 있다. 홀한(忽汗)은 '홀'(忽, 터 + 큰, 왕)으로서 수도라는 의미이다.

35 왕승례 지음, 송기호 옮김, 《발해의 역사》, 한림대학 아시아문화연구소, 1988, 105쪽.

36 吳文衡, "明代黑龍江民族分布及其社會經濟狀況", 〈黑龍江民族叢刊〉, 1989-16期, 69쪽.

37 航運史話編寫組, 《航運史話》, 中國科學技術出版社, 1978, 70쪽. "흑룡강의 고대 명칭은 '黑水'라고 하여, 녹색과 검은색의 강물이 용처럼 구부리고 흐르기 때문에 흑룡강(黑龍江)이라고 부르게 되었다"고 설명하였다.

국경 부근을 동쪽으로 흘러 오호츠크해로 빠져나가는 강으로 전체 길이가 4,730킬로미터이다. 지류가 200여 개에 달하며 유역 면적은 185만 5천 제곱킬로미터이다. 아무르강은 내륙에서는 물론이고, 바다와 이어진 하류 지역에서도 어업이 활발했다.[38] 연어, 송어 등 많은 종류의 어류들이 서식했다.[39] 주민들은 다양한 성분의 종족들로 구성되었는데, 주로 퉁구스어를 사용하는 집단들이다.

⑤ 우수리강 유역

우수리강(烏蘇里江)은 발해의 솔빈부 내부를 흘렀던 강이다. 당나라 시대에는 '안거골수'(安居骨水), 금나라 시대에는 '아리문하'(阿裏門河), 원나라 시대에는 '홀려고강'(忽呂古江), 명나라 시대에는 '아속강'(阿速江) 또는 '속리하'(速裏河), 청나라 시대는 '오소리강'(烏蘇里江)으로 불렀다. 홍개호(興凱湖)에서 발원하여 시호테알린산맥을 따라 북쪽으로 흐르다가 하바롭스크시 부근에서 흑룡강(아무르강)에 합

---

38 吳文衡, "明代黑龍江民族分布及其社會經濟狀況" 70쪽에 다음과 같은 구체적 설명이 있다. "흑룡강 하류 일대에서 거주한 여진야인[女眞野人, 청(淸)의 혁철족(赫哲族)]과 걸리미[乞裏迷, 청의 비아각(費雅喀)], '以捕魚爲食'(대대로 어로업에 종사해왔다), '暑用魚皮, 寒用狗皮'(여름에 어피로, 겨울에 개 가죽으로 추위를 막다), '不食五穀, 六畜唯狗多'(오곡을 먹지 않아 육축 가운데 오로지 개가 많다); 외흥안령(外興安嶺) 일대의 북산야인[北山野人, 청의 사록악륜춘(使鹿鄂倫春)] '養鹿, 乘以出入'(사슴을 사육해 타고 다닌다), 어렵 사냥감이 해려(海驢), 해표(海豹), 해저(海猪), 해우(海牛), 해구피(海狗皮), 올각[兀角, 상아(象牙)], 방수(魴須) 등이 있다."

39 加藤晉平, "東北アジアの自然と人類史", 三上次男・神田信夫 엮음, 《東北アジアの民族と歷史》, 山川出版社, 1992, 9~10쪽.

220

류한다. 길이가 909킬로미터(본류의 길이 588킬로미터)이고, 유역 면
적은 18만 7천 제곱킬로미터이다.

⑥ 요하 유역(요하계)
요녕성의 수계는 크게 '요하'(遼河), '혼하'(渾河), '태자하'(太子河),
'대릉하'(大凌河), '소릉하'(小凌河)로 나눌 수 있으며, 수계의 총길
이가 1,390킬로미터이고, 산지, 구릉, 평원 외에도 사막, 습지 등이
배치된 매우 복잡한 환경이다. 이른바 '요하문명'의 발상지 역할을 담

〈자료 4-4〉 요하 수계 분포

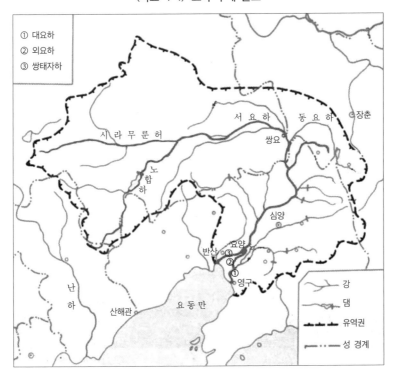

당하였다. '요하'라는 이름은 시대에 따라서 역사적으로는 다양한 명칭을 가졌는데, 《한서지리지》, 《삼국지》, 《수경주》, 《수서》, 《통감》, 《통전》, 《요사》, 《금사》, 《명통지》, 《만주원류고》 등에서 기록하였다. 그 가운데 고조선 역사와 연관 있는 내용이 기록된 책은 《한서지리지》, 《삼국지》 '위지'이며, 주목할 만한 것은 《수경주》의 기록이다. 대릉하는 현재 중국 요녕성 서쪽에 위치해 있으며 총길이 397킬로미터, 유역 면적 2.35만 제곱킬로미터로 요서 지방에서는 가장 큰 하류이다. 명칭은 '투수'(渝水), '백랑수'(白狼水), '백랑하'(白狼河, 북위·수·당나라), '령하'(靈河, 요나라), '릉하'(凌河, 금나라), '릉수'(凌水, 원나라) 등으로, 명나라 시절부터 소릉하와 구별하기 위해 이름을 최초로 '대릉하'라 하였다.

요하의 수원은 두 개가 있으며, 전체 길이가 325킬로미터이다. 일부 강들은 복주만(復州灣), 보란점만(普蘭店灣), 금주만(金州灣) 등으로 흘러들어 간다. 따라서 요하 강변에 있는 심양, 요양, 해성, 개주 등은 내륙 항구도시이다.

〈자료 4-5〉 만주 지역의 강

길림시 중앙을 흐르는 송화강.

목단강으로 흘러가는 경박호의 겨울 모습.

흑룡강 상류 막하 지역의 대삼림.

하바롭스크시 외곽 아무르강 옆의 시카치알리안 암각화지대.

우수리스크 발해성 아래를 흐르는 수분하(綏芬河).

만리장성이 끝나면서 발해만과 만나는 산해관.　　　　　　　　자료: 석하사진문화연구소.

〈자료 4-5〉 만주 지역의 강(계속)

발해만 안쪽의 갈석항.

요녕성의 해성하와 요하가 만나는 곳인 삼차하.

(2) 한반도의 강

한반도에는 압록강, 두만강, 청천강, 대동강, 예성강, 한강, 임진강을 필두로 금강, 만경강, 동진강, 영산강, 형산강, 태화강, 낙동강 등 비교적 커다란 배들이 항행할 수 있는 강들이 18개나 된다. 계절적으로 유량의 변동이 매우 심하다. 황해와 남해로 흐르는 주요 하천들은 사행천 또는 곡류하천을 이루며, 하류에서는 조석의 영향을 많이 받는다.

〈자료 4-6〉 조선수도(朝鮮水圖)

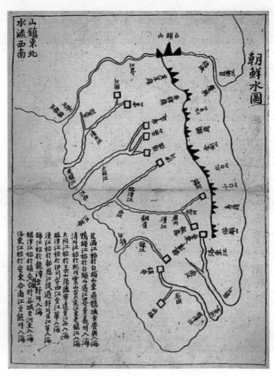

자료: 필사본, 27×17.6센티미터, 1903년, 개인소장.

〈자료 4-7〉 한반도 지역의 강

집안시를 흐르는 압록강의 중류. 건너편이 북한 만포 지역이다.

훈춘 외곽, 북한을 바라보는 두만강 하구의 방천항.

러시아의 하산과 북한을 연결하는 두만강 하구의 철교. 오른쪽은 중국이다.

3) 고조선문명권의 해양환경

고조선문명권을 설정하고 그 실상을 파악하는 데 중요하고, 문명권의 생성에 영향력이 큰 것은 해양이다. 고조선문명권과 직접 연관이 깊은 해양 공간은 다음과 같다. 우선은 요동만, 발해만, 래주만(萊州灣)

〈자료 4-8〉 동아시아 해류도

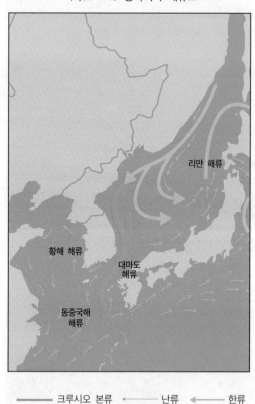

주: 동아지중해 지역은 한류와 난류가 교차하는 지역으로, 해류의 흐름과 함께 문화가 전파되었을 것으로 생각된다.

의 3만이 포함된 발해, 그리고 압록강 하구와 서한만 해역, 대동강 하구와 산동반도의 해양이 포함된 황해 북부 해역으로 구성되었다. 또한 연해주 남부인 표토르대제만과 두만강 하구인 동한만이다. 그리고 남쪽으로 내려와 경기만 및 동해 중부 해역이다. 남해 제주도 및 일본열도의 일부도 간접적으로 고조선문명권의 해양활동과 연관이 있다.

(1) 황해권의 해양환경

발해는 남북이 550킬로미터이고, 동서는 330킬로미터로서 면적은 7.7만 제곱킬로미터에 달한다. 수심은 평균 20미터이고, 중심부에서도 40미터에 미치지 못한다. 연해안 부근은 10미터 내외로 얕다. 요동만, 발해만, 래주만 등 3개의 큰 만과 군소 만들, 그리고 묘도(廟島) 군도 같은 섬들로 구성되어 있다. 요동만은 요동반도의 남쪽 끝에서 서한만까지 이어지는 동쪽 근해에는 서쪽으로 장산(長山) 군도, 동쪽으로 석성(石城) 열도라고 불리는 섬 밀집 지역이 있다. 발해만은 난하(欒河), 해하(海河), 황하(黃河) 등이 흘러든다. 서쪽은 하북성과 천진시 및 산해관(山海關), 진황도(秦皇島), 창려(昌黎), 갈석산(碣石山) 등의 고대 해안가 도시들이 있다. 남쪽은 래주만인데, 산동반도의 북쪽에 있으며, 삼면이 자루 모양 육지로 둘러싸여 해양교통에 편리하다. 앞에는 묘도군도, 장산군도 등이 있는데, 대표적인 섬은 장도[40]이

---

40 장도는 남북장산도(南北長山島), 남북황성도(南北隍城島), 대소흑산도(大小黑山島), 대소흠도(大小欽島), 묘도(廟島), 고산도(高山島), 후기도(候磯島) 등 32개의 섬으로 구성된다. 고산도(高山島)는 해발 202.8미터로 가장 높고 가장 낮은 섬은 7.2미터인 동취석도(東嘴石島)이다.

다. 서한만(西韓灣)은 일본열도를 출발하여 압록강 하구와 요동반도
를 경유하여 산동까지 이어지는 남북 연근해 항로의 중간기점이다.
그리고 남포만(南浦灣)과 경기만이 있다.

(2) 동해권의 해양환경

동해는 남북 길이가 1, 700킬로미터, 동서 최대 너비는 1천 여 킬로미
터, 면적이 107만 제곱킬로미터로서 동아지중해 전체 해양 면적의 3
분의 1을 차지하고 있다. 여기에는 우리의 인식이 못 미치는 타타르
해협까지 포함한 것이다. 해안선이 비교적 단조롭고, 해안가의 면적
이 좁아 농경에 적합하지 않다. 또한 해안선은 조수 간만의 차이가 거
의 없어서 조류의 영향도 적고, 연근해 항해에 좋다. 발해인들은 동

〈자료 4-10〉동해권의 해류

주: 타타르해와 오호츠크해, 알류산열도의 해류 상황을 볼 수 있다.
자료: 하바롭스크 향토 자료관.

해 북부 해안 또는 연해주 일대 해안에서 북서풍을 이용해야 했기 때
문에 출항 날짜는 주로 음력 10월부터 다음 해 1월 사이에 집중되었
다. [41] 동해를 항해하려면 고난도의 천문항법을 구사해야 하고 위험도
가 높은 원양항해 구역이 넓다.

동해권에는 몇 개의 큰 만이 있다. 첫째, 연해주 남부 지역이다. 연

---

[41] 이러한 동해 해양활동의 항해 메커니즘에 대해서는 필자의 논문들이 있다. 발해와
연관된 글은 윤명철, 《윤명철 해양논문 선집 8》, 학연문화사, 2012; 《장보고 시대
의 해양활동과 동아지중해》, 학연문화사, 2002; "발해의 해양활동과 동아시아의
질서재편", 〈고구려연구〉 6, 1998 참고.

해주(примóрье) 지역은 연해(沿海) 지역 또는 강해(江海) 지역이다. 둘째는 두만강 하구와 동한만이다. 서포항(西浦港) 유적지 4기층에서 고래 뼈로 만든 노가 발견되었는데, 4기의 경우 편년을 기원전 4000년 후반으로 정한다. 셋째는 포항만과 울산만 등 동해 남부 지역이다.

(3) 남해권의 해양환경

남해는 면적은 7만 5천 제곱킬로미터이고, 평균수심이 100미터이며, 서해안보다 더 심한 리아스식 해안으로서 해안선의 길이가 직선거리보다 무려 8.8배나 길다. 2,200여 개의 섬들이 있는 다도해 권역이다. 대한해협은 한반도 남부에서 대마도를 거쳐 일본열도까지 연결되는 해역을 의미하며, 한·일 양 지역 사이 최대 거리는 약 280여 킬로미터에 달한다. 하지만 부산에서 쓰시마까지의 최단거리는 약 53킬로미터, 거제도에서는 약 80여 킬로미터이다.

결론적으로 동아시아 공간은 평원(plain), 삼림(forest), 초원(steppe), 강(river), 해양(ocean) 등이 복합적으로 구성되었으며, 고조선문명권은 이러한 자연환경이 집약된, 즉 다양한 자연환경의 핵에 있었다. 기후 또한 크게는 대륙성 기후와 해양성 기후가 혼재하고, 건조지대, 초원지대, 삼림지대, 평원, 해양 등이 상호연관성을 가질 수밖에 없는 지형과 지리적 틀을 가졌다. 따라서 모든 자연환경들은 유기적인 체계 속에 있었다. 즉, 고조선인들은 해륙(海陸)을 하나의 통일된 영역으로 인식하였고, 활동하였다. 한반도 북부와 만주 일대의 평원과 대삼림지대, 초원, 길고 수량이 풍부한 강들, 광활한 해양을 자신들의 문명 공간으로 삼았다. 이러한 환경은 고조선문명권의 인문환경에도 영향을 끼쳤을 것이다.

4. 고조선문명권의 인문환경

1) 문화의 토대

(1) 선사시대 문화의 발전

만주 일대에는 구석기문화가 일찍부터 발달하였다. 서요하, 동요하, 하요하의 세 구역으로 구성되었는데,[42] 대표적인 유적은 20여 곳이며, 이 중 15개 지역은 이미 발굴되었다. 송화강 수계에는 구석기 유적이 약 10여 군데 있다. 동만주 우수리강 유역의 대표적인 구석기 유적은 요하 지역의 소남산(小南山) 유적이다. 흑룡강 유역에는 구석기 말기의 유적들이 있다. 한반도에서는 구석기문화 유적들이 발굴된 것만 100여 곳이다. 주로 강 유적, 해안가 유적, 그리고 동굴 유적으로 분류할 정도로 강 및 해안과 밀접한 관련이 있다.

신석기문화는 더욱 발전하였고, 해륙적 특징을 갖고 있었다. 북한 역사학은 대동강문화론을 주창한 이후, 신석기문화가 구석기문화를

---

42 王禹浪·劉述昕, "遼河流域的古代民族與文化", 〈黑龍江民族叢刊〉, 2007. 6., 57~62쪽.

바탕으로 신인 단계의 사람들에 핏줄을 잇대고 있는 "조선 옛 류형 사람들"에 의하여 창조되었으며,[43] 주변의 중국인, 일본인들과 현격한 차이가 보인다고 하였다.

(2) 만주 지역 신석기문화[44]

첫째, 요하 유역의 신석기문화와 그 특징을 알아본다. 소하서(小河西) 문화는 기원전 7000년 무렵에 시작되어 사해(舍海) 문화, 흥륭와(興隆窪) 문화를 거쳐 홍산(紅山) 문화[45]에 이르러 꽃피운다. 기원전 4500년에서 기원전 3000년 사이에 발전한 문화로서 요하문명의 핵심이다. 정치체제를 갖춘 도시의 형태가 시작되었고, 농업, 어업, 광업 등의 산업도 발달했고, 경제력도 풍부한 곳이었다. 동아시아 고대문명의 초기 핵을 완성한 결과물이다. 필자는 이러한 이유 때문에 요하문명에 '모문명'이라는 명칭을 부여하고, 그 자식에 해당하는 문명 또는 문화의 존재를 설정하고, 그 가운데 중요한 가지가 고조선문화라고 주장해 왔다.

---

43 김용간, "대동강 류역은 신석기시대 문화의 중심지", 〈조선고고연구〉 1(110호), 1999, 13쪽.

44 만주 지역의 신석기문화에 대한 개괄적인 소개는 조빈복 지음, 최무장 옮김, 《중국동북 신석기문화》, 집문당, 1996 참조.

45 홍산문화는 이미 20세기에 들어오면서 일본인인 도리이 류조(鳥居龍藏)가 처음 발견했다. 그 후 중국인 등이 일부를 발굴하면서 소개되었다. 그런데 1945년대 중반에 이르러 그 문화가 중원의 앙소(仰韶) 문화와 다른 것을 발견하면서 이론을 제시하고 발견된 지역의 이름을 따서 '홍산문화'라고 명명하였다. 1950년대 초에 이르러 앙소문화와 세석기문화가 상호영향을 미치면서 요서 일대에 새로운 유형의 문화가 생겼다고 주장하면서 "홍산문화"(1954년)라고 이름 붙여졌다.

〈자료 4-11〉 신석기시대 하층문화 목조 예술품

주: 여신관의 상징물로 사용된 목조 예술품.
자료: 중국 심양시 신락 유적지 박물관.

　뒤를 이어 소하연(小河沿) 문화가 일어났다. 이는 동석(銅石) 병용
기시대[46]에 해당되며, 정착 농경생활을 영위한 성격이 강하다. 이때
원시 문자가 출현하는 등 문명 형성의 초입에 이르렀다고 한다. 요동
지역은 동일한 시대의 요서 지역에 견주어 보았을 때 현재까지 발견
된 유적과 유물의 양이 적고, 문화의 성격과 질의 차이로 인하여 요서
지역과는 다른 양상을 띤 것이라고 추정된다. 대표적인 신락(新樂)
유적은 하층문화의 연대가 6800 ± 145년 전이다. 이들은 농경을 겸한
정착 생활을 했다. 요동 지방에서 발달한 또 하나의 중요한 신석기문
화는 요동반도 남단인 대련(大連) 및 장산군도에서 발달한 것으로서
지리적인 위치로 보아도 해양문화와 연관이 깊다.
　둘째, 송화강 수계의 신석기문화이다. 흑룡강성에 있는 앙앙계(昻

---

46 중국에서 사용하는 명칭인데, 과거에 한국은 '금석병용기시대'라는 용어를 사용하
　였다.

昻溪) 문화는 송요(松嫩) 평원의 서쪽 그리고 눈강의 중류 지역에 위치한다. 어렵을 위주로 농업과 목축업, 그리고 수공업 등을 겸유한 북방 세석기문화 및 북방 어렵문화의 대표적 원시 혼합문화 유적으로 추정된다. 목단강 일대의 아포력(亞布力) 유적과 영안(寧安) 현 앵가령(鶯歌嶺) 유적은 신석기시대의 강변문화를 대표하는 유적이다.[47] 제2 송화강 수계에도 주변에 유역이 있다. 하층문화 후기의 연대는 대략 기원전 4800~4600년 정도이다. 어로 위주의 경제이었지만, 야생 곡식과 과일을 채집하는 등 초보적인 농사를 지었음을 나타낸다. 삼강평원 일대의 신개류문화, 소남산문화가 있다. 소남산 유적은 우수리강 변에 있다. 무덤은 규모가 크고, 부장품도 풍부하며, 수장된 옥기의 수량이 매우 많다.

셋째, 흑룡강 주변의 문화유적이다. 흑룡강 중류 지역, 우수리강 상류 지역 등에서 신석기 유적들이 조사되었다. 그중에서 노보페트로브카 2호 주거지에서 출토된 덧무늬 토기의 연대는 11,000~9,000년 전까지 올라간다. 덧무늬 토기는 흑룡강 중류 지역에서 출현하여, 송화강 하류, 우수리강 하류, 연해주 지방을 경유하여 해안가를 따라 한반도 동해안 지역으로 확산되었을 가능성이 높다. 또한 동해의 해류를 따라 일본열도의 호쿠리쿠(北陸) 지역의 해안지방을 거쳐 내륙지방으로 퍼져 나간 것으로 보는 견해도 없지 않다.[48]

넷째, 두만강 유역이다. 두만강 유역에서는 금곡(金谷) 유적에서

---

47 앵가령(鶯歌嶺) 문화와 서단산문화를 중국 학자들은 비단이 생산된 곳이므로 '천잠사주(天蠶絲綢) 문화' 라고 부른다.

48 문안식 지음, 《요하문명과 예맥》, 혜안, 2012, 31~34쪽.

〈자료 4-12〉 만주 지역의 신석기문화 유적

요녕성 객좌현 동산취 유적지에 있는 원형 제단 유적.
자료: 석하사진문화연구소.

정비되기 이전 요녕성 건평현 우하량 유적지.

길림시 송화강 변의 서단산 유적지.

발견된 초기 유물이 대표적이므로 '금곡 문화'라고 불린다. 시작 연도는 기원전 2500년 정도로서 가장 이른 것은 기원전 3000년 이전이다. 흑룡강 하구와 연해주 해안, 동해안과 제주도에 이르는 지역은 토기로 이어진 공통의 문화권이다.

(3) 한반도의 신석기문화

근래에 한국 역사학계는 신석기시대인의 문화 범위와 활동 범주를 남만주 일부 지역까지 확대하고 있다. 첫째, 압록강 유역과 서한만 주변이다. 평안북도 상원군 용곡리에 있는 석회암 1, 2호 동굴에서 신석기시대의 유물들이 동물 화석들과 함께 나왔다. 둘째, 두만강 유역과 동한만이다. 나진(羅津) 초도(草島) 유적은 함경북도 나진군 초도의 바닷가 언덕에 있는 패총 유적으로, 1949년에 발굴되었다. 웅기 서포항 유적은 신석기시대의 집터 중 가장 다양하고 많은 유물이 출토된 곳이다. [49] 셋째, 대동강 유역과 남포만, 특히 청천강 유역이 포함된 지역이다. 북한 역사학계는 대동강 유역에서 홍산문화의 고유한 현상들이 짙게 나타난다고 본다. [50]

넷째는 황해도 일대이다. 황해북도 봉산군 지탑리 유적이 있다. 농경의 시원과 관련이 있으므로 중요하다. [51] 다섯째는 예성강 유역이

---

49 김용간·서국태, "서포항 원시유적 발굴보고", 〈고고민속론문집〉 4, 1972, 국립문화재연구소 엮음, 《북한 문화유적 발굴개보》, 1991.

50 김용간, "대동강 류역은 신석기시대 문화의 중심지".

51 도유호, 《지탑리 원시유적 발굴보고》, 평양: 과학원출판사, 1961; 김용간, 《조선 고고학전서-원시》, 1990.

다. 황해도 송림시 석탄리, 금탄(金灘) 리 유적, 남경마을 유적 등이 있다. 여섯째는 한반도의 경기만 일대이다. 강화도, 김포,[52] 고양, 일산 등지에서 벼농사 유적들이 발견되었다. 충주시 조동리 유적에서 기원전 4250년(6, 200년 전 무렵)과 기원전 4190년(6, 140년 전 무렵)의 단립벼 탄화미가 출토되었다.[53] 강원도는 강이 풍부하고 동해안이 있어서 사람들이 일찍부터 거주하였다. 현재까지 약 50여 곳에서 신석기시대 유적이 발굴되었다.

일곱째는 동해 중부 일대이다. 고성의 문암리 유적, 양양의 용호리, 가평리, 오산리, 지경리 유적, 강릉의 초당리 유적이 있다. 오산리 유적은 연해주부터 한반도 남부를 거쳐 일본열도까지 이어지는 해안문화 루트의 중간이며, 또한 강릉 지역과 동일하게 강원도 영서 지방을 통해 내륙과 이어지면서 문화를 교류한 흔적들이 있다. 두만강 하구인 서포항의 것과는 다른 점이 있으나 흙으로 만든 인면상이 출토됐다. 이 시기 대부분의 유적은 석호 연변의 사구지대에서만 발견된다. 여덟째는 남해안 일대이다. 남해를 통해서 한반도와 일본열도는 활발하게 교류하였다. 아홉째는 제주도 일대이다.

요서와 요동, 대동강 하구, 경기만, 두만강 하구, 동해안은 이렇게 신석기시대부터 직간접적으로 영향을 주고받았다. 산동반도, 요동

---

52 임효재, "경기도 김포반도의 고고학적 조사연구", 〈서울대박물관 연보〉 2, 1990, 13쪽에서 "이는 양자강 하구에서 직접 바다를 건너 도달한 것이 아닌가 생각한다"고 하였다.

53 이융조·우종윤 편저, 《선사유적 발굴도록》, 충북대학교 박물관, 1998, 282쪽; 충주시, 《조동리 선사유적박물관》, 2005, 57~61쪽 참조.

〈자료 4-13〉 한반도 지역의 신석기문화 유적

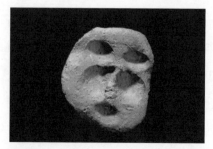

오산리 유적에서 발견된 토제 인면상.
자료: 오산리 박물관.

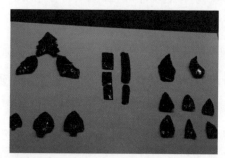

흑요석으로 만든 도구들.
자료: 오산리 박물관.

울진 후포리 무덤 출토 신석기시대 돌도끼.
자료: 오산리 박물관.

반도, 한반도 서북부 지역은 유사한 자연환경 조건을 갖추고 있다. 즉, 육지의 환경은 지역별로 크고 작은 성격의 차이가 있기는 하지만 큰 강의 하구 유역들은 해양을 공유하면서 직간접적으로 관련 있으며, 문화 교류 또한 해양을 이용했다는 점에서 공통된다. 때문에 선사시대부터 해양을 이용해서 자체 발전과 상호 교류가 활발했다. 다만 송화강 등의 내륙은 지역 간 교류가 상대적으로 적었다.

2) 문명권의 주체와 종족의 기원 검토

주체의 문제[54]가 있다. 해륙문명, 또는 해양문화를 구성하는 주체들은 몇 가지 다른 특성들이 있다. 해양인[55]은 어민(*fisherman*)과 항해자(*sailer*)를 주력으로 하면서, 상인(*merchant*)과 해적(*pirate*) 등의 다양한 성분으로 구성되어 있다. 고조선문명권은 농경형 인간으로만 구성된 것이 아니라 북부여 지역의 초원형 인간, 요동 및 요서의 평원형 인간, 동북만주의 삼림형 인간, 그리고 해양형 인간이 혼합되면서 생물학적, 문화적 성격을 구성하였다. 문명은 공동의 매체를 이해하고 사용하는 경우가 많다. 그 매체 중에는 설화, 신화, 노래, 춤 등의

---

54 역사의 주체인 인간에 관한 필자의 생각은 필자의 책 《역사는 진보하는가》와 《해양사연구방법론》을 참고하여 작성하였다. 논문으로는 "한국역사학, 과거를 안고 미래로: 신사학을 제안하며", 민족학회 학술세미나, 2011, 32~34쪽을 참고하였다.

55 필자는 '농경민', '해양민', '유목민' 대신에 '농경인', '해양인', '유목인'이라고 사용해오고 있다. '민'(民)이 지닌 신분적이고 계급적인 분류보다는 본질에 의미를 두는 '인'(人)이 필자의 역사관을 더 정확하게 반영하기 때문이다.

예술과 신앙, 종교 등으로 나타나는 좁은 의미의 정신적인 문화활동, 구체적이고 실용적인 생활양식 등의 광범위한 내용을 포함한 문화도 해당된다.

고조선문명권을 설정할 때 가장 중요할 뿐 아니라 다양한 견해들이 발생하는 부분이 주체, 즉 주민과 종족의 성격이다. 한국의 역사학은 중화주의적인 사료와 서술로 말미암아 주체인 종족의 개념과 위상을 협의적, 미시적으로 설정하면서 그 범주와 성격을 축소시켰다. 또한 근대 역사학은 서구 근대에서 수용한 '민족' 개념 등에 영향을 받았고 또한 동아시아 및 한국 역사와 혼동하고 있다. 고대 이후 현재까지도 중핵 공간에서 벗어나 주변부에 거주하였던 종족들과 부족들을 전혀 별개의 역사체로 인식해 왔다.

필자가 설정한 동방문명권의 구성원이며, 조선적 질서에 속한 종족들도 고조선문명권의 성립과 연관 있었다.[56] 대단위 공동체이며 복합적인 특성을 지닌 문명에서는 언어의 비중과 역할이 상대적으로 약하다. 그러므로 고조선문명권에서는 과거에 언어로 분류했던 것을 몸짓, 소리, 도상(상징), 언어, 글자, 기호, 신화, 설화, 문양 등으로 확장시킬 필요가 있다. 고조선의 언어는 주로 알타이어계에 속하며, 고조선을 계승한 고구려는 주변의 일부 지역을 빼놓고는 언어가

---

56 중국은 지역적, 혈연적, 문화적, 역사적으로 중핵인 우리와 직접 또는 간접적으로 연관성 있는 동방의 주민 또는 종족들에 대하여 다양한 형태로 기록하면서 유형화하고 해석해 왔다. 하지만 이러한 분류, 성격, 지역, 생활양식 등은 중국 측의 인식과 지식, 경험, 이익을 토대로 한 기록에 의해 정의되고 남겨진 것이라는 데 유의할 필요가 있다.

〈자료 4-14〉 중국 사료와 민족지에서 나타난 국가별 종족 구성표

시대 및 국가		연대	기간	중심 지역	종족	개국 황제	주변 종족(북방 및 서방)	주변 종족(동방)
하	하	기원전 2033~1562년		산서·하현	동이	우	동이·북적	조선
은	은	기원전 1562~1046년	30대	하남·상구	동이	탕	견융·강·동이·씨	조선
주	서주	기원전 1046~771년	12대	섬서·서안	이·융·적·융족·강·종·미·로·팽·복	문왕·희창	이·만·월·융·적	조선·부여·동호·숙신
주	동주	기원전 771~256년	22대	하남·낙양		희이구		조선·부여·동호·숙신
춘추전국	제	~기원전 379년	32대	산동·임치	화하	제태공·여상	산융·흉노·강·귀방·고죽·구이·동이	
춘추전국	노	기원전 1055~249년		산동·곡부	화하	백금		
춘추전국	진	기원전 10세기~221년		합서·함양	서융	진비자		
춘추전국	연	~기원전 222년		북경	화하	소공석		
춘추전국	송	기원전 3세기~286년		하남	화하			
춘추전국	위	기원전 1050~209년	44대	조가	화하	위강숙		
춘추전국	조	기원전 223년	47대	단양	화하	웅역		
춘추전국	월	기원전 500초~334년	48대	절강·제기	화하	월후·무여		
춘추전국	한	기원전 453~230년		하남·우현	화하	한무자계장		
춘추전국	위	기원전 403~225년	8대	산서·예성	화하	위무자위주		
춘추전국	조	기원전 403~228년		산서·태원	화하	조성자조쇠	조선·동호·흉노·숙신	조선·숙신·고구려
진	진	기원전 221~206년	3대	섬서·함양	화하	시황제영정	흉노·온순·월씨·강	부여·삼한·동옥

〈자료 4-14〉 중국 사료와 민족지에서 나타난 국가별 종족 구성표(계속)

시대 및 국가		연대	기간	중심 지역	종족	개국 황제	주변 종족(북방 및 서방)	주변 종족(동방)
전한		기원전 206년~서기 8년	12대	섬서·서안	한	고조 유방	흉노·월씨·강	조선·부여·고구려 동예·옥저·삼한 선비·오환·숙신
신		9~25년	2대	섬서·서안	한	왕망		
후한		25~220년	14대	하남·낙양	한	유수	남흉노·대월씨·대한	고구려·부여·백제 신라·가야·옥저 동예·선비·오환
삼국	위	230~265년	5대	하남·낙양	한	조비	남흉노·강	고구려·부여·백제 신라·가야·옥저 동예·선비·오환
	촉	221~264년	2대	사천·성도	한	유비		
	오	222~280년	4대	강소·남경	한	손권		

주: 한족이 등장한 이후의 시대는 음영 표시.

244

유사하여 의사를 교환하고 국가를 경영하는 데 차질이 생기지 않았다. 광의의 언어공동체였던 것은 분명하다.

고조선문명권이라는 큰 범주 속에 소속된 주체의 혈연적인 성격, 문화, 역사 등을 파악하고 이해하기 위해서는 몇 가지 관점과 기준이 필요하다. 자연환경의 다양성과 복잡한 역사상을 고려하여 혈연의 차이, 언어의 차이, 문화의 차이 등을 배타적으로 해석하지 않고 수렴하는 의미로서 종족(種族) 개념을 설정한다. 그 다음 단계로는 각 종족집단들의 역할과 비중, 숫자, 거주한 위치 등의 비율을 고려하여 서열(序列)과 경중(輕重)을 설정한다. 그러면 1차적으로 중핵(中核) 종족과 방계(傍系) 종족을 구분할 수 있다.

현재의 한민족과 친연성이 깊고, 현재 상태를 생성하는 데 핵심적인 역할을 한 존재들의 집단을 한민족으로 설정하고, 그들에 의해 구성됐던 역사를 한민족사, 국가들을 한민족 국가의 범주로 인식한다.[57] 한민족의 직계 조상이며, 역사적인 계승성과 정통성을 입증할 수 있는 종족들을 중핵 종족 또는 '종족'(宗族)이라고 범주화시키고 조선족, 예맥, 한족, 부여족 등으로 불리는 중핵 종족들을 살펴본다. 또한 사료와 민족지적 분석을 통해서 거란계와 선비계가 속했다고 알려진 동호계는 물론이고, 말갈계 등의 조상 격인 숙신, 산융, 흉노 등도 방계 종족으로 설정하고 살펴본다.[58]

---

57 시대와 상황에 따라 각각 다른 명칭으로 유형화하고 해석할 필요가 있다. 원시, 준민족, 선민족, 민족체, 전근대민족 등으로도 구분한다.

58 주체의 성격을 논할 때 씨족(氏族), 부족(部族), 종족(種族), 종족(宗族), 민족(民族)을 구별해야 한다. 고조선은 강한 공동체의식을 지닌 민족 단계에 진입했다

북한은 구석기시대부터 대동강을 중심으로 인류가 발생하고 문화가 발달하였으며, 이곳에서 최초의 국가가 세워졌다는 '중심성'과 '계통성'을 내세워 민족의 '단일 시원론'을 주장하였다. 고조선의 기본은 '신인'이라는 논리이다. 반면에 남한 학계의 일반적인 견해는 구석기와 신석기 주민들을 현재 한민족과 직접 연관시키지는 않는다. 한국인의 기원과 연관하여 현재 몽골 시베리아 알타이 지역과 연결된 북방 계열의 특성을 많이 보이는 점에 주목한다.

필자는 앞에서 설명하였지만, 원핵론을 설정해, 이 지역에서 구석기시대 또는 신석기시대부터 살던 사람들을 원핵이라고 설정하고, 오랜 세월에 걸쳐 유라시아의 8 + α의 방향을 통해서 이입됐다고 주장하였다. 이어 구체적인 종족 개념을 도입하여 중핵 종족인 예, 맥, 한에 대해서 살펴보고, 그 외 방계 종족은 3개로 유형화해 살펴본다. [59]

(1) 동이

이(夷)는 후대의 화하(華夏) 족과는 혈연상, 언어상, 문화상으로 구분되는 존재였으며, 용산문화와 연관이 깊었고, 중국 쪽 황해안의 해양문화와 깊은 연관이 있었다. 또한 기원전 17세기부터는 은문화와 관련을 맺었으며, 오히려 요서 지방의 문화 및 주민과 교류하면서 깊은 연

고 보는 것은 무리라고 판단한다. 하지만 현재를 기준으로 역으로 추산하여 연역적으로 '조선민족'이라는 단어의 차용은 가능성이 있다고 판단한다.

59 이 네 분류는 중국 학자들에 의해 시도되었고, 그에 대한 연구 성과가 많다. 이 글에서는 이를 차용하면서 우리의 연구 성과와 필자의 이론을 부가하여 분류 및 설명한다.

관을 맺었다. 이어 기원전 11세기에는 '동이'(東夷)라는 명칭으로 등장하면서 일종의 방위 개념이 덧붙었고, 중국의 주(周)족과 대립하면서 북방의 유목 종족들과는 다른 독특한 문화전통을 유지, 발전하였다. 이때부터는 광의의 종족 개념이며, 한민족의 근간이 된 예·맥(예맥)족을 포함하는 것이 드러난다. 특히 기원전 3세기 이후에는 의미와 성격이 질적으로 전환되어, 현재의 우리와 직접 관련이 깊어졌다. 그리고 이 글과 연관해서 중요한 사실은, 이들은 선사시대부터 동아시아 해양문화의 창조와 발전을 담당한 세력들이라는 점이다. 특히 산동과 발해, 요동, 황해에서 교류의 주체가 되었으며, 해양문화의 기술과 산업 발달 등에 직접 연관된다.

(2) 예맥 계열[60]

고조선문명권을 주도했던 주민의 성격을 이해할 때 가장 중요한 것이 '예'(濊/穢)와 '맥'(貊/貉)이다. 예맥을 구성한 주민들의 성격을 역사를 고려하여 정리하면 다음과 같다. 요서 지방 또는 발해만에는 용산

---

[60] 예맥에 관한 이 부분은 필자의 연구 성과가 아니라 그동안 발표했던 학자들의 기록을 토대로 이 장의 목적에 맞게 변형한 것이다. 신채호, 최동 등의 선학들이 본격적으로 거론하면서 연구하였고, 김상기, 김정배, 이옥, 윤내현 등이, 북한에서도 리지린 등이 또 다른 관점에서 확장해서 연구를 진행했다. 이러한 연구 성과를 토대로 특히 고구려, 부여 등의 역사상을 더욱 구체적으로 파악한 글들이 발표됐다. 최근에 박대재(《중국 고문헌에 나타난 고대 조선과 예맥》, 경인문화사, 2013)와 문안식(《요하문명과 예맥》)을 비롯하여 몇몇 연구자들이 예맥에 관해서 다양한 종류를 거론하고 용례를 통해서 예맥의 종족적 성격, 거주 지역, 역사활동 등에 대해서 살피고 있다.

문화의 후예들인 이(夷)가 있었고 이들은 은의 주체 세력인 요서 지방의 하가점하층문화를 담당한 주민들과 섞였다. 그 후 기원전 11세기에 이르러 은의 멸망과 주나라의 성립, 북방 종족들의 진입으로 동아시아 세계가 확장되고, 국제질서가 재편되면서 산동(山東), 강소(江蘇), 하남(河南), 요서(遼西) 및 요동(遼東)을 포함하는 주민을 '동이'라는 이름으로 표현하였다. 이들 가운데 요서 이동의 주민들은 비파형 동검문화를 영위하고 석관묘, 돌무지무덤, 무문 토기를 사용했는데, 일부는 사료에 '예', '맥'이라는 명칭이 등장한다. 이들은 각각 다른 길을 통해서 몇 차례에 걸쳐서 송화강 수계와 동몽골에서 남진했을 가능성이 크다. 또한 고고학적인 유물 분포도에서 보이듯 한반도 북부로 내려갔을 것이다.

이 시대에 제나라와 연나라가 성장하고 팽창하는 과정에서 예맥은 요서로 후퇴하면서 조선이라는 국가와 밀접한 연관을 갖는다. 조선이라는 정치체 안에는 이러한 다양한 성분의 주민들이 국민으로 소속됐으며, 예맥은 고조선문명권의 구성원이었을 것이다. 이 무렵에 역사상에는 '부여'(扶餘)라는 존재가 등장한다. 부여는 예 또는 예맥과 깊은 관계에 있는데, 조선과 병렬적인 관계에 있었다. 그리고 기원전 2세기에 이르러 위만이 세운 조선과 갈등을 일으키며 일부 세력이 한무제에 투항하였다. 하지만 부여인들은 국권을 상실하지 않은 상태에서 고조선문명권의 핵심 세력이 붕괴된 이후 이 문명을 계승 발전시키는 역할을 담당하였다.

(3) 동호 계열

'동호'(東胡)는 특정한 종족을 가리키는 명칭이 아니다. 기원전 3세기 무렵에 동아시아 지역에서 가장 강력한 군사력과 정치력을 가진 나라를 가리키는 일반명사이다. 그 시대 요서 지역은 이미 하가점하층문화와 상층문화를 거치면서 문화가 가장 발달하였고, 강력한 정치세력이 있었다. 북한 학자들을 비롯한 일부 학자들은 동호의 기본 주민을 '맥'(貊) 또는 '락'(駱)이라고 불린 맥족이라고 주장한다. 이들은 고조선문명권의 중핵과 동일하거나 중요한 방계 종족일 가능성이 크다. 혈연적으로도 유사한 부분이 많다.

(4) 흉노 계열

'흉노'(匈奴)라는 이름에서 '훈'(Hun/Qun)은 퉁구스어에서 '사람'이란 뜻으로, 흉노인 스스로가 자신들을 '훈'(Hun, 匈)으로 불렀다고 추정한다.[61] 중국에서 '흉노'라는 명칭은 기원전 318년에 처음 나타났다. 그렇다면 흉노는 고조선과는 어떠한 관계에 있었을까?

알타이어는 일반적으로 투르크어계, 몽골어계, 퉁구스어계로 구

---

61 흉노 조항은 다음 연구를 참고하여 작성하였다. 최동, 《조선상고민족사》, 동국문화사, 1966; 박원길, 《유라시아 초원제국의 역사와 민속》, 민속원, 2001; 르네 그루쎄 지음, 김호동 외 옮김, 《유라시아 유목제국사》, 사계절, 1998; 스기야마 마사아키 지음, 이경덕 옮김, 《유목민의 눈으로 본 세계사》, 시루, 2013; 사와다 이사오 지음, 김숙경 옮김, 《흉노》, 아이필드, 2007; 오다니 나카오 지음, 민혜홍 옮김, 《대월지, 중앙아시아의 수수께끼 민족을 찾아서》, 아이필드, 2008; 손진기 지음, 임동석 옮김, 《동북민족원류》, 동문선, 1992; 지배선, "匈奴・鮮卑에 관한 二・三", 〈동양사학 연구〉 25, 1987 등.

분하는데, 우리는 이 세 종류의 언어가 섞였지만, 일부 핵심 단어들은 투르크어 계통이다. 혈연적으로도 우리는 흉노계와 연관이 있다. 공간적으로도 고조선과 흉노는 관련이 깊다. 다양한 사료들의 기록을 비교하고, 발견된 유물들을 비교하면 공간적으로 붙어 있었다. 남산근 유적에서 비파형 동검과 북방식 동검이 함께 발견된 것을 비롯하여 고조선문명권에서는 이러한 오르도스식의 청동기문화를 수용한 흔적들이 많이 발견됐다. 위만조선의 건국과 발전, 그리고 멸망 과정 속에서도 동아시아의 국제환경 질서에서 흉노는 직접 연관이 있었다. 심지어는 고조선문명권이 붕괴되고, 부여와 고구려를 중심으로 수많은 정치체들이 생기고, 고구려가 초기에 빠른 속도로 성장하는 데에는 흉노의 역할이 적지 않았다.

(5) 숙신 계열

숙신은 동호, 예맥과 달리 알타이어계의 퉁구스족으로 알려져 있다. 숙신의 명칭은 시대에 따라 '숙신'(肅愼), '읍루'(挹婁), '물길'(勿吉), '말갈'(靺鞨), '발해'(渤海), '여진'(女眞), '만주'(滿洲)로 변하였다. 62 그런데 고구려와 혁철족(나나이족)의 종족적, 언어적, 문화적 연관성들을 진지하게 검토해 볼 필요가 있다. 63 언어의 동일성과 차이를 떠나서 이 지역은 고조선문명의 핵심권과 밀접한 관련이 있고,

---

62 張博泉, "肅愼・挹婁・女眞考辨", 〈史學集刊〉, 1992-1期; "勿吉・靺鞨・渤海 名稱別議", 〈博物館研究〉 1994-3期 등 참조.

63 高靑山 외, 《東北古文化》, 春風文藝出版社, 1988, 백산자료원 재간, 1994; 方 衍主 엮음, 《黑龍江少數民族間史》, 中央民族學院出版社, 1993.

일부는 주변부였음을 알 수 있다.

결론적으로 필자가 설정한 고조선문명권의 주체들은 국가, 종족, 부족, 씨족 공동체들의 각각 다른 구성원들이며, 그들이 거주한 자연환경은 앞에서 살펴본 바와 같이 크고 작은 차이점들이 있다. 또한 역사적으로도 경험한 내용들이 다소 차이가 있다. 하지만 사용한 언어와 역사적인 경험들을 고려하면 문명공동체일 가능성이 크다. 즉, 한반도 북부와 만주 지역에서 명멸했던 예맥 계통의 주민들, 동호 계통의 선비계, 거란계 주민들, 숙신계의 주민들, 그리고 기타 종족들은 고대에는 강고하진 않지만 느슨한 역사공동체였다. [64]

고조선문명이 붕괴한 후 종족적으로는 부여의 지파인 두막루(豆莫婁)[65]는 물론이고 선비(鮮卑), 오환(烏桓), 거란을 비롯해 거기서 갈라져 나온 실위(室韋), 해(奚), 고막해(庫莫奚) 등, 또한 후대 사료에 나타나는 다우르 등의 몽골계 여러 종족들은 언어 풍습 등에서도 유사한 점이 많다. 또한 '숙신', '읍루', '물길', '말갈'로 시대에 따라 명칭이 변한 북방 퉁구스계, 유귀(流鬼) 등 고아시아 계통의 종족들 일부도 고조선시대에는 고조선문명권의 범주로 파악할 필요가 있다.

---

64 필자는 박은식, 신채호, 최남선, 문정창, 윤내현, 그리고 최근의 신용하 같은 분들의 학설과 약간의 견해 차이는 있지만 큰 맥락 속에서는 유사하다. 필자의 관점에 대해서는 다음 논문들을 참고할 것. 윤명철, "한국 고대사 연구의 반성과 대안", 〈단군학 연구〉 11, 2004; "고구려를 바라보는 몇 가지 관점"(한민족학회 창립기념 학술회의 발표 논문), 한민족학회, 2006. 5. 등.

65 《북사》 卷 94 列傳 82 "豆莫婁國 豆莫婁國 在勿吉 北千里 舊北夫餘也"라는 기록이 있다.

3) 고조선문명권의 내적 논리 및 사상

고조선문명권에는 내적 논리가 있다. 역사에서는 전체를 하나로 연결해 주는 논리와 명분, 즉 자기 집단의 존재 이유와 존재 과정을 효율적으로 설명하고, 존재 방식을 생산한 내적 논리가 필요하다. 발전된 정치체를 구성하고 문명권의 핵 역할을 한다면 신앙, 사상, 또는 종교, 예술 등의 논리는 어떠한 형태로든 존재해야만 한다. 그런데 왜 고조선문명권은 사상이나 예술 등의 논리가 빈약하거나 또는 없었다고 인식되었을까? 중화적 사관, 일본인들의 규정, 서양적 판단 기준을 적용한 탓도 있음을 부인할 수 없다. 그리고 고등종교, 고등문명, 거대국가, 복잡한 논리 체계를 전제로 사상과 문명권의 핵을 파악하였기 때문이다. 또한 우리 문화에 대한 자의식을 상실하면서 존재 여부에 대한 심각한 고민이 부족하였고, 또 구체적인 내용을 탐구하려는 노력도 부족했다고 생각한다.

고조선문명권의 내적 논리의 본질과 실체를 파악하려면 논리와 시스템, 문화라는 세 부분을 종합적으로 규명해야 한다. 그리고 구체적으로는 첫째, 신앙을 포함한 종교, 둘째, 시원신화 및 건국신화, 셋째, 문화와 철학, 미학, 그리고 넷째, 제도 등 몇 가지 요소를 살펴본다.

첫째는 단군신화(壇君神話)이다. 3부 구조로 이루어져 있으며, 24개의 주요한 신화소로 구성되었다. 1부는 천손강림 신화, 2부는 지모신 신앙, 3부는 두 개의 이질적인 신앙 내지 문화가 습합하는 과정과 단군왕검(壇君王儉)으로 상징되는 통일체를 완성하는 대단원이다. [66]

'단군왕검'[67]은 단군과 왕검으로 나타나는 '밝신'과 '금신'이 결합하여 만든 '밝감'이라는 합성명사이며, '하늘'〔天〕과 '땅'〔地〕, '아버지'〔父〕와 '어머니'〔母〕, '남'〔男〕과 '여'〔女〕, '광명'과 '암흑' 등 철저한 이원(二元) 대립을 상징하는 환웅과 웅녀의 양 존재가 결합한 결정체로서, 우주의 모든 이원 대립을 해소함으로써 합일되는 '3(三)의 논리'를 상징한다. 즉, 단군신화는 갈등과 대립이 아니라 조화와 합일을 지향한다는 점을 보여 준다.

이러한 내적 논리 또는 사상은 고인돌 등 문화유물에서도 확인할 수 있다. 고인돌은 기본적으로는 무덤이면서, 때로는 의례의 대상이고 장소였다. 형태상 하늘과 대지를 연결하는 제3의 존재로서 적합하고, 상징성을 강하게 갖는 의미 있는 존재이다. 수리(數理)로 표현한다면 '1'(一), '2'(二), '3'(三)으로, '하늘'〔天〕, '땅'〔地〕, '사람'〔人〕을 표방한다. 그 장소, 형태, 크기, 색 등에서 보이듯 고인돌은 세계를 갈등과 대립으로 파악하지 않고 주체인 인간 혹은 집단이 대상체와의 조화와 공존을 지향하며 역사를 이루어 낸다는 3의 논리를 표현

---

66 윤명철, "단군신화에 대한 구조적 분석", 〈한국사상사학〉 2, 1998에서 상세하게 논한다. 아래에서 전개하는 단군신화의 논리와 구조는 이 글을 토대로 기술하였다.

67 '단군왕검'(壇君王儉)이라는 용어는 일연의 《삼국유사》에만 기술되어 있는 용어로서 승려 일연의 역사인식을 추측케 하며 단군신화가 가진 합일 역사관을 가장 본질적으로 함유하고 있는 합성명사이다. 일반적으로 단군과 왕검을 따로 해석하고 단군을 祭祀長, 왕검을 정치적 군장으로 해석하는 경향이 있다. 그러나 필자는 두 단어는 의미상으로는 분리될 수가 없으며, 성격을 구분하자면 단군을 정치적 성격으로, 왕검을 종교적 성격으로 이해한다. 윤명철, "단군신화에 대한 구조적 분석", 183~204쪽 참조.

〈자료 4-15〉 중국 요녕성 개주시 석붕산 고인돌

자료: 석하사진문화연구소.

한다.[68] 필자는 여러 글에서 고구려의 사상과 미학을 논하면서 삼족오를 거론한 바 있다. 삼족오는 태양새로서 다리가 세 개, 날개가 두 개, 머리의 뿔이 한 개인데, 이는 '3-2-1' 또는 '1-2-3'의 변증법적 순환 체계를 표상한다. 이것은 고구려가 단군신화에서 계승한 3의 논리로서 변증법적 논리와 운동의 논리를 표현한다.[69]

또 하나, 고조선문명권의 지표유물로서, 또 예술로서 신앙 및 종교와 연관된 물건이 청동거울이다. 정확한 '원'(圓)은 태양을 상징하고, 내부의 '방'(方)은 대지를, 삼각형의 도형들은 '각'(角)으로서 인간을 상징한다. 청동거울은 원·방·각을 압축적으로 표현하므로 3의 논

---

68 이 논리는 비단 관념의 영역뿐만 아니라 통치방식, 수도 선정 시스템의 구축, 국토 개발 계획, 산성 구축의 체계, 대외관계 등 모든 역사 영역에 반영되었을 가능성이 크다.

69 윤명철, "단군신화에 대한 구조적 분석"; "단군신화에 대한 변증법적 분석", 〈동국사학〉 23, 1989; "단군신화 해석을 통한 장군총의 성격 이해", 〈단군학연구〉 19, 2008.

〈자료 4-16〉 모사한 청동거울

자료: 노경순 작.

〈자료 4-17〉 장군총 등분 비

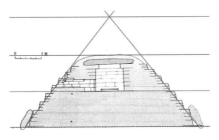

자료:《集安 高句麗 王陵》339쪽 재구성.

리가 반영됐다고 판단한다. 청동거울을 입체로 변화시키면 장군총과 유사한데, 장군총은 철저하게 3의 구조로 되었다. 전체 형태가 몸체 (기단부 포함)와 묘실, 그리고 묘상건축물(신전)의 3공간 구조로 되었다. 7층 계단은 각 층마다 3개의 돌이 세트를 이루어 총 21개로 되어 있다. 이는 3과 7이라는 숫자와 깊은 관련이 있다. 장군총은 그 위치와 터, 전체 형태와 기본 구조 및 주변 구조 모두에서 3의 논리를 담고 있다.

또 하나의 지표유물은 비파형(琵琶形) 동검으로 알려진 청동단검이다. '고조선식 동검' 또는 '요녕식 동검'이라고도 부른다. 청동단검은 단군신화에 나오는 '천부인(天符印) 3개', 일본의 건국신화에 등장하는 '3종 신기(神器)',[70] 한국을 비롯한 유라시아의 샤먼들이 가진 3무구(巫具) 가운데 하나이다. 즉, 청동거울, 청동방울과 함께 특별한 가치와 의미 논리 등을 반영한 중요한 상징물이다. 특히 비파형 동검은 특별한 형태와 의미로 인해 중요했을 가능성이 더욱 높다. 전체가 3개의 부분으로 **분리**되었지만, 다시 조립하여 **하나**라는 **전체**로 변화시킬 수 있다. 이것은 구조적 사고가 아닌 **시스템적 사고**를 반영한 것이다. 또한 사물을 고정불변의 것으로 보는 형이상학적 인식과는 달리 변화와 재생이 가능한 변증법적 세계관이 반영된 것으로 추론한다. 3의 논리도 역시 반영했을 가능성이 있다.

문화에서 '수'(數)는 독특한 위상을 갖고 다양한 상징과 기호의 역할을 담당했다. 동서양을 막론하고 가장 중요한 숫자는 3과 7로,[71] 《천부경》과 《도덕경》 등에서 중요한 의미를 부여했다. 단군신화 및 주몽신화는 3, 7과 깊은 연관이 있다. 이는 옛날이야기나 풍습 등 민속의례에서도 쉽게 발견된다. 고대, 특히 샤머니즘 세계에서 숫자 3의 종교적 가치는 세계의 우주성을 상징하며[72] 신비한 힘을 가진 숫자

---

70 엘빈 토플러는 《권력이동》에서 일본 건국신화에서 천손인 니니기노미코도(瓊瓊杵尊)가 갖고 내려온 '3종 신기'를 21세기라는 새로운 시대의 논리를 담고 있는 상징물이라고 주장하면서, 칼(劍)은 권력(power), 거울(鏡)은 지식(knowledge), 방울(玉)은 재산(wealth)이라고 표현하였다.

71 피터 데피로·메리 데스몬드 판코위시 지음, 김이경 옮김, 《숫자 문명사전》, 서해문집, 2003, 22~106쪽. 서양문화사 속에서 3과 연관된 다양한 예들을 모아놓았다.

72 박용숙, 《한국고대미술문화사론》, 일지사, 1976, 8쪽.

〈자료 4-18〉 비파형 청동단검의 출토지 분포

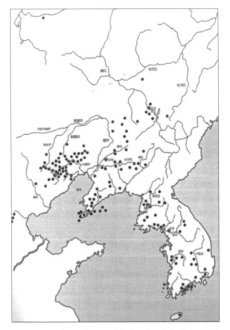

자료: 김정배, "동북아의 비파형 청동검문화에 대한 종합적 연구".

〈자료 4-19〉 12대 영자 1호분에서 출토된 청동단검

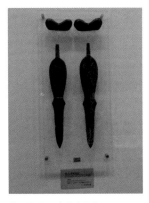

자료: 중국 요녕성 박물관.

〈자료 4-20〉 모사한 비파형 청동검

자료: 노경순 작.

인 것이다.[73] 우리 문화에서 3이라는 숫자를 통해서 지향하는 논리[74]
는 다음과 같다. 첫째, 생명성, 운동성 및 온전성으로 이해하고, 둘
째, 조화와 합일로 이해한다. 고조선문명권은 내적 논리를 갖고 있었
으며, 그 논리의 구체적인 형식과 내용은 이른바 '3의 논리'이다. 조
화와 상생에 의미를 두는 가치관을 가진 문명이었다.

---

73 전규태, 《한국신화와 원초의식》, 이우출판사, 1980, 142쪽. 우리나라에서도 삼
   국시대 이래로 삼은 '옹글고', '완전한 전체'를 뜻해 왔다.
74 논리의 정의나 개념은 다양하다. 필자는 발표한 몇몇 글에서 어떠한 방식으로 논리
   를 이해했는가를 밝혔다.

5. 고조선문명권의 생성과 국가 발전

앞에서는 고조선문명권이 생성되는 토대를 살펴보았다. 그렇다면 고조선문명 또는 한민족문화의 원핵이 생성된 시기는 언제일까? 고조선이라는 정치적인 실체가 완성된 시기는 언제일까? 또 중핵 지역은 어느 곳일까?

한국 역사학계는 일반적으로 고조선을 단군조선과 기자조선, 위만조선으로 구성된 포괄적인 체계로 이해하고 있다. 따라서 선사시대에서 벗어나 역사시대로 넘어오는 과도기에 출발해, 상당히 오랜 기간 존속했던 시대를 의미한다. 물론 이때도 기원전 24세기설부터 기원전 7세기설까지 편차는 있다. 고조선의 영토 및 활동 공간에 관해서도 해당 시대에 따라서 다양한 주장과 견해들이 있다. 여러 설들을 정리하면 크게 보아 '요동 중심설', '대동강 중심설', 그리고 '이동설'로 구분할 수 있다. [75]

북한은 1990년대 들어와 고조선의 '요동 중심설'을 '대동강 중심설'로 수정하였다. 이는 고조선의 활동 무대가 동북아 대부분이었으며, 아세아문화의 중요한 시원지임을 주장한 것이다. 고조선 후기에 해당하는 서기 전후 시대에 한반도의 남쪽 지역에 있었던 한(韓)의 존재는 고조선문명권과 연관하여 매우 깊은 관계가 있다고 하였다. 그런데 요서 지방도 고조선과 관련 있다는 견해들이 고고학자들에 의하

---

[75] 영토와 중심지에 관한 대표적인 주장들은 서영수, "고조선의 대외관계와 강역의 변동", 〈동양학〉 29, 1999에 정리되어 있다.

여 주장되고 있다. 하가점상층문화에서는 고조선의 전형적인 유물인 비파형 동검과 그와 관련된 유물들이 출토됐다. 이처럼 지역적으로 시간적으로 차이가 있고, 심지어는 주체 종족에 대해서도 다른 견해들이 많다. 중요한 점은 고조선문명권의 중핵 지역은 변동이 가능했으며, 주민 또한 교체되거나 변화했을 가능성이 있다는 것이다.

필자는 '비조직적(지방 분산적) 체제', '비중심적 체제'〔다극(多極) 체제〕라는 관점에서 고조선이라는 정치체를 분석한다. 고조선문명권은 서남만주 일대와 중만주 일대, 대동강 등 한반도 서북부 일대를 중핵으로 하며, 서북만주, 북만주, 동만주 일대, 한반도 중부 이남 또한 고조선문명권의 주변 공간으로 해석할 수 있다. 아울러 남해안 일대와 일본열도의 일부 지역까지도 문명권 범주에 해당할 수 있다. 이는 '3핵 체제'와 유사한 관점이다.

그리고 고조선의 건국 시기는 또 다른 관점에서 매우 중대한 의미를 지니며, 불확실성 때문에 많은 주장과 견해들이 등장했다. 즉, 시간의 문제[76]가 있다. 문명을 구성하는 또 하나 중요한 요소는 시간의 공유(共有)와 '공질성'(共質性)의 확보이다. 한국문화와 역사학은 '공시적'(共時的, synchronic) 사고와 공간적(空間的) 사고에 비중을 많이 두어 왔다. 그러므로 고대문화나 문명에 대한 인식이 미약하다. 역사와 문명의 본질을 이해할 뿐만 아니라 역동적으로 발전시키려면 공시적 사고와 '통시적'(通時的, diachronic) 사고를 유기적으로 조합

---

76 역사에서 시간의 문제는 윤명철, "역사해석의 한 관점 이해: 시간의 문제", 《한민족학회 17차 학술회의 논문집》, 2010; 《해양사연구방법론》 참조.

하면서 공간을 포섭한 '범시적'(汎時的, *panchronic*) 시간인식 체계를 가질 필요가 있다. 시간은 시간 자체의 종류, 운용 주체에 따른 종류, 부여한 의미에 따른 종류 등 다양하다. 물리적 시간, 생물적 시간, 생리적 시간, 사회적 시간, 신화적 시간, 문화적 시간, 역사적 시간 등의 구분도 가능하다. 이 글의 주제상 필요한 것은 신화적 시간과 역사적 시간이다.

이 글에서는 역사와 문명에서 **계통화**의 문제를 중요하게 여기고 있다. 시간 또한 원핵이 생성된 시대를 시원으로 삼고, 이어 단계적으로 생성하고 발전하는 것으로 본다. 즉, 1차, 2차, 3차, 4차, 5차 단계로 설정하는 것이다.[77] 그리고 단군신화의 내용, 발굴된 유적 유물의 연구 성과, 그리고 사료들을 통해서 단계적으로 구분한 후에 1기-2기-3기로 나누었다.

제 1기는 기원전 24세기 전후 시대부터 기원전 16세기까지이다. 요서 지방에서는 하가점하층문화 시대이고, 요동에서는 고인돌과 무문 토기, 그리고 청동기가 사용되는 시대이다. 한반도에서는 대동강 유역을 중심으로 고인돌이 나타나고 벼농사가 시작된 시대이다.

제 2기는 후기 청동기인 기원전 15세기부터 기원전 6세기 무렵까지이다. 다시 이를 전기와 후기로 세분하여 전기는 기원전 15세기부터 기원전 12세기까지, 후기는 기원전 11세기부터 기원전 6세기까지로 삼는다. 고고학적으로 전기는 하가점상층문화 시대이면서 후기

---

[77] 이 부분에 관한 필자의 견해는 "역사학적 측면에서 본 한민족의 정체성", 2010. 5. 1. 한민족학회 발표 논문 등 참고.

청동기시대이고, 후기는 기자의 동래부터 고조선이 정치 세력화하는 시대이며, 비파형 동검과 미송리형 토기와 고인돌이 확산되는 시대이다.

제3기는 기원전 5세기부터 서기 1세기까지이다. 제3기 또한 전기와 후기로 나누는데, 전기는 춘추전국시대의 갈등이 격화되고, 기본적으로 북방 유목문화의 영향이 강력해지면서 동아시아의 국제질서가 재편되는 시대이다. 또 고조선이 강력한 정치세력을 등장시키면서 중국 세력과 갈등을 벌이기 시작한다. 후기는 한 무제의 등장과 팽창정책, 한나라와 흉노의 전쟁, 그리고 위만조선의 성장과 이로 인한 위만조선과 한나라의 전쟁이 나타난 시대이다.

1) 제1기: 고조선문명권의 생성

제1기는 시대적 특성을 고려하여 신화적 시간과 고고학적 시간으로 구분하여 시기와 문화의 내용을 살펴본다. 단군신화의 내용과 의미, 성격을 근거로 삼아 고조선이 건국되기 이전인 문명 초기의 상태를 추측할 수 있다. 이 작업은 연대 등 사실 여부와는 무관하지만 문화사적으로, 사상적으로 의미 있는 작업이다.

신화적 시간을 3단계로 나누면 다음과 같다. 1단계는 곰〔熊〕과 범〔虎〕의 시대이다.[78] 이 존재들은 토착세력이면서, 환웅이 하강하고 조선이 건국되기 이전부터 존재했었다. 2단계는 환웅의 시대이다.

---

78 《三國遺事》 '古朝鮮'條. "時有一熊一虎 … 同穴而居."

서만주 일대에서 '천부인 3개'로 표현된 삼종신기를 제작한 청동기문화를 영위한 집단을 상징한다. 또 하늘과 해를 신앙의 대상으로 삼은 정치체이다. 3단계는 단군의 시대이다. 환웅과 곰으로 상징되는 두 집단의 결합으로 단군왕검이라는 새로운 존재가 탄생한다.

고대 역사에 관한 한 신화적 시간이나 사료적 시간이 지닌 한계는 명확하다. 특히 고조선을 비롯한 우리 고대 역사가 무문자시대였다는 시대적인 한계가 있었고, 그 후에도 초기에 기록을 한 주체는 중국이었다. 그러므로 숱한 오류와 부정확함, 그리고 특정한 목적에 의한 역사와 문화의 상당 부분 왜곡이 있었음은 분명하다.

고고학적 시간은 다음과 같다. 북한 사학을 비롯하여 우리나라 학계 일부에서는 고조선문화가 고고학적으로 신석기시대부터 시작했을 가능성을 제기하고 있다.[79] 하지만 현재 우리나라 학계에서는 일반적으로 고조선을 청동기시대가 시작하고 발전하는 단계에 해당한다고 본다.

하가점하층문화 시대에 요서 지방은 산업과 농업이 발달한 시대였는데, 이때 청동기문화 또한 발달하였다. 이러한 현상은 내부적으로는 계급과 신분의 발달을 야기했고, 생산물의 보호와 획득을 목적으로 집단과 집단, 마을과 마을 사이에는 갈등이 생겨났다. 하가점하층문화가 발달한 요서 지역에서는 여러 지역에서 주거지와 함께 대략 70여 개에 달하는 석성들이 발견되었다. 이 하가점하층문화의 담당자는 구체적으로 누구일까? 고조선문명권과는 어떠한 관계에 있을

---

[79] 박득준 엮음, 《고조선의 역사개관》, 백산자료원, 2008 참조.

까? 남북한 학자들은 하가점하층문화를 고조선문화로 주장한다. 북한의 김영근, 김정학, 한창균, 임병태, 윤내현, 이형구 등이 유사한 주장들을 했다.

이 시대를 대표하는 고조선문명권에서 가장 중요한 지표유물은 고인돌(支石墓)이다. 요동 지역에서 모두 300여 기가 넘게 발견되었으며, 발굴조사를 통해 자료가 발표된 것은 대략 150여 기 정도이다. [80] 요남(遼南) 지구에서도 큰 규모의 고인돌이 약 100여 기 존재한다. 바다인 장해(長海)의 소주산 유적에서도 고인돌이 발견되었는데, 그 연대는 4천 년 전 무렵으로 추정한다. [81] 남만주 일대인 고구려의 중심 영역에서도 고인돌은 많이 발견되었다. [82] 적은 숫자지만 산동성 일부 지역에서도 고인돌이 발견되었다. [83] 절강성에서는 약 50기 정도가 발견되었다. [84] 결론적으로 만주 일대에서 발견된 고인돌은 대부분이 해안과 가까운 지역, 그리고 내륙에서는 요하 수계와 송화강 수계와 밀접한 연관이 있다.

북한 지역에서는 고인돌 유적들이 청천강 유역, 대동강 유역, 함북 지역 등 전 지역에 분포하고 있다. 평양 일대에서 안주군과 연탄군 일

---

80 이러한 숫자는 다음 논문의 내용을 분석하여 통계한 숫자이다. 許明綱, "大連古代石築墓葬研究", 〈博物館研究〉, 1990-2期; 許玉林, 《遼東半島石棚》, 遼寧科學技術出版社, 1994.

81 許玉林, 《遼東半島石硼》, 74쪽; 하문식, "중국 요북 지역 고인돌의 성격", 〈선사와 고대〉 40, 한국고대학회, 2014.

82 하문식, "혼강 유역의 적석형 고인돌 연구", 〈선사와 고대〉 32, 2010 참조.

83 하문식, 《고조선 지역의 고인돌 연구》, 백산자료원, 1999. 참조.

84 진원보, "중국 절강의 지석묘 시론", 〈호남고고학보〉 15, 2002, 103쪽 참조.

부를 포괄하는 황주천 유역 일대에만 약 1,100여 기가 있다. 특히 평양 일대는 초기의 시초형에서부터 중기형, 말기형에 이르기까지 다양한 형식이 보인다. 황해도 일대에도 고인돌이 많이 분포되어 있다. 남한 지역에서도 고인돌들의 크기와 형식은 다르지만 경기도, 강원도, 충청도를 비롯하여 전국에 분포되어 있다. 일본 규슈 북부에도 일부 있다. 두만강 유역도 신석기문화를 계승하여 청동기문화가 발달하였다.

2) 제 2기: 고조선의 건국

제 2기는 역사적 시간으로는 기원전 16세기부터 기원전 6세기까지로서, 전기와 후기로 나눈다. 전기는 이른바 단군조선 후기로서, 중국에서는 은(殷)시대 말인 12세기까지이고, 고고학상으로는 후기 청동기시대이다. 청동기문화의 지표유물은 고인돌, 청동단검(비파형, 세형),[85] 청동거울(다뉴조문경), 토기(미송리형) 등이다. 후기는 고고학상으로는 요하문명에서는 하가점상층문화 시대이며, 고조선문명권에서는 고인돌문화의 남진이 이루어지고, 적석총과 석관묘의 등장, 청동거울의 등장, 비파형 동검의 활발한 사용과 남진이 시작된다.

비파형 동검은 하가점상층문화의 거의 전 기간에 가장 보편적으로

---

[85] 비파형 동검 및 세형동검을 가리키는 명칭은 매우 다양하다. 이 글에서는 '비파형 동검'과 '세형동검'이라는 용어를 기본으로 하고, 특정 학자의 학설을 소개할 때는 그와 연관된 명칭을 사용한다.

나타나는 유물이다. 비파형 동검이 출토된 지역은 요하 상류부터 남쪽으로 하북성 서북부의 승덕 및 연산산맥 이남의 탁현과 망두에 이른다. 동쪽으로 압록강을 건너 한반도의 모든 지역과 일본열도의 규슈 지방, 서쪽으로 의무려산을 넘어 내몽고 동남부 지역까지로 조사되었다. 심지어는 산동 지역에서도 발견되었고, 연해주 일대에서도 확인되었다. 비파형 동검문화의 발원지와 중심지는 요동 지방이다.

그렇다면 이 독특한 모양의 비파형 동검을 제작하고 사용한 주체는 누구일까?

한국의 학자들은 대부분 비파형 동검을 고조선의 대표적인 유물로 보기 때문에 주체를 고조선인으로 본다. 반면에 중국 및 일본 학자들은 산해관과 요하 사이의 대릉하 주변에서 집중적으로 나타나므로 이곳에 거주했던 동호족[86]의 문화로 본다. 기원전 12~6세기는 고조선의 정치세력들이 본격적으로 중국 지역 및 서북방의 유목 국가 등 주변의 강력한 정치세력과의 경쟁과 교류, 갈등을 벌인 시대였다. 이 시대부터 중국은 물론이고 조선을 비롯한 주변 세계에 대한 기록들이 나타난다.

고조선문명권에서 또 하나의 지표유물이자, 의미와 사상을 지닌 상징물이 청동거울이다. 현재까지 대략 90여 개 정도가 한반도 전역과 만주 일대, 특히 요동과 요서 지방에서, 소량이지만 일본열도에서도 발견됐다. 특히 요서 지방인 요녕성 조양 근처 십이대영자 유적처

---

[86] 《山海經》卷 11 〈海內西經〉에 "동호(東胡)는 큰 호수의 동쪽에 있으며 이(夷)는 동호의 동쪽에 있다"라고 기록하였다.

럼 청동거울이 비파형 동검들과 함께 출토된 사실은 고조선의 영토가 요서 지역을 포함했을 가능성에 근거를 마련해 준다. 청동거울이 활용되고 발견된 지역들은 고조선의 영토, 생활권 또는 무역권 범주에 해당한다. 이 시대 고조선문명권에서 또 하나 주목되는 지표유물은 미송리형 토기이다.

이 시대 고조선의 존재와 역사는 중국 지역을 중심으로 전개된 국제관계를 다룬 기록에 나타난다. 기원전 11세기에 은은 멸망하였다. 그 후 은나라의 유민들과 주나라 세력들 간에는 갈등이 심화되었다. 그 과정에 나타난 사건이 '기자의 동천'이다. 고죽은 은나라 탕왕(湯王)에 의해 제후국으로 봉해졌는데, 제후국은 영지국의 동남쪽에 있는 나라였다. 또한 고조선의 존재 또는 고조선과 깊은 연관이 있을 것으로 추정되는 숙신, 발, 조선, 예맥, 진번 등의 존재가 기록된다. 이때 기록된 숙신의 성격과 위치에 대해서는 산동성 연해 지역이라는 주장과 상나라 말부터 주나라 초기에 동북으로 이주하였다는 주장이 있다.[87] 《구당서》의 기록을 보면 고죽국은 고구려와 연관이 깊었다. 이 시대는 중국 사료 속에 북방의 산융, 험윤 등의 존재가 기록되고, 은 및 주와 갈등이 생긴 상태였다. 그리고 유라시아 동부에서 북방계 문화가 본격적으로 내려오는 시대였다.

압록강 유역의 선사시대 유물 및 유적들은 강의 본류보다는 주로 지류들에 산재해 있다. 청천강 수계도 동일하였다. 대동강 옆의 들판

---

87 吳澤, 《中國歷史大系: 古代史》, 36쪽에 숙신 위치에 대해 "當今山東濟南一帶"라고 주장한다.

에 고인돌 40여 기, 돌무지무덤, 산성, 가마터, 쇠부리터 등 각각 시기를 달리하는 여러 가지 유적들이 백수십 기가 분포되어 있다. 예성강 수계와 두만강 수계에서도 유적들이 발굴되었다. 그 시대 고조선문명권의 주변부인 한반도 중부 이남에서는 고인돌과 돌상자무덤, 돌무지무덤 등 청동기시대 무덤 양식들이 있다.

결론적으로 고조선문명의 본격적인 생성은 청동기시대의 시작으로 보고, 요서 지방에서는 하가점문화가, 요동 지방의 강가, 해안가, 섬 지역과 대동강 유역에서는 고인돌문화가 발달한 것으로 판단할 수 있다. 이는 고조선문명권과 연결된 고인돌은 서북한 및 요동이 중심지이고, 자생지일 가능성을 높여 준다. 그 밖에 무덤 양식들, 비파형 동검, 미송리형 토기, 청동거울 등을 보면 유사성이 발견된다. 그리고 시대가 내려오면서 자유로운 의지로, 또는 정치적인 상황으로 말미암아 고조선문명은 확산되었고, 한반도 중부 이남 지방에서도 고인돌이 다량으로 축조되고 비파형 동검 및 미송리형 등의 토기들이 출현하였다.

3) 제3기: 고조선의 발전과 조·한 전쟁

제3기는 사료에 근거한 역사적 시간으로서 기원전 5세기부터 서기 1세기까지이다. 이를 다시 전기와 후기로 분류한다. 전기는 준(準) 왕이 마지막 왕이었던 조선의 성장과 주변 세력과의 갈등이 벌어지고, 중국 지역에서는 전국시대가 시작되면서 분열과 갈등이 더욱 심화되다가 진나라가 통일을 이룩해 가며, 북방의 유목 민족들은 흉노가 급

속하게 성장하면서 주변 지역으로 팽창을 거듭하여 중국 지역을 공격하는 시대이다. 고고학적으로는 세형동검이 발견되는 후기 청동기시대와 철기시대에 해당한다. 후기는 위만조선이 성립하고 발전을 거듭하고, 중국 지역에서는 한(漢)이 재통일을 추진하고, 흉노의 압박을 받다가 한 무제 때에 이르러 정복활동을 추진하고, 북방에서는 팽창하던 흉노가 한족과 전쟁을 벌이고, 이에 결정적인 타격을 받는 시대이다. 그리고 위만조선과 한나라 사이에 국제대전이 일어난 시대이다.[88]

이 시대 고조선문명권의 대표적인 지표유물은 세형동검이다. 기원전 5세기를 전후로 탄생한 한국식 세형동검은 '좁은놋단검', '한국식동검' 등으로 부른다. 한반도와 중국 동북 지방의 요동, 길림 및 장춘 지방에 걸친 넓은 지역, 북쪽으로는 눈강 하류 지역과 동류 송화강 중·상류 지역, 동쪽으로는 연해주 일대까지 사용되었다. 다만 요서 지방에서는 발견되지 않는다. 한반도에서는 청천강에서 발견되었고, 경기만 일대, 부여 송국리, 그리고 전라북도 완주군 갈동 유적에서 동검과 동모가 발견됐다. 그 밖에 제주도를 비롯하여 모두 400여 개 이상이 발견됐다. 일본열도의 규슈, 혼슈 중부에서도 발견됐다. 한반도 남부에서는 이 시대에 청동방울이 만들어졌다.

88 최몽룡, "고대국가 성장과 무역: 위만조선의 예", 《한국 고대의 국가와 사회》, 일조각, 1985; 윤내현, "위만조선의 재인식", 〈사학지〉 19, 단국대학교 사학회, 1985; 서영수, "위만조선의 형성 과정과 국가적 성격", 〈한국고대사연구〉 9, 1996.

(1) 고조선의 발전과 주변 세력과의 갈등

전기에 해당하는 기원전 5세기 무렵부터 기원전 3세기까지의 상황은 이러하다. 요녕 지방에는 진번과 조선 등 예맥족이 자리 잡고 있었다. 중국 지역에서 벌어지는 춘추전국시대의 동란으로 말미암아 동이족을 비롯한 소수 종족들이 고조선 쪽으로 넘어왔다. 관련된 유적과 유물이 고조선의 거의 전 영역에서 드러났다. 서해안의 대동강 유역, 한강 유역, 금강 유역, 영산강 유역, 보성강 유역 등은 특색을 가진 청동기문화권이다. 제주도 지역에서는 남제주군 대정읍 상모리에서 청동기시대의 유적이 발견되었는데, 생활 유적과 패총 유적이 공존하고 있었다.

이 무렵 동아시아 세계의 역학관계와 진나라의 정책을 알기 위해서는 북방 유목세력의 현황과 해양 실크로드의 상황을 동시에 고려할 필요가 있다. 고조선 3기에는 전국의 국가들, 진, 한이 있었던 화북 지역과 요동·요서 지역은 교류가 더욱 빈번하였다. 또한 이들은 이미 그 이전부터 서북쪽인 오르도스 지역에 거주하고 있었던 흉노 등의 유목 종족들과도 교류가 활발했을 것이 분명하다.

이때 진나라와 흉노 사이의 대결이 벌어졌다. 진나라의 정책들은 고조선의 위치와 역할도 작용했을 것이다. 고조선은 진나라가 통일하기 전인 춘추전국시대에 산동의 제(齊) 등과 교역을 하였다. 그 후에 연인들도 조선과 교류를 했을 것이다. 이러한 교류의 가능성은 명도전과 오수전 등 화폐의 분포도를 보면 확인된다. 준은 망명을 온 위만에게 조선의 영토이면서 연, 제, 조의 난민들이 거주하는 이 지역을 다스릴 권리를 위임하였고, 위만은 이 지역을 근거지 삼아 세력을 확장하였다. 그 후 위만은 왕험성(王險城)을 탈취하였다. 위만조선·한·흉노·동호라는 4각 구도, 또는 위만조선·한·흉노라는 3각 구도가 계속되었다.

(2) 위만조선의 성장과 한의 전쟁

후기는 기원전 2세기 말에 이르러 위만조선과 한나라의 전쟁이 발발한 후 위만조선이 멸망하는 시대까지이다. 고고학적으로 철기시대이며, 전기의 산물인 비파형 동검을 계승하여 한반도 내에서 처음 만들어진 것으로 추정되는 세형동검이 남쪽으로 확산되고, 고조선문명권이 한반도 남부와 일본열도로 확장되는 시대이다. 중국의 한과 한반도 남부의 진(辰)으로 대표되는 삼한(三韓)의 교류가 시작되었고, 일본열도에서는 한반도에서 건너간 주민들이 야요이(彌生) 문화를 건설하는 시대이다.

한 무제는 기원전 129년에 대규모 군사를 파견하여, 이후 40여 년 동안 치열하게 공방전을 펼쳤다. 그는 경제문제와 해양활동에 깊은 관심을 쏟았다. 수군을 동원하여 중국의 남쪽 지방을 장악하고, 동남아시아로 연결되는 해양무역망을 발전시키고자 하였다. 기원전 112년 한 무제는 10만의 수군으로 현재의 광동, 광서, 베트남 북부 지역인 남월을 공격하게 한 후 그 지역에 9군을 설치했다. 이러한 국제질서 상황과 한나라가 추진한 내부 정책들을 고려한다면 한나라의 입장에서 전쟁을 일으킨 원인은 두 가지로 압축할 수 있다. 첫째는 위만조선이 정치적, 경제적으로 성장함으로써 자국을 중심으로 한 동아시아 질서를 구축하는 데 방해가 될까 하는 한나라의 우려에서다. 둘째는 새롭게 형성되는 무역권의 이익을 둘러싼 양국 간의 대결이며, [89] 황해 해양의 해상권 내지 무역권을 둘러싼 갈등이었다.

당시의 항해능력이나 사회발전 단계를 고려하면 한반도 남부나 일본열도에서 한나라나 후대의 위나라 등과 교섭하고자 할 때 합리적이고 안전한 항로는 한반도 서안을 연근해 항해하는 것이다. [90] 그리고 이것은 동아시아의 무역질서에 영향을 끼쳤고, 위만조선의 성장배경이 되었던 해륙교통로의 확보와 무역상의 이익의 독점은 정치·군사적 팽창과 전쟁을 야기했다. 이 시대 위만조선의 위치와 역할은 하나뿐인 교섭통로의 목을 장악하여 황해 연안의 해양활동을 장악함으로써 정치적, 경제적인 이익을 모두 획득하는 것이었다. [91]

본격적으로 벌어진 조(朝)·한(漢) 전쟁에서 위만조선은 패배하고, 고조선문명권은 붕괴하였다. [92] 이는 아시아의 역사 전개와 해양활동 및 군사전의 양상에 적지 않은 영향을 끼쳤다. 또한 전쟁이 발생한 배경에 해양질서가 작동하였으며, 전투 또한 해륙 양면전쟁으로 이루어졌다.

---

89 고병익, 《동아교섭사의 연구》, 서울대학교 출판부, 1970, 8~9쪽 참조.
90 윤명철, "동아시아의 국제질서와 해양력의 상관성", 《윤명철 해양논문 선집 2: 해양활동과 국제질서의 이해》, 학연문화사, 2012, 464~475쪽 '동아시아의 역사환경과 해석모델'에 대한 일부 참조.
91 전해종, "고대 중국인의 한국관", 〈진단학보〉 46·47, 1979; 최몽룡, "상고사의 서해교섭사 연구", 〈국사관논총〉 3, 22쪽 참조.
92 전쟁을 벌인 주체를 놓고 신채호는 서로 다른 조선이라고 주장하였다. 즉, 한 문제가 침입한 '조선'(朝鮮)이 둘 있으니, 하나는 《漢書》 '食貨志' "武帝卽位數年 彭吳 穿濊貊朝鮮 置滄海之郡 則燕齊之間 靡然騷動"의 예맥조선이고, 또 하나는 양복과 순체가 멸망시킨 위만조선이라는 주장이다.

6. 고조선의 해양 정책: 도시[93]와 경제

1) 고조선문명권의 항구도시

고조선이 추진한 정책 중 중요하고 의미 깊은 것 중 하나가 '도시의 선정과 발달'이다. 수도(首都, *capital*)의 선정은 동서고금을 막론하고, 국가의 발전 및 운명과도 직결되었다. 필자는 앞서 발간한 여러 저작에서 항구도시 이론을 전개하면서 '해항도시'(*seaport city*), '하항도시'(*riverport city*)가 중요했음을 입증한 후에 몇몇 항구도시들을 소개하였다.[94] 특히 해양질서와 해양역사상 등을 고려하여 분석한 후 왕험성(王險城)은 항구도시였으며, 그 시대에는 요동만과는 요하로 가깝게 연결되는 양평(襄平, 현재 요양시)일 가능성을 제시하였다.[95]

(1) 항구도시의 체계와 성립 조건

동아시아의 전 지역을 연결하는 물류는 육지의 각종 도로와 운하를 포

---

93 윤명철, 《윤명철 해양논문 선집 5: 해양역사상과 항구도시들》, 학연문화사, 2012 및 논문들 참고.

94 윤명철, 《윤명철 해양논문 선집 5: 해양역사상과 항구도시들》; "고구려 수도의 해륙적 성격", 〈백산학보〉 80, 2008; "경주의 해항도시적 성격에 대한 검토", 〈동아시아 고대학〉 20, 2009; "서울 지역의 강해도시적 성격 검토", 2010. 6. 5. 동아시아 고대학회 학술발표대회 발표 논문; "신라도시의 항구도시적 성격과 국가정책" 2012. 11. 16. 동아시아 고대학회 발표 논문; "고대 도시의 해양적 성격(港口都市)에 대한 체계적 검토: 고대국가를 대상으로", 〈동국사학〉 55, 2013.

95 윤명철, "해양질서의 관점으로 본 왕험성의 성격과 위치", 〈고조선단군학〉 33, 2015.

함한 수로망과 해로가 면·선·점의 형태로 골고루 배합된 해륙교통망을 통해서 이루어졌다.[96] 그러므로 항구를 건설하고, 다양한 항로의 개설을 비롯한 해양교통망을 정비하고 확장하는 정책을 펼치고, 해양 및 강변 방어체제를 구축하고, 조선 산업을 발전시키는 일 등은 유기적으로 체계화되어야 했다. 그리고 수도는 해륙도시의 성격을 가져야 한다. 항구도시는 다음 일곱 가지의 특성과 조건에 적합해야 한다.

첫째, 항해에 영향을 끼치는 해양환경이 중요하다. 둘째, 항구도시는 내륙이나 강가 또는 호수가 아니라 육지와 강, 육지와 해양이 직접 만나는 해안가의 나루[津] 및 포구에서 생성된 도시여야 한다.[97] 셋째, 교통망[98]이 발달해야 한다. 넷째, 선박 건조 및 수리에 용이해야 한다. 다섯째, 생산 도구와 무기를 제작하는 데 필요한 제철업 등이 발달해야 하며, 어업환경도 좋아야 한다. 여섯째, 항해와 연관된 신앙의 대상지, 즉 적절한 제사 유적지가 있어야 한다. 일곱째, 해양 군사적인 측면에서 몇 가지 조건을 구비해야 한다.

이 조건들과 이론을 근거로 필자는 고조선문명권에서 생성된 항구도시들을 내륙항구[河港]도시와 해항(海港) 도시, 강해(江海) 도시로 유형화했다. 첫째, 내륙항구도시는 내륙의 한가운데를 흐르는 큰 강

---

96 점, 선, 면과 관련된 공간개념과 유형화 문화와의 관계는 윤명철, "역사해석의 한 관점 이해: 공간의 문제"; "역사활동에 나타나는 '운동성' 문제" 참조.

97 나루국가설의 개념 및 성격에 관해서는 필자가 쓴 "한반도 서남해안의 해양 역사적 환경에 대한 검토"(1995 전주박물관 죽막동 유적 학술회의 발표 논문) 및 《동아지 중해와 고대일본》(청노루, 1996) 에 언급하였다.

98 '교통로(路)'와 '교통망(網)'은 의미와 기능상 차이가 있다.

의 옆에 생성된 항구도시이다. 둘째, 해항도시는 육지와 해양이 직접 만나는 접점에 형성된, 면을 매개로 접촉하는 나루나 포구에서 형성된 도시이다.

고조선문명권과 관련한 해항도시는 다음과 같다. 발해만에는 산해관(山海關), 진황도(秦皇島), 창려(昌黎), 갈석(碣石), 당산(唐山) 등의 고대 항구도시들이 있었다. 래주만에는 래주시, 봉래시, 용구 등 항구도시들이 있었다.[99] 대표적인 항구는 고대에 '액'(掖), '등주'(登州) 등으로 불린 현재 봉래시(蓬萊市)다. 요동만에는 금주(錦州)시가 있는 도하(徒河)가 있으며, 요동만의 쌍대자(雙臺子) 하구는 현재 반산(盤山, 반금시)에 있다. 양평(襄平)[100]은 연(燕)나라가 운영한 요동군의 중심지로서 현재 요양시(遼陽市)다. 현재 해성(海城)인 안시(安市), 현재 여순(旅順)인 답진(遝津) 등도 항구도시였다.

고구려 평양의 외항인 남포항, 백제의 미추홀(인천), 관미성(강화도), 당성,[101] 익산(고대에는 바다와 붙어 있었다고 생각한다), 경주〔신라의 금성(金城)〕, 포항, 울산, 나주(영산포), 김해 등도 해항도시였다. 일본열도에서 노국(奴國), 말로국(末盧國), 이도국(伊都國) 등은 그러한 해항도시 소국이었을 것이다.[102] 현재 오사카인 고대의 나

---

99 張鐵牛・高曉星, 《中國古代海軍史》, 八一出版社, 1993 참조.

100 '양평'(襄平)의 어원에 대한 고찰은 李蘊, "襄平淵源初考", 〈中國地名〉, 1997-6期, 12~13쪽 참조.

101 윤명철, "남양(화성) 지역의 해항도시적 성격과 국제항로", 《황해의 문화교류와 당성》, 한양대학교 문화재연구소, 2012 등 참조.

102 윤명철, 《동아지중해와 고대일본》, 93~94쪽; 江上波夫, "古代日本の對外關係", 《古代日本の國際化》, 朝日新聞社, 1990, 72쪽; 武光誠, 《大和朝廷は

니와(難波), 시마네현의 이즈모(出雲), 후쿠이현의 쓰루가(敦賀) 등은 전형적인 해항도시였다. 한편 동해와 연관하여 연해주의 해항 도시로서는 크라스키노[발해의 염주(鹽州)]와 블라디보스토크(청나라의 해삼위) 등이 있다.

셋째, 강해도시[103]는 강과 바다가 만나는 접점에 생성된 내륙도시이면서, 항구의 기능을 하였다. 강해도시는 문화의 수입처이면서 생산처이고, 동시에 배급처 기능도 하였다. 위만조선의 왕험성, 압록강 하구의 박작구(泊灼口)와 서안평[西安平, 신의주, 중국의 단동(丹東)]이 강해도시이다. 백제의 첫 수도인 한성(漢城), 부여 사비성(泗泌城)도 금강의 중·하류에 위치한 강해도시이다. 고려의 수도였던 개성(開京)은 예성강과 연결된 위치나 역할로 보아 전형적인 강해도시이다. 두만강 하구인 중국의 훈춘(琿春)은 발해의 동경이었는데, 역시 강해도시이다. 두만강 하구 남쪽의 나진도 강해도시이다.

(2) 왕험성의 위치와 성격

왕험성은 이른바 위만조선의 수도이며, 조·한 전쟁의 결과로 설치되었다는 한사군의 위치와 직결된다. 따라서 그 성의 위치를 비정하고 성격을 규명하는 일은 매우 중요하다.[104] 사료에 기록된 왕험성의 위치와 성격을 규명하고, 위만조선의 전반적인 정치적, 경제적, 군

古代の水軍がつくった》, JICC, 1992, 32~36쪽 등 참조.
103 윤명철, "한민족 역사공간의 이해와 강해도시론 모델".
104 왕험성(왕검성)의 위치에 대해서는 요녕설, 평양설, 개주설 등 다양하다. 이 글에서는 이에 대한 구체적인 연구사적 검토는 생략한다.

사적 상황을 이해하려면 몇 가지 전제가 필요하다. 왕험성이 기존의 견해대로 수도이고 3핵 중 하나인 중요도시라면 앞에서 열거한 수도 또는 대도시의 조건에 적합한지 검증해야 한다. 위치를 검증하거나 찾는 과정에서 특별히 해양과의 연관성을 검토하는 작업은 반드시 필요하다.

당시의 전황에 따르면 한나라 수군이 왕험성을 공격할 때 성 내부의 군사들과 누선군(樓船軍)의 접촉은 지극히 짧은 거리에서 이루어졌다. 한나라의 수륙군은 신속하게 단거리 작전을 펼쳐야만 했다. 특히 이동 속도가 느린 육군으로서는 이동거리가 되도록 짧아야만 한다. 그런데 한나라는 5만의 수륙군을, 작전을 수행하기 비교적 부적합한 원봉 2년 가을에 출동시켰다. 만주 일대에서 음력 9월은 겨울이 시작된 시점이다. 장기간을 필요로 하는 장거리 작전이 아니라 빠른 시간에 작전을 종료시킬 수 있는 단거리 작전이었음을 반증한다. 특히 수군보다 늦게 출발한 육군의 이동거리와 작전 기간은 더욱 짧을 수밖에 없었고, 작전 범위는 결코 요동 반도를 넘을 수 없다.[105] 실제로 5만 이상의 대군이 한반도의 북부인 대동강 유역을 겨울에 공격한다는 것은 불가능한 작전이다. 더구나 중국의 어떤 사료에도 이 전쟁을 기록하면서 요동 지역을 넘어서 대동강 하구까지 이어지는 지명은 물론이고 간단한 지형조차 언급하지 않았고, 작전 상황도 전혀 기록하지 않았다. 특히 교통망, 전투기록, 무기 운반 과정과 방법, 수군

---

105 《史記》卷 155 〈朝鮮列傳〉 55에서 "樓船軍敗散走 將軍楊仆失其衆 遁山中十餘日 稍求收散卒 復聚 左將軍擊朝鮮浿水西軍, 未能破自前"라고 하였다.

이동과 전투 등은 전혀 기록되지 않았다.

방어환경과 해양환경 등, 그리고 해로와 강상교통로를 고려하여 전쟁 상황 등 역사상을 분석한 결과, 그리고 고고학적 성과를 고려할 때, 양평(현재 요양시)은 요동 지방의 정치·군사·경제의 중심지였다. 그렇다면 한나라의 육군은 요서를 거쳐 요동으로 진군했는데, 한나라 수군은 래주 또는 난하(灤河) 하구를 출항해서 횡단하여 요하 하구에 도착한 다음에 강을 거슬러 올라와 내륙의 한 지점인 왕험성에서 공방전을 펼쳤다. 그곳은 양평일 가능성이 높다.

2) 고조선문명권의 해륙경제

자연환경을 고려할 때 고조선문명권은 일반적인 산업, 즉 토지를 활용하는 농업이 발전하고, 초원에서는 유목이, 숲에서는 사냥업과 모피산업이 발달했을 것이다. 그런데 또 하나 중요한 요건 중 하나가 해양경제의 발달이다. 이른바 어업을 위주로 조선업, 항해업, 광업, 임업 등이다. 고조선문명권에서 어업은 구석기시대부터 발달하였다. 중석기시대부터 나타나는 조개무지(패총)들에서는 여러 가지 형태의 찌르개살과 작살뿐 아니라 낚싯바늘도 발견된다.

(1) 강 주변의 어업

북만주와 중만주의 동쪽은 어렵경제 지역이었다. 반면에 서만주 지역에서는 유목경제가 주도하였으며, 어렵을 겸하였고 일부에서는 농업생활을 하기도 하였다. 길림(吉林)시와 장춘(長春)시 주변인 중만

자료: 중국 길림시 박물관.

주의 중심지에는 농업을 위주로 경제활동을 하였지만, 어렵은 신석기시대부터 주요한 경제생활 방식이었다. 신석기시대에 사용한 한민족의 어로 방법은 몇 가지가 있다. 첫째로, 그물로 물고기를 잡는 것이 보편적이었다. 둘째, 찌르개살과 작살을 이용하여 어로 작업을 진행하였다. 셋째, 통발이나 살을 활용하는 어량 어업이다.

① 송화강 수계
눈강 유역인 하이라얼(海拉爾)의 송산(松山) 유지에서 발견된 세석기 엽계는 날이 예리하여 어피에 구멍을 뚫기 쉽다. 4천 년 전보다 이전 시기에 만주 북부의 송화강 중류인 안달(安達) 청긍포(靑肯泡) 유지에서 어렵용 도구가 발견되었다. 홍개호 일대에서 발견된 골각기의 대다수는 어렵용 도구들이었다.

〈자료 4-22〉 흑룡강과 송화강의 합수 지점인 동강시 일대에서 잡한 초어

주: 가운데 물고기가 초어이다.
자료: 중국 흑룡강성 동강시 박물관.

〈자료 4-23〉 신락 하층, 소주산 상층, 앙앙계, 신개류 하층,
홍산, 부하 등 유적에서 발견된 어렵용 도구들

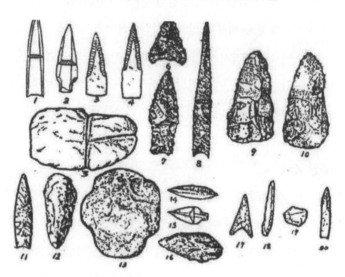

자료: 佟東,《中國東北史》, 吉林文史出版社, 1987, 82쪽.

② 요하 수계

시라무룬(西拉木倫) 이북의 부하(富河) 문화는 어렵문화의 대표적인 유적이다. 시라무룬허(西拉木倫河), 우얼지무룬허(烏爾吉木倫河), 서요하 등의 수계와 가까워 주변에 산지와 삼림이 많고 어렵경제가 발전하기에 매우 좋은 조건을 지니고 있다. 홍산문화 또한 어렵경제가 발달한 문화였다. 요동 지방의 대표적인 신석기 유적지인 심양시 신락 하층문화의 거주지 유적에서도 어망추, 석촉 등이 발견되었다.

③ 압록강 수계

압록강 수계에도 어업이 발달했다. 혼강의 중류에서도 어망추 등이 발견되었다. 압록강 하구의 동구(東溝) 등 지역에서 발견된 어렵공구는 주로 타제석기였다. 평안남도 용반리(龍磻里) 패총에서는 패류와 함께 도미의 뼈를 비롯한 많은 어류의 골편 및 이빨과 패각 속에 보존된 어류 비늘이 발견되었다. 황해북도 봉산군 신흥동 유적에서도 제2호 집자리 한 곳에서 14개의 그물추가 출토됐다.[106]

④ 두만강 수계

함경북도 무산의 범의구석, 온성군 강안리의 수남 등 청동기시대의 집자리들에서 뼈낚시들이 발견됐다. 나진의 초도를 비롯하여 연해주 지방의 조개무지, 왕청의 백초구, 영안의 모란둔 등 청동기시대의 유적들에서 나온 돌창끝 중에는 구멍이 뚫려 있는 것들이 있다.[107]

---

106 홍희유, 《조선상업사》, 백산자료원, 1999, 13쪽.

⑤ 대동강 수계

평양시의 사동구역 금탄리 및 낙랑구역 원암리 유적에서 나는 창끝 종류의 석기는 뿌리나래 화살촉처럼 나래끝이 뾰족하게 되어 '민지'의 역할을 하게 되어 있다. 큰 물고기잡이에 쓴 돌작살로 추정된다. 평안남도 고적 조사 보고서에 보이는 대동강 변의 낚시 추돌이 있다.

(2) 해양 어업

① 요동만

요동반도 남쪽 지역인 대련 근처의 곽가촌(郭家村) 유적에서는 홈소라, 붉은 소라[螺], 굴 껍질[牡蠣介殼], 멍게 등 해산물이 출토됐다. 근처의 상마적 유적에서는 보다 이른 시기에 해당하는 곱돌로 만들어진 낚시, 거푸집이 드러났다.[108] 장산군도의 오가촌 신석기 유적지에서 소라 종류와 다양한 조개 종류가 나왔다. 소주산(小珠山) 유적 하층에서도 고래 뼈와 함께 어망추 등 각종 어구들이 발견됐다.

② 동한만

동해안에서도 해양활동이 구석기시대부터 있었다는 증거들이 있다. 신석기시대에 들어와 동해도 내륙과 해양에서 어업이 발달했다. 연해주 남쪽인 글라드까야강 하구에서 두 군데의 자이사노프카 패총에

107 백산자료원, 《조선의 청동기시대》, 1999, 106쪽.
108 리태영, 《조선광업사 1》, 백산자료원, 1998, 21쪽.

〈자료 4-24〉 장해현 광록도 오가촌 신석기 유적지

서 굴들과 다량의 소라껍질을 확인했다. 함경북도 나진의 비파도와
초도 유적들에서 다양한 어구들이 출토됐다. 두만강 중류와 상류에
인접한 기원전 2000년대의 집자리들에서 동해의 생산물인 명태의 뼈
들과 밥조개 등이 나타났다.[109] 동해 중부에서도 어업이 발달하였다.
강원도 속초시의 조양동 유적 제 2호 집자리에서는 어망추가 발견되
었고, 강릉 등 동해 중부 해안가에서는 패총 유적들도 많이 발견되었
다. 양양군 오산리 유적은 기원전 6000~4500년 사이의 것으로서 융
기문 토기와 낚싯바늘 등이 다량으로 출토됐다. 울산 반구대의 암각
화에는 다양한 종류의 고래를 비롯해서 작살에 꽂힌 고래[110] 등과 물

---

109 홍희유, 《조선상업사》, 백산자료원, 1989, 13쪽.
110 아무르천 유역에서 특별하게 외경하는 것은 곰〔熊〕과 범〔虎〕, 그리고 범고래
〔鯱〕이다.

〈자료 4-25〉 상품용으로 건조한 연어

자료: 일본 홋카이도 박물관.

〈자료 4-26〉 강원도 오산리 유적의 어렵용 도구들

주: 이음 낚싯바늘(결합식 조침)(아래)
자료: 오산리 박물관.

〈자료 4-27〉 울산 반구대 암각화

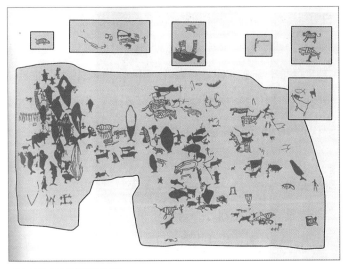

자료: 울산시 암각화박물관 자료.

고기들이 있다.[111] 신석기 후기, 청동기시대에도 먼 바다로 항해를 하며 고래잡이를 했다는 증거이다.

③ 한반도 남부

서해안 중부지방, 즉 경기도·충청도·전라북도의 3개도에 걸친 지역에서는 38개의 패총이 발견되었다. 부산의 동삼동 전기 패총에서는 패류들이 발견되었고, 조개로 만든 장식품과 도미와 삼치 뼈, 상어류 뼈, 해표 뼈, 심지어는 고래 뼈로 만든 접시도 발견되었다.[112]

---

111 國分直一, "古代東海の海上交通と船", 〈東アジアの古代文化〉 29, 大和書房, 1981, 37쪽; 김원용, "울주반구대 암각화에 대하여", 〈한국고고학보〉 9 참조.
112 鄭永和, 《韓國史論 1》, 39쪽.

투막조개로 만든 완제품 또는 미완성의 조개팔찌가 1,500여 점이나 출토되었다. 경상남도 김해 패총에서도 패류 34종이 확인되었는데 대합 및 굴이 대부분을 차지하였다. [113] 전라남도 해남 군곡리 패총에서는 관옥(管玉)과 유사한 조개옥이 십수 점 출토되었다. 또한 전라남도 여천 봉계동 유적에서도 관옥목걸이가 출토되었고, 제주도에서는 조개반달칼, [114] 조개화살촉 등이 출토된다. [115]

(3) 해양 무역

고조선문명권 속에서 전개된 무역에서 토기를 비롯하여 석제도구들, 어구들, 기타 많은 물품들이 거래되었으나, 이 글에서는 금, 은, 옥, 모피, 조개〔貝〕제품 등 사치품을 중심으로 살펴본다. 그리고 곡식 및 흑요석의 무역 가능성을 살펴본다. 한나라 시대에 만주에서 산출된 담수진주를 '북주'(北珠) 또는 '동주'(東珠)라고 하는데, 이 역시 무역품이었다. [116] 요동반도 강상무덤은 기원전 7세기 무렵에 축조된 무덤

---

113 여기에 대한 종합적 검토는 곽종철이 쓴 "낙동강 하구역에 있어서의 선사시대의 어로활동"(〈가야문화〉 3, 1990)에 있다. 이윤선에 따르면 선사시대의 굴은 가시굴이 많았다고 한다. 참굴은 한국 연안에 널리 분포되어 있는 종이다.

114 제주도 곽지리 패총에서 발견된 철기시대 제품.

115 국립제주박물관, 《선사시대의 재발견》 "제5부 한국의 조개제품", 2005, 144∼155쪽 참조.

116 만주어로 'tana'(타나)라고 하며 몽골어를 어원으로 만들어진 단어이다. 동주(東珠)로 만들어진 조주(朝珠)는 황제, 황후, 및 황태후 세 사람만이 패용 가능하여 최고의 신분과 권위를 상징하였다. 또한, 동주 채집 작업 및 기술은 주로 여진인들이 장악하였는데 청나라 시기에 채집 전용 배가 몇백 척 있었고 또한 채집 전문 인원이 천여 명 존재하여 규모 있는 산업이었음을 알 수 있다. 고조선문명권에서

인데, 내부에서 아열대산 자안패(自安貝)가 출토되었다.

두만강 중류와 상류에 인접한 지역인 함경북도 회령의 오동, 무산의 범의구석, 만주 연길의 소영자, 왕청의 천교령 등지에 있는 기원전 2000년대의 집자리들에서 동해의 생산물인 명태의 뼈들과 밥조개 등이 나타났다. 이는 육로 및 수로 교통망을 이용해서 내륙과 상업이 이루어졌음을 증명한다.[117] 남해안의 동삼동 패총에서는 1,500여 점의 조개팔찌가 규슈산 흑요석과 함께 출토됐다. 투막조개는 한반도 서해안이나 내륙에서는 서식하지 않는다. 그런데 청도 오진리, 단양의 상시 바위그늘 유적, 단양 금굴 유적, 군산 노래섬 유적에서 발견됐다. 이것은 상업 또는 해양무역의 결과이다.[118]

또 하나가 옥(玉)제품이다. 청동기시대의 대표적인 보석광물 장식품들은 비취, 벽옥, 천하석, 연옥, 흑요석, 활석(곱돌) 등이다. 벽옥 단추가 두만강 유역의 범의구석 유적의 청동기시대층에서 드러났다. 범의구석 유적 제19호 집자리에서는 2개의 연옥고리가 나왔다.[119] 연옥은 목단강 유역의 주민들을 거쳐 송화강 유역 이북 먼 곳에까지 교환[120]되었다. 강상무덤에서는 구슬이 모두 771개나 드러났는데,[121] 이는 상업의 산물이다.

사용된 예는 현재까지는 확인할 수 없다.

117 홍희유, 《조선상업사》, 13쪽.
118 국립제주박물관, 《선사시대의 재발견》 "제5부 한국의 조개제품", 144쪽 참조.
119 리태영, 《조선광업사 1》, 백산자료원, 1998, 28~29쪽.
120 리태영, 《조선광업사 1》, 14쪽.
121 리태영, 《조선광업사 1》, 66~67쪽.

금(金)과 은, 생선도 무역 품목이었다. 모피 무역이 활발했던 고조선은 산동의 제나라 등과 무역을 하였다. 또한 군수 물자의 무역이 있었다. 숙신은 서주 시대에 그 지역을 방문하면서 싸릿대로 만든 활과 화살, 돌화살촉을 갖고 갔다. 말은 중요한 군수 품목이었을 뿐 아니라, 고가의 무역 품목이었다. 고조선의 마지막 왕인 우거왕의 태자가 5천 필의 말을 한나라 무제에게 주려던 시도가 있었다. 목재도 무역 품목이었을 가능성도 있다. 흑요석도 무역 품목이었을 것이다. 만주 지역의 비단은 매우 유명해서 천잠(天蠶)이라고 불렀다.[122] 일부에서는 흑룡강성의 앵가령문화와 서단산문화를 '천잠사주(天蠶絲綢) 문화'라고 부른다. 소금을 매매한 사실 등으로 보아 소금 무역이 활발했던 것으로 보인다.

결론적으로 다양한 문헌 자료와 곳곳에서 발견된 고고학적 유물을 볼 때, 적어도 고조선 말기에는 고조선 내부는 물론이고, 문명권으로 설정한 넓은 범위에서는 단거리 상업뿐만 아니라 해양을 넘나드는 원거리 무역이 일어났다. 그런데 이러한 무역 시스템 속에서 화폐를 사용했을 가능성이 있다. 고조선문명권과 연관된 중국 지역의 화폐는 기원전 2세기에서 서기 2세기에 걸쳐 주조된, 연나라가 주조한 명도전을 비롯하여 반량전(半兩錢), 포전(布錢), 화천(貨泉), 대천오십(大泉五十), 오수전(五銖錢)[123] 등이다. 요서 지역에서 유통되던 금

---

122 이 실크는 남색인데, 빛을 비출 때 마다 색이 변하며 내구력도 강했다. 또 누에가 성충이 되면 날개가 금색이 되어 아름답다. 이 지역에는 잠신(蠶神)이 있었다고 한다.
123 오수전은 기원전 118년에 주조되었으나, 수(隋)나라 시대까지 통용되었다.

속화폐들은 만주, 한반도, 일본열도 등의 동아시아 여러 지역에서 소량 또는 대량으로 드러났다. 대릉하, 요하 하류, 요동반도 해안, 압록강 중류 등 강가를 중심으로 발견됐다.[124] 요양 지역에서도 발견됐다. 가장 일반적인 화폐인 명도전(明刀錢)이 드러난 곳은 고조선 영역 내에서만도 20여 개 지역이다.[125]

강릉시 초당동에서 오수전이 출토됐다. 전라남도 해남 군곡리 패총, 경상남도 김해 회현리 패총에서는 '화천'이란 글자가 박힌 동전들이 발견되었다. 경상남도 늑도(勒島) 유적에서도 반량전들이 출토됐다. 제주도 산지항 유적에서도 18개의 한나라 화폐가 출토되었다. 해남 군곡리, 경상남도의 김해 패총, 다호리 유적, 경상남도 마산의 성산(城山) 패총 등에서도 비슷한 시대의 화폐들이 발견되었다. 이는 기원을 전후한 무렵에 바다를 매개로 지역들 간에 무역이 활발했음을 반증한다. 그런데 일화전(一化錢), 명화전(明花錢)이라는 금속화폐가 고조선 영역 내 여러 곳에서 발견되었다. 요동반도 남단인 요녕성 금현 고려채(高麗寨) 유적, 여대시(旅順市) 목양성터, 또 자강도 자성군의 서해리 무덤에서는 무려 650개나 되는 일화전이 나왔다. 북한은 일화전을 고조선의 화폐로 보며, 한국 학계에서도 이와 같은 주장이 있다.[126]

---

124 최몽룡, "고대국가의 성장과 무역", 《한국고대의 국가와 사회》, 일조각, 1985, 72쪽에 《조선전사》 卷 2, 1977, 65쪽에서 인용한 명도전의 분포도가 실려 있다.
125 사회과학출판사 지음, 《조선 상업사》, 사회과학출판사, 2012, 97쪽.
126 박선미, 《고조선과 동북아의 고대 화폐》, 학연문화사, 2009 참조.

7. 고조선문명권의 해양활동과 해륙교통망[127]

고조선문명권의 범위, 특히 고조선과 그 주변 지역은 면적이 넓다. 만주는 동몽골의 일부를 제외하면 155만 제곱킬로미터이다. 필자의 기준에 따르면 5개의 생태구역으로 구성되었으므로 자연환경이 매우 복잡하고, 지역마다 편차가 심하다.

우선 해양의 메커니즘을 고려하여, 고조선문명권 전체가 아닌 해양활동 공간을 몇 개로 유형화한다. 먼저, 고조선 초기부터 해양활동과 관련이 깊은 공간을 발해권, 황해 북부권, 동해권, 남해권으로 나누어 항해에 사용되었을 항로들을 살펴본다. 다음 단계로 고조선문명권에서 해양 및 강과 연결되면서 사용되었던 육상교통망을 살펴본다. 단, 중국문명이나 농업문명의 관점에서 고조선문명권의 교통망을 이해해서는 안 된다. 평지에 해당하는 지역이 넓지 않을 뿐만 아니라 교통 자체가 힘들거나 불가능한 지역들이 많기 때문이다.

고조선시대에 만주와 화북 지역을 이어 주는 교통로는 육로 외에 해로도 있었다.[128] 난하 하구는 항구도시였고,[129] 춘추전국시대 이래로 계속해서 발전했다. 갈석이 발해를 이용하는 중요한 교통로였음을 알려 주는 증거들은 많다. 대표적인 해로는 발해 횡단항로이다.

---

127 윤명철, "황해문화권의 형성과 해양활동에 대한 연구", 〈선사와 고대〉 11, 한국고대학회, 1998.

128 孫光圻, 《中國古代海洋史》 3장 69쪽에서 하(夏) 대의 항해담당자를 "동이"라고 하였다.

129 李鵬, 《秦皇島港史》(古, 近代部分), 人民交通出版社, 1985, 27~29쪽.

<자료 4-28> 동아지중해 해양교통로

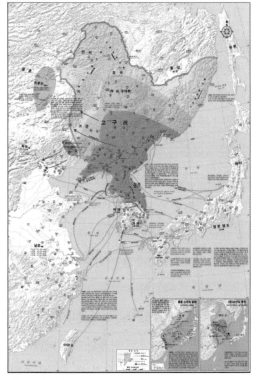

자료: 필자 작성.

이 시대의 상황을 기록한 사료들을 종합적으로 고려하면 다음과 같다. 한나라 및 위나라 시대에는 산동반도에 있는 래주만의 항구들을 출항하여 노철산 수도를 경유하여 요동반도 남단의 마석진(馬石津), 답진(遝津) 등에 상륙한 후에[130] 육로를 사용하여 목적지에 도착하는

---

130 《太平環宇記》에 "有三山浦舟橫北行, 在今遼寧省旅順口老鐵山一帶登陸, 老鐵山卽晉人所稱馬石津者"라고 기재하였다.

것이다. 또 하나는 발해를 횡단하여 요구(遼口)에 상륙한 후에 배를 타고 내륙에 있는 강을 거슬러 올라가는 것이다.

1) 황해권의 해양활동과 항로

황해권의 대표적인 해로는 첫째, 황해 북부 연근해 항로이다. 황해의 서쪽인 중국 남쪽 절강성의 해안부터 산동반도를 거쳐 요동반도까지 북상한 다음에 연근해 항해를 하여 압록강 유역인 서한만에 진입한 후 대동강 하구, 경기만을 지나 계속 남하하여 서남해안, 남해안의 일부, 대마도, 규슈 북부로 이어진 장거리 항로이다. 처음과 끝이 일률적으로 연결되지 않고, 중간중간 거점을 연결하는 불연속적인 항로이지만 역사의 초창기부터 이용됐다. 신석기 및 청동기시대에도 황해 서안의 각 연안을 이어 주었다. 그 이후도 모든 나라들이 정치적인 한계를 고려해 가면서 해역별로 사용한 항로이다.

둘째, 황해 북부 사단항로이다. 대동강 하구에서 출발하여 요동반도의 남쪽 해역과 묘도군도의 근해를 부분적으로 이용하면서 산동반도의 해역권에 들어온 다음에 황해서안의 근해권을 이용하여 양자강 하구 유역까지 남진해 가는 항로이다.

셋째, 황해 중부 횡단항로이다. 한반도의 중부 지방, 즉 경기만 일대의 여러 항구에서 서쪽으로 횡단항해를 하여 산동반도의 여러 지역에 도착하는 단거리 항로이다. 이 외에도 고조선문명권과는 관계가 없지만, 황해에서 활용된 기타 항로들이 있다.

2) 동해권의 해양활동과 항로

동해안에서도 해양활동이 구석기시대부터 있었다는 증거들이 있다. 동해권에서의 해양활동은 신석기시대에 들어와 본격적이 된다. 함경북도 해안에 서포항(西浦港) 패총 유적지가 있다. 1기층은 기원전 5000년대 말~4000년대 초로 추정된다. 기원전 6000~4500년 사이의 것인 양양군 오산리 유적의 결합식 조침과 흑요석 석기[131]를 보면 중국의 흑룡강성, 백두산 지역, 규슈 지역을 연결하는 문화 교류가 있었음을 알 수 있다. 결합식 조침은 부산의 동삼동, 상노대도 등의 유적지에서도 발견되었다.[132]

또한 울산 지역의 암각화들이 북방문화에 기원을 두고 있을 가능성이 크다. 고조선문명권과 관련하여 홋카이도(北海島) 문화 및 사할린 문화와 연관된 오호츠크문화가 있다.[133] 해양환경 등을 고려할 때 우리 동해 북부는 물론이고 남부 문화와도 연결되었을 가능성이 매우 크다. 에가미 나미오(江上波夫)는 동북아시아의 석도문화, 특히 세석기문화가 홋카이도, 혼슈로 전래하였고, 더욱이 특이한 석도촉이 홋카이도로 전파되었다고 주장하였다.[134] 그렇다면 고조선문명권의 주민들도 사할린, 홋카이도, 혼슈 북부 지역으로 항해했을 것이다.

---

131 임효재, "중부 동해안과 동북 지역의 신석기문화 관련성 연구", 〈한국고고학보〉 26, 1991, 45쪽.

132 임효재, "신석기시대의 한일 문화 교류", 〈한국사론〉 16, 1986, 17~21쪽.

133 菊池俊彦, 《北東 アジアの 古代文化の硏究》, 北海道大學 圖書刊行會, 1995, 70쪽.

134 江上波夫, 《古代日本の對外關係》, 52쪽.

기원전 5세기에서 서기 1세기까지 연해주 남부 일대에서 발전한 단결(團結) 문화는 옥저문화임이 확정되었다.[135] 이들은 산발적 또는 조직적으로 동해 북부 항로를 이용하여 홋카이도 등 일본열도로 건너갔을 것이다. 해양 메커니즘상 고조선시대에도 있었을 가능성을 보여준다. 동해안에서 일본열도의 중부 이남뿐만 아니라 북부 지역을 가고자 할 때 울릉도는 교류의 거점 또는 중계지 역할을 한 것이다. 울릉도에는 이미 선사시대부터 사람이 거주하고 있었다.

　동해에서는 몇 가지 항로가 사용되었다. 첫째, 동해 남북 연근해 항로이다. 연해주 일대와 한반도 동해안은 연안 항해 혹은 근해 항해를 통해서 남북으로 오가는 항로이다. 항구만 잘 선택하면 연안 항로를 이용하여 교류가 활발할 수 있다. 둘째, 연해주 항로(또는 타타르 항로)[136]이다. 이 항로는 북부 항로와 남부 항로로 구분한다. 셋째, 동해 북부 항로이다. 이 항로는 두만강 이남의 나진, 청진 등과 원산 이북에서 출항하여 동해 북부 해양을 횡단 또는 사단한 다음에 일본의 동북 지방에 도착하는 항로이다. 넷째, 동해 종단항로이다. 이 항로는 동해 북부 해안의 항구가 모두 출항 지역에 해당된다. 일본열도의 중부와 남부 해안에 도착할 수 있으며, 항법상으로는 항해하기 가장 어려운 항로이다. 다섯째, 동해 중부 횡단항로(울릉도 항로 포함)이다. 동해의 중부인 삼척, 강릉 등의 해역을 출항하여 울릉도와 독

---

135 孫進己, 《東北民族源流》, 262쪽.
136 육지적인 관점에서는 '연해주'라는 용어가 적합하며, 해양적 관점에서는 '타타르'(Tatar)라는 용어가 적합하다. 다만 '타타르'라는 용어와 개념에 대한 우리의 인식이 미흡한 관계로 우선 '연해주 항로'라는 용어를 상용한다.

도까지, 또는 그곳을 경유하여 일본열도에 도착하는 항로이다. 여섯째, 동해 남부 횡단항로이다. 동해의 남부 지역인 울진, 포항, 감포, 울산 등을 출항하여 동해 남부를 횡단한 후에 혼슈 남단에 도착하는 항로이다.

3) 남해권의 해양활동과 항로

남해권에서는 신석기시대 초기부터 해양활동과 어업활동을 한 흔적이 있다. 빗살무늬 토기는 한반도의 남해안에서도 발견되었지만, 요동반도와 연결되고, 서해의 일부 도서[137] 및 제주도에서도 다수 발견되었다. 뿐만 아니라 7,000년 전 정도부터 한반도 남부와 일본열도 사이에서 사람들이 오가며 물건을 교환한 증거물들이 발견되었다. 제주도에도 해양활동이 있었으며, 구석기시대부터 인간이 거주하고 있었다.[138] 제주도를 가리키는 '주호'의 주민들은 여러 가지 기록들을 볼 때 바다에서 생활하고 선박을 능숙하게 다룰 줄 아는 해양인임을 알 수 있다.

남해를 활용한 항로에는 남해 동부에서 출발하여 대마도를 경유해 규슈 북부까지 항해하는 항로가 대표적이었다. 남해의 특정 해역을 출항하여 대마도를 경유하거나 통과 지표로 삼아 규슈 북부 해안에 도착하는 항로이다. 일반적으로 고대 대왜항로의 기점을 낙동강 하구로 인

---

137 최성락, "전남지방의 마한문화", 〈마한백제문화〉 12, 1989.
138 구석기시대의 유물 유적에 대해서는 정영화, "고고학적 측면: 제주연구의 현황과 전망", 〈탐라문화〉 3, 제주대학교, 탐라문화 연구소, 1984 참조.

식한다. 한편 서남해안 혹은 남해 서부 해안에서 출발하여 규슈 서북부로 직항하는 항로(航路)도 있다. 남해안에는 제주도 항로가 있다.

4) 육상교통망과 교류 상황

고조선문명권이 발전했던 만주와 한반도 북부 지역에 구석기시대부터 인간이 거주했고, 신석기시대에 이르면 직접 또는 간접으로 모든 지역 간에 교류가 있었다. 해양교통망 말고도, 고조선문명권의 북부인 만주 일대에 개설되고 사용됐던 육상교통망이 있었다. 해당 시대의 자료가 불충분하였으므로 후대의 기록과 사례들, 그리고 지리적인 환경을 토대로 재구성하였다. 물론 한계가 있지만 고대 교통망 체제의 특성을 고려한다면 고조선문명권 시대의 교통로와 큰 차이는 없었을 것으로 판단한다. 결과적으로 고조선문명권은 중핵 공간뿐만 아니라 주변 일대에도 육로와 강수로 및 항로를 이용한 교통망이 발달함으로써 먼 거리 간에도 교류가 활발했다. 고조선이라는 정치체가 성립한 후부터 사용된 육상교통망을 살펴본다.

(1) 고조선 제1~2기의 교통망

은나라와 주(周)나라 시대(기원전 16세기~841년)에 중국의 산동 화북 지역과 발해 해안가에는 국명, 족명을 가진 정치 집단들이 있었다. 이들을 '방국'(方國)이라고 표현하는데, 이 시대에 '오복지국'(五服之國) 사이에는 상호교류가 활발하였으며 교통수단과 교통로도 큰 발전이 있었다. 기원전 11세기, 즉 상나라 말~주나라 초부터 요서 및 그 이동 지역은 중원과 교류를 시작하였다. 그 시대에는 《설원》(說苑) '수문'(修文)에 따르면 9도를 이용하여 북으로는 산융과 숙신, 동으로 는 도이(島夷) 등에 닿았다고 기록되었다.

고조선문명권과 연관된 길들이 있다. 두우(杜佑)의 《통전》(通典) 〈태강지지〉(太康地志)에는 "낙랑 수성현에 갈석산이 있다"(樂浪遂 城縣有碣石山長城所起)라고 하였으며, 《통전》의 〈노룡〉 및 《태평 환우기》(太平寰宇記) 〈노룡현〉에도 "진나라는 장성을 쌓았는데, 갈 석에서 일어났다. 지금 고구려 경계가 아니며 이 갈석이 아니다"(秦築 長城所起自碣石 在今高麗界, 非此碣石也)라고 기록하였다. 이는 도 이가 중원과 교류하는 중간에 있는 갈석(碣石)의 구체적인 위치를 설 명해 준다. 비록 서쪽에 치우쳐 있지만 만주 지방에서 사용된 가장 이 른 시기의 육로간선 가운데 하나이다.

그런데 《좌전》(左傳)이나 《국어》(國語)에도 은나라 시대에 숙신 은 북쪽에 위치하였으며 호시석노(楛矢石砮)를 교역하였다고 기록하 였다.[139] 또한 《상서》(尚書)에 "무왕은 이미 동이를 정벌하였는데, 숙신이 와서 하례하였다"라는 기록이 있으며,[140] 그 외에도 자료들이 있어, 최소한 주나라 초기에는 숙신과 교류가 있었음을 알 수 있다. 이때 숙신의 성격과 위치에 대해서는 다양한 견해들이 있다. 산동성 의 연해 일대라는 주장이 있으나, 이미 은나라 말부터 주나라 초기 사 이에 만주의 동북쪽으로 이주하였다는 주장도 있다.

---

139 《左傳·昭公九年》, 《國語》·魯語下 관한 내용 참조.
140 《尚書》卷 11 周書序. "武王旣伐東夷, 肅愼來賀."

그런데 《산해경》〈대황북경〉(大荒北經)에는 "동북바다의 바깥 … 대황 가운데 산이 있는데, 불함이라 부르고, 숙신의 나라가 있다"(東北海之外 … 大荒之中有山, 名曰不咸, 有肅愼之國)라는 기록이 있다. 곽박(郭璞)은 "숙신국은 요동에서 3천여 리 떨어져 있다"(肅愼國去遼東三千餘里)라고 하였다. 그런데 송화강의 중류·하류 유역, 또 목단강 일대에서는 숙신의 석노 같은 유물들이 발견된다. 기원전 11세기부터는 숙신과 중원을 이어 주는 교통로가 있었고, 특히 만주의 특산인 천잠, 즉 비단을 수입하기 위해 무역로가 개설되었다고 본다.

당시 방국들의 위치를 근거로 추측하면 도하(屠何)와 고죽(孤竹)을 경유한 요서 교통로는 연산(燕山)의 산맥들과 발해 연안의 사이인 요서 주랑 일대에 있을 수 있다. 이 길은 당연히 군사로이기도 하다. 기원전 10세기를 전후해서 화북에서 은나라 및 뒤를 이은 주나라가 존재하고 있을 때 고조선은 존재하고 있었다. 그렇다면 고조선문명권에 속한 사람들은 이 교통망을 활용했을 가능성이 높다. 이 시대의 큰 육상교통로를 살펴보면 다음과 같다.

황하 이북과 발해 연안에서 산해관을 넘어 육로 또는 연안을 활용하여 요서 지방에 도착한 이후 여러 개의 방향으로 분리된다. 고조선문명권과 연관된 육로는 요동을 지나 남만주와 중만주에 분포한 육로와 수로들을 활용하면서 동만주 일대와 연해주로 나가 해양으로 연결되었다. 또 하나는 산동반도 해안과 발해만의 항구에서 묘도군도를 활용하여 요동반도 남단에 도착한 이후에 다시 요동반도 남단에서 해안선과 가까운 내륙을 이용하여 압록강 하구 유역을 경유한 다음에 한반도로 접근하는 길이다.

(2) 고조선 제 3기의 교통로

제 3기가 시작되는 기원전 5세기부터 요동·요서 지역과 화북 지역은 교류가 더욱 빈번하였다. 《관자》에 따르면 고조선은 춘추시대에 산동에 있었던 제나라 등과 문피를 교역하였다.[141] 그 후에 발해만 안쪽의 연나라 사람들도 고조선과 교류했다. 교류의 가능성은 몇몇 전투기록들과 명도전과 오수전 등 화폐들의 분포도를 보아서 확인된다.[142] 요서와 요동 간의 교통은 양평과 연수(衍水, 태자하, 대량수)에 중심을 두어 구성되었다. 훗날 진나라는 육로로 관중(關中)에서 출발한 다음에 고죽, 도하의 교통길을 경유한 후 요택을 지나, 요수를 넘고 연나라가 설치한 요동군(郡)의 수도인 양평을 점령하였다[143]는 기사가 있다. 《사기》에는 "장성을 쌓았는데, 조양에서 양평에 이른다. 상곡, 어양, 우북평, 요서, 요동군을 설치하여 오랑캐〔胡〕를 막았다"라는 기록이 있다.[144] 그렇다면 이것이 그 시대에 사용된 육로교통이다.

요동 지역은 양평성을 중심으로 하여 남과 북으로 향하는 육로, 그리고 해로로 구성된다. 남로 구역인 안산(鞍山)과 해성(海城) 이남,

---

141 陳尙勝, 《中韓交流三千年》, 中華書局, 1997, 50쪽.

142 화폐분포도는 최몽룡이 "고대국가의 성장과 무역"(《한국고대의 국가와 사회》 71～73쪽)에서 작성, 인용한 것이 널리 이용되고 있다. 기원전 2～3세기의 유적인 평안북도 영변군 세죽리 유적에서는 명도전 2천여 매가 발견되기도 하였다.

143 《史記》卷 7 〈秦紀〉. 즉, "始皇二十一年(기원전 226년) 燕王及太子丹率其精兵東保遼東, 李信急追之. 代王嘉遺燕王書, 令殺太子丹以獻. 丹匿衍水中."

144 《史記》卷 110 〈匈奴列傳〉. "築長城, 自朝陽至襄平, 置上穀·漁陽·右北平·遼西·遼東郡以拒胡."

평곽(平郭), 또 웅악하(熊嶽河)의 북쪽 강가 등에서 대량으로 명도전과 양평포(襄平布) 등이 출토되고 있다. 이 길을 이용해서 교류와 교통길이 존재한 사실을 증명한다고 주장한다. 한편 북로는 양평성에서 심양 등으로 이어지는데, 정가와자(鄭家窪子)의 청동단검묘, 철령(鐵嶺) 남신대자진(南新台子鎭)의 전창(磚廠) 유적지 등은 그 시대 교통의 이동 방향과 기점 등을 알려 준다. 다시 말하자면 전국시대에 연나라 · 제나라와 조선 간의 교통은 요서부터 양평과 연수를 중심으로 구성되었다. [145]

그러면 그 후 위만조선 시대에는 어떠한 육로 교통이 사용되었을까? 한나라가 사용한 만주 지역의 교통로와 시설들은 대부분 연나라를 이어 진(秦)나라 때부터 계승된 것이다. 하지만 흉노와의 전쟁, 동호와의 전쟁 등은 교통로를 더 개척하고 발전시켰을 것이다. 《태평환우기》와 《기주도》(冀州圖)의 기록에 의하면 한나라의 동북쪽인 만주 지역으로 나가는 교통길은 대체로 세 개가 있었다. 첫째, 중도(中道)는 중간에 위치한 도로를 말한다. 화북 지역의 태원(太原)을 출발하여 정북 방향으로 용성〔龍城, 유성(柳城), 현재 조양(朝陽)〕까지 간다. 둘째, 동북 지역으로 가는 길이다. 중산에서 출발하여 북평(北平)을 경유하여 어양(漁陽) 백단(白檀)을 지나 요서 일대에 도착하였고, 노룡(盧龍) 요새에서 빠져나가 직접 흉노 좌현왕이 다스리는 속지에 가는 길이다. 셋째, 서북으로 가는 길이다. 농서(隴西)에서 출발하여

---

145 태자하에 대한 명칭 및 역사 환경에 대한 소개는 王禹浪 · 程功, "東遼河流域的古代都城 — 遼陽城", 〈哈爾濱學院學報〉, 2012. 6., 2쪽 참조.

흉노의 우현왕이 다스리는 영토에 도착한다. [146] 이 세 개의 길은 모두 한나라 무제 시기에 만들어졌으며, 많은 민족과 부족들이 활용한 북부 지방의 주요 통로였다. 이는 고조선의 운명과 연관되었다.

요동·현도(玄菟) 지역 내의 육로 교통도 고조선문명권과 연관되어 있다. 《한서》지리지의 요동군 조항[147]을 해석하면 고대에 요동, 현도 지방의 교통은 당시 요동군의 수부(首府)인 양평, 요서군의 수부인 차려(且慮), 양락(陽樂), 그리고 우북평(右北平) 치하의 평강(平岡) 등을 중심으로 구성되었다. 《사기》에는 한 무제 시대에 한 군은 "군사 5만 명으로 좌장군 순체(荀彘)는 요동에 출격하여 우거(右渠)를 토벌하게 하였다 … 조선은 누선과 화평을 유지하고 항복 교섭도 누선과 하려고 했다"고 기록하였다. [148] 이때 육로군은 필시 다음에 열거하는 몇 개의 길을 활용하였을 것이다. 이 지역의 교통 상황을 보면 요동군의 양평을 중심으로 해서, 남쪽으로는 요동반도 끝의 연해 일대인 답진(遝津)까지 연장되었고, 서쪽으로는 요수를 건너 요서군의 관할 지역인 그 시대의 유성(현재 조양)까지 연결되었다. 또한 동

---

146 《漢書》卷 6 〈武帝紀〉; 《史記》卷 110 〈匈奴列傳〉; 《漢書》卷 99 〈王莽傳〉.

147 "遼東郡, 秦나라가 설치했다. 幽州에 속한다. 襄平, 牧師官이 있다. 平이라 불렀다. 新昌-無慮-望平, 大遼水가 塞外로 나와 남쪽으로 安市에 이르러 바다로 들어가며, 1천 2백 5십 리를 간다. 房候城-遼隊-遼陽은 大梁水가 서남으로 흘러 遼陽에 닿은 후에 遼로 들어간다. 險瀆-安市-平郭에는 鐵官·鹽官이 있다. 番汗은, 沛水가 塞外로 나와 西南으로 海에 들어간다. 遝氏가 있다."

148 《史記》〈朝鮮列傳〉第 55 '元封 2年'에 "天子募罪人擊朝鮮. 其秋, 遣樓船將軍楊僕從齊浮渤海, 兵五萬人, 左將軍荀彘出遼東 … 樓船將軍將齊兵七千人先至王險"라고 기재하였다.

쪽으로는 현도와 낙랑을 연결시키며, 북쪽으로는 부여까지 갈 수 있는 이른바 '수륙 사통팔달'의 교통망이 구성되었다.

이러한 서만주 일대의 근간이 되는 교통망은 다시 다섯 개의 주요 간선을 통해 세밀하게 연결되었다. 구체적으로 ① 양평에서 남쪽으로 평곽까지 가는 묘씨도(杳氏道)이다. 즉, 양평에서 남쪽으로 신창(新昌), 안시(安市), 평곽(平郭), 문(汶), 답씨(遝氏) 등 많은 현을 연결하여 바다 연안까지 가는 길이다. ② 양평에서 서쪽으로 가서 요대(遼隊), 험독(險瀆)으로 이르는 교통로이다. ③ 양평에서 출발하여 서쪽으로 의무려산을 넘어 요서로 가는 길이다. ④ 요수 하류의 소택지를 경유하며 이어 우북평(右北平)으로 가는 길이다. ⑤ 다시 우북평을 중심으로 유주 또한 만리장성 이북 지역으로 가서 현지와 연결할 수 있는 길이다.

또한 양평에서 동으로 가서 무차(武次) 서안평(西安平) 낙랑군(樂浪郡)으로 나가는 길이 있다. 양평을 출발한 후 남으로 태자하, 탕하고도(湯河古道), 량갑(亮甲), 안평을 경유하여 애하(靉河), 초하(草河)의 상류를 따라 무차와 압록강 서부 강변에 있는 서안평을 통해 압록강의 동부 강변으로 진입하는 길이다. 즉, 현도군 북행의 부여길이다. 요동, 요서, 우북평, 낙랑 간의 교통로 외에도 북행 간선으로서 현도군에서 부여로 가는 교통로도 매우 중요하다. 《사기》에서는 이길에 대해 "무릇 연은 발해와 갈석 사이에 있는 큰 도시이다. 남으로는 제, 조와 통하고, 동북 변방은 흉노의 … 북쪽은 오환, 선비, 부여와 이웃하고, 동쪽은 예맥, 조선, 동북 진번의 이익을 관리했다"라고 하였다.[149] 이곳이 북방 무역이 발전된 지역임을 알려 주는 것이다.

이 외에 《한서》에는 "동쪽으로 나아가면 현도, 낙랑, 고구려, 부여에 닿는다"라고 하였다.[150]

마지막으로 요동군·현도군의 변경 길인 이른바 '수변(戍邊) 길'이다. 한나라, 위나라 시대에 사용된 만주의 교통 상황을 보면, 요동군의 양평을 중심으로 동쪽으로는 예맥, 조선, 고구려와 연결되었고, 북쪽으로는 현도, 부여, 읍루의 영지까지 갈 수 있었다. 또한 서쪽으로는 요서군과 우북평을 중심으로 유주 또한 만리장성 이북 지역 부족들과 연결시켜 주는 중요한 지역이었다.

8. 고조선문명권의 붕괴 과정과 의미

1) 고조선문명권 붕괴의 요인

문명은 왜 붕괴하고, 또 붕괴해야만 할까? '붕괴'(collapse)라는 것은 체제 존재 등의 심각한 파괴 또는 절멸을 뜻한다. 즉, 존재로서는 기본인 **유기체**로서의 기능을 전부 또는 많은 부분 상실하는 것이다. 지구라는 생명계(生命系)를 위해서도, 인간계(人間系)를 위해서도, 질적으로 변신하여 재생 또는 전혀 다른 새로운 문명이 탄생해야 한다.

그렇다면 고조선문명은 왜, 어떤 과정을 겪으면서, 어떻게 붕괴했

---

149 《史記》卷 129 〈貨殖列傳〉. "夫燕亦勃碣之間一都會也 南通齊趙 東北邊胡…
　　北鄰烏桓 夫餘 東綰 穢貉 朝鮮 眞番之利."
150 《漢書》卷 99 〈王莽傳〉. "其東出者 至玄菟 樂浪 高句麗 夫餘."

을까? 심지어는, 정말 붕괴했을까? 하는 근거 없는 믿음을 가져 본다. 붕괴를 가져오는 주요 요인과 부차 요인들이 있지만, 거의 대부분의 요소들이 중첩적으로 작동하면서 가속도가 붙고 결국은 치명적인 상태로 끌어간다. 다만 문명에 따라서 각 요소들의 배합(配合) 비율, 또는 선후관계나 비중의 차이가 있을 뿐이다. 비율이 다르고, 적용되는 과정이 다르기 때문에 각각 다른 양상을 보일 뿐이다.

고조선문명은 왜, 어떻게, 어떠한 과정을 거쳐서 붕괴했는지를 주로 외적인 요소들, 즉 표면상 드러난 외부 세력과 벌인 정치적, 군사적 경쟁에서 패배한 사실을 통해서 살펴본다. 아울러 그 문명의 여파와 역사적인 의미를 동아시아적 관점, 한민족사적인 관점에서 살펴본다.

(1) 외부환경과 국제질서의 변동

기원전 3~2세기에 국제질서가 재편되는 와중에서 고조선문명권은 어떠한 상황에 처해 있었을까? 조선은 연, 제, 진 등의 주변 국가들과 협력과 갈등, 때로는 전쟁을 벌이면서 질서 재편에 참여했다. 그리고 기원전 198년에 이른바 '위만조선'이 탄생함으로써 갑작스럽게 남하한 준왕 세력은 고조선문명권의 핵심을 뒤흔들었을 것이고, 내부의 균열은 이미 시작되었다고 판단한다. 반면에 조선 유민들의 비자발적인 남하는 고조선문명권을 확산시키는 긍정적인 측면도 있다.

위만조선을 정치적 핵으로 삼은 고조선문명권은 지정학적으로 보면 새롭게 편성된 국제질서에서 승리할 수 없었다. 흉노가 경쟁에서 패배하여, 국제질서는 한나라 중심의 1극 체제로 변모하였다. 이제는 정치력뿐만 아니라 경제력을 놓고도 국가 간 충돌이 불가피했다. 고조선문명권은 비중심적 관리체제, 미약한 군사력, 비집중적 무역망, 그리고 종교 지향적이며 '공존과 상생'을 추구하는 체제였다고 판단된다. 따라서 두 문명 간의 만남이 군사적 충돌 또는 정치적 경쟁체제로 변화할 경우에, 현실적으로 승리하는 일은 특별한 예외가 아니라면 불가능하다.

(2) 위만조선의 내부갈등과 전쟁 패배

국가, 문명을 비롯하여 하나의 질서가 붕괴하는 데에는 신분 모순과 계급 모순의 심화로 말미암은 내부 통일성의 균열, 사치와 부패 등으로 인한 도덕적 타락, 역사를 운영하는 원동력의 약화 등 다양한 요소들이 작동한다. 일부 자료, 국제정세, 내부의 현상들을 파악하면, 위만조선의 패배는 지배계층 내부 분열과 권력 쟁탈전, 국가 정체성에 대한 회의감 등이 복합적으로 작용한 결과로 판단된다. 특히 초기부터 지배계층 내부의 갈등 양상이 독특했다. 내부에서 이미 균열이 심각해졌음을 부인할 수는 없다. 정책을 둘러싸고 갈등을 벌이다가 일부는 남으로 도망갔고, 일부는 한나라에 항복하였다.

또 하나, 외교 전략의 실패와 함께 군사 전술의 실수일 가능성도 있다. 위만조선은 왕험성의 위치가 어디였든 간에 육지와 해양을 동시에 활용했던 나라이다. 군수자원이 풍부한, 지경학적으로 매우 경제적 가치가 높은 전략 지구이다. 또한 지정학적으로 여러 세력들이 조우하는 삼각 꼭짓점이다. 또한 해양질서와도 깊은 연관성이 있다. 하지만 이러한 유리한 환경들을 이용하지 못했다.

2) 문명권 붕괴의 여파와 의의

(1) 부정적 측면

첫째, 고조선의 영토 및 문명권의 중핵 공간을 일부 상실했다. 둘째, 경제적인 손실이다. 셋째, 정체성의 약화와 종족적 패배감의 생성이다. 고조선문명권의 구심점이 상실되자 문명의 주체적이고 독자적인 성장은 저지되었고, 정치력의 차용, 위세품의 수여 등 주변 지역으로 영향을 끼치는 힘이 미약해졌고, 빈도수도 낮아졌다. 넷째, 해양활동의 축소와 해양문명의 약화이다. 발해 근해와 황해 북부 해양을 고조선문명권에서 상실하였다. 해양과의 유기적인 체계성을 상실한 강상교통망은 한계를 드러냈을 것이고, 물류망도 효율성이 약해졌을 것이다. '1산 2해 3강' 시스템에 균열이 발생했을 것이다. 따라서 남만주 일대는 물론이고, 한반도 북부 내부의 각 지역 간에도 관계를 맺기가 불편해졌다. 이러한 다양한 결과들이 나타나면서 고조선문명권의 각 지역들은, 특히 주변 지역과 방계 종족들은 서서히 이탈하면서 독자적인 문화와 정치질서를 구축해 갔다.

동아시아적인 관점에서는 한을 중심으로 하는 '1극 중심 체제'로 재편되었다. 북방의 강자였던 흉노는 남흉노와 북흉노로 분열되어 힘을 상당 부분 상실했다. 또한 고조선문명권과 관계가 깊었던 선비 오환 계통의 종족들은 이탈하였고, 이후에는 독자적으로 성장을 거듭하면서 국가들을 세웠다. 결과적으로 고조선문명권의 붕괴는 동아시아 문화 및 문명의 정체 현상을 가져왔다.

(2) 긍정적 측면

첫째, 고조선문명권의 내용과 형식 등이 보다 넓은 주변 지역, 즉 일본열도 및 연해주 일대로까지 확산되었다. 야요이시대 후기는 고조선문명권의 붕괴와 깊은 연관이 있다. 주민이 일본열도로 대량 이동한 사실은 여러 유적에서 발굴된 인골들을 분석한 결과로 확인할 수 있다.

둘째, 고조선문명권의 정체성 자각과 소국(小國)들의 탄생이 일어났다. 유민들은 빠른 시간 안에 문화능력, 사회시스템, 기술력 등을 본능적으로 복원하고, 끊임없는 자기복제를 했다. 일반적으로 복국운동을 통해서 건국한 나라들은 망한 나라의 계승성과 정통성을 주장한다. 때문에 신질서 속에서 등장한 초기의 소국가들에게 '고조선 계승성'은 일종의 생존 전략이었고, 건국을 성공시킬 확률이 높은 국가발전 정책의 일환이었다. 그런데 이 이른바 '조선 후(後, post) 질서'는 독립적으로 존재하고, 갈등과 경쟁을 통해서 각각의 역사발전을 꾀하는 '병렬의 열국(列國) 구조'는 아니라고 생각한다.[151] 종족, 언어, 문화 등의 유사성을 갖고, 공동의 역사적인 경험을 보유한 일종의 '역사 유기체'였다.

셋째, 고조선문명권에서는 반주변부에 해당하였던 한반도 중부 이남 지역이 한민족사의 중요한 공간으로 부상하였다. 한민족사에서는 한반도 중부 이남의 역사적 위상이 확립되는 계기가 만들어졌다.

---

[151] 열국 구조 시각은 신채호·문정창 등 선학들이 주장하였고, 남한에서는 윤내현이 거수국 체제를 설정하면서 발전시켰으며, 북한 학계 또한 이러한 역사 해석을 해왔다. 다만 필자는 '역사 유기체론'을 설정하면서 소국들의 성격과 당시의 시스템을 다른 관점에서 이해해 보고자 한다.

넷째, 해양문화의 발달과 무역권의 확장이다. 황해 연근해 항로와 황해 중부 횡단항로를 활용하면서 중국 지역과 한반도 중부 이남, 일본열도로 이어지는 해양활동과 물류망이 연결되고 활성화되었다. 그리고 일부에서는 황해 남부 사단항로와 동중국해 사단항로를 이용해서 중국의 양자강 이남 지역과의 교류권과 물류망을 확장하였다. 따라서 이미 동남아시아 인도양을 거쳐 서아시아 지역까지 연결된 한나라의 무역권과 연결되면서 일반적인 해양활동과 국가 간, 지역 간 해양무역은 더욱 활성화되었다. 이러한 교역과 물류는 육지의 각종 도로와 수로망, 해로, 즉 '해륙교통망'을 통해서 이루어졌다.

다섯째, 국제질서 진입과 발달된 외국 문화의 수입이다. 자발적으로 또는 비자발적으로 한나라 문화의 영향을 많이 받았다. 주민과 문화, 정치체들은 한나라를 통해서 공간적으로는 북방 초원문화, 그리고 실크로드상의 유라시아 지역과 간접 교류를 하였고, 심지어는 그들 사이에 벌어진 역학관계에도 영향을 받았다. 그러한 국제질서의 변화를 파악하고 이용해서 시도된 것이 고조선의 계승을 표방하면서 성장한 신정치세력들이다.

3) 고조선문명의 계승과 고구려

정치체로서 고조선은 멸망했지만, 고조선문명권은 이후에 고구려를 비롯한 우리 민족과 역사, 문화에서 다시 부흥하였음을 세 가지 관점에서 찾아본다.

(1) 역사적 관점

고대인들은 건국신화에 자기 존재에 대한 해석과 역사적 경험, 목표, 후손에게 남기고 싶은 메시지 등을 표현했다. 고구려는 부여 정통론과 고조선 계승성을 갖고 있었다. 《삼국유사》 왕력(王曆), 《제왕운기》의 몇몇 기록들, 《삼국사기》 고구려본기가 있고, 《일주서》(逸周書) 및 《후한서》는 예전[152]이 영토적으로 고조선을 계승하였음을 알려 준다. 또한 《수서》, 《구당서》, 《신당서》의 〈배구열전〉, 《삼국사기》 고구려본기의 영양왕조에도 그러한 관점의 기록이 있고, 《천남산묘지명》(泉男産墓地銘)[153]에도 있다.

(2) 고고학적 관점

고조선의 기본적인 무덤 양식은 지석묘이며, 고구려 전기의 기본적인 양식은 적석묘이다. 그런데 남만주 일대 고구려의 중심영역에서도 고인돌은 많이 발견되는데,[154] 모두 고구려가 초기에 발생한 지역이다. 중국 학계에서도 변형 고인돌을 토대로 고구려의 적석총이 시작되었다는 견해가 있다.[155] 북한에서는 적석총이 발생한 시기를 기원전 3세기 무렵으로 본다. 그 밖에 무덤의 기능이라는 측면에서도, 제단과 무덤의 기능을 동시에 가진 고인돌처럼 적석묘에서도 제단 시

---

152 《後漢書》卷 85 〈東夷列傳〉 濊傳. "濊及沃沮 句驪本皆朝鮮之地也."

153 東明之裔, 寔爲朝鮮, 威胡制貊, 通徐拒燕.

154 손진기, "중국 고구려 고고연구에 대한 종합 고찰", 〈高句麗硏究〉 12(고구려 유적 발굴과 유물), 고구려연구회, 2001.

155 三上次男, 《滿鮮原始墳墓の硏究》, 吉川弘文館, 1961, 204~208쪽.

설이 발견되고[156] 제사 관련 유물이 출토된다. 무덤에 '묘상입비'(墓上 立碑)라고 하여 돌을 올려놓은 것에서부터[157] 장군총처럼 주몽을 모시는 신전(神殿) 또는 무덤도 고조선 무덤과 연관이 깊을 가능성이 있다.[158] 기타 미송리형 토기 등이 있다.

(3) 사상적 관점

단군신화와 주몽신화는 구조적 관계, 신화소(神話素)의 유사성, 세계관 등을 통해서 두 집단 간의 문화적인 계승성이 있었음을 알 수 있게 해준다. 해모수와 유화는 그 성격과 역할이 신화상의 구조로 보아 환웅과 웅녀와 동일하다.[159] 두 신화는 세계관, 내적 논리 등도 유사하다. 계승성은 신앙이나 제의, 고분벽화[160]에서도 다양한 형태로 나타난다.[161]

156 柳嵐, "高句麗 積石串墓研究", 《고구려 유적발굴과 유물》(제 7회 고구려 국제학술대회 발표문집), 488쪽.
157 필자가 1994년 직접 올라가서 확인한 바 있다. 윤명철, 《말 타고 고구려 가다》, 청노루, 1995, 246~247쪽.
158 윤명철, "단군신화 해석을 통한 장군총의 성격 이해".
159 김성환, "단군신화의 기원과 고구려의 전승", 〈단군학연구〉 3, 2000, 131쪽.
160 정재서, "고구려벽화의 신화적 제재에 대한 새로운 인식", 《이화여대 인문과학대학 교수학술제》, 1995 참고.
161 윤명철, "고구려인의 시대정신에 대한 탐구 시론", 〈한국사상사학〉 7, 1996, 224~225쪽.

4) 고조선문명권의 붕괴 과정과 의미

고조선문명은 어떠한 과정을 거쳐서 붕괴했을까? 또한 그 사건은 역사적으로, 문명사적으로, 그리고 동아시아적으로, 한민족사적으로 어떠한 결과와 의미를 지녔을까?

인류문명의 붕괴 현상에 관한 다양한 이론들이 있다. 고조선문명권은 붕괴는 1차적으로 외부 환경, 즉 국제질서의 변동에 영향을 받았다. 동아시아 질서를 보면 기원전 7세기 이후부터 각축전이 본격화되었고, 기원전 3세기를 전후해 한나라 중심의 중화문명과 흉노 중심의 초원 유목문명, 비중심적인 관리체제인 고조선문명 간의 본격적인 충돌이 불가피해졌다. 고조선문명권 붕괴의 내부적인 요인을 보면, 위만조선의 정치권에 균열이 발생하고 내분이 촉발됐다. 위만의 건국으로 일부 세력들은 한반도 중부 이남은 물론이고, 여러 지역으로 흩어졌다. 그러므로 전쟁이 발생하기 직전에도 내부 갈등이 심했다.

이러한 상황 속에서 결국 기원전 2세기 초에 위만조선은 동방의 종주권과 황해 북부 및 발해, 황해권의 무역권을 놓고 중국 세력인 한과 대결을 벌였다. 해륙 양면전을 펼치면서 장기간 항전했지만 국력의 소진과 국제환경의 변화, 그리고 내부의 배반으로 결국 멸망했다. 이로 인하여 위만조선은 영토의 일부를 상실했고, 정체성이 약화되었으며, 종족적인 패배감도 발생했다. 그리고 중화문명의 일부가 강제적으로 이식되면서 중화의식이 강해졌다. 또한 능동적인 해양활동의 축소로 말미암아 '해륙적 시스템'을 상실하고, 해륙문명이 약화되었다. 결국 고조선문명권은 붕괴되었다.

반면에 위만조선의 멸망은 긍정적인 결과도 낳았다. 바로 고조선 문명권의 확장이다. 중핵문명의 주체들이 대거 이동하면서 '외방'(外邦, outside)인 한반도 이남, 일본열도까지 조직적인 전파가 이루어졌으며, 연해주 남부 너머로 확산되었을 가능성도 있다. 또한 정체성의 자각으로 만주 일대를 비롯하여 한반도 중남부에도 소국들이 탄생하였고, 문명적 자의식이 강해졌다. 이 소국들은 '조선 계승의식'을 갖고 있었고, 이 의식은 이후 한국사 전개와 발달에 기본 핵을 구성하였다. 명실공히 한반도와 만주 일대를 하나의 역사공동체, 공질성이 강한 문명으로 구성하는 계기가 되었다.

그리고 우리 역사에서 해양문화가 발달하고, 무역권의 확장이 이루어졌다. 조선술 및 항해술이 발전하는 시대적 상황 속에서 항로가 개발되고 활성화되었다. 한반도 중부 이남, 일본열도로 이어지는 해양활동과 물류망이 활성화되었을 뿐만 아니라 한이라는 중국 문명을 매개로 삼아 유라시아 서쪽까지 이어지는 국제질서와 무역망으로 진입하고, 발달된 외국문화들을 수입할 수 있었다.

9. 맺음말

고조선문명권의 설정 가능성을 모색하고, 그 증거들을 찾기 위해 어떠한 공간에서, 어떠한 구성원들이, 어떠한 방식으로 활동하였는가를 시간대로 구분하면서 구체적으로 탐색하였다. 우선 동아시아 세계를 '중화'(中華), '북방'(北方), '동방'(東方)의 세 문명권으로 설정하고,

고조선문명권을 동방문명(동이문명, 조선·한 공동체)의 중핵으로 보았다. 고조선의 문명과 역사는 육지와 해양이 유기적으로 연결된 공간에서 생성하고 발전하며 붕괴했다. 그러므로 육지환경, 특히 강〔水〕의 역할과 기능을 규명했고, 해양환경 및 활동도 규명하였다.

또한 고조선문명권의 공간을 중핵 공간과 주변 공간으로 범주화하고, 중핵 공간은 백두산인 '1산', 황해 북부(발해 포함) 동해 북부라는 '2해', 송화강 유역, 요하 유역, 대동강 유역이라는 '3강'으로 유형화했다. 즉, '1산 2해 3강권'이라는 공간의 범주화를 시도해 모델을 만들었다. 또한 주변 공간은 고조선문명이 확장된 북만주, 서만주와 내몽고 지역, 동만주와 연해주 일대, 한반도의 중부 이남, 산동반도와 일본열도, 그리고 황해 중부 해양, 남해, 동해 중부 이남 해양 등으로 구분하여 설정하였다.

또한 '다(多) 종족적 체제'라는 문명의 일반적인 특성과 고조선문명권의 자연환경, 역사적 배경, 문명의 사상적 성격에 따른 특성을 고려하여, 실질적인 주체였고, 각 분야에서 주도적인 역할을 담당했던 집단, 주민, 종족을 '중핵(中核) 종족'이라고 명명했고, 이는 현재 우리 민족의 주체를 이루는 집단과 직접 연결되는 종족들이었다. 그 외 동호 계열, 숙신 계열, 흉노 계열 종족들은 거주와 활동 공간, 역사활동, 언어의 유사성, 문화의 유사성 등을 고려하여 사료와 유물을 근거로 '방계(傍系) 종족'이라고 명명하였다. 그들은 기본적으로는 한족 또는 북방 유목 종족들과는 차별성이 강한 반면 고조선과 관련이 깊은 문명공동체, 역사공동체였음을 입증하였다. 특히 숙신계와 선비계 일부는 강을 활용하여 역사발전을 이룩하였음을 발견하였다.

고조선문명권은 대동강 유역, 요하 유역, 송화강 유역 등 '3강' 유역에서 발달하였다. 또한 하가점하층문화와 하가점상층문화는 고조선과 연관이 있을 가능성이 컸다. 요서 지방에 거주하였던 은(殷) 인들이 황하 유역으로 들어가 하(夏) 인들을 구축하고 상(商) 나라를 건국하였다. 기원전 11세기에 은(상)이 멸망하면서 유민들과 주족(周族)들의 싸움이 지속되면서, 발해 연안의 해항도시국가들인 고죽 영지(슈支) 등이 요서 지역을 비롯한 동쪽으로 이주하였고, '기자(箕子)의 동천'이라는 사건이 생겼다.

이러한 상황 속에서 북방 초원 지대로부터 주민과 문화가 화북, 요서, 요동, 서북만주 일대로 들어왔다. 요서 지방에서는 고조선의 지표유물인 비파형 동검들이 제작됐고, 북방계 유물인 북방식 청동검들도 제작됐다. 또한 중국식 동검들도 전해졌다. 이 과정에서 문화의 혼융 현상이 벌어졌고, 남산근 101호 무덤처럼 서로 다른 양식의 유물들이 동시에 발굴되는 사례도 있었다. 비파형 동검은 만주 일대는 물론 한반도의 서북부 일대, 그리고 시대가 내려가지만 한반도 전역에서 발견되었다. 무덤 양식도 고인돌을 이어 적석총 등이 나타났다.

고조선 전기 말에 해당하는 기원전 7세기에는 '조선'(朝鮮)이라는 실체가 역사 기록에 나타나고, 중국 지역에서는 춘추전국시대라는 내부의 질서 재편전이 일어났다. 산동의 제(齊)와 하북의 연(燕), 조(趙), 고죽국(孤竹國), 그리고 조선 등이 복잡한 관계를 연출하면서 군사적인 충돌을 벌였다. 그리고 산융, 험윤 등으로 표현된 세력들도 남하하였다. 또한 동아시아 세계에서 이 시기에 해양문화가 중요해졌음을 중국의 고고학적 유물과 사료들을 통해서 확인함과 동시에 고조선문명권의 해양문화를 규명하였다. 고조선의 초기 과정과 영토 및 영역이 강 및 해양과 연관이 깊었음을 알 수 있었다.

고조선 제3기는 조선이 성장하며 주변 세력 간에 갈등이 벌어지고, 중국 지역에서는 춘추시대의 시작과 갈등이 끝나면서 진의 통일로 이어졌고, 북방의 유목 민족을 보면 흉노가 성장하고 이로 말미암아 중국과 갈등이 시작된 시기이다. 고고학적으로는 세형동검이 발견되는 후기 청동기시대와 철기시대에 해당한다. 이어 위만조선의 성립과 발전, 한(漢)의 통일과 한 무제의 정복활동, 북방 흉노의 팽창과 한족과의 전쟁, 그리고 위만조선과 한나라의 국제대전이 일어났다. 조선·한 전쟁은 정치적으로는 본격적인 동아시아 국제대전의 한 부분이었으며, 좁게는 위만조선과 황해의 무역권과 질서를 둘러싼 전쟁이었다.

고조선문명권에는 해양 정책이 있었고, 관련 산업이 발달하였음을 살펴보았다. 정책 가운데 중요하고 의미 깊은 것 중 하나가 도시의 선정과 발달이고, 특히 수도의 선정은 동서고금을 막론하고 국가의 발전 및 운명과 직결된다. 왕험성은 항구도시였으며, 위치는 양평(현재 요양시)일 가능성을 제시하였다. 또한 고고학적인 발굴 성과와 몇몇 기록들을 통해서 고조선문명권의 산업과 무역, 어업, 항해술, 조선술 등의 실상을 찾아내었다. 선사시대부터 어업활동이 활발했으며, 몇몇 사례들을 통해서 고조선문명권의 발전기에도 어업활동이 활발했을 가능성을 제시하였다.

문화를 교류하고 무역을 하려면 육상교통망과 해양교통망이 발달해야 하므로 고고 유적과 사료 등을 근거로 육로와 강, 해양교통망을 규명하였다. 고조선문명권은 중핵 공간뿐만 아니라 주변 일대도 육로와 강수로 및 항로를 이용한 교통망이 발달하여 먼 거리 간에도 교류가 활발했다. 무역의 중요한 품목이면서 매개물인 화폐는 주로 강유역과 해안가 등에 분포되었다.

결국 고조선문명은 붕괴하였다. 그 1차적인 요인은 외부 환경, 즉 국제질서의 변동에 영향을 받은 것이다. 기원전 3세기를 전후해 한나라 중심의 중화문명과 흉노 중심의 초원 유목문명, 비중심적인 관리 체제인 고조선 사이의 본격적인 충돌이 불가피했다. 또한 내부적인 요인도 작용했는데, 정치권에 균열이 발생하고 내분이 촉발되어 일부 세력들은 한반도 중부 이남은 물론이고 여러 지역으로 흩어졌고, 전쟁 과정에도 분열이 발생하였다.

결국 기원전 2세기 초에 위만조선은 동방의 종주권과 황해 북부 및 발해, 황해권의 무역권을 놓고 중국 세력인 한나라와 대결을 벌였다. 장기간 항전했지만 국력의 소진과 국제환경의 변화, 그리고 내부의 배반으로 위만조선은 결국 멸망했다. 이로 인하여 영토의 일부를 상실했고, 정체성이 약화되었으며, 종족적인 패배감도 발생했다. 그리고 중화문명의 일부가 강제적으로 이식되면서 중화의식이 강해졌다. 또 하나, 능동적인 해양활동의 축소로 말미암아 해륙적 시스템을 상실하고, 해륙문명이 약화되었다.

반면 고조선문명의 붕괴는 긍정적인 결과도 낳았는데, 바로 문명권의 확장이다. 중핵문명의 주체들이 대거 이동하면서 외방(outside)으로 확산되었다. 특히 한반도 중부 이남 지역을 넘어 일본열도의 일부 지역까지 조직적인 전파와 확장이 이루어졌으며, 연해주 남부 너머로 확산되었을 가능성도 있다. 또한 정체성의 자각이 일어나 만주 일대를 비롯하여 한반도 중남부에도 소국들이 탄생하였고, 문명적 자의식이 강해졌다. 명실공히 한반도와 만주 일대를 하나의 역사공동체, 공질성이 강한 문명으로 구성하는 계기가 되었다. 멸망한 직후에 성립한 소국들은 조선 계승의식을 갖고 있었고, 이 의식은 이후 한국사의 전개와 발달에 기본 핵을 구성하였다.

그리고 우리 역사에서 해양문화가 발달하고, 무역권이 확장되었다. 조선술과 항해술이 발전하는 시대적인 상황 속에서 항로가 개발되고 활성화되었다. 이로 말미암아 한반도의 중부 이남, 일본열도로 이어지는 해양활동과 물류망이 활성화되었다. 뿐만 아니라 한이라는 중국 문명을 매개 또는 중간으로 삼았다는 한계는 있지만 유라시아의 서쪽까지 이어지는 국제질서와 무역망으로 진입하고, 발달된 외국 문화들을 수입할 수 있었다.

고조선문명권은 몇 가지 특성으로 정리할 수 있다. 첫째, 동방문명으로서 중화문명 및 북방 유목문명과는 체계, 논리, 현상 등에서 차이점이 많았다. 또한 자연 현상의 다양성으로 말미암아 농경문화, 농목문화, 삼림문화, 어업문화, 해양문화가 골고루 조화를 이룬 혼합 문명이었다. 또한 '동이'라는 문화적, 지역적 의미의 주민들과 '예', '맥'으로 기록된 중핵 종족을 근간으로 방계 종족들과 기타 종족으로 구성된 문명권이었으며, 언어 또한 일치하지 않는 여러 집단들로 구성된 문명이었다. 둘째, 남만주와 한반도 북부와 양쪽 해양을 중핵으로 공유한 해륙국가 및 해륙문명으로서, 그에 걸맞은 해양활동과 정책을 추진하였고, 해륙교통망을 이용해서 문명권의 발전과 확산도 이루어졌다. 셋째, 비록 위만조선은 국제질서의 재편 과정과 내부 갈등으로 붕괴되었지만, 현재 우리를 이루는 역사의 핵을 만들었고, 동아시아 문명의 성격을 형성하고 발전하는 데 큰 역할을 담당하였다.

'문명'(文明, *civilization*) 은 탄생하고 성장하며, 결국은 수명이 다해 존재 가치를 상실하면서 붕괴하는 것이다. 하지만 붕괴된 문명이라도 가치가 있고 의미를 간직한 문명은 다시 또 다른 형식과 내용으로 재건되고 부활한다. 그 가치와 의미가 무엇이며, 그것을 어떻게 현재에 적용하는가를 찾는 작업은 앞으로도 계속될 것이다. 그렇다면 고조선 문명권은 현재도 그 의미와 가치가 있으며, 특히 한민족이 당면한 현재의 상황을 극복하는 한편 미래의 발전 모델로서 가치가 있다.

제5장

고조선문명의
고고학적 접근

백종오

1. 머리말

최근 중국 학계는 요하 유역 일대 청동기시대 유적에 대한 조사와 연구를 활발히 진행 중이다. 그간 집중되었던 요서 지역을 탈피해 요동과 길림, 내몽고 지역으로 점차 확대되는 추세이다. 이는 기존의 해당 지역 청동기문화의 기원과 자체적 발전단계의 규명에서, 점차 주변 지역 문화와의 비교 연구로 심화되고 있는 추이를 보여 준다. 이런 함의는 중원문명의 기원을 요하 유역에서 찾고자 하는 요하문명론의 연장선에서 이해할 수 있다.

우리나라 학계 역시 요하 유역의 청동기문화를 줄곧 우리 고대사와 연관 지어 해석해 왔다. 이 지역의 선사문화는 고조선은 물론 그 이전 시기까지 포함하기 때문에 우리 민족사의 기원을 밝혀 줄 중요한 연구 대상으로 인식되어 온 것이다. 그동안 이와 관련된 연구 성과는 매우 다양한 분야에서 축적되어 왔다. 그중에서도 초기 고조선의 강역과 중심지 문제 그리고 그 문화 내용에 관한 해석에 대해서는 여전히 많은 논란이 있다.

대체적으로 신석기시대 후기에서 청동기시대로의 전환기에 고조선이 성립한 것으로 보는 견해가 일반적인데, 그 중심지와 주체 세력에 대해서는 다양한 관점이 존재한다. 먼저 요서 지역이 중심이 된다는 입장으로서 하가점하층문화부터 고조선문화에 해당된다는 견해[1]와 대·소릉하 유역의 십이대영자문화를 초기 중심지로 파악하는 견해가 있다. [2] 다음은 서북한 지역의 팽이형 토기문화와 미송리문화를 중심으로 성립되었다는 견해[3] 그리고 초기 중심지가 요동 지역에서 그 주변 지역으로 이동되었다는 이동설[4] 등으로 요약할 수 있다.

이처럼 다양한 견해가 상충하는 배경에는 어느 단계부터를 고조선의 문화로 볼 수 있을지에 대한 뚜렷한 합의가 없기 때문이다. 연구자마다 지석묘, 석관묘, 미송리형 토기, 비파형 동검, 다뉴경(多鈕鏡)

1 윤내현, 《한국고대사》, 삼광출판사, 1989, 57~102쪽; 한창균, "고조선의 성립배경과 발전단계 시론: 고고학 발굴자료와 연구성과를 중심으로", 〈국사관논총〉 33, 1992, 26~31쪽; 복기대, "한국 상고사 연구에 있어서 고고학 응용에 관하여: 요서 지역 고대문화를 중심으로", 〈선도문화〉 6, 2009, 272~275쪽.
2 임병태, "고고학상으로 본 예맥", 〈한국고대사논총〉 1, 가락국사적개발연구원, 1991, 94~95쪽; 이청규, "청동기를 통해 본 고조선", 〈국사관논총〉 42, 1993, 18~31쪽; 오강원, "청동기-철기시대 요령·서북한 지역 물질문화의 전개와 고조선", 〈동양학〉 53, 2013, 173~222쪽; 박준형, 《고조선사의 전개》, 서경문화사, 2014, 67~88쪽; 조진선, "중국 동북 지역의 청동기문화와 고조선의 위치 변동", 〈동양학〉 56, 2014, 103~131쪽; 이후석, "고고학을 통해 본 초기고조선의 성장 과정: 십이대영자문화의 변천 과정을 중심으로", 〈숭실사학〉 38, 2017, 6~41쪽.
3 송호정, "고조선 국가형성 과정 연구", 서울대학교 박사학위논문, 1999, 75~81쪽.
4 서영수, "고조선의 대외관계와 강역의 변동", 〈동양학〉 29, 1999, 103~104쪽.

등에 주목하여 이를 바탕으로 고조선문화를 복원하려 하고 있으나 그 초기 문화가 무엇이고 어떠한 형성 과정을 거쳤는지는 충분히 밝혀지지 않았다.[5]

　최근에는 요서 지역 발굴 자료의 증가에 힘입어 홍산문화부터 이를 계승한 하가점문화까지를 모두 고조선의 문화 범위에 포함시키자는 주장도 제기되고 있다.[6] 여기에는 중원문명의 시작을 요하 유역에서 찾고자 하는 중국 학계의 요하문명론에 대한 비판 및 홍산-하가점 유적에서 확인되는 문화 내용이 중원 지역보다는 고조선과 문화 친밀성이 강한 점에 주목하여 우리의 건국신화를 보다 적극적으로 해석하려는 의도가 반영된 듯하다. 그러나 만족할 만한 연구 성과가 도출되지 못한 상황에서 지나친 확대 해석은 피하고자 하는 우려의 목소리 또한 강하다.[7] 또한 아직까지 홍산-하가점문화를 고조선의 문화로 규정할 만한 실증 자료가 부족하다는 지적[8]과 함께 홍산문화가 과연 초기 국가단계에 진입하였는지에 대한 회의적인 견해도 제기되고 있다.[9]

---

5 조원진, "고조선의 초기문화 연구", 〈고조선단군학〉 34, 2016, 190쪽.

6 우실하, 《동북공정 너머 요하문명론》, 소나무, 2007; 신용하, 《고조선 국가형성의 사회사》, 지식산업사, 2010; 박선희, 《고조선 복식문화의 발견》, 지식산업사, 2011.

7 송호정, "최근 한국 상고사 논쟁의 위험성에 대하여", 〈내일을 여는 역사〉 56, 2014, 140~142쪽.

8 송호정, "최근 한국 상고사 논쟁의 본질과 그 대응", 〈역사와 현실〉 100, 2016, 17 ~51쪽.

9 이청규, "고조선과 요하문명", 〈한국사시민강좌〉 49, 일조각, 2011, 72~94쪽; 김정렬, "홍산문화론: 우하량유적과 중국 초기 문명론을 중심으로", 〈한국고대사연구〉 76, 2014, 5~54쪽; 홍은경, "요하문명론에 대한 비판적 검토", 〈한국상고

이 논점들을 실증적으로 드러내기 위해서는 먼저 관련 유적에 대한 체계적인 정리 및 그동안의 연구 성과를 면밀하게 분석하는 작업이 중요하다. 그 범위는 현재 우리 학계에서 주로 거론되는, 시간적으로는 신석기시대 후기에서 청동기시대 전반에 걸친 시기, 공간적으로는 요하 유역 일대로부터 길림 서남부 지역과 한반도 전 지역을 포괄할 수 있다. 하지만 이처럼 광범위한 시·공간적 범위 내에서 전개된 다양한 물질문화의 흔적들을 한 편의 연구서에 모두 정리해 낸다는 것은 현실적으로 불가능하다. 따라서 분석 대상 자료의 범위는 일차적으로 비교적 많은 수의 자료와 연구 성과가 축적되어 있는 요하 유역 일대 청동기시대로 한정하고자 한다. 이는 요하 유역에서 전개된 청동기시대의 흐름과 변천 과정을 파악하여 고조선과의 연관성 문제를 검토하고, 이를 바탕으로 고조선문화의 내용과 성격을 시론적으로 추론하는 데 그 목적이 있기 때문이다.

2. 요하 유역의 청동기시대 유적

요하(遼河)는 중국 동북지구 남부의 최대 하류이며 중국 7대 하천 중 하나이다. 하북성과 요녕성의 경계인 평천(平泉) 현 칠로도산(七老圖山)에서 발원하여 동쪽으로 흐르다가 통요(通遼) 시에서 남쪽으로 꺾여 요녕성 반산(盤山) 현에서 발해로 유입된다. 그 유역은 하북, 내몽

사학보〉 92, 2016, 187~212쪽.

고, 길림, 요녕 등 4개의 성에 걸쳐 있으며, 전체 길이는 총 1,390킬로미터, 유역 면적은 약 6만 9,200제곱킬로미터이다.[10]

이러한 요하 유역의 청동기문화는 크게 요서 문화구(區)와 요동 문화구로 나누어 연구되고 있다.[11] 먼저 요서 문화구는 의무여산(醫巫呂山) 서쪽부터 서랍목륜하(西拉木倫河, 시라무룬허) 양안에 걸친 지역을 포함하는데 이 지역에는 서랍목륜하와 노합하(老哈河), 교래하(敎來河), 대·소릉하(大·小凌河) 등의 크고 작은 하천이 흐르며 동북-서남 방향으로 연결되는 노로아호산(努魯兒虎山)이 그 중부를 관통한다.[12] 유적은 주로 노합하와 대·소릉하를 중심으로 밀집해 있으며, 각각의 분포권에서 확인되는 문화양상의 차이에 따라 별도의 문화구역으로 설정되기도 한다.[13] 이 지역의 청동기문화는 하가점하층문화에서 위영자문화 단계를 거쳐 하가점상층문화와 십이대영자문화로 발전하였다.

요동 문화구는 다시 태자하(太子河) 유역을 경계로 남부의 해안성 구릉 지대와 북부 평원 지역으로 구분된다.[14] 요남 지역은 대체적으로 요동반도 지역에 포함되는데 동·서·남 삼면은 바다에 접하고 북쪽은 백두산맥으로 연결된다. 그리고 요북 지역은 태자하 이북의 혼

---

10 경기도박물관, 《요령고대문물전: 2010 해외교류 특별전 도록》, 2010, 14쪽.

11 張忠培, "遺存的分區·編年及其他: "環渤海考古學術討論會"上的發言", 〈遼海文物學刊〉1991-1; 朱永剛, "東北靑銅文化的發展階段與文化區系", 〈考古學報〉1998-2, 131쪽.

12 김정렬, "요서 지역의 청동기문화와 복합사회의 전개", 〈동양학〉52, 2012, 80쪽.

13 복기대, 《요서 지역의 청동기시대 문화연구》, 백산자료원, 2002, 70쪽.

14 朱永剛, "東北靑銅文化的發展階段與文化區系", 〈考古學報〉1998-2, 131쪽.

하(渾河)와 휘발하(輝發河) 유역을 중심으로 한 산간평야 지대이다. 요남 지역의 청동기문화는 쌍타자(雙砣子) 1～3기 문화를 거쳐 쌍방(雙房) 문화로 계승되며, 요북 지역은 마성자(馬城子) 문화를 거쳐 쌍방문화 단계의 신성자(新城子) 유형으로 전환된다. 이후 요서 지역 십이대영자문화의 영향을 받은 정가와자(鄭家窪子) 유형이 출현하면서 이 지역 청동기문화의 내용과 전개 양상은 매우 복합적인 양상을 보이게 된다.

3. 요하 유역 청동기문화와 묘제의 특징 및 편년

이 절에서는 요하 유역 청동기시대의 특징과 편년, 그리고 요하 유역 청동기시대 묘제와 특징에 관하여 요서와 요동 두 지역으로 나누어 검토하겠다. 먼저 요서 지역의 청동기문화는 전체 3단계에 걸친 발전 과정을 가진다. 1단계는 하가점하층문화이며, 그 중심 연대는 기원전 21～15세기 전후가 된다. 현재 이 문화는 동·서 두 개의 지방 유형으로 나뉘어 연구되고 있는데, 기원전 15～14세기를 기점으로 대략 위영자문화로 전환된다. 이후 기원전 11～10세기 사이 위영자문화의 서부 권역에서 하가점상층문화가, 그 동부 권역에서는 십이대영자문화가 등장한다.

현재 중국 학계에서는 이상 3단계에 걸친 발전 과정과 편년 문제에 대해서는 대체적으로 동의하는 편이다. 그러나 위영자문화와 하가점상층문화의 관계 설정을 비롯한 제3단계 문화들의 하한 연대 및 후속

문화로의 대체 과정 등에 있어서는 여러 가지 이견이 존재한다. 관련 내용을 보다 명확히 하기 위해서는 이 지역 일대에서 전개된 선·후 문화들 간의 다양한 고고학적 현상, 다시 말해 토기 양식과 생계 형태, 주거 양식 등 생활사적인 측면과 함께 이들의 사후 인식과 관념 체계를 추론할 수 있는 묘제와 장속, 부장 양상 등을 종합적으로 비교 ·검토할 필요가 있다. 이를 바탕으로 각 문화들 간에 존재하는 유사

〈자료 5-1〉 요서 지역 청동기문화의 발전과 특징

단계		연대	주요 분포 범위	주요 특징	묘제
1	하가점하층문화	기원전 21~15세기	서랍목륜하 노합하 대·소릉하	• 대규모 취락 유적 • 치와 옹성이 부속된 석성 유적의 출현 • 토기: 협사의 흑색, 회색, 흑회색 등 삼족기 위주 • 문양: 승문과 현문, 화문과 부가퇴문, 획문 등 • 채문 토기와 존형기가 특징적 • 소형 장식품 위주의 청동기 출현	목관묘 석관묘 토광묘 동실묘 벽돌묘 2층대묘
2	위영자문화	기원전 14~10세기	노합하 대·소릉하	• 중원식 청동예기가 출토되는 교장 유적 • 토기: 협사홍도와 홍갈도 위주 • 문양: 승문과 부가퇴문, 압인삼각문 등 • 구연부에 부가퇴문이 있는 화변구연격과 무문의 통복격이 특징적	토광묘 목관묘
3	하가점상층문화	기원전 11~6세기	서랍목륜하 노합하	• 동광 및 제사유적이 특징적 • 병기와 차마기, 공구와 장식품 등의 북방식 청동기가 발달 • 토기: 무문의 홍갈색 및 홍색 위주, 격, 정, 언 등 삼족기 발달 • 문양: 부가퇴문, 원과문, 비점문 등 • 후기로 갈수록 무문의 홍갈도 증가	석곽묘 목관묘 석관묘 토광묘
	십이대영자문화	기원전 9~4세기	대·소릉하	• 비파형 동검, 조문경 및 각종 북방계 청동기가 출토되는 석곽목관묘가 특징적 • 토기: 협사홍도 혹은 홍갈도 위주로 삼족기가 적음, 표면이 마연된 무문 토기가 주종, 점차 협사 회갈도와 니질회도, 외첩순(점토대)토기, 손잡이가 달린 토기 증가	목관묘 토광묘 석곽묘

성과 상이성을 명확하게 분별해 낼 수 있다면, 그동안 많은 논란이 있었던 이 지역 청동기문화들 간의 계승 관계는 물론 이를 향유한 주민 집단들의 계통성과 연결성 문제 등을 파악하는 중요한 자료가 될 수 있을 것이다.

다음으로 요동 지역의 초기 청동기문화는 태자하 유역을 경계로 남·북 두 개의 문화권을 형성하고 있으며, 양자는 상호 밀접한 연관성을 가지고 병행 발전하였다.

먼저 요동 남부 지역은 전체 세 단계의 발전 과정을 보인다. 제1단계는 쌍타자 1기문화이며, 그 중심 연대는 기원전 20세기 전후로 평가받는다. 이 시기의 주요 특징은 대규모로 확인되는 적석묘문화 및 그 내부에서 출토되는 산동 용산문화와 토착문화 요소의 공존으로 요약된다. 기원전 18세기 전후에는 쌍타자 2기문화로 전환되는데, 1단계에 보편적으로 축조되었던 적석묘 전통이 돌연 사라지며, 산동 악석문화의 영향이 강하게 확인된다. 3단계에는 쌍타자 3기문화가 기원전 14~11세기까지 지속되고 전 단계에 단절되었던 적석묘문화가 재등장하며, 토착문화의 요소가 보다 강성해진다.

동 시기 요동 북부 지역에서는 동굴묘 유적을 대표로 하는 마성자문화가 전개되었다. 크게 네 단계의 변천 과정을 보이는데, 1단계의 상한 연대는 쌍타자 1기의 하한에 근접하며, 동굴묘 내부에서 무봉토, 무시설식의 토광묘제가 출현한다. 2단계는 기원전 17~14세기 전후이며, 이때부터 요남 지역과의 문화적 교류상과 함께 원시 형태의 석관묘제가 확인된다. 3단계는 기원전 13~12세기로 편년되며 문화권 내에서 석관묘의 축조가 보편화되는 시기이다. 4단계는 기원전

<자료 5-2> 요동 지역 청동기문화의 발전과 특징

지역	구분		연대	주요 특징
요동 남부	쌍타자 문화	1기	기원전 21~19세기	• 토착문화 요소와 산동 용산문화 요소가 공존 • 적석묘 축조의 보편화
		2기	기원전 18~15세기	• 산동 악석문화 요소가 강성 • 적석묘 축조의 단절 • 지석묘 축조
		3기	기원전 14~11세기	• 외래문화 소멸, 토착문화 강성 • 적석묘 재축조
	쌍방문화		기원전 10~4세기	• 석관묘와 지석묘의 축조 • 현문호, 횡이관, 비파형 동검 등의 유물 조합
요동 북부	마성자 문화	1기	기원전 18세기	• 무봉토, 무시설식의 토광묘제 출현
		2기	기원전 17~14세기	• 요남 지역과의 문화 교류 및 원시 형태의 석관묘제 확인
		3기	기원전 13~12세기	• 동굴 내 석관묘의 보편적 축조
		4기	기원전 12~11세기	• 석관묘의 탈동굴화 현상 및 주변 지역으로 확산
	쌍방문화		기원전 10~6세기	• 석관묘와 지석묘의 축조 • 현문호, 횡이관, 비파형 동검 등의 유물 조합

12~11세기 사이로, 전형적인 형태의 석관묘가 탈동굴화 현상을 거쳐 주변 지역으로 널리 확산된다.

이후 기원전 10세기를 기점으로 요동 남부와 북부 지역은 모두 쌍방문화로 전환된다. 이 시기의 주요 특징은 지석묘와 적석묘, 석관묘 등 주로 석재를 장구로 한 무덤 유적을 표지로 하며, 미송리형 토기와 비파형 동검문화 계열의 청동기 조합으로 요약된다. 그런데 한 가지 주목되는 점은 이와 유사한 성격이 서북한 지역의 미송리형 토기문화권에서도 확인된다는 점이다. 두 지역의 청동기문화는 미송리형 토기와 비파형 동검, 지석묘, 석관묘라는 주요 특징을 공유한다는 점과 함께 기본적인 연대관에서도 서로 맞물려 있어, 사실상 동일한 문화권으로 보아도 좋을 듯하다.

4. 요하 유역의 청동기시대와 고조선문화의 검토

1) 고조선 및 그 문화 내용에 대한 최근 논의와 쟁점

근대사학의 성립 이후 100여 년에 이르는 시간 동안 고조선에 관한 연구는 매우 다양한 분야에서 축적되어 왔지만 그 문화 내용에 관한 정의와 실체는 여전히 불명확하다. 문헌 기록이 매우 제한적임에 고고학 자료를 통해 한계를 극복하려는 노력이 지속적으로 시도되어 왔으나 여전히 연구자들 간의 의견 차이는 좁혀지지 않고 있다. 이는, 과연 어느 단계부터를 고조선으로 규정해야 할지에 대한 명확한 기준이 없기 때문이다. 중요한 것은 당시 조선으로 대표되는 세력 집단이 인식된 시점이며, 그 단계에는 이미 국가 혹은 그에 상응되는 정치체로서 성장해 있음을 반증하기 때문이다.

《관자》(管子) 〈경중갑〉(輕重甲) 편과 〈규도〉(揆度) 편, 《시경》(詩經) 〈한혁〉(韓奕) 편 등에 등장하는 예〔濊, 추(追)〕·맥(貊), 발(發), 한후(韓候) 등은 적어도 기원전 7세기 무렵에는 세력을 형성하기 시작한 실체적 존재로 볼 수 있으며, 그 정치체로서의 조선을 유추할 수 있다. 이 중 《시경》 〈한혁〉편의 한후에 대하여 한(韓)·예·맥이 기원전 9세기 초반 요녕 일대에서 종족의 정치적인 통합을 이루었고, 이를 바탕으로 선주 종족과의 성공적인 결합을 이루었다는 견해가 있어 참고할 수 있다. 반면 최근에는 한후에 관하여 고조선과 연관된 세력이라기보다는 서주(西周) 후기 동북 변방에 존재한 불특정 주변 정치체로 추정한 견해가 다수의 연구자들에게 공감을 얻고 있다.[15] 당시 영정하(永定河)를 경계로 남쪽의 연(燕)과 북쪽의 장가원 (張家園) 상층유형이 대립하던 시기에 하북성(河北省) 지역으로 새로운 북방식 문화가 전입되었고, 이러한 세력 중 하나가 바로 한후국 (韓侯國)으로 이어졌을 가능성이 크기 때문에, 《경》〈한혁〉편의 한후는 고조선과 무관한, 서주화한 북방 종족 중 한 세력으로 볼 수 있다는 것이다.

이처럼 현재 연의 주변 지역에서 추와 맥을 통합한 한후의 성격 문제에 대해서는 연구자들 사이에서 다양한 견해가 제기되고 있다. 그러나 《관자》에서 고조선과 제(齊)의 문피 교역이 언급되어 있는 것은 한후가 문피를 바친 기사와도 비슷하여 양자의 관련성을 완전하게 부정할 수는 없어 보인다. 따라서 이 글에서는 그에 대한 가능성만을 염두에 두며, 보다 명확한 결론은 충분한 자료가 확보될 때까지 유보하고자 한다. 다만 제한된 문헌 자료의 한계 속에서 우리의 건국신화를 적극 활용한다면, 환웅을 수용한 토착 세력의 일원 중 하나로서 예맥족 혹은 예족과 맥족을 별도로 상정할 수 있고, 여기에서 맥은 《시경》에 거론되는 맥, 《관자》에 보이는 발(發) 등과 동일한, 혹은 유사한 계통의 종족으로 생각해 볼 수 있다. 그러한 전제하에서 추론을 확장한다면, 사서에 기록된 한후는 이들을 성공적으로 통합한 환웅의 후계, 즉 아사달에 도읍을 정하고 군주의 자리에 오른 단군왕검과 상당히 닮아 있음이 주목된다. 한후에 의해 통합되었던 맥족 사회 내

---

15 심재훈, "상쟁하는 고대사 서술과 대안 모색: 《시경》'한혁'편 다시 읽기", 〈동방학지〉 137, 2007, 284~293쪽.

부에는 그들의 통합 혹은 복속 과정이 고스란히 기억·전승되었을 것이고, 이들이 고조선의 구성원으로 거듭나는 과정에서 그러한 기억들은 재편집되어 단군신화에 반영되었을지도 모른다. 물론 어디까지나 정황론적 추론에 불과하지만 기원전 7세기 《관자》에 기록된 발조선(發朝鮮)의 '발'(發)이 맥족의 또 다른 표현이라는 점을 인정할 수 있다면,[16] 이들이 곧 한후에 의해 통합된 맥족과도 완전히 무관하지 않다는 사실 역시 간과해서는 안 될 것이다.

이와 유사한 맥락에서 서영수는 고조선의 성립과 발전 과정을 고조선 왕국과 선(先)고조선 시기로 구분하여 살핀 바 있는데 여기에는 조선 국명이 나타난 시기를 하나의 전환기로 보고 있다.[17] 그는 문헌 속에 등장하는 군장 호칭의 변화상을 통해 고조선왕국을 세 시기로 나누었으며, 이에 대한 연대범위는 비파형 동검문화의 지역 간 교섭 관계를 분석한 국내의 주요 연구 성과를 참조하여 선고조선기는 비파형 동검문화 1~2기(기원전 10~8세기) 이전, 고조선왕국 전기·중기·후기는 각각 비파형 동검문화 3기(기원전 8~6세기), 4기(기원전 6~5세기), 5기(기원전 4~3세기)에 대비시켰다.[18] 결론적으로 고조선 초기 문화에 관하여 기원전 9~8세기 무렵 요하 유역에서 전개된 비파형 동

16 김정배, "동북아의 비파형 동검문화에 대한 종합적 연구", 〈국사관논총〉, 2000, 70~71쪽; 박경철, "중국 고문헌 자료에 비쳐진 한국고대사상", 〈선사와 고대〉 29, 2008, 12~13쪽.

17 서영수, "고조선의 국가형성 계기와 과정", 〈북방사논총〉 6, 2005, 61~67쪽.

18 서영수, "고조선의 발전 과정과 강역의 변동", 〈백산학보〉 76, 2006, 449쪽; 고조선사연구회·동북아역사재단, 《고조선사 연구 100년: 고조선사 연구의 현황과 쟁점》, 학연문화사, 2009, 21~24쪽.

검문화의 발전과 변동 과정을 주목하였고, 이들의 주체가 바로 《관자》에 기록된 발조선, 즉 한후에 의해 통합된 예맥연합체일 가능성을 지적한 것이다.

이와 관련하여 오강원은 기원전 10~9세기 중반 요서 지역에서 형성되기 시작한 비파형 동검문화는 거시적인 면에서 요하 유역의 청동기문화가 새로운 단계로 전환되는 시점에 해당하는 것으로 해석하였다.[19] 이러한 양상은 기원전 9~8세기 중반 무렵에 이르면 커다란 변화를 맞이하게 되는데, 조양 지역의 지배 집단이 노동력과 생산력 등을 효과적으로 통합하게 되면서 십이대영자 유형이 가장 빨리 족장사회와 계층사회로 전환된다는 것이다.[20] 이는 최근 논의되고 있는 이청규, 박준형, 조진선 등의 견해[21]와 마찬가지로 고조선의 초기 중심지 및 당대 주도적 지위를 가진 엘리트 집단의 출현과 관련하여 기원전 9세기 전후의 십이대영자문화, 즉 예맥집단을 주목한 연구 성과로 볼 수 있겠다. 예맥집단은 요서 지역 비파형 동검문화의 성립을 첫 걸음으로 중국 요녕성과 길림성 및 연해주 그리고 한반도를 공간적으로 포섭하는 예맥 문화권으로 확산되었다는 박경철[22]의 견해는 현재 많은 수의 연구자들에게 공감을 얻고 있다.

---

19 오강원, "요령 지역의 청동기문화와 지역간 교섭관계", 《동북아시아 선사 및 고대사 연구의 방향》, 학연문화사, 2004, 161~162쪽.

20 오강원, "요령 지역의 청동기문화와 지역 간 교섭관계".

21 관련 논의는 3절 내용 중 십이대영자문화의 특징과 편년 검토를 참고하길 바란다.

22 박경철, "고조선・부여의 주민 구성과 종족", 〈북방사논총〉 6, 2005, 105~113쪽; "중국 고문헌 자료에 비쳐진 한국고대사상", 15쪽.

그동안 고조선의 역사와 문화 내용에 관한 연구에서 가장 쟁점이 되었던 부분은 바로 초기 고조선의 위치와 중심지 이동 문제로 볼 수 있다. 기존에는 요동설, 평양설 및 이동설[23] 등 크게 세 가지 견해가 일반적으로 수용되어 왔으나 2000년대에 진입하면서부터 고조선의 초기 중심지로서 요서 지역의 십이대영자문화가 주목을 받기 시작하였다.[24] 하지만 국내 학계를 중심으로 여전히 고조선의 재평양설이 계속적으로 유지되고 있으며,[25] 북한 학계 역시 대동강 유역이 고대 문화의 중심지라는 논지를 통해 초창기부터 고조선의 중심은 평양이었다는 연구 성과를 꾸준히 발표하고 있다.

이상 고조선과 그 물질문화에 대한 국내 학계의 주요 견해에 대하여 중국계 문헌고증을 토대로 일부의 고고학 자료만을 대입한 결과물로서, 보다 면밀한 검증이 필요하다는 지적이 있다. 여기에는 요서 지역 발굴 자료의 증가에 힘입어 하가점하층문화 단계부터를 고조선사에

---

23 서영수, "고조선의 위치와 강역", 〈한국사시민강좌〉 2, 1988, 24쪽.

24 임병태, "고고학상으로 본 예맥"; 이청규, "청동기를 통해서 본 고조선과 주변사회", 고조선사연구회·동북아역사재단, 《고조선의 역사를 찾아서: 국가·문화·교역》, 학연문화사, 2007; 이청규, "고조선과 요하문명", 〈한국사시민강좌〉 49, 일조각, 2011; 박준형, "대릉하~서북한 지역 비파형 동검문화의 변동과 고조선의 위치", 〈한국고대사연구〉 66, 2012; 오강원, "청동기-철기시대 요령·서북한 지역 물질문화의 전개와 고조선"; 오현수, "고조선의 형성과 변천 과정 연구", 한국학중앙연구원 박사학위논문, 2014; 이후석, "요령식 세형동검문화와 고조선의 변천", 숭실대학교 박사학위논문, 2015.

25 송호정, 《한국고대사 속의 고조선사》, 푸른역사, 2003; "청동기시대 대동강 유역 팽이형토기문화와 고조선", 〈동양학〉 55, 2014; "고조선 중심지의 위치 문제에 대한 쟁점과 과제", 〈역사와 현실〉, 2015.

편입시키려는 노력[26]과 함께, 나아가 우리의 건국신화를 보다 적극으로 활용하여, 새·곰·여신이 모두 발견된 홍산문화부터 이를 계승한 하가점문화까지를 모두 고조선의 문화 범위에 포함시키자는 주장도 포함된다.[27] 그 배경에는 중국 학계의 요하문명론을 중심으로 한 고국(홍산문화)과 방국(하가점하층문화) 단계의 설정 및 이를 중원의 선상문화(先商文化)로 파악하려는 논리[28]의 비판과 함께 요서 지역의 선사문화(先史文化)는 중원 지역보다는 고조선과 문화 친밀성이 강한 점에 주목하여 보다 적극적으로 해석하려는 의도가 반영된 듯하다.

이상의 논지는 얼핏 상반된 듯한 인상을 주지만, 그 내면을 꼼꼼히 살펴보면 크게 다른 이야기가 아니다. 과연 어느 시점부터를 고조선 혹은 선고조선 단계로 볼 것인가에 대한 관점 차이가 있을 뿐이다. 다만 아쉬운 점은 현재까지의 자료만을 갖고 하가점문화를 단군이 건국한 고조선문화와 직접 연관시키기는 어려울 듯하다. 《삼국유사》의 개국 연대 이외에는 이 문화를 고조선과 연관시킬 구체적 증거가 부족하다는 평가와 함께 고조선과 그 선행 문화를 구분할 필요성을 지적하면서 이들을 고조선왕국 성립기 이전의 배경 문화로 파악한 견해를 참고할 수 있다.[29] 나아가 홍산문화를 고조선과 연관시키기 위해

---

26 한창균, "고조선의 성립배경과 발전단계 시론: 고고학 발굴자료와 연구성과를 중심으로", 〈국사관논총〉 33, 1992, 26~31쪽; 복기대, "한국 상고사 연구에 있어서 고고학 응용에 관하여: 요서 지역 고대문화를 중심으로", 〈선도문화〉 6, 2009, 272~275쪽.

27 우실하, 《동북공정 너머 요하문명론》; 신용하, 《고조선 국가형성의 사회사》; 박선희, 《고조선 복식문화의 발견》.

28 蘇秉琦, "遼西古文化古城古國", 〈文物〉 1986-8期, 41~44쪽.

서는 여러 가지 면에서의 검토가 필요하다. 아직까지 성격이 불명확한 후속 단계 문화들과의 관계 설정 및 족속 비정 문제조차 해결되지 못하였기 때문에 좀더 많은 자료의 축적을 기대할 수밖에 없다. 하지만 이상의 문화들이 고조선의 형성 과정에 끼친 영향을 전적으로 부정할 수 있는 자료 또한 없다는 관점에서 본다면 이들이 초기 고조선 사회의 문화 발전과 국가 형성 과정에 일정 부분 영향을 주었다는 것 또한 충분히 고려될 수 있을 것이다. [30]

그러나 이러한 논지를 뒷받침하기 위해서는 반드시 검증되어야 할 사항이 있다. 바로 요하 유역에서 전개된 선·후 청동기시대의 문화들 간 상호관계, 그리고 그 연속성 문제를 살피는 부분이다. 만약 홍산-하가점으로 이어지는 문화 계통이 고조선문화의 형성 과정에 영향을 준 것이 분명하다면, 이들 간에는 그 문화 내용적인 측면에서 일정 수준 이상의 연속성 혹은 상관관계가 반드시 확인되어야 하기 때문이다.

2) 요하 유역 청동기시대의 연속성과 상호작용

현재까지의 연구 성과에 의하면 요서 지역의 청동기문화는 요동 지역에 비해 그 선·후 문화들 간의 연속성 혹은 계승 관계가 불명확하다.

---

29 서영수, "고조선의 국가형성 계기와 과정", 59~102쪽; "고조선의 발전 과정과 강역의 변동", 445~480쪽.

30 고조선사연구회·동북아역사재단, 《고조선의 역사를 찾아서: 국가·문화·교역》, 26쪽.

아울러 대부분의 관련 자료들이 하가점하층문화 단계에 집중된 반면, 그 이외의 후속 문화에 관한 자료들은 주로 무덤 자료에 국한되어 있는 점, 이마저도 정식 보고서가 간행된 유적은 극히 제한적이라는 점 등에서 이 지역 청동기사회의 연속성 및 이를 향유한 제 종족들의 성격과 상호관계를 거시적인 측면에서 파악하는 문제는 쉽지 않다. 나아가 이 지역에서 전개된 네 종류의 청동기문화가 모두 선행하는 문화와의 단절성이 농후하며 상호 비연속적인 측면을 보인다는 관점[31]과 기원전 10세기 전후 비파형 동검문화가 본격적으로 확산되기 직전까지 요동과 요서 두 지역 청동기사회는 정치적, 경제적, 문화적인 면에서의 교류가 진척되지 못하였다는 견해[32] 등을 참고할 경우 이들이 초기 고조선문화의 형성과 발전 과정에 과연 얼마만큼의 역할을 할 수 있었는지에 대한 고민도 필요하다. 현재까지 논의된 내용을 정리하면 〈자료 5-3〉과 같다.

먼저, 요서 지역의 청동기문화는 전체 세 단계의 발전 과정을 거쳐 기원전 3세기 전후 전국 연(燕) 문화와의 관계 속에서 형성된 철기문화시대로 진입하게 된다. 제 1단계는 하가점하층문화로 그 시작 연대에 관해서는 여러 가지 논란이 있지만 중심 연대는 대략 기원전 20~15세기 전후로 볼 수 있다. 문화의 주요 특징은 환호(環濠)를 두른 대규모의 성지성(城地性) 취락과 매우 정교하게 제작된 목관묘(木棺墓)의 출현 그리고 무덤 내 부장되는 전용 명기(冥器)로서 채문토기

---

31 김정렬, "요서 지역의 청동기문화와 복합사회의 전개", 3쪽.
32 오강원, "요령 지역의 청동기문화와 지역간 교섭관계", 161~162쪽.

<자료 5-3> 요하 유역 청동기시대의 편년과 단계별 분포 지역

연대 (기원전)	요서		요동				
	서부 (노로아호산 이서)	동부 (노로아호산 이동)	북부 (태자하 및 이북)		남부 (태자하 이남)		
21세기	하가점하층문화 (서랍목륜하, 노합하, 대·소릉하)		-		쌍타자문화	1기 (대련 지역)	
20세기							
19세기			마성자문화	1기 (태자하 상류)			
18세기						2기 (대련 지역 및 벽류하 하류)	
17세기				2기 (태자하 상류)			
16세기							
15세기							
14세기	위영자문화 (노합하, 대·소릉하)			3기 (태자하 전역)		3기 (대련 지역 및 벽류하·대양하)	
13세기							
12세기							
11세기	하가점상층문화 (서랍목륜하, 노합하)	십이대영자문화 (대·소릉하)		4기 (태자하·대양하 상류)			
10세기							
9세기			쌍방문화	신성자 유형 (태자하·혼하·동요하)	쌍방문화	쌍방 유형 (벽류하·대양하)	강상 유형 (대련 지역)
8세기							
7세기							
6세기	수천·철영자·정구자 유형 등 (서랍목륜, 노합하)			정가와자 유형 (혼하·태자하상류)			
5세기							
4세기					윤가촌 유형 (대련·벽류하)		

〔격(鬲), 규(鬹), 작(爵)〕와 존형기(尊形器) 등으로 요약된다. 묘제는 주로 토광묘가 유행하였지만, 대형 무덤의 경우 목관이 사용되었고 그 내부에서 출토되는 유물이 토광묘에 비해 풍부한 점에서 당시 사회는 초보적인 형태의 신분 분화 혹은 집단 내 빈부격차가 본격화되어 해당 묘제에 반영된 것으로 여겨진다.

제2단계는 위영자문화이며, 연대범위는 기원전 14~10세기 사이로 보는 것이 일반적이다. 하지만 이러한 연대는 전·후 단계의 하가

〈자료 5-4〉 하가점하층문화 취락 형태

주: 적봉 삼좌점 석성 유적.
자료 : 내몽고문물고고연구소, 2007.

〈자료 5-5〉 하가점하층문화 유적 출토 용범 및 석부

도범(동산취)   석범(강가둔)

석부(이도정자)

<자료 5-6> 하가점하층문화 유적 출토 토기

격	① 고륜·내만75KC:01, ② 대산전IH379②:25 ③ 대산전IH37④:1, ④ 백사랑영자F9:1 ⑤ 대전자M444:3, ⑥ 대전자M706:6 ⑦ 대전자M842:2, ⑧ 대전자M502:2 ⑨ 산근T10④:20, ⑩ 백사랑영자F12:12	작	① 대전자M818:55 ② 대전자M612:19
존	① 대산전IF13:3, ② 대산전IH379②:22	관	① 대산전IH379②:40 ② 대산전IF29③A:1
호	① 대산전IF8, ② 사분지동산취H4:1 ③ 대산전IT110⑥:9, ④ 대전자M322:6 ⑤ 향양령H212:5	분	① 대산전IT433⑥A:3 ② 상기방영자G1:3
채도 문양	① 대전자M751:3, ② 대전자M761:1 ③ 대전자M1113:5, ④ 대전자M1023:2	정	① 대산전IF44④:5 ② 대산전IF18W:1 ③ 대산전IG2⑮:1

주: 축척 부동.

340

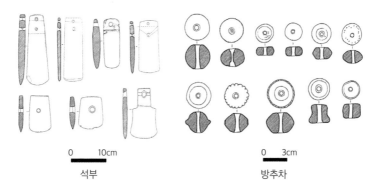

〈자료 5-7〉 대전자 유적 출토 석부 및 방추차

0   10cm

석부

0   3cm

방추차

〈자료 5-8〉 하가점하층문화 무덤 형식

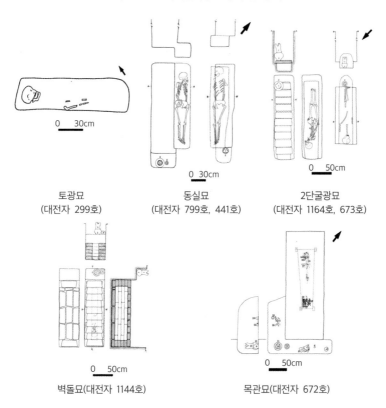

0   30cm

토광묘
(대전자 299호)

0 30cm

동실묘
(대전자 799호, 441호)

0   50cm

2단굴광묘
(대전자 1164호, 673호)

0   50cm

벽돌묘(대전자 1144호)

0   50cm

목관묘(대전자 672호)

점하층 및 십이대영자문화와의 관계를 고려하여 마련된 상대 연대에 불과하며, 실제 관련 유적에서 출토되는 주요 기물들의 연대값은 기원전 13~11세기 사이에 집중되어 있다. 또한 아직까지 그 상한 연대를 기원전 14세기로 올려 볼 수 있는 결정적인 자료가 제시되지 못하고 있다는 점에서도 위영자문화의 중심 연대는 기원전 13~11세기 사이로 보는 것이 합리적일 듯하다. 그렇다면 그 선행 단계인 하가점하층문화의 종속 연대와 대략 2세기가량의 간극이 존재하게 된다. 현재 두 문화 사이에 존재하는 시간적 공백기에 관하여 그 구체적인 원인을 명확하게 설명해 줄 만한 자료는 발견된 바 없다. 추가 자료의 확보를 기대할 수밖에 없겠는데, 다만 이러한 공백기가 의미하는 바를 두 문화 사이에 문화적 차이가 발생한 주요 원인 중 하나로서 파악하고자 한다.

다음으로 두 문화 사이의 비연속성을 보여 주는 지표로서 관련 유적에서 확인되는 문화 내용상의 차이를 제시할 수 있다. 먼저 위영자문화의 주거 형태는 전 단계와 비교하여 확연하게 축약된 형태의 소규모 농경 및 목축과 수렵 등이 병행되었을 것으로 추정된다. 묘제는 전 단계에 유행한 목관묘가 그대로 유지되지만 구조와 장속(葬俗)적 측면에서 많은 변화가 발생된다. 보다 주목되는 변화는 묘실 내 부장된 토기들이 모두 인골의 머리 쪽에 놓인 점이다. 하가점하층문화 단계의 무덤은 대부분 토기를 시신의 발치 혹은 발치에 조성된 벽감 내에 부장한 점과 비교된다. 이는 주거 및 생계 방식의 변화뿐만 아니라 그들의 사후인식 체계 혹은 종교, 신앙적 측면에서의 변화 또한 병행되었음을 의미하며, 그 배경으로는 새로운 물질·정신문화를 가진 세력들

〈자료 5-9〉 위영자문화 유적 출토 토기

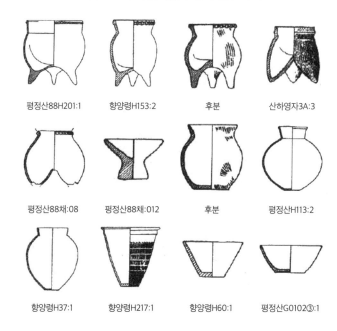

평정산88H201:1   향양령H153:2   후분   산하영자3A:3

평정산88채:08   평정산88채:012   후분   평정산H113:2

향양령H37:1   향양령H217:1   향양령H60:1   평정산G0102③:1

〈자료 5-10〉 위영자문화 무덤 구조

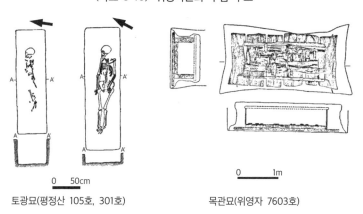

0   50cm

토광묘(평정산 105호, 301호)

0   1m

목관묘(위영자 7603호)

이 이 지역 일대로 유입되면서 주민 집단의 교체가 이루어졌거나 선주민과의 융합을 이룬 것으로 파악된다. [33]

〈자료 5-11〉을 통해 다시 한 번 확인할 수 있듯이 위영자문화와 하가점하층문화 간에는 중심 분포지와 주거 및 생계 형태, 주요 유물과 묘제 등에서 상당한 차이점이 간취된다. 특히 두 문화 사이에는 200년 가량의 시간적 공백기가 존재함을 상기할 때, 현재까지의 자료만을 갖고 이들의 문화적 연속성을 논하기는 어려워 보인다.

제3단계 초입에 해당되는 기원전 11~10세기 사이 노로아호산(努魯兒虎山)을 기점으로 그 서쪽에서는 하가점상층문화, 동쪽에서는 십이대영자문화가 등장한다. 하가점상층문화의 연대범위는 기원전 11~6세기 사이로 여겨지며, 관련 유적은 서랍목륜하와 노합하 유역에 집중된다. 공병식 동검을 표지로 한 각종 형식의 초원계 청동기가 특징적이며, 전 단계에서 확인되지 않았던 다양한 구조의 석관묘제가 유행하였다. 이 문화 역시 전형유적에서 출토되는 각종 다양한 형태의 청동유물 조합으로 보아 북방 초원계의 한 갈래로 여겨진다. 하지만 선행한 위영자문화의 전형유물 및 묘제와 장속 특징 등을 비교해 보면 두 문화는 이질적인 계통의 서로 다른 집단임이 분명하다. 즉, 기원전 11세기 전후 내몽고 장성(長城) 지대를 거쳐 또 다른 계통의

---

33 현재 우리 학계에서는 이러한 변화를 초래한 이주 세력으로서 산서(山西)와 섬서(陝西) 북부 지역을 거쳐 하북과 내몽고 장성(陝西) 지대 등에서도 폭넓게 확인되는 카라수크 청동기문화, 즉 북방 초원계 세력을 주목하고 있다(강인욱, "기원전 13~9세기 카라숙 청동기의 동진과 요동·한반도의 초기 청동기문화", 〈호서고고학〉 21, 2009, 22~23쪽).

〈자료 5-11〉 요서 지역 청동기 시대의 단계성과 주요 특징

구분		하가점하층문화	위영자문화	하가점상층문화	십이대영자문화
중심 연대		기원전 21~15세기	기원전 13~11세기	기원전 11~6세기	기원전 10~4세기
분포 범위		서랍목륜하, 노합하, 대·소릉하	대·소릉하, 노합하	서랍목륜하, 노합하	대·소릉하
주거 형태		환호 및 석성인 취락	주거형태 불명	지상·지하·반지하식 주거지	썼실 반지하식 주거지
생계 형태		안정된 정착농경과 목축 병행	정주성 축약농경과 목축 병행 밭·영의 사양 시작	만화식물·돼지 위주의 가축 사양 농경 위주의 정주사회	축약농경과 목축·어로 등이 병행된 정주사회
토기	주요 기종	삼족기 위주 명기 채문토기와 존형기가 특징적	삼족기 위주 평저토기 증가 화변구연과 문의의 통복기	격, 정, 언 등 삼족기 위주 문의의 통형격과 고복격가 전형	관과 호, 발, 완 등 평저토기 위주 외절순(점토대)토기와 회흑색 장경호가 특징적
	태토	협사흑도, 회도, 흑회도 위주	협사홍도와 홍갈도 위주	협사홍갈도 및 흑도 위주	협사홍도와 홍갈도, 회갈도 위주 후기: 니질화도와 흑도 증가
	문양	승문과 현문, 부가퇴문 등	승문과 화문(부가퇴문), 압인삼각문 등	부가퇴문, 현문문, 비점문 후기: 무문 증가	무문의 마연토기 위주
주요 유물	청동기	동이환, 장수 등 소형 장식품 등	동도·치마기·장식품 등 북방계 가리숙계 청동기와 중원계 청동예기	공병식검과 과, 회, 마구, 장식품 등의 북방계 청동기 동도, 동부 등 농경구, 중원계 청동예기와 마구류	비파형동검, 조문경 등 재지계 청동기 북방계 장식품과 마구류
	석기	용범·석부와 도, 산, 서, 착 등 경작용 도구가 다수	용범, 석부·석도, 석렴 등 소수, 경작용 도구의 감소	용범·석산, 석서, 석도 등 경작용 도구 다수	용범·석부, 석도, 갈돌, 갈판, 그물추 등 경작·어로용구 복합
묘제	종류	토광묘, 목관묘, 배묘묘, 석관묘 등	토광묘, 목관묘	석곽(목관)묘, 목관묘, 석관묘, 토광묘	목관묘, 석곽(목관)묘, 토광묘
	장속 특징	단인장과 측신직지장 위주 합장과 앙신직지장, 부신장 등 소수	모두 단인장 측신직지장 등 확인	단인장 위주 소수의 합장묘 측신직지장과 앙신지장이 유사	단인장과 앙신직지장 위주 소수의 합장과 간골장, 측신굴지장 확인
부장 양상		인골의 연령과 부장품에 따라 피장자의 성별 구분 시신의 발치 쪽 부장 벽감 내부에 유물 부장 개와 돼지 등 동물순생	토기, 청동기, 석기, 장신구 등의 차별적 조합 시신의 머리쪽에 토기부장 양, 소 등 동물순생	청동기 위주 수량에 따라 등급(수령)화 평위(층) 문화 동물순생의 감소	청동기 위주 무덤의 규모화 부장품 종류에 따른 등급화 돼지, 소, 개 등 동물순생

초원계 청동기문화가 유입되었는데, 당시 동쪽 지역은 위영자문화가 선점한 관계로 적봉 이북 지역에 한정되어 생활하다가, 점차 생활 영역을 확장하여 노합하 유역까지 진출, 남산근 유형으로 발전됨을 알 수 있다. 이때를 전후하여 위영자문화의 중심권인 대·소릉하 유역에서는 십이대영자문화가 출현하여 대략 기원전 4세기 전후까지 지속되었다. 문화의 주요 특징은 재지계로 볼 수 있는 비파형 동검과 조문경의 조합 및 일련의 북방계 청동 장식품과 마구류가 출토되는 석

〈자료 5-12〉 하가점상층문화 유적 출토 청동기

〈자료 5-13〉 하가점상층문화 유적 출토 토기

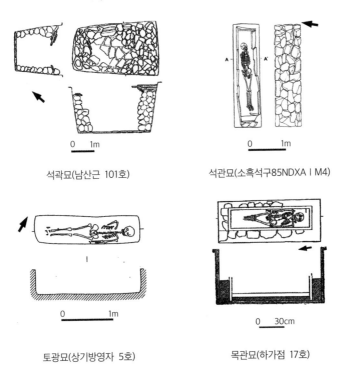

격	하가점T3⑤, 상기방영자H138, 용두산	언	용두산
관	상기방영자H138, 하가점M7·14	두	하가점F4, 상기방영자H138
정	용두산	발	용두산

〈자료 5-14〉 하가점상층문화 무덤 형식

석곽묘(남산근 101호)

석관묘(소흑석구85NDXAⅠM4)

토광묘(상기방영자 5호)

목관묘(하가점 17호)

곽(목관) 묘가 특징적이다.

장속 특징을 보면 하가점상층문화와 십이대영자문화 단계 역시 단인장(單人葬)이 가장 보편적으로 유행하였다. 합장(合葬)된 경우 십이대영자 유적의 무덤에서는 남녀 시신이 각 1구씩만 조합된 반면, 하가점상층문화에서는 어른과 아이의 조합 혹은 남녀의 합장과 어린 아이 2인 합장 등 다양하다. 또한 이 시기에는 선행 문화에서 확인되지 않던 무덤의 계급화 현상이 뚜렷하게 간취되어 주목된다. 최상위 급으로 분류된 무덤에서는 공통적으로 다량의 청동기가 부장되는데, 각종 무기류와 차마구, 장신구 등의 특성으로 보아 이들은 군사적인 목적과 연관된 것으로 추정된다. 따라서 이를 부장한 무덤의 주인공들은 최상위층의 권력자였으며, 당시 사회는 군사 정복적인 성격이 강한 복합 사회의 면모를 지녔음을 여실히 보여 준다.

이상과 같이 하가점상층문화는 선행한 위영자문화는 물론 동 시기에 병행된 십이대영자문화와도 많은 면에서 차이를 보인다. 무엇보다 주거 및 생계 방식의 차이가 두드러지는데, 이 문화에서는 소수에 불과하지만 정주성 생활 유적이 명확하게 확인되고 있다. 주거 형태를 보면 지상식과 지하식, 반지하식 등 다양한데, 이러한 구조적 차이가 시기성을 반영하는지에 대해서 구체적으로 논의된 바는 없다. 다만, 아마도 당시 빈번한 기후변화와 계절성 요인 등이 주요하게 작용되어 시기별 혹은 계절별 기후에 적합한 형태로 주거 양식 역시 변화·발전하였을 것이다.

반면 대·소릉하 유역에서 연속적으로 전개된 위영자문화와 십이대영자문화에는 일련의 유사성이 간취되는데, 이들의 연속성 문제는

<자료 5-15〉 십이대영자문화 유적 출토 토기

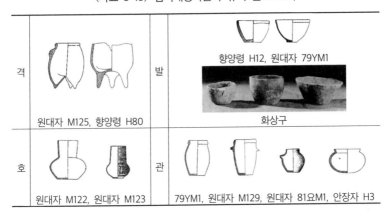

격	원대자 M125, 향양령 H80	발	향양령 H12, 원대자 79YM1
			화상구
호	원대자 M122, 원대자 M123	관	79YM1, 원대자 M129, 원대자 81요M1, 안장자 H3

〈자료 5-16〉 십이대영자문화 유적 출토 청동기

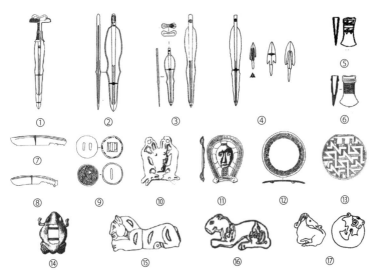

① 남동구, ②, ⑥, ⑩~⑬ 십이대영자, ③, ⑰ 원대자,
④, ⑨ 소파적, ⑤ 오금당, ⑦, ⑧ 화상구, ⑭~⑯ 삼관전자

〈자료 5-17〉 십이대영자문화 무덤 형식

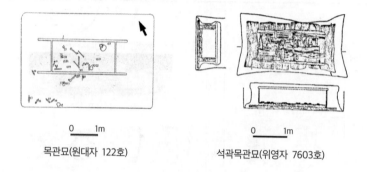

목관묘(원대자 122호)　　　　　　석곽목관묘(위영자 7603호)

전형유적으로 볼 수 있는 향양령(向陽嶺), 화상구(和尙溝), 오금당 (烏金塘) 유적의 사례를 통해 살필 수 있다. 먼저 생활 유적으로 볼 수 있는 향양령 유적에서는 십이대영자 단계에 속하는 주거지와 각종 회갱(灰坑)에서 위영자문화와 십이대영자문화의 요소가 복합한 채로 확인되었다. 또한 무덤 유적에 속하는 화상구와 오금당 유적에서는 묘제와 장속 특징, 부장 유물 측면에서 상호 연관성이 확인된다. 무 엇보다 십이대영자문화 단계의 오금당 유적에서 출토된 투구·동검 ·동과·전차 부속의 조합은 해당 시기 요서 지역 일대 청동기문화 중 오직 위영자문화 유적에서만 확인되었다는 점에서도 두 문화의 연 관성 및 그 연속성 문제를 충분히 인지할 수 있다. [34] 따라서 기원전 2000년대 후반에서 1000년대 전반 대·소릉하 유역에서 연속적으로 발전된 위영자문화와 십이대영자문화의 주민 집단은 축약농경과 수

---

[34] 강인욱, "기술·무기, 그리고 제사: 요서 지역 비파형 동검문화의 확산과 고조선", 《고고학으로 본 고조선》(제 41회 한국고고학전국대회 자료집), 2017, 141쪽.

렵·목축·어로 등 유사한 형태의 생계 방식에 기반하였을 가능성이 크다고 여겨진다.

3) 요동 지역 청동기시대의 연속성과 상관관계

요동 지역의 초기 청동기시대는 태자하를 경계로 크게 남·북 두 개의 문화권으로 나누어 살필 수 있다. 먼저 요동 남부 지역은 전체 세 단계의 발전 과정을 보인다. 제1단계는 쌍타자 1기문화이며, 그 중심 연대는 기원전 20세기 전후로 평가받고 있다. 이 시기의 주요 특징은 대규모로 확인되는 적석묘문화 및 그 내부에서 출토되는 산동 용산문화와 토착문화 요소의 공존으로 요약된다. 기원전 18세기 전후에는 쌍타자 2기문화로 전환되는데, 1단계에 보편적으로 축조되었던 적석묘 축조 전통이 돌연 사라지고, 산동 악석문화의 영향이 강하게 확인된다. 이 외에 벽류하 유역에서는 초기 형태의 지석묘가 축조되기 시작한다. 제3단계에는 쌍타자 3기문화가 기원전 14~11세기까지 지속된다. 전 단계에 단절되었던 적석묘문화가 재등장하고, 지석묘 축조가 보편화되며, 토착문화의 요소가 보다 강성해지는 등의 특징을 보인다. 문화의 분포 범위는 초창기 대련(大連) 지역의 해안가 일대에 한정되어 있다가 점차 벽류하 유역을 거쳐 후기에는 대양하 유역까지 확장된다. 이 문화의 주거 형태는 초기에는 반지하식 쌍실과 단실 주거지가 고루 확인되며, 후기에는 석재를 쌓아 벽체를 만드는 방식의 석축식(지상) 주거지가 등장한다. 또한 관련 유적에서 다수 확인되는 석제 농경·어로·수렵 도구를 비롯하여 대취자 유적에

서 확인된 탄화볍씨, 양두와(羊頭窪) 유적의 돼지와 개 등의 골격을
종합적으로 참고할 때 이 문화의 생계 형태는 비교적 안정적인 형태
의 정주성 취락을 바탕으로 도작농경과 어로, 목축, 수렵 등이 병행
된 것으로 판단된다. 이러한 특징은 동 시기 요하 유역에서 가장 안정
되고 발전된 형태의 농경문화를 보인다는 점에서 주목된다. 이 문화
의 또 다른 특징은 전 시기에 아울러 적용되는 평저토기문화이다. 산
동 지역의 영향으로 볼 수 있는 일부 삼족기류가 확인되나, 동 시기
요서 지역에서 발달된 회색·승문 계열의 삼족기와는 명확하게 구분

〈자료 5-18〉 쌍타자문화 시기별 출토 유물

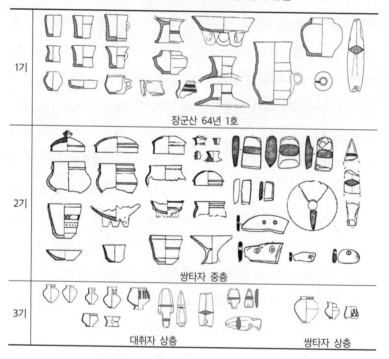

352

〈자료 5-19〉 쌍타자문화 시기별 무덤 형식

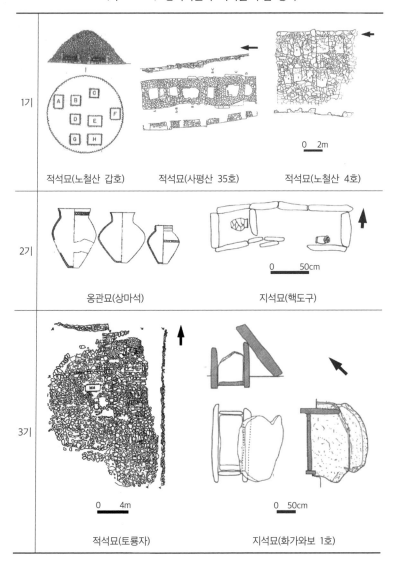

1기	적석묘(노철산 갑호)	적석묘(사평산 35호)	적석묘(노철산 4호)
2기	옹관묘(상마석)	지석묘(핵도구)	
3기	적석묘(토룡자)	지석묘(화가와보 1호)	

된다. 청동기는 대취자 유적의 1기문화층에서 청동과 한 점이 출토된 정황에 근거하여 이 시기부터를 청동기시대의 본격적인 진입으로 보는 견해가 주도되어 왔다. 하지만 1기문화에서 청동기가 단 한 점에 불과하다는 것, 2기에는 아예 확인되지 않고 3기에 비로소 동(銅) 족, 동포식, 동어구, 동환 등 소형 장식품류가 확인된다는 것 등에서 이 문화는 청동기시대로 전환되는 과도문화 정도로 이해하는 것이 좋을 듯하다.

동 시기 요동 북부 지역에서는 동굴묘 유적을 대표로 하는 마성자 문화가 전개되었다. 크게 네 단계의 변천 과정을 보이는데 1단계의 상한 연대는 쌍타자 1기의 하한에 근접하며, 동굴묘 내부에서 무봉토, 무시설식 토광묘제가 출현한다. 2단계는 기원전 17~14세기 전후로, 이때부터 요남 지역과의 문화적 교류상과 함께 원시 형태의 석관묘제가 확인된다. 3단계는 기원전 13~12세기로 편년되며 문화권 내에서 석관묘 축조가 보편화되는 시기이다. 4단계는 기원전 12~11세기 사이로, 전형적인 형태의 석관묘가 탈동굴화 현상을 거쳐 주변 지역으로 널리 확산된다. 분포 범위는 초창기 태자하 상류에 한정되어 있다가 점차적으로 태자하를 비롯한 대양하 상류 지역까지 확산된다. 이 문화 역시 전 단계를 관통하는 주요 특징으로 요서 지역과 구분되는 평저토기문화를 들 수 있다. 다만 대부분의 관련 자료들이 무덤 유적 출토품이기 때문에 실제 생활에서 사용되었을 실용기 형태는 구체적으로 파악할 수 없다. 동 시기 요하 하류 지역에서 전개된 고대 산문화의 경우 무덤 내에는 평저토기만 부장하지만, 실생활 유적에서는 삼족기류가 보편적으로 사용된 점에서 마성자문화 역시 삼족기

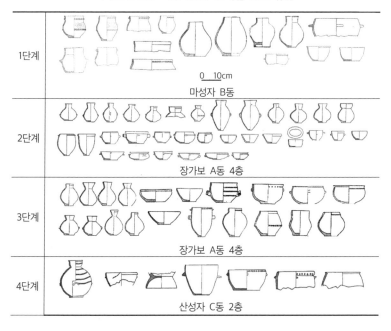

〈자료 5-20〉마성자문화 단계별 출토 유물

1단계

0 10cm

마성자 B동

2단계

장가보 A동 4층

3단계

장가보 A동 4층

4단계

산성자 C동 2층

〈자료 5-21〉마성자문화 동굴묘 형식

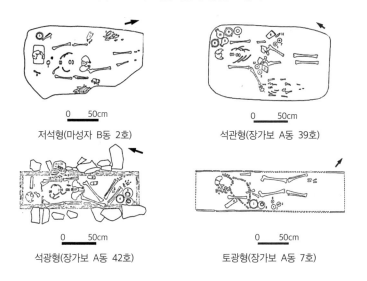

0 50cm

저석형(마성자 B동 2호)

0 50cm

석관형(장가보 A동 39호)

0 50cm

석광형(장가보 A동 42호)

0 50cm

토광형(장가보 A동 7호)

의 사용 가능성을 완전히 배제할 수는 없을 것이다. 마지막으로 이 문화 역시 청동기는 후기 단계의 무덤에서 소형의 장식품류가 간헐적으로 확인되는 관계로 요남 지역과 마찬가지로 청동 유물의 제작과 사용이 극히 제한적으로 이루어졌음을 알 수 있다.

이상 살펴본, 기원전 2000년을 중심으로 전개된 요동 지역의 고고학문화는 기본적으로 관(罐)과 호(壺)로 대표되는 평저토기문화를 중심으로 소형 장식품류의 청동기가 제한적으로만 보급되는 공통성을 보인다. 특히 청동기를 자체적으로 제작·사용한 증거로 볼 수 있는 용범(鎔范)류의 발견이 아직까지 단 한 사례도 보고되지 않았다는 점에서 요서 지역과 극명한 대조를 보인다. 아울러 당시 요동과 요서 두 지역의 초기 청동기시대는 주거 및 생계 형태, 주요 유물과 묘제 등 여러 방면에서 상당한 차이를 보인다. 무엇보다 식생활과 생활문화의 다름을 반영하는 취사용기와 생계 방식의 차이, 사후 인식 및 종교·신앙적 측면을 살필 수 있는 묘제와 장속 특징의 차이점 등은 이들이 서로 다른 체질과 종교·문화적 관습에 기반하여 발전한 별개의 문화집단임을 의미한다.

한편, 요서 지역에서 하가점하층문화가 점차 쇠락해 가는 기원전 16~15세기 무렵 요동 남부와 북부 지역의 물질문화를 보면, 두 지역의 점이지대로 볼 수 있는 벽류하 유역 일대에서 일련의 문화복합 현상이 시작된다는 점이 주목된다. 이 시기 요서 지역 물질문화의 변동과 쇠락 현상에는 당시의 기후환경 변화가 주요하게 작용되었다. 동시기 요남 지역에서는 이미 도작농경의 흔적이 관찰되기에 요서 지역에 비해 상대적으로 유리한 조건과 환경에 처하였음을 알 수 있다. 당시의 급변하는 환경 변화 속에서 큰 강을 경계로 인접한 두 지역의 물질문화 중 한 지역은 소멸이라는 극단적 결과가 초래된 반면, 다른 한 지역에서는 서로 다른 계통의 두 문화가 동질화의 과정을 거쳐 한층 진전된 형태로 변화·발전된 것이다.

이러한 요동 남·북 지역 물질문화의 복합화 과정은 기원전 10~9세기를 기점으로 쌍방문화로 완전하게 통합된다. 이 시기의 주요 특징은 지석묘와 적석묘, 석관묘 등 주로 석재를 장구로 한 무덤 유적을 표지로 하며, 미송리형 토기와 비파형 동검문화 계열의 청동기 조합으로 요약된다. 그런데 한 가지 주목되는 점은 이와 유사한 성격의 것이 서북한 지역의 미송리형 토기 문화권에서도 확인된다는 점이다. 두 지역의 청동기문화는 미송리형 토기와 비파형 동검문화, 지석묘, 석관묘라는 문화의 주요 특징을 공유하며, 기본적인 연대관에서도 서로 맞물려 있어 유사 문화권 혹은 상호 동질성이 강한 문화공동체로 파악할 수 있다. 아울러 길림 지역의 서단산문화 역시 요동 지역 청동기문화와 강한 유사성이 확인되는 점에서 비교가 된다. 이 문화는 기원전 10~9세기 전후 길림 중서부 지역의 송화강 유역에서 발전된 청동기문화로서 미송리형 토기의 변형 형식인 서단산형 호와 노성형 호, 비파형 동검과 동모 등의 유물 복합이 특징적이다. 서단산문화는 요북의 마성자문화가 송화강 유역에 유입되면서 토착문화와 결합하여 형성된 것으로 파악되는데, 당시 요동 지역 물질문화의 복합현상이 서북한 지역은 물론 길림 중서부 지역에까지 파급되었음을 알 수 있다. 묘제의 양상에 있어서도 지석묘와 석관묘 위주의 석묘 전통이 늦은 시기까지 지속되는 점에서 요동·서북한 지역의 물질문화와

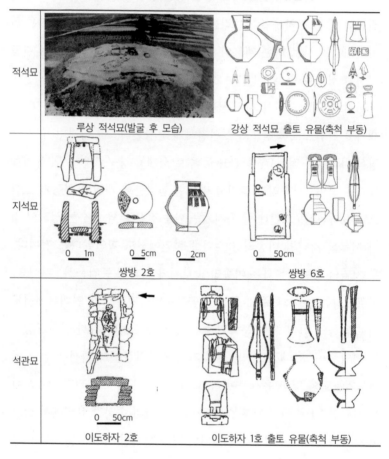

〈자료 5-22〉 쌍방문화 무덤 형식 및 출토 유물

적석묘	루상 적석묘(발굴 후 모습)	강상 적석묘 출토 유물(축척 부동)
지석묘	쌍방 2호	쌍방 6호
석관묘	이도하자 2호	이도하자 1호 출토 유물(축척 부동)

강한 유대감을 보인다.

　이 외에 동 시기 요서 지역에서 병행된 십이대영자문화는 비파형 동검문화와 석곽목관묘 그리고 전 단계와 명확하게 구분되는 평저토 기문화권으로의 전환이라는 점에서 요동·길림·서북한 지역의 물 질문화와 일정 부분 유사성이 확인된다. 현재 이 문화의 중심은 요서

358

에서 요동으로 이동된다는 견해가 있어 참고할 수 있다. 십이대영자문화의 후기 유형으로 인식되는 정가와자 유형이 기원전 6세기 무렵 심양 일대에서 쌍방문화에 후속되며, 기원전 4~3세기 평양의 신성동 유적에서 석곽목관묘가 출현하는 배경 역시 십이대영자문화와 연관된 것으로 파악되기에, 기원전 1000년대 요하 유역과 그 주변 지역 청동기문화들 간의 상호작용은 보다 다양하고 복잡한 양상으로 전개되었음을 알 수 있다.

이상의 내용을 종합하면, 기원전 10~6세기 무렵 요동 지역의 물질문화는 그 이전 단계부터 진행된 이 지역 문화복합 현상이 최종적으로 완성되어 쌍방문화로 단일화되는 과정을 살필 수 있다. 동 시기 병존한 길림·서북한 지역과는 지석묘와 석관묘로 대표되는 석묘 전통과 미송리형 토기, 비파형 동검 등 주로 묘제나 부장 유물에 관련된 사항을 공유한다는 측면에서 이들 간에는 일정 수준 이상의 문화적·신앙적(사후 인식) 유대감이 형성되었을 것으로 파악된다. 이러한 현상을 반드시 종족이나 근대적 의미의 민족적 개념에 대응시킬 수는 없을지라도, 공통의 조상신 혹은 상호 공감할 수 있는 유사한 형태의 신앙 체계에 기반하여 구축된 문화공동체 정도로 파악할 수 있을 것이다.

하지만 요서 지역의 십이대영자문화는, 비파형 동검문화로 대표되는 일련의 청동기 조합과 평저토기 사용이라는 일부의 요소를 제외하면 묘제와 장속, 부장토기에서 주변 지역과 상당한 차이가 간취된다. 비록 후기 단계에 이르면 목관묘 계열의 묘제, 점토대 토기, 흑색마연장경호 등 요서 지역의 문화 요소가 요동·서북한 지역에서도

〈자료 5-23〉 요동 지역 청동기 시대의 단계성과 주요 특징

구분		쌍타자문화	마성자문화
중심 연대		기원전 21~10세기	기원전 19~10세기
분포 범위		대련, 벽류하, 대양하	태자하, 대양하 상류
주거 형태		• 조기: 반지하식(쌍실·단실) • 후기: 반지하식(단실), 석축(지상)식	• 반지하식 추정
생계 형태		• 농경·어로·수렵·목축	• 농경·목축·어로 병행
주요 야물	토기 주요 기종	• 평저토기 위주 • 조기: 관, 호, 발, 배, 두, 언, 궤, 기개 • 후기: 호와 관 증가	• 호, 관, 발, 분, 배 등 평저토기만 확인
	태토	• 조기: 협사 혹갈도 • 후기: 진흙질 회갈도, 흑도, 홍도 증가	• 협사 갈도 위주 • 후기: 진흙질의 회갈도와 흑도
	문양	• 1기: 현문과 점선문. 체화문, • 2기: 철릉문·각자문, 부가퇴문, • 3기: 부가퇴문과 각화문, 융기문, 현문	• 무문 위주 • 조기: 부가퇴문, 점차 이중구연, 성자문, 각획문, 지점문 현문 등 증가 • 각종 형태의 손잡이 발달
	청동기	• 1기: 동과 • 3기: 동촉, 동포식, 동어구, 동환	• 장방형과 원형의 장식품, 동환, 이식
	석기	• 석부, 석도, 석촉, 석모, 석검, 석분, 석서, 갈돌과 갈판, 석월, 석과	• 석부와 석산, 석분, 석도, 석착, 환상석기, 방추차
	묘제 종류	• 적석묘, 지석묘, 옹관묘, 토광묘	• 동굴묘, 석관묘
	장속 특징	• 화장, 단인장, 다인다차합장	• 화장, 간골장, 단인장, 양신직지장, 부신장, 앙신굴지장, 측신장
	부장 양상	• 1·2기: 재지계 및 산동계유물 조합 • 3기: 재지계 위주	• 석기, 토기 조합 위주 • 돼지, 사슴뿔, 어류 등의 동물 골격

〈자료 5-23〉 요동 지역 청동기 시대의 단계성과 주요 특징(계속)

구분		신성자 유형	쌍방문화	
			쌍방 유형	강상 유형
중심 연대		기원전 9~7세기	기원전 9~4세기	기원전 9~4세기
분포 범위		태자하, 혼하, 동요하	벽류하, 대양하	대련 지역
주거 형태		-	-	-
생계 형태		• 농경(추정)·수렵	• 농경(추정)·수렵	• 농경·어로
유물 — 토기	주요 기종	• 미송리형 토기, 횡이관, 발, 두	• 미송리형 토기, 망문호, 장경호, 이중구연관	• 미송리형 토기, 망문호, 장경호, 관, 발, 두
	태토	• 협사 홍갈도, 진흙질의 회갈색도, 흑도	• 협사 홍갈도, 회갈도, 진흙질의 회흑도	• 협사 홍갈도, 진흙질이 회도, 회갈도, 회흑도
	문양	• 무문, 현문 • 각종 형태의 손잡이 발달	• 무문, 현문, 그물문	• 무문, 그물문, 꼭지형 장식
유물 — 청동기		• 비파형 동검, 동부, 동도, 동촉, 동환, 동차, 동모	• 비파형 동검, 동부, 동촉, 장식품	• 비파형 동검, 동부, 동촉, 동모, 동과, 마구, 장식품
유물 — 석기		• 석겸, 석부, 석산, 석삽, 석서, 석촉, 석착, 옹범	• 석부, 석촉, 지석, 옹범	• 석겸, 석부, 석촉, 옹범
묘제 종류		• 석관묘, 지석묘	• 지석묘	• 적석묘
장속 특징		• 화장, 단인장, 합장, 앙신직지장, 측신굴지장	• 화장	• 화장, 합장, 단인장
부장 양상		• 미송리형 토기와 비파형 동검 조합 혹은 개별 부장	• 미송리형 토기와 비파형 동검 조합 혹은 개별 부장 • 동물 골격 묻기(금류)	• 제자계토기와 비파형동검 조합

〈자료 5-24〉 기원전 1000년 요하 유역과 그 주변 지역 청동기문화 비교

지역	요서	요동	서북한	길림
문화	십이대영자문화	쌍방문화	미송리문화	서단산문화
연대	기원전 10~4세기	기원전 10~6세기	기원전 9~4세기	기원전 10~3세기
묘제	석곽목관묘 목관묘 토광묘	적석묘(대련) 지석묘(요남 · 요북) 석관묘(요북)	지석묘 석관묘 석곽묘	석관묘 지석묘
토기 조합	점토대토기 흑색 장경호 관, 호, 발, 완 등 평저토기 다수	미송리형 토기 망문호 이중구연관 횡이관, 발	미송리형 토기 망문호 장경호	서단산형호 노성형호 관, 발
청동기 조합	비파형 동검, 조문경 등 재지계 청동기 북방계 장식품과 마구류	비파형 동검, 동모, 동부, 동족, 장식품	비파형 동검 동모, 동부, 동족, 동령, 장식품	비파형 동검 동모, 동부, 동족

확인되긴 하지만, 그 내부에는 해당 지역의 토착문화 요소가 거의 배제되어 있으며, 관련 유적이 토착문화와 상호 중복되지 않는 범위 내에서 개별적인 분포상을 보이기 때문에 요서-요동-서북한으로 연결되는 문화 복합은 조금 다른 각도에서 살펴볼 필요가 있다.

다시 말해, 기원전 10~6세기 요동 지역의 물질문화를 대표하는 지석묘와 미송리형 토기 등이 요서 지역으로 유입되지 못한 정황으로 볼 때, 당대의 교류와 상호작용은 요서 지역의 주도하에 진행된 것으로 파악된다. 이 시기 요하 유역과 그 주변 지역 청동기문화를 관통하는 중심 요소로서 비파형 동검문화를 들 수 있다. 주요 내용을 보면, 비파형 동검과 동모(銅矛), 동부(銅斧), 동족(銅鏃) 등 무기류에 집중되는 점에서 당시의 문화 복합은 요서 지역에서 촉발된 무기·군사 체계가 요동 지역을 기점으로 길림과 서북한 지역으로 확산되는 과정임을 알 수 있다. 이와 더불어, 만약 다뉴경 등 보다 상

위 등급의 의기류가 복합되는 목관묘 계열의 묘제를 당대 최고의 수장묘로 인정할 수 있다면, 이 시기 문화의 중심은 요서(기원전 9~8세기 대)-요동(기원전 6~5세기 대)-서북한(기원전 4~3세기 대) 지역으로 이동되거나 혹은 그 영향 범위를 넓혀 가는 과정으로 이해할 수 있을 것이다.

4) 고조선문화에 대한 시론적 검토

앞에서 언급했듯이 기원전 10세기를 전후로 요동의 남·북 두 물질문화는 쌍방문화로의 성공적인 통합을 이루게 된다. 동 시기 서북한과 길림 중서부 지역에서는 요동 지역과의 상호작용을 통해 형성된 미송리문화와 서단산문화가 각각 전개되는데, 이상 지역을 달리하여 발전된 쌍방·서단산·미송리 등 3가지 계열의 문화는 특정 시기를 중심으로 점차 동질화되는 현상이 간취된다. 기원전 9~7세기 사이로 특정되는 이 시기 요동과 길림 중서부·서북한 지역은 미송리형 토기문화와 지석묘·석관묘 등으로 대표되는 묘제와 부장 풍습을 공유하는 문화공동체 단계에 진입함을 알 수 있으며, 여기에 요서 지역으로부터 파급된 비파형 동검문화가 더해지면서 이들은 점차 문화·정치·군사적으로 연결되는 연맹체적인 성격을 보이게 된다.

필자는 이들의 주체로서 예맥연합체 혹은 예맥집단을 주목하고자 하며, 이들의 연합체계가 점차 공고화되는 과정을 거쳐 진정한 의미의 고조선문화가 태동한 것으로 이해하고자 한다. 당대 요하 유역의 청동기문화 중 어느 것이 선진성을 확보한 문화인지에 대해서는 보다

면밀한 검토가 필요하다. 하지만 청동기시대에 지역집단을 아우르면서 지배 권력을 장악하는 것은 청동기를 독점적으로 생산·사용할 수 있는 집단이라는 견해[35]를 참고할 경우, 위영자문화의 경험을 통해 자체적인 청동 제작기술을 확보, 비파형 동검이라는 독특한 무기 체계를 확립하여 주변 지역으로 세력을 넓혀 가면서 여기에 다뉴경으로 대표되는 각종 의기류를 독점적으로 보유할 수 있었던 십이대영자문화가 유력한 후보가 될 수 있을 것이다.[36] 따라서 예맥연합체의 성립과 고조선문화의 형성 배경에는 십이대영자문화의 역할이 주요하게 작용한 것으로 판단된다.

비파형 동검문화가 요동 지역으로 파급되기 시작하는 기원전 9~8세기 무렵, 그들의 정신문화를 반영하는 목관묘 계열의 묘제가 함께 전이되지 못한 상황을 볼 때 초창기 이들의 연합체계는 그다지 긴밀해 보이지는 않는다. 요동 지역에서는 기원전 6세기 무렵, 서북한 지역에는 기원전 4세기에 이르러서야 십이대영자식 목관묘제가 등장하는 점에서 요서 지역을 중심으로 매개된 요동·길림·서북한 지역의 물질문화(예맥연합체)가 보다 강하게 결속되기까지는 상당한 시간이 소요된 듯하다. 아울러 이 시기 요동과 서북한 지역에서 목곽묘 계열의 묘제가 확인되지만 여전히 토착문화의 묘제가 병행된다는 점에서 기존 시기 요동·길림·서북한 지역을 관통하였던 공동의 신앙 체계

---

35 이청규, "고조선에 대한 고고학적 연구: 《한국 고대사 속의 고조선사》(송호정, 푸른역사, 2003)에 대한 비평", 〈역사와 현실〉 48, 2003, 289~293쪽; 박준형, "대릉하-서북한 지역 비파형 동검문화의 변동과 고조선의 위치", 80쪽.
36 박준형, "대릉하-서북한 지역 비파형 동검문화의 변동과 고조선의 위치", 80쪽.

가 와해된 것은 아니며, 목곽묘제와 다뉴경으로 상징되는 요서 지역의 신앙 체계는 수장층에 한정되어 토착신앙과 공존하였을 가능성이 크다.

3세기 후반 서진(265~316)의 어환(魚豢)이 쓴 것으로 알려진 《위략》(魏略)에는 기원전 4세기 말경 고조선이 비로소 왕권국가에 진입하는 배경이 서술되어 있다. 《위략》에 보이는 조선후(侯)와 왕칭 관련 기사는 대체로 기원전 4세기 후반 무렵의 사실로 여겨지는데, 당시 중원(中原)의 전국칠웅 중 하나였던 연(燕)과 대립할 정도로 고조선의 군사력이 막강하였음을 알게 해준다. 아울러 대부(大夫) 예(禮)의 존재를 통해 당시 고조선에는 중원과 유사한 방식의 관료조직이 정비되어 본격적인 국가체제로 진입하였음도 유추할 수 있겠다.

이상의 내용을 종합적으로 참고할 때, 고조선이 예맥연합체라는 비교적 느슨한 형태의 동맹관계를 넘어 본격적인 왕권국가에 진입하는 시점은 요동을 거쳐 서북한 지역까지 다뉴경 부장묘가 파급되는 기원전 4세기 후반대의 일로 볼 수 있겠다. 당시 최고 수장층의 무덤으로 볼 수 있는 다뉴경 부장묘가 요서-요동-서북한 지역으로 확산되는 과정은 이들이 정치·문화·군사·종교적으로 점진적인 통합에 성공하였음을 의미한다. 이를 바탕으로 당시의 고조선은 연과의 전쟁이 개시되기 전까지 요서-요동-서북한 지역을 아우르는 광범위한 세력 범위를 구축할 수 있었으며, 중원 지역과의 효율적인 경쟁을 위해 관료조직을 정비하는 한편, 기존의 통치체제를 과감하게 버리고 왕권국가 체제로 전환하였을 것이다.

5. 맺음말

지금까지 요하 유역에서 전개된 청동기시대와 묘제 특징 및 발전 과정을 검토하여 고조선문화와의 연관성을 살펴보았다. 이 장에서는 앞서 언급한 내용을 정리하며 맺음말을 대신하고자 한다.

그간의 연구 성과에 의하면 요하 유역의 청동기시대는 크게 요서 지역과 요동 지역으로 양분되는데, 특히 청동기시대로의 진입 시기 및 후행 문화와의 연속성 등에서 상당한 차이가 나타나기 때문에 이들 양자는 별도 문화구역으로의 설정이 가능하다.

먼저 요서 지역은 요하 서쪽부터 서랍목륜하 양안에 걸친 지역을 포함하며, 관련 유적은 주로 노합하와 대·소릉하 유역을 중심으로 밀집해 있다. 현재까지 이 지역에서 확인된 청동기시대는 전체 세 단계에 걸친 발전 과정을 보인다. 제1단계는 하가점하층문화이며, 그 중심 연대는 기원전 20~15세기 전후가 된다. 이 문화의 주요 특징은 대규모의 취락유적과 매우 정교하게 제작된 목관묘의 출현 및 무덤 내에 부장된 채문토기와 존형기 등으로 요약된다. 관련 유적은 주로 서랍목륜하와 노합하 그리고 대·소릉하 일대에 집중되는데, 특히 노합하 상류 지역에서 확인되는 수십여 기의 석성 유적은 이 문화의 대표성을 가진다. 제2단계는 위영자문화이며, 연대범위는 기원전 13~11세기 사이로 볼 수 있다. 관련 유적은 주로 대·소릉하 유역에 집중되며, 구연부에 부가퇴문이 있는 화변구연격과 무문 통복격 그리고 각종 형태의 청동예기가 출토되는 교장 유적, 카라수크계 청동기 등이 특징적이다. 이 시기에는 전 단계에 유행한 목관묘가 그대로 계승되지만 토광과 목관 사이에 회반죽(灰膏泥)이 채워진 점을 비롯해 장속 특징과 부장 양상, 중심 분포지와 주거 및 생계 형태 등에서 많은 변화가 간취된다. 특히 두 문화 사이 대략 200년가량의 시간적 공백기를 상기할 때, 현재까지의 자료만을 가지고서는 이들의 문화적 연속성을 논하기가 어려워 보인다.

이후 3단계 초입에 해당되는 기원전 11~10세기 무렵에는 노로아호산을 기점으로 서쪽에서는 하가점상층문화, 동쪽에서는 십이대영자문화가 등장한다. 하가점상층문화의 연대범위는 기원전 11~6세기 사이로 여겨지며, 관련 유적은 서랍목륜하와 노합하 유역에 집중된다. 공병식 동검을 표지로 한 각종 형식의 북방식 청동기가 특징적이며, 전 단계에는 잘 확인되지 않던 다양한 구조의 석관묘제가 유행하기 시작한다. 토기는 격, 정, 언 등 삼족기가 발달하였으며 문양은 부가퇴문, 원과문, 비점문 등의 구성을 보인다. 십이대영자문화는 대·소릉하 유역에서 위영자문화에 후행하여 발전하였다. 연대범위는 기원전 10~4세기 사이이며, 재지계로 볼 수 있는 비파형 동검과 조문경의 조합 및 북방계 청동장식이 출토되는 석곽(목관) 묘가 특징적이다. 토기는 협사 홍도 혹은 홍갈도 위주로 삼족기가 적은 편이다. 표면이 마연된 무문 토기가 주종을 이루는데, 후기로 갈수록 협사 회갈도와 니질회도, 외첩순 등이 증가하는 경향을 보인다. 여러 가지 점에서 고려해 볼 때, 하가점상층문화는 선행하는 두 문화와 비연속적인 측면이 강한 반면, 위영자문화와 십이대영자문화에서는 연속적이고 계승적인 요소가 부각된다.

다음으로 요동 지역의 청동기시대는 태자하 유역을 경계로 다시 남

·북 두 개의 지역으로 나누어진다. 먼저 요동 남부 지역은 태자하 이남의 천산 산지와 발해 연안 일대로서 대체적으로 요동반도에 포함된다. 이 지역의 초기 청동기문화는 전체 세 단계의 발전 과정을 보이는데, 각각 쌍타자 1~3기문화와 병행된다. 제1단계 쌍타자 1기문화의 연대범위는 기원전 21~19세기 사이로 편년되며, 관련 유적은 모두 반도 남단의 대련 지역에서만 확인되고 있다. 주요 특징으로는 전형유적에서 출토되는 산동 용산문화 계열의 토기들과 대규모로 군집한 적석묘 유적을 들 수 있다. 이 시기의 적석묘 유적은 해발고도가 높은 산줄기를 따라 수십여 기씩 열을 지어 분포하며, 대부분 전체적인 규모와 구조 및 묘역 내 묘실 개수 등에서 개별적인 차이를 보인다. 일반적으로 산줄기보다 정상부에 위치한 무덤들이 규모가 크고 부장품 또한 풍부한 것으로 알려져 있다. 이후 기원전 18세기 전후에는 쌍타자 2기문화로 전환되는데, 1단계에 보편적으로 축조되었던 적석묘 축조 전통이 돌연 사라지며, 토광묘, 옹관묘, 지석묘 등 새로운 형식의 묘제가 출현한다. 또한 문화의 분포 범위가 대련 지역을 벗어나 벽류하 유역까지 확장되며 산동 악석문화 계열의 문화 요소가 강하게 확인되는 점에 주목된다. 제3단계에는 쌍타자 3기문화가 기원전 14~11세기까지 지속된다. 전 단계에 단절되었던 적석묘 문화가 재등장하며, 벽류하 유역에서는 탁자식 지석묘의 축조가 보편화되는 등 토착문화의 요소가 보다 강성해진다. 이 시기 적석묘의 구조는 1단계의 것과 구조상 매우 닮아 있다. 그러나 유적이 자리한 곳의 입지는 해발고도가 낮은 구릉 정상부 혹은 산에서 뻗어 나온 구릉 줄기의 평탄지로 옮겨 오며, 묘실 내에서 화장(火葬)의 흔적이 발

견되기 시작한다.

동 시기 요동 북부 지역에서는 마성자문화가 병행되었다. 문화의 분포 범위는 천산 산맥에서 압록강 하구까지이며, 주로 태자하 중·상류 지역에 집중된다. 이 문화의 가장 큰 특징은 주거 유적이 거의 발견되지 않는다는 점과 동굴 내에서 발견되는 매우 다양한 구조의 무덤들이다. 대부분 봉토나 장구시설 없이, 얕은 토광을 파거나 몇 개의 작은 석판을 깔고 그 위에 시신과 부장품을 놓는다. 혹은 묘실 주변으로 막돌을 둘러놓아 석광(石壙)을 만든 경우도 다수 발견되며, 일부는 석판을 세우거나 적석을 한 형태도 확인되었다. 이 지역 문화는 네 단계의 변천 과정을 보이는데, 1단계의 연대범위는 기원전 18세기 이전으로 소급되며, 동굴 내부에서 무봉토와 무시설식 토광묘제가 출현한다. 2단계는 기원전 17~14세기 전후이며, 이때부터 요남 지역과의 문화적 교류상과 함께 원시 형태의 석관묘제가 동굴 내부에서 확인된다. 기원전 13~12세기로 편년되는 3단계에는 문화권 내에서 석관묘의 축조가 보편화되며, 4단계인 기원전 12~11세기 사이에는 전형적인 형태의 석관묘가 탈동굴화 현상을 거쳐 주변 지역으로 널리 확산된다. 태자하 유역의 동굴묘 전통이 점차 그 바깥으로 벗어나는 과정 중에는 주변 지역의 문화와 접촉하여 새로운 형태의 묘제인 개석식 지석묘가 출현한다. 봉성 동산 유적의 사례를 통해 볼 때, 개석식 지석묘는 기본적으로 마성자문화에 연원을 두지만 무덤 상부의 커다란 덮개돌은 벽류하 유역의 지석묘문화에서 영향을 받았다. 이러한 현상은 마성자문화의 전개 과정 중 지역전통을 받아들여 새로운 형태의 묘제가 파생되는 것으로 볼 수 있다.

이처럼 기원전 15~14세기를 전후한 시점에 요서와 요동 지역의 청동기문화는 커다란 변화를 맞이한다. 당대 요하 유역에서 가장 선진적 문화를 보유하였던 하가점하층문화가 점차 쇠락하며, 요동 지역에서는 쌍타자문화와 마성자문화가 병행되는데, 이들의 문화 내용은 전체 3단계에 걸친 복합화의 과정을 거쳐 점차 동질화되는 현상이 관찰된다. 이 시기 돌출된 특징 중 하나가 요남 지역 벽류하 유역에서 전형적인 형태의 탁자식 지석묘가 축조되는 점이다. 이 지역 지석묘는 쌍타자문화와 마성자문화의 상호 연결성 속에서 태동한 것으로 이해하였다. 당시의 시대적 상황을 간략하게 되짚어 보면 이 시기에는 요하 유역에서 가장 선진성을 보유하였던 하가점하층문화가 소멸되는 동시에 오르도스 고원을 거쳐 하북·내몽고·요서 지역으로 파급되는 초원계 청동기문화의 유입이 본격화되는 양상을 보인다. 이러한 초원계 문화 요소가 요하를 경계로 그 이동 지역에서는 거의 확인되지 않는 현상은 이 지역 토착문화의 강세와 보수성이라는 측면에서 살필 수 있다. 이미 전 단계부터 시작된 두 지역 물질문화의 교류상에 기반하여 제2단계에 이르면 한층 강화된 유대관계를 형성하게 되는데, 당시 요서 지역에 지속적으로 유입되고 있던 초원계 세력의 성장은 이들에게 충분한 위협이 되었을 것이다. 이는 곧 마성자문화 사람들이 덮개돌이라는 지석묘의 상징성을 수용하는 주요 동인이 되며, 이는 당시 지석묘문화로 재편되는 과정에 있던 요남 지역 물질문화의 복합화 과정에 적극적으로 참여하게 된 계기로 파악된다.

두 문화의 성공적 결합은 그 후속문화인 제3단계의 쌍방문화가 기원전 10~9세기를 중심으로 요남과 요북 각지에서 동시에 병행되는 점을 통해 알 수 있다. 쌍방문화의 주요 특징은 지석묘와 적석묘, 석관묘 등 주로 석재를 장구로 한 무덤 유적을 표지로 하며, 미송리형 토기와 비파형 동검문화 계열의 청동기 조합으로 요약된다. 그런데 이와 유사한 성격의 것이 서북한 지역과 길림 중서부 지역에서도 확인되어 비교가 가능하다. 이상 세 지역의 청동기문화는 미송리형 토기(현문호)와 비파형 동검, 지석묘, 석관묘라는 문화의 주요 특징을 공유하는 점과 함께 기본적인 연대관에서도 서로 맞물려 있어 유사 문화권 혹은 상호 동질성이 강한 문화공동체로 파악할 수 있다. 동 시기 요서 지역에서 병행된 십이대영자문화 역시 비파형 동검과 다뉴경 그리고 석재무덤의 보편적 축조라는 점에서 요동·길림·서북한 지역의 청동기문화와 유사성을 보인다. 이상 지역을 달리하여 발전된 네 가지 계열의 문화가 특정 시기를 중심으로 점차 동질화되는 현상은 매우 주목되는 현상이다. 기원전 9~7세기 사이로 특정되는 이 시기 요동과 길림 중서부, 서북한 지역은 미송리형 토기문화와 지석묘, 석관묘 등으로 대표되는 묘제와 부장 풍습을 공유하는 문화공동체 단계에 진입함을 알 수 있으며, 여기에 요서 지역으로부터 파급된 비파형 동검문화가 더해지면서 이들은 점차 문화·정치·군사적으로 연결되는 연맹체적인 성격을 보이게 된다.

그리고 이들의 주체로서, 다수의 선행 연구에서 지목한 바 있는 예맥연합체 혹은 예맥집단을 주목하였다. 이들의 연합체계가 점차 공고화되는 과정을 거쳐 진정한 의미의 고조선문화가 성립하고, 기원전 4세기 후반에 이르면 중원 지역과의 효율적인 경쟁을 위해 관료조직을 정비하는 한편, 기존의 통치체제를 과감하게 벗어 버리고 왕권 국가 체제로 전환하게 된다.

기원전 20세기 중반에서 10세기 후반까지 요하 유역의 청동기시대는 수차에 걸친 통합과 이산을 반복하였다. 그러한 과정 속에서 집단 간의 통합, 새로운 물질문화의 유입이 지속되었고, 그러한 전승은 단군신화로 남겨져 현재 우리에게 전해진 것이 아닐까 하는 추론을 덧붙이면서 글을 마무리하고자 한다.

제6장

복식과 제의문화로 본
홍산문화와 고조선문명

박선희

1. 복식과 제의에서 찾는 고조선문명의 정의와 범위

1) 복식 양식과 제의 유적으로 본 고조선문명 정의

중국은 만주 지역의 고대문화를 총칭하여 요하문명이라 부른다. 요하문명에 포함되는 대표적인 문화는 동석병용시대에 속하는 홍산문화와 초기 청동기시대의 하가점하층문화이다. 1980년대부터 중국 학계는 만주 지역에서 큰 규모의 문화 유적이 계속 발굴되고 연구가 축적되자 그 거대한 규모와 높은 수준에 경외감을 가지며 이 문화를 개별적으로 황하 중류 유역에서 전파된 것으로 도식화하기 시작했다.

그러나 만주 지역에서 광범위하게 지속적으로 발견되는 유적과 유물의 성격은 이러한 중국 학자들의 모순된 해석을 용납하지 않았고, 결국 만주 지역 선사문화를 하나의 독립된 성격을 가진 문명권으로 구획하며 이를 총칭하여 요하문명이라 불렀다. 이러한 문화 총칭이 만들어진 근본적인 목적은 만주 지역의 고대문화를 황하 유역의 문화와 독립시키기 위한 것이 아니라, 만주와 황하 유역의 문화를 모두 황제(黃帝) 문화에 포함시키기 위한 것이었다.

이는 자연스레 만주 지역의 문화가 한반도, 연해주, 일본열도 등의 고대문화와 분리되거나 황하문화와는 다른 변방의 문화로 격하되게끔 하고자 함이다. 그러나 만주 지역의 선사문화는 매우 광범위하고 한반도 등지의 문화 성격과 거의 유사하기 때문에 요하라는 하나의 강 이름으로 구분될 수 없으며, 황하문명과는 그 성격이 확연히 구분되는 까닭에 황제문화에는 더욱 포함될 수 없는 상황이다. 따라서 이 글의 1절에서는 복식과 제의문화 연구로부터 홍산문화와 고조선문명과의 연관성을 분석하여 고조선문명을 올바르게 정의하고자 한다.

고대사회를 지배하는 가장 중요한 요소는 종교이다. 종교가 정치보다도 우위에 자리하는 까닭에 고대 사회의 정치와 문화는 종교를 중심으로 이루어진다. 그러므로 고조선문명의 성격을 밝히는 작업 가운데 하나로 종교를 소홀히 할 수 없을 것이다. 당시 종교와 이에 따른 제의문화는 민족사와 민족문화의 원형으로 자리매김할 수 있기 때문이다.

고조선의 제의문화는 이전 시대로부터 연원을 찾아야 하는데 고조선 이전 시기라면 신시(神市)[1]시대의 신시문화를 들 수 있다. 그동안 신시시대의 문화를 살펴볼 수 있는 발굴 유물들이 학계에 널리 보고되고 관련 국내외 발굴 보고서와 연구들이 상당히 축적되어 있다. 따라서 복식사와 예술사는 물론 상고사를 부정하는 학계의 고정관념을

---

1 《三國遺事》卷 1 〈紀異〉 '古朝鮮(王儉朝鮮)' 條.

벗어나, 상고시대 제의문화를 통해 고조선문명이 형성되는 내용을 실증적으로 입증할 수 있는 자료들이 풍부하게 보고되고 있다.

특히 복식과 예술 관련 유물은 주로 무덤에서 주검과 함께 출토되는데, 주검이 묻힌 곳에는 으레 복식과 관련한 부장품이 있게 마련이다. 오랜 세월 동안 의복은 거의 부식되어 부분적으로 발견되나 의복에 부착했던 장식물이나 몸에 지녔던 장신구, 또는 제의적 의기들은 그대로 남아 있다. 이러한 복식과 제의적 성격을 가지는 예술 관련 자료를 뒷받침하는 것이 만주 요서 지역의 홍산문화와 한반도 지역에서 출토된 유물과 유적들이다.

고조선문화와 직접적인 관련이 있는[2] 홍산문화 유적인 기원전 3700년 무렵의 요령성 건평 우하량 유적은 광활한 면적에 널리 펼쳐져 있다.[3] 현재 발굴이 이루어진 지역은 16곳 정도이지만 이미 발굴된 유적들의 규모가 거대하고 아직 얼마나 많은 유적과 유물들이 발굴될지 가늠하기 어려울 정도로 방대한 유적단지이다. 우하량 제 2지점 제단 유적(〈자료 6-1〉)[4]과 3호 제단 유적[5]에서는 3단 원형(N2Z3)과 방형(N2Z2)의 제단 유적이 발굴되었다.

---

2 박선희, "홍산문화 복식유물의 성격과 고조선 복식", 《고조선 복식문화의 발견》, 지식산업사, 2011, 65~125쪽.

3 遼寧省文物考古研究所, 《牛河梁-紅山文化遺址發掘報告(1983-2003年度)》, 2012, 文物出版社, 圖版 1.

4 遼寧省文物考古研究所, 《牛河梁-紅山文化遺址發掘報告(1983-2003年度)》, 圖版 38-2 , 圖版 40.

5 遼寧省文物考古研究所, 《牛河梁-紅山文化遺址發掘報告(1983-2003年度)》, 圖版 118-1 · 2.

<자료 6-1> 우하량 유적 제 2지점 전경 조감도

1986년 촬영　　　　　　　2009년 촬영

<자료 6-2> 우하량 제 13지점, 거대 적석총으로
층수 확인을 위한 부분 시굴 모습

특히 1992년에는 우하량 13지점에서 처음으로 총 면적 1만 제곱미
터의 피라미드형 거대 적석총(<자료 6-2>)이 발견되었다.[6] 이 거대
한 규모의 적석총은 아직 정식 발굴이 이루어지지 않았으나 7층으로
된 피라미드형식으로 제사 터를 갖추었다. 이 적석총은 현재 표면만

<hr>

6 孟昭凱·金瑞淸 編著, 《五千年的文明: 牛河梁遺址》, 中國文聯出版社, 2009,
　22~24쪽.

발굴했을 뿐이지만 청동기를 제조할 때 주물을 떠 옮기는 도가니 파편 등 중요한 유물들이 발견되었다. 이러한 내용은 발굴자들이 홍산문화 만기(기원전 3500~3000년)를 동석병용시대로 편년하는 기준이 되기도 했다.

우하량 13지점 적석총은 전체적인 양식과 7층으로 쌓아 올린 점에서 고구려의 장군총과 유사한 것으로 추정된다. 이 같은 피라미드식 적석총은 한반도, 그리고 고구려가 있었던 만주 지역의 길림성 환인현과 집안시 주변 및 평양 주변 지역에 수백 기가 있다. 백제가 있었던 한강 주변과 임진강 주변도 마찬가지이다. 즉, 적석총 양식은 중국의 중원 지역에서는 전혀 나타나지 않으며, 홍산문화에서 하가점하층문화로 이어지고 이후 부여, 고구려, 백제, 신라, 일본 지역에서 주로 나타난다.

그리고 대형 여신상이 주실에서 출토된 우하량 제1지점 무덤과[7] 기원전 3500년 무렵의 요령성 객좌(喀左) 현 동산취 유적에서 발견된 원형의 제단 유적(〈자료 6-3〉)[8] 등의 유물은 당시 사람들의 종교관과 제의문화를 이해할 수 있는 중요한 내용들을 알려 준다. 이 유적들과 유사한 형태의 고조선 제단 유적으로 해석되는 돌돌림 유적이 한반도

---

7 遼寧省文物考古研究所, "遼寧牛河梁紅山文化女神廟與積石塚群發掘簡報", 〈文物〉 1986-8期, 1~18쪽; 遼寧省文物考古研究所, 《牛河梁-紅山文化遺址發掘報告(1983-2003年度)》, 圖版 6.

8 郭大順·張克擧, "遼寧省喀左縣東山嘴紅山文化建築群址發掘簡報", 〈文物〉 1984-11期, 1~11쪽; 徐秉琨·孫守道, 《中國地域文化大系-東北文化》, 上海遠東出版社, 1998, 38쪽 그림 27.

〈자료 6-3〉 원형 제단이 보이는 동산취 유적 조감도

〈자료 6-4〉 평양 당모루 2호 유적

의 남한과 북한에서도 모두 발견되어 한반도와 만주 지역이 동일한 제의문화권이었음을 보여 준다.

예를 들어 남한에서는 경상남도 창원 덕천리 돌돌림 유적[9]과 임진 강 유역의 철원 두문동 유적[10]이, 북한에서는 대동강 유역의 평양 용 성 구역 화성동 당모루 유적(〈자료 6-4〉)[11]을 비롯하여 황해북도 연

---

9 이상길, "昌原 德川里遺蹟 發掘調査報告", 《三韓社會와 考古學》(제 17회 한국 고고학회 전국대회 발표 요지), 1993, 103~117쪽.

10 석광준, 《각지 고인돌 무덤조사 발굴보고》, 백산자료원, 2002, 376~378쪽.

11 류충성, "새로 발견된 룡성구역 화성동 고대 제단유적", 〈조선고고연구〉 3, 사회

탄군 송신동 유적,[12] 함경북도 길주 평륙리 1, 2호 유적,[13] 길주 문암리 유적,[14] 평안북도 피현 동상리 유적[15] 등이 발견되었는데, 이들은 모두 같은 성격을 보인다. 이들 유적 가운데 당모루 유적을 제외한 돌돌림 유적들은 대부분 고인돌 또는 선돌 유적들과 함께 발견되는 특징을 가진다. 특히 송신동 돌돌림 유적은 고인돌 떼 가운데 자리해 있어, 고인돌을 축조한 다음 이곳에서 제의를 행했던 것으로 해석된다.[16] 즉, 고인돌은 무덤의 기능을 갖지만 돌돌림 유적은 제의를 치르기 위한 제단의 역할을 했을 것으로 해석된다.[17] 이러한 내용은 한반도와 만주 지역에서 같은 양식의 제단을 구축하였음을 알려 준다.

주목할 만한 요소로서, 제단 유적의 양식뿐만 아니라 홍산문화 지역과 평양 지역 제단 유적에서는 복식에 사용되었을 옥기들이 출토되는데 대부분 동물과 인물 등을 형상화한 양식을 특징으로 한다. 반면에 다른 지역의 무덤들에서도 많은 양의 옥기가 출토되지만, 이는 단

과학출판사, 1998, 42~43쪽.

12 河文植, 《古朝鮮 地域의 고인돌 研究》, 백산자료원, 1999, 124~130쪽; "고조선의 돌돌림유적에 관한 문제", 〈단군학연구〉 10, 단군학회, 2004, 311~328쪽; "고조선의 돌돌림유적 연구: 追補", 〈단군학연구〉 16, 단군학회, 2007, 5~28쪽; 석광준, "오덕리 고인돌 발굴 보고", 〈고고학 자료집〉 4, 사회과학출판사, 1974, 100~103쪽.

13 석광준, "오덕리 고인돌 발굴 보고", 100~103쪽.

14 석광준, 《각지 고인돌 무덤조사 발굴보고》, 401~404쪽.

15 석광준, 《각지 고인돌 무덤조사 발굴보고》, 418쪽.

16 류충성, "새로 발견된 룡성구역 화성동 고대 제단유적", 〈조선고고연구〉 1998-4호, 사회과학출판사, 42~43쪽.

17 하문식, "고조선의 돌돌림유적 연구: 追補", 18쪽.

지 장식품과 비실용적 생산도구만을 장례의식 용도로 만들어 매장한 모습으로, 앞의 제단 유적에서 출토된 옥기들과 그 양식 및 성격에서 차이를 보인다.

이처럼 인류는 신석기시대부터 정착생활을 하면서 마을을 이루어 나가고 이러한 마을들이 성장하면서 지역적 특징을 지니는 문화를 발생시켜 지역문화의 터전을 이루어 나갔다. 이러한 상황들은 고고학이 출현하기 이전에는 과학적으로 설명되지 못하고 단지 신화나 전설 등에 의해 그 시대 상황을 전할 뿐이었다. 한민족의 경우에도 이러한 시대 상황을 전하는 설화를 가지고 있다. 바로 《삼국유사》 '고조선' 조에 실려 있는 단군왕검의 개국신화가 그것이다.[18]

단군사화는 고조선이 건국되기까지 우리 민족이 성장한 과정을 이야기하고 있다. 단군사화의 내용은 크게 네 단계로 나누어지는데, 이를 인류학과 고고학에서 말하는 사회발전 단계와 비교해 보면 〈자료 6-5〉의 내용과 같다. 앞의 여러 제의 유적들은 바로 〈자료 6-5〉에서 신석기시대에 속하는 환웅의 시대와 환웅과 곰녀가 출현했던 시대에 속하게 된다. 특히 후기 신석기시대에 속하는 우하량 유적에서는 흙으로 만든 여신상과 함께 곰 뼈와 곰 조소품 등이 옥기와 함께 출토되어 주목된다.

2절에서 분석하겠지만, 홍산문화 복식과 예술 관련 유적과 유물에서 보이는 제의적 인소들은 고조선과 이후 고구려를 중심으로 열국시대의 문화에 그대로 지속되어 한민족 제의문화의 원형과 정체성을 이

---

18 《三國遺事》 卷 1 〈紀異〉 '古朝鮮'條.

〈자료 6-5〉 단군사화의 시대 구분

단군사화 시대	연대	고고학 시대	사회발전 단계[1]	중국의 사회 단계[2]
환인 시대	10,000년 전 이전[3]	구석기 중석기	band society	유단 사회 (遊團)
환웅 시대	10,000년 전 이후[4]	전기 신석기	tribal society	촌락/부락 사회 (村落/部落)
환웅과 곰녀 시대	6,000년 전 이후[5]	후기 신석기	chiefdom society	촌군/부락연맹체 사회 (村群/部落聯盟體)
단군왕검이 건국한 고조선 시대	4,500여 년 전 이후[6]	청동기	state society	국가 사회 (國家)

주: 1) Elman R. Service, *Primitive Social Organization*, Random House, 1962.

2) 張光直 지음, 尹乃鉉 옮김, 《商文明》, 民音社, 1989, 454~455쪽.

3) 도유호, "조선의 구석기시대 문화인 굴포문화에 관하여"〈고고 민속〉, 1964-2호, 3~7쪽; 손보기, 《구석기유적: 한국·만주》, 한국선사문화연구소, 1990; "층위를 이룬 석장리 구석기문화"《역사학보》35·36, 1~25쪽.

4) 제주도 고산리 유적에서는 많은 양의 화살촉 등과 함께 토기가 발견되었는데, 그 연대가 기원전 10000년~8000년 무렵으로 추정된다(任孝宰·權鶴洙, 《鰲山里遺蹟》, 서울大學校博物館, 1984; 金元龍·任孝宰·權鶴洙, 《鰲山里遺蹟 Ⅱ》, 서울大學校博物館, 1985; 任孝宰·李俊貞, 《鰲山里遺蹟 Ⅲ》, 서울大學校博物館, 1988; 北濟州郡·濟州大學校博物館, 《濟州高山里遺蹟》, 1998; 濟州道·濟州大學校博物館, 《濟州高山里遺蹟: 고산리 유적 성격규명을 위한 학술조사보고서》, 2003 참조). 만주에서는 1987년 흥륭와 유적보다 훨씬 이른 기원전 7000년 무렵에 속하는 내몽고 적봉시 오한기 소하서 유적이 발굴되어 동북 지역 최고의 신석기문화 유적으로 발표되기도 했다(劉國祥, "紅山文化墓葬形制與龍玉制度研究", 首屆紅山文化國際學術研討會 자료집, 2004).

5) 함경북도 선봉군 굴포리 서포항 유적, 강원도 양양의 오산리 유적, 내몽고 동부의 흥륭와 유적의 연대가 기원전 6000년 무렵으로 나타났다. 그런데 오산리 유적에 대한 방사성탄소 연대 측정 결과 기원전 10000년이라는 연대도 얻어, 이 유적의 연대는 기원전 6000년보다 훨씬 올라갈 가능성이 크다. 또한 고성 문암리 유적의 연대는 기원전 10000~6000년으로 제시되었다(楊虎, "內蒙古敖漢旗興隆窪遺址發掘簡報",〈考古〉, 1985-10期, 865~874쪽; 劉國祥, "西遼河流域新石器時代至早期靑銅時代考古學文化槪論",〈遼寧師大學報〉, 2006-1期, 社會科學出版社, 113~122쪽; 국립문화재연구소, 《고성 문암리 유적》, 2004; 朴玧貞, "高城文岩里先史遺蹟 發掘調査",〈韓國新石器研究〉5, 한국신석기학회, 2003 참조; 고동순, "양양 오산리유적 발굴조사 개보",〈韓國新石器研究〉13, 한국신석기학회, 2007, 127쪽).

6) 한반도에서 기원전 25세기로 올라가는 청동기 유적으로는 경기도 양평군 양수리의 고인돌 유적을 들 수 있다. 다섯 기의 고인돌 유적에서 채취한 숯에 대한 방사성탄소 연대 측정 결과는 기원전 1950±200년이며, 교정연대는 기원전 2325년 무렵이다[Chan Kirl Park and Kyung Rin Yang, "KAERI Radiocarbon Measurements Ⅲ" *RADIOCARBON*, 16(2), 1974, 197쪽]. 또한 전남 영암군 장천리 주거지 청동기시대 유적에서 수집된 숯에 대한 방사성탄소 연대 측정 결과 기원전 2190±120년(4140±120년 전)·1980±120년(3930±120년 전)으로 나왔으며 교정연대는 기원전 2630년·2365년 무렵이다(崔盛洛, 《靈巖 長川里 住居址 2》, 木浦大學博物館, 1986, 46쪽). 요서 지역의 청동기문화인 하가점하층문화 연대는 기원전 25세기 무렵이다(中國社會科學院考古研究所, 《新中國的考古發現和研究》, 文物出版社, 1984, 339쪽; 中國社會科學院考古研究所 편저, 《中國考古學中碳十四年代數據集》, 文物出版社, 1983, 34쪽).

루어 나가며 중국이나 북방 지역의 것과 특징을 달리한다. 특히 홍산문화 복식에서 일정하게 드러나는 옥장식 등은 고조선 복식 양식으로 그대로 이어져 매우 화려하고 현대적인 장식기법을 이루게 된다. 실제로 한반도와 만주 지역의 많은 고조선 무덤 유적에서는 의복에 장식했던 다양한 장식품들이 다량 출토되고 있어, 고조선 사람들의 복식 갖춤새가 어떠한 변천사를 가졌는지 시대별로 잘 보여 준다. 고조선 사람들은 주검에서 가죽과 모피, 마직물, 모직물, 사직물(누에 천) 등으로 만든 옷을 여러 겹 입었으며,[19] 홍산문화의 전통을 이어 모자에서 겉옷, 신발에 이르기까지 절제된 장식기법으로 일정한 양식을 갖추어 생명력 있는 조형의지를 표현하고자 한 것이 특징적이다.

필자는 지난 연구에서 한반도와 만주 지역에서 출토된 다양한 복식 자료들이 홍산문화 복식 유물들과 그 문양이나 양식에서 공통성을 지니면서도 중국이나 북방 지역의 것과는 차이점을 가지고 있음을 분석하였다. 특히 고조선 초기 유적에서는 청동으로 만들어진 장식품들이 의복에 사용되기 시작하는데 한반도와 만주 지역에서 모두 같은 복식 양식을 나타낸다.[20] 이는 이를 생산하고 사용했던 사람들이 동일한 정치체제를 갖는 하나의 국가에 속한 거주민들이었음을 보여 주는 것이라 생각된다. 이들에게 공통의 귀속의식이 없었다면 공통성

---

19 劉素霞, "夏家店上層文化考古資料反映的有關民族習俗", 《中國考古集成: 東北卷 靑銅時代(一)》, 北京出版社, 1997, 416~417쪽; 박선희, 《한국고대복식: 그 원형과 정체》, 지식산업사, 2002; 《고조선 복식문화의 발견》.

20 박선희, 《한국고대복식: 그 원형과 정체》; 《고조선 복식문화의 발견》; 《고구려 금관의 정치사》, 경인문화사, 2015 참조.

을 지닌 복식문화를 만들어 낼 수 없었을 것이기 때문이다.

《삼국유사》〈기이〉 '고조선'(왕검조선) 조에는 "《위서》에 이르기를 지금으로부터 2천 년 전에 단군왕검이 있어 도읍을 아사달에 정하고 나라를 세워 이름을 조선이라 하였는데 고〔高, 요(堯)〕와 같은 시기였다고 하였다. 《고기》에 이르기를, … 이름을 단군왕검이라 하는데, 당고〔唐高, 요(堯)〕가 즉위한 지 50년 되는 경인년에 평양성에 도읍하고 비로소 조선이라 불렀다"[21]고 기록했다. '조선'은 한국사에 처음으로 등장한 국명인 것이다. 그리고 고조선은 옛날에 있었던 조선이라는 의미로 단군왕검에 의해 건국되었으므로 '왕검조선'이라 부르는 것으로 해석된다.

루이스 헨리 모건(Lewis Henry Morgan)은 《고대사회》(*Ancient Society*)에서 초기 인류문화의 발전을 야만 단계에서 미개 단계를 거쳐 문명 단계에 도달하는 것이라고 보며, 문명 단계의 사회를 국가 단계의 사회를 일컫는 말로 사용하였다. 이러한 견해를 학계는 아무런 이의 없이 그대로 받아들이고 있다. 고조선은 동아시아에서 한반도와 만주에 처음으로 등장한 국가로 문명사회라는 이 정의와도 오롯이 부합된다. 고조선 건국과 함께 우리 겨레가 형성되고 역사의 출발점이 시작되었으므로 고조선 문명은 우리 문화의 원형인 것이다.

글린 다니엘(Glyn Daniel)은 현재까지 발견된 인류 최초의 문명으

---

21 《三國遺事》卷 1 〈紀異〉 '古朝鮮(王儉朝鮮)'條. "《魏書》云, 乃往二千載有壇君王儉, 立都阿斯達, 開國號朝鮮, 與高(堯)同時. 《古記》云, … 號曰壇君王儉, 以唐高(堯)卽位五十年庚寅, 都平壤城, 始稱朝鮮."

로 티그리스·유프라테스강 유역에서 약 5,500년 전 탄생한 메소포타미아 수메르문명을 들었다. 뒤이어 이집트문명(약 5,100년 전)과 인도문명(약 4,500년 전)이, 그 다음으로 중국문명(약 3,700년 전)이 탄생하였다고 보았다.[22]

고조선문명은 현재까지의 발굴 자료로 보아 적어도 약 4,500년 이전에 탄생한 문화이므로, 위의 내용과 견주면 수메르문명 → 이집트문명 → 고조선문명 → 인도문명 → 중국문명의 순위로 세계에서 3번째로 형성된 문명인 것이다. 고조선문명은 한반도와 만주 지역에서 농경문화와 청동기문화를 중심으로 탄생한 독자적인 동아시아 최초의 고대문명으로 이웃나라에 영향을 준 것이다. 특히 중국의 문명 형성에 매우 큰 영향을 주었다고 하겠다.

고조선의 강역이었던 한반도와 만주 지역은 선사시대부터 황하문명과는 그 성격을 달리하며 동질성의 문화를 공유하고 문화공동체를 이루었다. 다시 말해 고조선은 동북아시아에서 가장 먼저 출현한 국가로 문명의 중심을 이루었던 것이다. 우리는 한반도와 만주 지역을 중심으로 고조선이 이룬 동아시아 고대문명[23]을 고조선문명[24]이라 불

---

22 Glyn Daniel, *The First Civilizations*, London: Thamas & Hudson, 1968, 15~68쪽.

23 윤내현, "동아시아 고대문명을 다시 쓰자", 〈한겨레〉 1996. 11. 5.

24 愼鏞廈, "韓國民族의 기원과 형성", 〈韓國學報〉, 일지사, 2000, 211~323쪽 ("한국민족의 기원과 형성", 《한국민족의 형성과 민족사회학》, 지식산업사, 11~144쪽, 2001 재수록); "고조선 '아사달'문양이 새겨진 산동 대분구문화 유물", 〈韓國學報〉 102, 일지사, 2001, 2~23쪽; "고조선문명권의 삼족오태양 상징과 조양 원태자벽화묘의 삼족오 태양", 《韓國 原民族 形成과 歷史的 傳統》, 나남출판,

386

러야 마땅할 것이다. 이 글에서는 복식문화를 중심으로 지리적 환경과 문헌적 근거 및 고고학적 근거를 재해석하여 고조선문명의 성격과 고조선문명권의 지리적 경계를 밝히게 될 것이다.

2) 복식 양식과 제의 특성으로 본 고조선문명의 범위

고조선의 복식 유물 가운데 특히 장식단추는 중국이나 북방 지역과 달리 이른 시기 한반도와 만주 지역의 고조선 초기 무덤 유적에서 부터 줄곧 보이고 있어 고조선의 표지유물이라 할 수 있다. 고조선에서 청동장식단추가 이웃나라보다 앞서 발달한 것은[25] 금속문화를 일찍부터 발달시켰던 까닭에서였을 것이다. 청동장식단추뿐만 아니라 다양한 장식품이 정교하게 만들어지고 양적으로 풍부한 것도 금속으로 만들어진 생산도구 등이 이웃나라보다 앞서 생산되었기 때문일 것이다.

홍산문화 유적 발견 이후 금속문화의 기원 문제는 신석기 후기문화인 홍산문화로부터 시작되었을 것으로 추정되었다.[26] 홍산문화는 신석기시대에서 청동기시대로 가는 동석병용시대에 속하는 중요한 과도기적 문화인 것이다. 중국 학자 양호(楊虎)는 홍산문화 후기(기원

2005, 89~111쪽; 윤내현, "고조선문명 개념", 2011 고조선문명 소모임 토론회 (고조선문명의 형성과 전개); 박선희, 《고조선 복식문화의 발견》, 84~110쪽; 박선희, "복식으로 본 고조선문명과 고대사 체계의 재정립", 〈고조선단군학〉 26, 고조선단군학회, 2012, 81~158쪽.

25 박선희, 《한국고대복식: 그 원형과 정체》, 547~612쪽.

26 白雲翔・顧智界 整理, "中國文明起源座談紀要", 〈考古〉, 1989-12期, 1110~1120쪽.

전 3500~3000년) 유적에서 발견된 주조틀과 동환(銅環)을 들어, "홍산문화 초기에 연동과 주동을 잘할 수 있는 기술이 당연히 있었을 것(早期當有掌握煉銅・鑄銅技術的可能性)"이라 하여 이 시기 청동 주조기술이 있었을 것으로 밝혔다.[27] 곽대순(郭大順)도 홍산문화 출토 유물들과 우하량 제2지점 4호 무덤에서 출토된 동환을 들어 금속문화의 시작을 홍산문화로 보는 견해를 제시했다.[28] 오한기 왕가영자 향서태(鄕西台) 홍산문화 유적에서는 다수의 청동을 주조하던 도범(陶范)이 출토되었고, 건평 우하량 제사 유적에서도 동환과 청동을 녹이는 데 쓰인 질그릇 솥〔坩鍋〕 등이 출토되어 이미 야련업(冶鍊業)이 출현했던 사실을 알 수 있다.

이를 근거로 유관민(劉觀民)은 주조형태가 결코 간단하지 않았음을 판단했고,[29] 유소협(劉素俠)도 후대의 발달된 수준은 아니지만 홍산문화에서 이미 단순하지 않은 청동 야련작업을 시작했다고 보고 있다.[30] 그 외에 기원전 2700년 무렵 홍산문화의 객좌 유적에서는 적탑수에서 동광을 채취한 흔적을 발견했고, 적봉 일대에서는 동광 채취의 상황과 야련 유적을 발견했다.[31] 우하량 유적 85M3에서는 청동제

27 楊虎, "遼西地區新石器-銅石并用時代考古文化序列與分期", 〈文物〉, 1994-5 期, 48쪽.

28 郭大順, "赤峰地區早期冶銅考古隨想", 《內蒙古文物考古文集》, 中國大百科全書出版社, 1994, 278~282쪽.

29 劉觀民, "中國文明起源座談紀要", 〈考古〉 1989-12期, 1110~1120쪽.

30 劉素俠, "紅山諸文化所反映的原始文明", 《中國考古集成: 東北卷 新石器時代 (一)》, 176~178쪽.

31 王曾, "紅山文化的走向", 《中國考古集成: 東北卷 新石器時代 (一)》, 190~195

귀걸이와 옥장식들이 출토되었다(〈자료 6-6〉).[32] 이처럼 지금까지 홍산문화 후기 금속문화의 발견 지역이 적봉, 오한기, 건평, 객좌 등인 점으로 보아 제사 유적지를 중심으로 금속문화가 발달하기 시작했음을 알 수 있다. 〈자료 6-6〉의 청동제 귀걸이와 동일한 양식의 금으로 만든 귀걸이(〈자료 6-7〉)가 고조선의 하가점하층문화인 오한기 대전자향 대전자 하가점하층문화 묘지 제 516호 묘에서 출토되어[33] 홍산문화의 귀걸이 양식이 고조선으로 이어졌음을 알게 한다. 이 금제 귀걸이는 성년 남성 왼쪽 귀부분에서 출토되어[34] 당시 남성들이 귀걸이를 했음을 알게 한다.

청동기문화의 시작 연대를 보면, 황하 유역은 기원전 2200년 무렵, 고조선 지역과 문화적으로 관련 있는 시베리아의 카라수크문화는 기원전 1200년 무렵 시작되었다. 고조선의 청동기문화는 기원전 2500년 무렵 시작되어, 동아시아에서 청동기 생산 시작 연대는 고조선이 가장 이르다. 그러나 앞에 서술한 바와 같이 우하량 유적 85M3에서 청동 귀걸이가 출토된 사실로 보면 고조선의 청동기 시작 연대는 이보다 앞설 가능성이 매우 높다. 이러한 사실은 중국의 청동단추 생산이 고조선의 영향일 가능성을 뒷받침하며, 이는 고조선 청동장식단

쪽 참조.

32 遼寧省文物考古研究所, 《牛河梁-紅山文化遺址發掘報告(1983-2003年度)》, 圖版 167-3, 4.

33 于建設, 《赤峰金銀器》, 遠方出版社, 2006, 3쪽 CJ 001.

34 中國社會科學院考古研究所 編著, 《大甸子: 夏家店下層文化遺址與墓地發掘報告》, 科學出版社, 1996, 189쪽 圖版 56(LVI)-3(M516: 2).

〈자료 6-6〉 우하량 85M3 유적 출토 유물

청동제 귀걸이와 옥장식 출토 상황 　 출토된 청동제 귀걸이

〈자료 6-7〉 오한기 대전자 유적 출토 금제 귀걸이

추에서 나타나는 고유한 특징에서도 확인된다.

중국의 경우 감숙성, 섬서성, 하남성 등의 지역과 지리적으로 고조선 지역과 가까운 산동성 지역에서 소량의 청동장식단추가 발견되었을 뿐인 반면, 고조선의 영역이었던 한반도와 만주 지역에서는 거의 모든 청동기시대 유적에서 다양한 크기와 문양, 양식의 청동장식단추들이 일정하게 발견된다. 또한 중국 청동장식단추에 보이는 문양이 중국의 청동기나 질그릇 및 가락바퀴 등에서 볼 수 있는 특징적 문양과는 달리 고조선 청동장식단추 문양과 같거나 가깝다. 고조선의 청동장식단추(〈자료 6-8〉)[35]는 가락바퀴와 청동기 및 질그릇 등에서 보이는 문양 혹은 청동거울이나 비파형 동검 검집에 나타나는 문양과

〈자료 6-8〉 어은동 출토 청동장식단추

〈자료 6-9〉 신락 유적 출토 옥단추의 윗면과 뒷면

같은 햇살문양[36]으로 장식되어 고조선의 유물들이 갖는 특징과 그 맥락을 같이한다.[37]

고조선의 청동장식단추는 그 크기와 양식, 문양 등을 서로 달리하며 복식에서 특징적 갖춤새를 이루어 나갔는데 이러한 요소들은 홍산문화에서 옥단추(〈자료 6-9〉)[38] 등을 사용했던 복식 특징을 그대로

35 국립경주박물관, 《국립경주박물관》, 통천문화사, 1995, 17쪽.
36 일반적으로 선으로 표현된 문양을 빗살무늬 혹은 새김무늬로 부른다. 그러나 빗살 혹은 빛살은 모두 햇빛을 표현한 것으로 햇살이라 일컫는 것이 적절하다고 생각하여 이 글에서는 빗살무늬 혹은 새김무늬를 햇살무늬 혹은 햇살문양으로 일컫기로 한다.
37 박선희, "고조선의 갑옷 종류와 특징", 《한국고대복식: 그 원형과 정체》 참조.

발전시킨 모습이다. 이처럼 청동장식단추가 복식에서 빛나는 성격을 보이며 한반도와 만주의 모든 지역에서 사용되었던 점과 표면에 일정한 햇살문양을 나타냈던 조형의지는 한민족 복식의 고유 양식으로 제의문화와 무관하지 않을 것이며 고조선문명권을 나타내 주는 중요한 표지유물이라 생각된다.

홍산문화에서 나타나는 제의성은 필자로 하여금 이 글에서 문헌 자료와 고고학의 출토 자료 등을 근거로 홍산문화로부터 지속성을 지니며 고조선 복식에 줄곧 나타나는 장식기법과 예술의지 등의 사실을 통해 고조선 제의문화에 접근하게 하는 요인이 된다. 특히 홍산문화에서 보이는 제단 유적과 한반도의 돌돌림 유적의 성격을 비롯하여, 복식과 예술에 나타나는 이웃 나라와 구분되는 제의문화를 해석하는 일은 고조선문명을 밝히는 하나의 접근 방법이 될 것이다. 그것은 우리 민족이 신석기시대로부터 한반도와 만주 전 지역에서 거주하면서 하나의 복식문화권과 제의문화권을 형성해 왔고, 청동기시대에는 고조선을 세워 하나의 민족을 이루었기 때문이다. 고조선 지역에서 나타나는 복식과 예술 자료의 특성 연구는 제의문화의 정체성을 밝히고 나아가 고유성에 관한 분포 연구로부터 고조선문명권(〈자료 6-10〉)의 지리적 경계도 확인할 수 있기 때문이다.

또한 홍산문화에서 보이기 시작하는 달개 혹은 장식단추에 대한 통

---

38 王菊耳, "新樂文化遺址出土煤精制品試析", 《中國考古集成: 東北卷 新石器時(二)》, 北京出版社, 1997, 1150쪽. 신락문화유적(기원전 6000년대 후기)에서 이 옥단추가 새김무늬 질그릇과 함께 출토되었다.

〈자료 6-10〉 고조선 고유 양식의 복식 유물 출토지와
복식 재료 및 양식 확인 지역

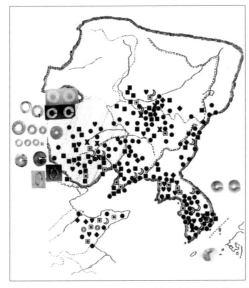

● 새김무늬 가락바퀴
■ 청동장식단추
♥ 나뭇잎 모양 장식
▣ 긴고리 모양 허리띠 장식
◆ 긴네모 모양 갑편
☽ 굽은 옥과 옥장식단추
✕ 절풍 양식 관모
◎ 둥근 양식 옥과 금
   및 청동제 귀걸이

주: 색으로 표시한 영역은 홍산문화권. 이와 관련해서는 박선희, 《한국고대복식: 그 원형과 정체》;
    《고조선 복식문화의 발견》; 《고구려 금관의 정치사》, 경인문화사, 2015 참조.

시적 전승만을 검토해 보아도 이 장식기법이 고조선시대 한반도와 만
주 지역 복식에 광범위하게 사용되고 여러 나라와 삼국으로까지 계승
되어 한민족의 중요한 장식기법으로 자리 잡았음을 알 수 있다. 특히
이러한 장식기법의 발달 양상을 시기별로 검토해 보면, 홍산문화가
고조선이 출현한 초기 청동기시대에 하가점하층문화로 발전했고 다
시 고조선의 비파형 동검문화인 하가점상층문화로 발전했음을 인식
할 수 있게 한다.

그런데 중국에서는 홍산문화를 포함한 만주의 고대문화를 총칭하
여 '요하문명'이라 부르며 이를 황제문화에 포함시키고 있다. 다시 말

해 이 명칭은 한반도와 연해주 지역의 고대문화를 변방문화로 격하시키려는 의미를 내포하고 있는 것이다. 그러나 한반도와 만주 선사문명의 성격은 황하문명과는 확연한 차이점을 보이고 있어 요하라는 하나의 강 이름으로 포괄될 수 없다. 우리가 이 용어를 그대로 따른다면 중국의 역사 왜곡을 그대로 따르는 것이 된다. 우리는 이 문화를 반드시 '고조선문명'이라 불러야 할 것이다.

2. 복식과 예술로 본 홍산문화와 고조선 제의문화

1) 옥기 양식의 지역별 특성과 제의 성격

《설문해자》(說文解字)에서는 '靈'에 대해 "영무(靈巫)는 옥으로 신(神)을 섬긴다"[39]고 했다. 이러한 내용으로부터 고대사회의 종교 지도자는 제의에서 옥기를 사용하였음을 알 수 있다. 옥은 신앙을 상징하는 종교적 의기(儀器)였던 것이다. 일반적으로 신석기시대에서 청동기시대로 가는 과정에서 보이는 여러 가지 사회변화의 요소로 고고학 자료에 나타나는 돌무지무덤과 성터의 출현, 그리고 옥기의 사용 등을 든다. 홍산문화는 이러한 요소들을 골고루 갖추고 있는데 특히 돌무지무덤에서 곡옥을 비롯한 다양한 양식의 옥기가 많은 양 출토되었다.[40]

---

39 《說文解字》. "靈, 靈巫以玉事神."
40 孫守道・郭大順, "牛河梁紅山文化女神頭像的發現與研究", 〈文物〉, 1986-8 期, 19쪽; 郭大順・張克擧, "遼寧省喀左縣東山嘴紅山文化玉器墓的發現".

홍산문화 후기의 요령성 건평현 부근에 위치한 우하량 여신무덤 유적(기원전 3500년)에서는 큰 규모의 돌무지무덤과 흙으로 만든 도소(陶塑) 여신상[41]이 출토되었고, 중앙에 있는 석관무덤에서 많은 양의 옥기들이 출토되었다.[42] 이러한 신상과 신전터는 이 시기에 종교가 상당한 권위를 가지고 군림하였음을 알려 준다. 우하량 유적에서 보이는 돌무지무덤과 규모가 큰 건축물 및 정교한 옥기의 생산은 많은 인력이 동원되어야 하는 일이다. 따라서 신석기 후기에 속하는 우하량 유적은 여러 부족이 연맹을 이루어 정치적 지배자가 출현했던 상황을 보여 준다. 사회적 신분과 빈부의 차이가 발생하고 전문 수공업자가 출현했으며 전쟁의 발생과 함께 종교의 권위자가 존재하였을 것이다. 이 지역에서 다량의 옥기가 출토되는 것도 같은 이유라고 생각된다.

그런데 주목할 점은 홍산문화 유적들에서는 사실적인 인물과 동물, 식물, 곤충 형상이나 추상적인 동물 형상을 조각한 옥제 장식물이 많이 출토되는데 같은 시기 다른 지역의 유적에서는 이 같은 양식의 옥기가 보이지 않는 점이다. 홍산문화 이외의 유적들에서는 주로 옥구슬과 옥귀걸이 등의 장식품과 비실용 공구인 옥도끼와 옥칼 등이 출토된다. 이러한 현상은 같은 지역의 홍산문화보다 앞선 시대의 유적에서도 마찬가지이다.

홍산문화보다 앞선 내몽고자치구 동부의 규모가 크고 오래된 신석기 집단 거주지인 흥륭와 유적(기원전 6200~5200년)에서는 동아시아

---

41 徐秉琨·孫守道, 《東北文化》, 上海遠東出版社·商務印書館, 1996, 40쪽 그림 30.
42 徐秉民·孫守道, 《東北文化》, 26쪽 그림 26·30.

최초의 옥귀걸이(〈자료 6-11〉)와 함께 옥도끼 등 지금까지 약 100여
점의 옥기가 출토되었다.[43] 중국의 옥 전문가들은 흥륭와 유적에서
출토된 옥귀걸이가 세계에서 가장 오래된 것이라고 밝혔다.[44] 흥륭와
유적에서는 옥기와 함께 동북 지역에서 가장 이른 시기에 만들어진
새김무늬 질그릇이 출토되었다.[45] 흥륭와문화는 이후 요하 지역의 주
요 신석기문화인 부하문화(기원전 5200~5000년)로 이어지고 대체로
같은 분포 지역에 있는 조보구문화(기원전 5000~4400년)와 병존하면
서 발전해 나아가[46] 동석병용시대인 홍산문화로 이어진다. 흥륭와문
화 이후 발굴된 요령성 서부 부신에 위치한 사해문화 유적(기원전
5600년 무렵)에서도 흥륭와문화에서 출토된 것과 같은 양식의 옥귀걸
이(〈자료 6-12〉)와 다양한 옥기가 새김무늬 질그릇과 함께 출토되었
다.[47] 이 유적에서 출토된 옥기도 옥귀걸이, 옥구슬 등의 장식품과
비실용 공구인 옥도끼와 옥칼, 화살촉 등이었다.

---

43 中國社會科學院考古硏究所, "遺址保存完好房址布局淸晰葬俗奇特出土玉器時
代之早爲國內之最: 興隆洼聚落遺址發掘獲碩果", 《中國考古集成: 東北卷 新
石器時代(一)》, 607~608쪽; 王永强·史衛民·謝建猷, 《中國小數民族文化
史: 北方卷 上·貳》, 廣西敎育出版社, 1999, 14쪽.

44 〈鞍山日報〉, "中國最早玉器出自岫岩", 2004. 7. 14. (우실하, 《동북공정 너머
요하문명론》, 111~112쪽).

45 中國社會科學院考古硏究所內蒙古工作隊, "內蒙古敖漢旗興隆洼遺址發掘簡
報", 《中國考古集成: 東北卷 新石器時代(一)》, 611~621쪽; "興隆洼聚落遺址
發掘獲碩果 - 遺址保存完好房址布局淸晰葬俗奇特出土玉器時代之早爲國內之
最", 〈中國文物報〉 48期, 1993. 12. 13. 참조.

46 劉晋祥, "趙宝溝文化初論", 《中國考古集成: 東北卷 新石器時代(一)》, 643~
645쪽.

47 徐秉民·孫守道, 《東北文化》, 26쪽 그림 13.

〈자료 6-11〉 흥륭와 유적 출토 옥귀걸이

〈자료 6-12〉 사해 유적 출토 옥귀걸이

　사해문화 유적은 흥륭와문화가 발굴되기 이전까지는 세계에서 가
장 이른 시기에 옥기가 출토된 지역이었다.[48] 이처럼 흥륭와문화와
사해문화는 홍산문화보다 앞선 문화로 서로 계승 관계에 있어 우리
민족의 선사시대를 연구하는 데 매우 중요한 문화이다. 이들 문화는
분포 지역이 거의 같고[49] 옥기뿐만 아니라 질그릇도 마찬가지로 계승
관계를 나타낸다. 특히 이 문화들에서 출토된 옥기의 재료를 분석한
결과 모두 요령성 수암현(岫岩縣)에서 생산되는 옥으로 밝혀진 점[50]

48 魏運亨·卜昭文, “阜新査海出土七八千年前的玉器”, 《中國考古集成: 東北卷
　　新石器時代(二)》, 1639쪽; 方殿春, “阜新査海遺地的發掘與初步分析”, 《中國
　　考古集成: 東北卷 新石器時代(二)》, 1646~1651쪽.
49 楊虎, “關于紅山文化的幾個問題”, 《中國考古集成: 東北卷 新石器時代(一)》,
　　169~175쪽; 李恭篤, “昭烏達盟石崩山考古新發現”, 《中國考古集成: 東北卷
　　新石器時代(一)》, 583쪽.
50 中國社會科學院考古研究所內蒙古工作隊, “內蒙古敖漢旗興隆注遺址發掘簡

에서도 그러하다.

한반도에서는 흥륭와문화 유적과 거의 같은 시기에 속하거나 보다 이른 시기일 것으로 추정되는[51] 강원도 고성군 문암리 선사 유적(기원전 10000~6000년)에서도 수암옥으로 만든 것과 같은 모양의 옥귀걸이가 출토되었다(〈자료 6-13〉).[52] 또한 제주도 고산리 유적에서는 많은 양의 화살촉 등과 함께 토기 및 옥귀걸이(〈자료 6-14〉)가 발견되었는데, 그 연대가 기원전 10000~8000년 무렵으로 추정된다.[53] 전남 여수시 남면 안도리 패총 유적(기원전 4000~3000년 무렵)에서도 문암리와 같은 유형의 귀걸이가 새김무늬 질그릇과 함께 출토되었다.[54] 이러한 양식의 귀걸이는 당시 실제로 사용되었던 것임을 앞에 서술한 홍산문화 유적에서 출토된 도소 신상에서 확인할 수 있다. 즉, 여신상에는 귓불에 작은 구멍이 보이고, 남신상의 귓불에는 큰 구멍이 보인다(〈자료 6-15〉).

흑룡강성 지역의 신석기시대 무덤 유적에서도 많은 양의 옥기가 햇살무늬 질그릇과 함께 출토되었는데 옥기의 재질은 모두 세밀한 수암

報”; “興隆洼聚落遺址發掘獲碩果 - 遺址保存完好房址布局淸晰葬俗奇特出土玉器時代之早爲國內之最”, 〈中國文物報〉 48期, 1993. 12. 13. 참조.

51 우실하, 《동북공정 너머 요하문명론》, 119쪽.

52 국립문화재연구소, 《고성문암리유적》, 2004; 朴玩貞, “高城文岩里 先史遺蹟 發掘調査”, 〈韓國新石器研究〉 5, 한국신석기학회, 2003; 고동순, “양양 오산리유적 발굴조사 개보”, 〈韓國新石器研究〉 13, 한국신석기학회, 2007, 127쪽 참조.

53 北濟州郡·濟州大學校博物館, 《濟州高山里遺蹟》, 1998; 濟州道·濟州大學校博物館, 《濟州高山里遺蹟: 고산리 유적 성격규명을 위한 학술조사보고서》, 2003 참조.

54 조현종·양성혁·윤온식, 《安島貝塚》, 국립광주박물관, 2009.

〈자료 6-13〉 문암리 유적 출토 옥귀걸이

〈자료 6-14〉 고산리 유적 출토 옥귀걸이

〈자료 6-15〉 여신상과 남신상 부분

여신상   남신상

옥이라고 분석했다.[55] 이러한 내용은 신석기시대 흑룡강성 지역에 살던 사람들이 요령성 수암과 관전(寬甸) 일대에서 옥기의 재료를 가져왔을 것으로 추정케 한다. 이는 홍산문화 이전 신석기시대 초기부터 한반도와 만주 지역이 하나의 문화권이었으며, 옥기들의 양식이 홍산문화의 것과 서로 유사한 특징을 가지게 된 까닭을 알게 한다. 그러나 홍산문화 이전 시기 유적에서 출토된 이 옥기들에는 인물과 동물

---

55 張廣文, 《玉器史話》, 紫禁城出版社, 1991, 2쪽. 수암옥의 주요 성분은 사문암(蛇紋岩)으로 경도 2.5~5.5・비중 2.5~2.8의 우수한 품질의 옥으로 밝혀졌다.

등의 형상을 조각한 것은 보이지 않는 점이 특징적이다. 이는 인물과 동물을 형상화한 옥기가 홍산문화 시기에 출현한 특징이었음을 알려 준다.

홍산문화 유적과 같은 시기 다른 지역의 옥기에 대한 비교로부터 다음의 내용이 정리된다. 첫째, 홍산문화보다 앞선 시기 유적들에서는 주로 옥귀걸이, 옥구슬 등의 장식품과 비실용 공구인 옥도끼와 옥칼 등이 출토되는 것이 공통점이다. 홍산문화 옥기의 특징인 사실적인 인물과 동물, 식물, 곤충 형상 또는 추상적인 동물 형상을 조각한 옥기 양식은 보이지 않는다. 둘째, 홍산문화 이전 시기에 속하는 부신 사해문화 유적과 같은 지역에 위치하지만, 보다 후기인 홍산문화에 속하는 부신 호두구 유적의 옥기는 종류와 양에서 큰 차이를 보인다. 즉, 사해문화 유적과 달리 호두구 유적 옥기는 양적으로 풍부하고 그 양식도 다르다. 주로 물고기와 새, 거북이, 올빼미 등을 형상화한 옥기들이[56] 출토되었다. 이처럼 같은 지역에서 시기에 따라 옥기 성격에서 차이를 보이는 것은 동물 형상 등의 옥기가 홍산문화 시기에 갑자기 나타났기 때문으로 해석된다. 옥기뿐만 아니라 우하량 여신묘 유적에서는 곰 턱뼈와 이빨[57] 혹은 사람 모양 조소품들과[58] 곰과

---

56 方殿春·劉葆華, "遼寧阜新縣胡頭溝紅山文化玉器墓的發現",《中國考古集成: 東北卷 新石器時代(二)》, 1652~1656쪽.

57 遼寧省文物考古硏究所,《牛河梁-紅山文化遺址發掘報告(1983-2003年度)》, 圖版 19-3.

58 遼寧省文物考古硏究所,《牛河梁-紅山文化遺址發掘報告(1983-2003年度)》, 圖版 36-1·313-7.

새 날개 등 조소품 일부가[59] 발견되었다. 이러한 현상들은 홍산문화 지역에 널리 분포되어 있는 제단 유적에 행해진 제의 성격과 무관하지 않을 것이다.

실제로 홍산문화는 우하량 지역의 유적 분포에서도 나타나듯이 여신상이 출토된 여신무덤과 함께 적석총 형태로 건축된 제단 유적들이 산재해 있다. 여신무덤 유적에서는 신전터가 발견되었고, 동남쪽에 위치한 우하량 제 2지점에서는 원형과 방형의 거대한 제단 유적이 발굴되었다. 현재도 홍산문화 여러 지역에는 발굴조사가 진행되고 있는데, 거대한 적석총들이 계속 발견되어 이곳이 종교의식과 관련된 밀집 지역인 것으로 추정된다.

셋째, 한반도와 만주 지역 유적에서 사용한 옥기는 재료가 모두 수암옥이라는 동질성을 가지면서도 그 양식에서 차이를 가진다. 흑룡강성 지역과 길림성 지역에서는 홍산문화에서 나타나는 짐승 모양의 옥제품들이 출토되지 않는다. 홍산문화 유적들의 성격은 대규모 종교의식과 밀접한 관련을 갖고 있는데, 제단 유적들에서 사람과 자연, 짐승들을 대상으로 한 주술의식이 있었고 이를 옥으로 형상화하여 제의를 진행할 때 사용한 의복에 착용했을 가능성이 매우 크다. 이와 달리 흑룡강성 지역과 길림성 지역의 무덤들은 단순히 주검을 매장한 무덤들이기 때문에 장식품과 비실용성의 생산도구만을 일상에서의 패식 혹은 장례의식 용도로 만들어 매장했을 것으로 생각된다.

---

59 遼寧省文物考古研究所,《牛河梁-紅山文化遺址發掘報告(1983-2003年度)》, 圖版 20-1・2, 圖版 19-2.

홍릉와문화 이후 옥기의 발달은 동석병용시대인 홍산문화(기원전 4500~3000년)로 이어지고 소하연문화(기원전 3000~2000년)를 거쳐 초기 청동기시대인 하가점하층문화로 계승되는데, 이 시기에 고조선이 출현하게 된다. [60] 고조선문화로 추정되는 하가점하층문화 유적들에서 옥기가 많이 보이는데 이 유적들의 지리적인 분포는 광범위하다.

한반도의 경우 대부분 지역에서 출토된 옥기들이 매우 정교하고 다양한 발달 양상을 보이지만 홍산문화에서 보이는 동물 형상 등의 옥기 양식은 거의 나타나지 않는다. 이와 달리 평양 지역에서는 팔찌와 굽은 옥, 구슬, 벽옥 등과 함께 새와 물고기, 돼지(〈자료 6-16〉) 등의 짐승 모양 옥기가 출토되었고, 청동장식단추와 함께 앉아 있는 곰 모양 장식품(〈자료 6-17〉)[61] 등도 출토되었다.

이 평양 낙랑구역에서 발굴된 유적과 출토 유물들을 한사군의 낙랑군 유적과 유물로 분류하는 경우가 많다. 그러나 필자는 《삼국사기》(三國史記), 《구당서》(舊唐書), 《신당서》(新唐書), 《괄지지》(括地志), 《통전》(通典), 《회남자》(淮南子) 등의 문헌 분석과 낙랑구역 출토 복식 유물 등을 토대로 이 유적과 유물들이 한사군의 낙랑군의 것이 아니라 최리왕의 낙랑국 혹은 한민족의 유물임을 밝힌 바 있다. [62]

---

60 한창균, "고조선의 성립배경과 발전단계 시론", 〈國史館論叢〉33, 國史篇纂委員會, 1992, 7~20쪽; 林炳泰, "考古學上으로 본 濊貊", 〈韓國古代史論叢〉1, 駕洛國史蹟開發研究院, 1991, 81~95쪽 참조.
61 조선유적유물도감편찬위원회, 《조선유적유물도감 2: 고조선·부여·진국편》, 1988, 123, 146, 147쪽.

〈자료 6-16〉 평양 정오동 유적 출토 옥돼지

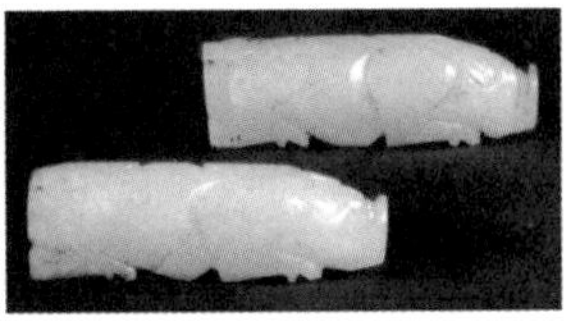

〈자료 6-17〉 평양 석암리 유적 출토 곰 모양 장식품과 청동장식단추

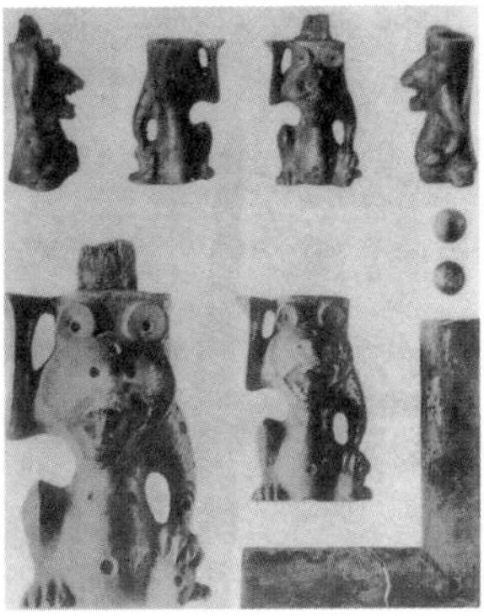

평양시 화성동과 오산리의 고조선 초기 제단 유적을 비롯하여 당모루 유적 등이 만주의 동산취 제단 유적이나 우하량 제 2지점 제단 유적과 같은 돌돌림 양식인 점,[63] 또한 평양 지역과 홍산문화 지역 출토 옥기가 같은 양식을 보이는 점[64]은 이 두 지역이 같은 성격의 제의문화권이었음을 알려 준다. 물론 홍산문화 지역과 지금의 평양 지역의 제단 유적은 시간적 차이가 있지만 제의의 주체가 동일한 거주민이었

62 박선희, 《고조선 복식문화의 발견》, 211~270쪽 참조.

63 하문식, "고조선의 돌돌림유적에 관한 문제"; "고조선의 돌돌림유적 연구: 追補"; 석광준, "오덕리 고인돌 발굴 보고".

64 박선희, 《고조선복식문화의 발견》, 466~482쪽.

을 것으로 해석된다.

《삼국사기》〈고구려본기〉에서는 "평양은 본래 선인(仙人) 왕검(王儉)의 거주지이다"[65]라 한다. 단군왕검을 '선인 왕검'이라 하여, 평양에 선인으로 불리는 단군왕검이 존재했음을 말하고 있다. 단군왕검은 고조선의 통치자이며 선(仙)을 추구했을 고조선 최고의 종교지도자로 '선인'이라 불리었던 것으로, 위의 제단 유적들은 선인이 종교의식을 거행했던 곳이라 하겠다. 그러한 까닭에 한반도의 평양 지역과 만주의 홍산문화 지역의 제단 유적에서 유독 동물과 인물 등을 형상화한 옥기들이 출토되는 것은 이들을 주술물로 하여 다양한 생명들에 대한 풍요와 다산을 기원하는 의미의 선인을 중심으로 거행된 동일한 성격의 제의문화가 있었기 때문이라 해석된다.

2) 홍산문화와 고조선의 제의문화 관련 문헌 분석

한반도와 만주 요서 지역의 제단 유적이 동일하게 돌돌림 양식으로 나타나고 평양 지역과 홍산문화 지역에서 출토된 옥기가 같은 양식을 보이는 것은 이들 지역이 같은 성격의 제의문화권으로 제의의 중심지역이었음을 알려 준다. 이러한 내용은 홍산문화 지역과 고조선 시기 평양 지역 제단 유적들이 선후의 시간적인 차이를 갖지만 제의의 주체는 동일했을 것으로 해석된다.

홍산문화 지역은 기원전 3000년에 이르면 기후와 해수면의 변화 등

---

65 《三國史記》卷 17 〈高句麗本紀〉 '東川王 21年'條. "平壤者本仙人王儉之宅也."

으로 역사적인 변화를 보이지만[66] 하가점하·상층문화의 주체인 고조선 사람들이 여전히 이 지역에 집중 거주했었음을 분석해 보고자 한다. 동석병용시대에 속하는 홍산문화와 이를 이은 소하연문화는 초기 청동기문화인 고조선의 하가점하층문화로 이어지고 다시 비파형 동검문화인 하가점상층문화로 발전했다. 이러한 사실을 뒷받침하는 고고학 출토 자료로, 홍산문화 지역에서는 고조선의 특징적인 청동기문화가 집중 분포되어 나타난다. 문헌 자료에 대한 새로운 해석을 통해 홍산문화 지역에 뒤이어 단군왕검이 거주했음을 밝혀 보고자 한다.

《삼국사기》〈고구려본기〉에서는 고구려가 중국 위(魏) 나라 관구검(毌丘儉)의 침략을 받아 도읍을 옮겼음을 다음과 같이 기록한다.

봄 2월에 왕은 환도성(丸都城)이 난을 겪음으로써 다시 도읍할 수 없다 하여 평양성(平壤城)을 쌓고 백성과 종묘사직을 그곳으로 옮겼다. 평양은 본래 선인 왕검의 거주지이다. 혹은 왕의 도읍인 왕험(王險)이라고도 한다. [67]

---

66 우실하, "요하문명, 홍산문화 지역의 지리적 기후적 조건", 〈고조선단군학〉 30, 고조선단군학회, 213~252쪽.

67 《三國史記》卷 17〈高句麗本紀〉'東川王 21年'條. "春二月, 王以丸都城經亂, 不可復都, 築平壤城, 移民及廟社, 平壤者本仙人王儉之宅也. 惑云王之都王險."《史記》卷 115〈朝鮮列傳〉과《史記索隱》에서는 위만조선의 도읍지를 왕험(王險)이라 했다("韋昭云, 古邑名, 徐廣曰, 昌黎有險瀆縣. 應劭注〈地理志〉, 遼東險瀆縣, 朝鮮王舊都, 臣瓚云, 王險城在樂浪郡浿水之東也"). 그러나《三國遺事》卷 1〈紀異〉'衛滿朝鮮'條에서는 왕검(王儉)이라 달리 표기했다. 위만조

이처럼 《삼국사기》에서는 단군왕검을 '선인 왕검'이라 부르며, 평양에 선인으로 불리는 단군왕검이 거주했다고 한다. 또한 평양을 왕의 도읍으로 왕검(王儉)이 아닌 왕험(王險)이라고도 했음을 말해 준다. 《삼국유사》'고조선'조에는 다음과 같이 두 가지 내용이 보인다.

> 《고기》(古記)에 이르기를, … 이름을 단군왕검이라 하는데, 당고[唐高, 요(堯)]가 즉위한 지 50년 되는 경인년에 평양성에 도읍하고 비로소 조선(朝鮮)이라 불렀다. … 뒤에 아사달로 돌아와 은거하다가 산신이 되었다. 수명이 1,908세였다.[68]

인용문의 내용에서 첫째, 단군왕검은 요임금이 즉위한 후 50년 되던 해 평양성에 도읍하고 조선이라 하였다는 점과, 둘째, 이후 조선이 아사달 지역으로 물러난 후 1908년을 존속했음을 말한다. 또한 앞에 기록된 평양성과 뒤에 나타나는 아사달은 서로 다른 곳이라는 점을 시사한다.

《통전》(通典)에서는 "고구려는 본래 조선(朝鮮)의 땅이었는데 한나라의 무제가 현(縣)을 설치하여 낙랑군에 속하게 하였다. … 도읍인 평양성은 바로 옛 조선국의 왕험성이었다"[69]고 하였다. 이 《통

선의 도읍지를 고대 한민족과 중국인들이 서로 달리 표기했다고 하겠다.

[68] 《三國遺事》卷 1〈紀異〉'古朝鮮'條. "《古記》云, … 號曰壇君王儉, 以唐高(堯)卽位五十年庚寅, 都平壤城, 始稱朝鮮. … 後還隱於阿斯達, 爲山神, 壽一千九百八歲."

[69] 《通典》卷 185〈邊防〉1, 東夷上, 序略. "高麗本朝鮮地, 漢武置縣屬樂浪郡.

전》과 《삼국사기》의 내용으로부터 고구려는 위만조선의 도읍인 왕검성을 동천왕 시기 되찾아 평양성을 축조하고 서기 247년 천도하였던 것으로 분석된다. 또한 《삼국사기》와 《삼국유사》의 내용으로부터 단군왕검이 처음 나라를 세우고 도읍한 곳이 평양성이라는 점, 그리고 이 시기의 평양성은 고구려 동천왕 시기에 천도한 평양성과 같은 곳임을 알 수 있다. 그러면 시기는 서로 다르지만 고조선과 위만조선 그리고 동천왕 시기 고구려가 도읍했던 평양성은 어느 곳에 위치했는지 알아보기로 한다.

동천왕(서기 209~248년)이 평양성을 쌓고 백성들과 종묘와 사직을 옮긴 시기는 서기 247년이다. 종래의 연구에서는 한사군의 낙랑군이 대동강 유역에 위치했다고 보는 것이 통설이었다. 따라서 낙랑군이 축출되는 서기 313년 이전에 고구려가 대동강 유역으로 진출할 수 없었다는 전제하에, 평양성은 지금의 강계 지역으로 파악된[70] 것이 통설이 되었다. 또는 《삼국사기》에 기록된 평양의 명칭이 국내성(國內城)을 잘못 쓴 것으로 이해하고 이 시기의 평양성은 집안현 통구(通溝)에 위치했다고 보기도 했다. 도리이 류조(鳥居龍藏)가 일찍이 이같은 통구설을 제기한 이후 한국 학자들도 같은 주장을 해왔다.[71] 또,

　… 都平壤城, 則故朝鮮國王險城也."
70 李丙燾, "平壤東黃城考", 《韓國古代史研究》, 博英社, 1976, 370~373쪽.
71 鳥居龍藏, "丸都城及び國內城の位置ついて", 〈史學雜誌〉 25-7, 1914, 49쪽;
　　李種旭, "高句麗 初期의 地方統治制度", 〈歷史學報〉 94·95 합집, 1982, 114
　　~115쪽; 신형식, "도성체제", 《고구려산성과 해양방어체제 연구》, 백산자료원,
　　2000, 51쪽; 최무장, 《고구려고고학 Ⅰ》, 민음사, 1995, 52~53족.

동천왕이 지금의 평양으로 옮긴 것으로 보는 견해도 있다.[72] 그러한 까닭에 북한 학자들은 이 기록을 낙랑군이 한반도에 위치하지 않았다는 것을 밝혀 주는 자료라고 파악하기도 했다.[73]

필자는 낙랑구역 무덤들에서 출토된 직물을 비롯한 복식 유물에 대한 분석으로부터 낙랑구역 출토 유물들이 한사군의 낙랑군 유물이 아니라 한민족 복식 유물의 특징을 나타내고 있으며, 아울러 평양 낙랑구역에 낙랑군이 아니라 최리왕의 낙랑국이 위치해 있었음을 밝힌 바 있다.[74] 복식 유물의 분석에서와 마찬가지로 사실상 지금까지 대동강 유역에서 발견된 유물과 유적에는 이 지역에 낙랑군이 있었다는 직접적인 기록이 없다. 고대 문헌에 나타난 낙랑은 한사군의 낙랑군뿐만 아니라 여러 나라 시대 최리왕이 다스렸던 낙랑국(國)이 있었다. 일찍이 이익(李翼)과 신채호가 최리왕의 낙랑국이 대동강 유역에 위치했을 것으로 밝힌 바 있다. 즉, 이익은 낙랑을 낙랑군과 낙랑국으로 나누고 낙랑군은 요동 지역에, 낙랑국은 대동강 유역에 위치했을 것으로 보았다.[75] 신채호는 낙랑을 남낙랑과 북낙랑으로 나누고, 남낙랑은 대동강 유역의 낙랑국으로 최리왕이 다스렸던 나라이고, 북낙랑은 한사군의 낙랑군이라고 했다.[76] 이후 리지린[77]과 윤내현[78]이 대

72 손영종, 《고구려사 1》, 과학백과사전출판사, 1990, 153~155쪽; 박진욱, 《조선고고학전서》, 과학백과사전종합출판사, 1991, 92~93쪽; 車勇杰, "高句麗 前期의 都城", 〈國史館論叢〉 48, 1993, 18~19쪽.

73 손영종, 《고구려사 1》, 153~155쪽; 박진욱, 《조선고고학전서》, 92~93쪽.

74 박선희, 《한국고대복식: 그 원형과 정체》, 125~188쪽; 박선희, 《고조선복식문화의 발견》, 211~270쪽.

75 李翼, 《星湖僿說類選》 卷 1 下, 〈天地篇〉 下, 地理門 四郡條 참조.

동강 유역의 낙랑은 한사군의 낙랑군이 아니라 최리왕의 낙랑국인 것으로 밝혔다.

이러한 주장들은 《삼국사기》와 《후한서》 기록에 대한 새로운 해석을 통해서였다. 최리왕이 다스렸던 낙랑국 위치에 대한 기록들이 있다. 《삼국사기》〈고구려본기〉 '대무신왕 15년'(기원전 3년) 조에 고구려 대무신왕의 아들 호동이 옥저에 놀러 갔다 낙랑국의 최리왕을 만나 나눈 대화가 있다. 최리왕이 호동에게, "그대의 용모를 보니 보통 사람이 아니다. 그대가 북쪽 나라(대무) 신왕의 아들이 아닌가?" 하고 물었다.[79] 이처럼 최리왕이 대화에서 고구려를 북쪽 나라라고 표현한 점에서 최리왕의 낙랑국은 고구려의 남쪽에 위치했을 것으로 생각된다.

대무신왕 때 고구려 영토의 남쪽 국경은 살수, 즉 청천강이었을 것으로[80] 생각된다. 그것은 대무신왕 이후 태조대왕 시기까지 고구려 남쪽 국경이 살수에 이르러[81] 변화가 없었기 때문이다. 따라서 최리

---

76 申采浩,《朝鮮上古史》(丹齋 申采浩 全集 上), 丹齋申采浩先生記念事業會, 1978, 141쪽.

77 리지린, "삼국사기를 통해 본 고조선의 위치",《력사과학》, 1966-3호, 20~29쪽. 대동강 유역에 위치했던 낙랑은 한사군의 낙랑군이 아니라 최리왕이 다스리던 낙랑국이라고 밝혔다.

78 윤내현,《한국열국사연구》, 지식산업사, 1998, 112~149쪽. 한사군의 낙랑군은 지금의 난하 동부 유역에, 대동강 유역에는 최리왕의 낙랑국이 있었다고 밝혔다.

79 《三國史記》卷 14 〈高句麗本紀〉'大武神王 15年'條. "夏四月, 王子好童, 遊於 沃沮, 樂浪王崔理, 出行因見之, 問曰, 觀君顔色, 非常人, 豈非北國神王之子 乎, 遂同歸以女妻之."

80 李丙燾,《國譯 三國史記》, 乙酉文化社, 1980, 238쪽.

왕의 낙랑국 위치는 청천강 이남으로 추정된다. 이러한 사실은 《후한서》에서도 확인된다. 즉, 《후한서》〈동이열전〉예전에는 예의 서쪽에 낙랑이 있다고 했고,[82] 한전에서는 마한의 북쪽에 낙랑이 있고 남쪽으로 왜와 가깝게 있다고 했다.[83] 마한이 당시 북쪽으로 황해도 지역에 위치하고 있으므로,[84] 《후한서》〈동이열전〉에 기재된 낙랑은 최리왕의 낙랑국으로 그 위치는 대동강 유역이며 고구려의 남쪽 국경과 인접해 있었던 것이다.

낙랑국의 존속 기간을 살펴보면, 최리왕이 다스렸던 낙랑국은 가장 이른 기록이 기원전 28년으로 보여[85] 건국은 이보다 앞섰을 것이다. 이후 낙랑국은 고구려 대무신왕 15년(서기 32년)에 최리왕의 공주가 왕자 호동의 지시로 적이 나타나면 알려주는 고각(鼓角)을 부수어 결국 고구려의 침략을 받게 되고[86] 국력이 차츰 약화되었다. 이후 5년이 지나 서기 37년에 고구려에게 멸망하였다.[87] 그러나 이후 서기

---

81 《三國史記》卷 15 〈高句麗本紀〉 '太祖大王 4年'條. "四年, 秋七月, 伐東沃沮, 取其土地爲城邑, 拓境東至滄海, 南至薩水〔4년(서기 57년) 가을 7월에 동옥저를 정벌하고 그 땅을 빼앗아 성읍을 만들고 동쪽 경계를 개척하여 바다에 이르고 남쪽으로는 살수에 이르렀다)."

82 《後漢書》卷 85 〈東夷列傳〉濊傳. "濊北與高句麗·沃沮, 南與辰韓接, 東窮大海, 西至樂浪."

83 《後漢書》卷 85 〈東夷列傳〉韓傳. "韓有三種, 一曰馬韓, 二曰辰韓, 三曰弁辰, 馬韓在西, 其北與樂浪, 南與倭接."

84 윤내현, 《고조선연구》, 512~526쪽.

85 《三國史記》卷 1 〈新羅本紀〉 '始祖 赫居世居西干 30年'條 참조.

86 《三國史記》卷 14 〈高句麗本紀〉 '大武神王 15年'條 참조.

87 《三國史記》卷 1 〈新羅本紀〉 '儒理尼師今 14年'條. "高句麗王無恤, 襲樂浪滅之."

44년에 낙랑국은 다시 동한 광무제의 도움으로 재건되어[88] 서기 300년 대방국과 함께 신라에 투항할 때까지 존속했다.[89] 이로부터 낙랑국은 적어도 기원전 1세기 무렵에 건국되어 서기 300년까지 존속했다고 할 수 있다.

그러므로 한사군의 낙랑군이 서기 313년 고구려 미천왕에게 축출된[90] 것과 연관하여 보면, 서기 300년에 멸망한 낙랑은 최리왕의 낙랑국으로 대동강 유역에 위치해 있었고, 서기 313년에 고구려의 침략을 받은 낙랑은 한사군의 낙랑군이었다. 따라서 일본인들이 낙랑구역을 발굴하고 한사군의 것으로 해석한 유적과 유물은 최리왕의 낙랑국의 것으로 분류되어야 할 것이다.

최리왕의 낙랑국이 서기 300년에 멸망하였음을《삼국사기》〈신라본기〉에서는 "3월 우두주(牛頭州)에 이르러 태백산에 망제를 지냈다. 낙랑과 대방 양국이 귀복하였다"[91]고 했다. 이러한 내용으로 보아 최리왕의 낙랑국은 기림이사금 3년(서기 300년) 대방국과 더불어 신라에 귀복함으로써 완전히 멸망하였음을 알 수 있다. 따라서 동천왕 시기(서기 209~248년) 지금의 평양 지역에는 최리왕의 낙랑국이 위

---

88 윤내현,《한국열국사연구》, 130~135쪽.

89 《三國史記》卷 2〈新羅本紀〉'基臨尼師今 3年'條. "三月, 至牛頭州, 望祭太白山, 樂浪·帶方兩國歸服(3월에 우두주에 이르러 태백산에 망제를 지냈다. 낙랑과 대방 양국이 귀복하였다)."

90 《三國史記》卷 17〈高句麗本紀〉'美川王 14年'條. "十四年, 侵樂浪郡, 虜獲男女二千餘口(고구려가 서기 313년에 낙랑군을 치고 남녀 2천여 명을 사로잡았다)."

91 《三國史記》卷 2〈新羅本紀〉'基臨尼師今 3年'條. "三月, 至牛頭州, 望祭太白山, 樂浪·帶方兩國歸服."

치해 있었으므로 평양성은 낙랑국과 동일한 지역에 위치하지 않았음이 분명해진다.

《구당서》(舊唐書)·《신당서》(新唐書)·《괄지지》(括地志)·《통전》(通典) 등의 문헌 자료에 기재된 내용에 고구려의 평양성에 관한 기록들을 살펴보면 다음과 같다. 《구당서》〈동이열전〉(東夷列傳) '고(구)려전'에서는 평양성이 요수를 건너 영주에 이른다고 했다.

고(구)려는 평양성에 도읍하였는데 바로 한(漢)의 낙랑군 옛 땅이다. … (고구려의 도읍에서) 동쪽으로 바다를 건너 신라에 이르고 서북으로는 요수(遼水)를 건너 영주(營州)에 이르며 남쪽으로는 바다를 건너 백제에 이르고 북쪽으로는 말갈에 이른다. [92]

또한 《신당서》〈동이열전〉 '고(구)려전'에서는 평양성에서 동쪽과 남쪽으로 바다를 건너 신라와 백제에 이르며 북쪽으로는 말갈이 위치해 있다고 다음과 같이 기재하였다.

(고구려의) 군주는 평양성에 거주하는데 또한 장안성이라고도 부르며 한의 낙랑군이었다. … 그 땅은 동쪽으로 바다를 넘어 신라에 이르고 남쪽으로도 바다를 넘어 백제에 이르고 서북은 요수를 건너 영주와 접하였고 북쪽은 말갈이다. [93]

---

92 《舊唐書》卷 199 上 〈東夷列傳〉 高(句)麗傳. "高(句)麗者, … 其國都於平壤城, 卽漢樂浪郡之故地. … 東渡海至於新羅, 西北渡遼水至于營州, 南渡海至于百濟, 北至靺鞨."

이 기록에 의하면 평양성과 낙랑군의 위치는 대동강 유역이 아니었다. 대동강 유역의 평양과 신라와 백제 사이에는 바다가 없기 때문이다. 그러므로 이 인용문에 나오는 평양성이나 낙랑군의 위치가 대동강 유역이 아닌 것이 더욱 분명히 드러난다. 동쪽으로 바다를 건너면 신라에 이르고 남쪽으로 바다를 건너면 백제에 이르는 곳은 그 위치로 보아 발해만 북부 지역, 즉 지금의 요서 지역인 고대의 요동 지역일 수밖에 없다. 따라서 고구려의 동천왕 시기 천도한 도읍인 평양성은 요동 지역에 있었던 것이다.

《구당서》와 《신당서》에서 말하는 요수의 위치에 대하여, 《회남자》(淮南子)〈추형훈〉(墜形訓)의 주석에서 고유(高誘)는 "요수는 갈석산에서 나와 새(塞)의 북쪽으로부터 동쪽으로 흘러 곧게 요동의 서남에 이르러 바다로 들어간다"[94]고 하였다. 갈석산 서쪽으로부터 서남쪽으로 흘러 바다에 이르는 큰 강은 지금의 난하(灤河) 뿐이다. 《신당서》에서 말하는 고대의 요수는 지금의 난하인 것이다. 이러한 내용은 《사기》〈진시황본기〉에 진 이세황제가 동부 지역을 순행하였을 때, 신하들이 요동의 갈석산에 다시 가서 진시황의 송덕비를 세우고 돌아왔음을 말하는[95] 내용도 갈석산이 있는 곳이 요동 지역이었다는 점을 확인시켜 준다.

---

93 《新唐書》卷 220〈東夷列傳〉高(句)麗傳. "其君居平壤城, 亦謂長安城, 漢樂浪郡也. … 地東跨海距新羅, 南亦跨海距百濟, 西北度遼水與營州接, 北靺鞨"

94 《淮南子》卷 13〈墜形訓〉본문에 대한 주석. "遼水出碣石山, 自塞北東流, 直遼東之西南入海."

95 《史記》卷 6〈秦始皇本紀〉'二世皇帝 元年'條.

《구당서》와 《신당서》에서 말하는 영주(營州)의 위치를 알게 되면 요수가 지금의 난하인 것이 더욱 분명해진다. 즉, 《관자》(管子)의 〈규도〉(揆道) 편은 제국(齊國)의 환공(桓公)과 관중(管仲)이 나눈 대화를 통해 "환공이 관자에게 묻기를, '내가 해내(海內)에 옥폐(玉幣)로 일곱 가지가 있다고 들었는데, 그것들에 대해서 들을 수 있겠는가'라고 했다. 관자가 대답하기를, '… 음산(陰山)의 연석혼(礝石昏)이 그 한 가지이고, 자산(紫山)의 백옥이 그 한 가지이고, 발(發)과 조선의 문피(文皮)가 그 한 가지이고, …'"[96]라고 했다. 즉, 관중은 발과 조선의 특산물로 빛깔이 화려하고 무늬가 아름다운 범과 표범류의 가죽인 문피(文皮)[97]를 일곱 가지 중요 특산물 가운데 세 번째로 꼽았다.

《이아》(爾雅)의 〈석지〉(釋地)에서는, "동북에 있는 척산(斥山)의 문피가 가장 아름답다고 했다".[98] 척산은 지금 산동반도의 동래군 문등현에 있으며[99] 영주 관내에 있어 발해를 건너 요동에서 동북 지역의

---

96 《管子》卷 23 〈揆道〉第78. "桓公問管子, 曰: 吾聞海內玉幣七筴, 可得而聞乎. 管子對, 曰: … 陰山 之礝石昏一筴也, 燕之紫山白金一筴也, 發·朝鮮之文皮一筴也, … ."

97 《爾雅》〈釋地〉의 문피에 대해 곽박(郭璞)은 "虎豹之屬, 皮有縟綵者, 是文皮, 卽文豹之皮也"라고 했다.

98 《爾雅》〈釋地〉. "東北之美者, 有斥山之文皮焉."

99 《隋書》〈地理志〉에서는 "동래군 문등현에 척산이 있다"(東萊郡文登縣有斥山)고 했고, 《漢書》〈地理志〉에서는 동래군은 "청주에 속한다"(屬靑州)고 했다. 또한 청주(靑州)는 《括地志》와 《史記》〈齊太公世家〉에 관중(管仲)의 무덤에 대한 주석으로 실린 《史記正義》에서 "관중의 무덤은 청주 림치현 남쪽에서 21리 떨어진 우산 위에 있고, 환공의 무덤과 이어져 있다"(管仲冢在靑州臨淄縣南二十一里牛山上, 與桓公冢連)고 했다. 이로 볼 때 청주는 지금의 산동반도 지역임을 알 수 있다.

특산물을 사들였다고 했다. 이러한 관계로 보아 관중은 발해 건너 요동에서 발과 조선 등 동북 지역의 민족들로부터 고급 문피를 구입하는 점을 알고 바로 그들의 교역품을 받아들인다면 중국을 침략하지 않을 것이라고 대책을 내놓은 것이다. 《이아》〈석지〉의 척산에 대한 주석으로 실린 《정의》(正義)에서 "이것은 영주의 이익을 설명하는 것이다. 《수서》〈지리지〉 동래군 문등현에 척산이 있다. 《태평환우》(太平寰宇)에는 바로 《이아》의 척산이라 기록하였다. 척산은 지금의 등주부(登州府) 영성현(榮成縣) 남쪽 120리에 있다. 《관자》〈규도〉편에서 발과 조선의 문피라고 하고, 또한 〈경중갑〉(輕重甲)편에서 발과 조선이 조근(朝覲)을 오지 않는 것은 문피와 타복(鮀服)을 예물로 요청하기 때문이라고 한 발과 조선의 지역이다. 척산은 영주 구역 안에 있는데, 영주에서 바다를 지나면 요동 땅이므로 동북의 훌륭한 것을 모을 수 있는 것이다"[100]고 했다. 이 내용으로부터 고대 중국인들은 척산에서 뱃길을 통하여 지금의 난하 하류 유역에 위치했

---

100 《이아》〈석지〉의 척산에 대해 정의(正義)의 내용을 보면 다음과 같다. "이것은 영주의 이익을 설명하는 것이다. 《수서》〈지리지〉에 따르면, 동래군 문등현에 척산이 있다. 《태평환우기》에는 바로 《이아》의 척산이라 기록하고 있다. 척산은 지금의 등주부 영성현 남쪽 120리에 있다. 《관자》〈규도〉편의 '발과 조선의 문피', 또한 〈경중갑〉편에서 '발과 조선이 내조(來朝)하지 않는 것은 문피와 타복을 화폐로 할 것을 청했다'고 한 발과 조선의 지역이다. 척산은 영주 구역 안에 있는데, 영주에서 바다를 건너면 요동 땅이므로 동북의 훌륭한 산물을 모을 수 있었다(此釋營州之利也. 《隋書》〈地理志〉: 東萊郡文登縣有斥山. 《太平寰宇記》: 以爲卽爾雅之斥山矣. 斥山在今登州府榮成縣南一百二十里. 《管子》〈揆道〉篇: 發朝鮮之文皮. 又〈輕重甲〉篇: 發朝鮮不朝, 請文皮鮀服而爲幣乎. 斥山在營州域內, 營州越海有遼東地, 故能聚東北之)."

던 고대의 요동 지역에 이르러, 당시 그 지역에 있었던 발과 조선 지역에서 생산되는 문피 등을 수입했음을 알 수 있다. 따라서 이러한 내용들은 요수가 지금의 난하(灤河)이며 고대의 요동은 지금의 요서 지역임을 분명히 알려 준다.

그리고 《구당서》와 《신당서》에서는 고구려의 평양성에서 동쪽으로 바다를 건너면 신라에 이르고 남쪽으로 바다를 건너면 백제에 이른다고 했다. 이 위치에 합당한 곳은 발해만 북부 지역인 지금의 요서 지역일 수밖에 없다. 그러므로 고구려가 동천왕 시기 천도한 도읍인 평양성은 지금의 요서 지역(고대의 요동)에 있었던 것이다.

《괄지지》(括地志)에는 "고구려의 치소인 평양성은 본래 한의 낙랑군 왕험성인데 바로 고조선이었다"[101]했고, 또한 《통전》(通典)에서는 "고구려는 본래 조선의 땅이었는데 한나라의 무제가 현을 설치하여 낙랑군에 속하게 하였다. … 도읍인 평양성은 바로 옛 조선국의 왕험성이었다"[102]는 기록이 보인다. 일부 학자들은 이 내용에 보이는 평양성을 대동강 유역의 평양으로 잘못 인식하여 위만조선의 왕검성과 낙랑군이 대동강 유역에 있었다고 믿었다. 고대에 '평양성'은 고유명사가 아니라 도읍이나 큰 도시를 말하는 보통명사로서 여러 곳에 존재하였는데,[103] 앞에서 확인한 바와 같이 평양성은 대동강 유역이 아

---

101 《史記》卷6〈秦始皇本紀〉'秦始皇 26年'條의 조선에 대한 주석으로 실린 《史記正義》. "《括地志》云, 高麗(高句麗)治平壤城, 本漢樂浪郡王險城, 卽古朝鮮也."

102 《通典》卷185〈邊防〉1, 東夷 上, 序略. "高麗本朝鮮地, 漢武置縣屬樂浪郡. … 都平壤城, 則故朝鮮國王險城也."

니라 발해만 북부 요동 지역에 있었을 것이다.

고구려 동천왕 시기 관구검의 군사가 환도성(丸都城)을 침략하자 동천왕은 남옥저로 도망했다. 그러나 고구려는 유유(紐由)로 하여금 계략을 꾸며 다시 위나라 군대를 침략하였다. 이때 위나라 군대는 낙랑군을 거쳐 도망하였다.[104] 낙랑군이 지금의 평양에 위치했다면 위나라 군대는 낙랑군을 거쳐 지금의 요서 지역인 요동으로 도망갈 수 없었을 것이다. 그러므로 낙랑군은 고구려 서쪽인 지금의 요서 지역에 있었던 것이며 고구려는 위나라 군대가 도망간 이후 요동군의 서안평(西安平)현을 다시 점령했던 것이다.

서안평현이 위치한 당시의 요동군에 대하여 《한서》(漢書)〈지리지〉(地理志)에서는 "요동군은 진 제국이 설치하였는데 유주(幽州)에 속한다. … 현(縣)은 18개가 있다"[105]고 기록하였는데 이 18개 현 가운데 하나가 서안평현이다. 또한 이 내용에 이어 "동북은 유주라 하는데, 그 산을 의무려(醫無閭)라 한다"고 했다. 이 의무려에 대해 사고(師古)는 주석에서 요동에 있다고 하였다.[106] 실제로 지금의 요서 지역에 의무려산이 그대로 있어 서안평현이 요서 지역에 위치해 있었음과 고대의 요동이 지금의 요서 지역임을 다시 확인할 수 있다.

---

103 李炳銑, 《韓國古代國名地名研究》, 螢雪出版社, 1982, 36쪽, 132쪽; 朴趾源, 〈渡江錄〉, 《熱河日記》, 6月 28日 참조.

104 《三國史記》 卷 17 〈高句麗本紀〉 '東川王 28年'條.

105 《漢書》 卷 28 〈地理志〉 下 遼東郡. "秦置. 屬幽州. … 縣十八."

106 《漢書》 卷 28 〈地理志〉 上. "東北曰幽州. 其山曰醫無閭." 의무려에 대한 안사고(顏師古) 주석에서 "在遼東"이라 했다.

낙랑군도 서안평현과 마찬가지로 지금의 요서 지역에 위치했었던 사실이 《수서》(隋書) 〈양제기〉(煬帝紀)에 수(隋) 양제(煬帝)가 고구려를 치기 위하여 그의 군대를 출동시키면서 지휘한 내용에서도[107] 드러난다. 수나라 군대가 진군할 길 이름 가운데 낙랑과 현도(玄菟) 및 임둔(臨屯)의 군(郡) 명과 낙랑군에 속한 현의 명칭인 루방(鏤方)·장잠(長岑)·해명(海冥)·조선(朝鮮)·점선(黏蟬)·함자(含資)·혼미(渾彌)·동이(東暆)·대방(帶方)이 보인다.[108] 만약 낙랑군이 지금의 평양인 대동강 유역에 있었다면 수나라 군대의 진군 출발지에 낙랑군과 소속현의 명칭이 나타날 수 없었을 것이다. 낙랑군이 난하(灤河) 유역에 있었기 때문에 위나라 군대는 지금의 요서 지역에 위치했던 낙랑군을 거쳐 도망한 것이다.

《사기》〈진시황본기〉(秦始皇本紀)에서는 진 제국의 영토가 요동 지역에서 고조선과 국경을 접하고 있었다고 기록하였으며 당시의 요동은 갈석산 지역이었다고 밝히고 있다.[109] 그리고 《사기》를 비롯한 서한시대의 여러 문헌에서는 당시의 갈석산이 지금의 난하(灤河) 하류 동부유역에 있는 지금의 갈석산이며 당시의 요수와 요동은 지금의 난하와 그 유역이었던 것으로 확인된다.[110] 따라서 평양성의 위치로 합당한 곳은 발해만 서북부 지역일 수밖에 없다. 그러므로 고구려의 동천왕 시기 천도한 도읍인 평양성은 요동 지역, 즉 지금의 요서 지역

107 《隋書》卷 4 〈煬帝紀〉下.
108 《漢書》卷 28 〈地理志〉下 樂浪郡.
109 윤내현, 《고조선연구》, 170~188쪽.
110 유 엠 부찐 지음, 이항제·이병두 옮김, 《고조선》, 소나무, 1990, 25쪽 참조.

인 난하의 동쪽에 위치해 있었던 것이다.

　평양성이 난하의 동쪽에 위치했음은 《삼국사기》〈고구려본기〉
'태조대왕'조에 서기 146년(태조왕 94년) 고구려가 동한의 요동군 서
안평현에 쳐들어가 낙랑군의 속현(屬縣) 대방의 현령을 죽이고 낙랑
군 태수의 처자를 붙잡았다[111]고 하여 요동군 서안평현과 낙랑군이 가
깝게 인접해 있었다는 사실에서도 확인할 수 있다.　앞에서 서술했듯
이 당시에 요동군은 지금의 난하(灤河) 하류유역에 있었으므로 낙랑
군도 그곳과 인접한 지역에 있었다는 것이 다시 확인된 셈이다.　뿐만
아니라　앞에　서술한 《구당서》〈동이열전〉'고(구)려전'[112]과 《신당
서》〈동이열전〉'고(구)려전',[113] 《괄지지》,[114] 《통전》[115]에　기재된
내용들에서 평양성이 낙랑군의 옛 땅이라고 하므로 평양성은 요동군,

---

111 《三國史記》卷 15〈高句麗本紀〉'太祖大王'條. "九十四年, … 秋八月, 王遣
　　將, 襲漢遼東西安平縣, 殺帶方令, 掠得樂浪太守妻子."; 《後漢書》卷 85
　　〈東夷列傳〉高句驪傳. "質·桓之間, 復犯遼東西安平, 殺帶方令, 掠得樂浪太
　　守妻子."

112 《舊唐書》卷 199〈東夷列傳〉高(句)麗傳. "高(句)麗者, … 其國都於平壤城,
　　卽漢樂浪郡之故地. … 東渡海至於新羅, 西北渡遼水至于營州, 南渡海至于百
　　濟, 北至靺鞨."

113 《新唐書》卷 220〈東夷列傳〉高(句)麗傳. "高(句)麗, … 地東跨海距新羅, 南
　　亦跨海距百濟, 西北度遼水與營州接, 北靺鞨其君居平壤城, 亦謂長安城, 漢
　　樂浪郡也, …."

114 《史記》卷 6〈秦始皇本紀〉'秦始皇 26年'條의 조선에 대한 주석으로 실린 《史
　　記正義》. "《括地志》云, 高麗(高句麗)治平壤城, 本漢樂浪郡王險城, 卽古朝
　　鮮也."

115 《通典》卷 185〈邊防〉1, 東夷上 序略. "高麗本朝鮮地, 漢武置縣屬樂浪郡.
　　… 都平壤城, 則故朝鮮國王險城也."

즉 지금의 요서 지역에 있었음이 재확인된다. 또한 요서 지역에 있었던 평양성은 옛 조선국의 왕험성이었다[116]고 하므로 평양성은 위만조선의 왕검성이었던 것이다. 이로부터 평양성이 난하의 동쪽에 위치한 낙랑군 지역이며 서안평현과 인접해 있었음을 알 수 있다. 그렇다면, 왕검성이었던 평양성은 난하의 동쪽인 지금의 요서 지역의 어느 곳에 위치했을까?

《구당서》〈동이열전〉'고(구)려전'에는 "(고구려에서) … 서북으로는 요수를 건너 영주에 이른다"고 했고, 《신당서》〈동이열전〉'고(구)려'전에는 "(고구려의) … 서북은 요수를 건너 영주에 닿는다"고 했다. 《구당서》와 《신당서》 모두 고구려 영역을 설명하면서 영주를 중심에 놓아 중요 지역으로 서술하였음을 알 수 있다. 영주는 그 영역과 치소가 변화했지만 이 시기의 영주는 《위서》(魏書)〈지형지〉(地形志)에 의하면 6개 군과 14개 현을 포함하며 치소는 지금의 조양(朝陽)이었다.[117] 이는 고구려가 당시 6개 군을 아우르는 조양 지역을 중요 중심지로 삼았음을 의미한다.

동천왕이 서기 247년 평양성으로 천도할 당시 조양 지역의 정치적인 상황은 고구려가 요서 지역에 진출할 수 있었던 좋은 여건이었다. 즉, 흉노는 서기 3세기 무렵까지 요령성 지역에 아직 진출하지 않았던 것으로 생각되며, 오환(烏丸)은 서기 3세기 초기 조양 지역에서 멸망한 것으로 나타난다. 그리고 선비(鮮卑)는 서기 180년 무렵 단석

116 위와 같음.
117 《魏書》卷 106〈地形志〉中 참조.

괴(檀石槐)의 사망과 더불어 분열시대를 맞이하며 삼국시대 초기에
는 선비의 여러 부락 중에서 가비능(軻比能)이 가장 강성했으나 서기
235년 조위(曹魏)의 왕웅(王雄)에게 살해되면서 선비의 여러 부락은
흩어지거나 조위에 복속되었다. 그 후 3세기 중기부터 후기에 이르기
까지 선비는 통일되지 않았고, 각 지역에는 소규모 부족이 산재할 뿐
이었다. 따라서 서기 3세기 초 무렵 지금의 요서 지역인 고대의 요동
지역에는 강성한 세력이 없었다고 하겠다.[118] 이러한 상황은 고구려
의 동천왕이 이 시기 요서 지역에 진출할 수 있었던 좋은 배경이 되었
을 것이다.

  서기 246년 위나라 관구검(毌丘儉)이 환도성(丸都城)을 침략하자
고구려 동천왕이 남옥저로 도망하였으나, 유유(紐由)의 계략으로 다
시 위나라 군대를 침략하고[119] 위나라 군대가 도망간 이후 서기 246년
지금의 요서 지역에 위치했으며 낙랑군과 인접했던 서안평현을 다시
점령할 수 있었던 좋은 조건이 되었던 것이다. 앞에 서술했듯이《구
당서》〈동이열전〉'고(구)려전'과《신당서》〈동이열전〉'고(구)려
전',《괄지지》,《통전》에 기재된 내용들에서 서안평현은 낙랑군과
인접해 있고 평양성이 낙랑군의 옛 땅이라 하므로《위서》〈지형지〉
의 기재에 따라 낙랑군을 포함한 지역은 영주인 것이다. 영주에는 창
려(昌黎), 건덕(建德), 요동(遼東), 낙랑(樂浪), 기양(冀陽), 영구
(營丘)의 6개 군이 있었고,[120] 치소가 북연(北燕)의 수도였던 지금의

---

118 박선희, "조양 袁台子村 벽화묘의 국적과 고구려 영역 확대",〈고조선단군학〉31,
    고조선단군학회, 2014, 39~126쪽.
119《三國史記》卷 17〈高句麗本紀〉'東川王 28年'條.

조양인 화룡성(和龍城)에 있었다고 하여[121] 조양을 중심지로 했다는 점에서 평양성이 조양에 있었다는 사실을 확인할 수 있다.

이러한 까닭에 앞에서 서술했듯이 《구당서》와 《신당서》에서 고구려의 영역을 설명하면서 영주를 중요한 지역으로 설명했다고 여겨진다. 또한 평양성은 옛 조선국의 왕험성이었으므로 고구려는 단군왕검과 뒤이어 위만조선의 도읍이었던 왕검성을 동천왕 시기 되찾아 평양성을 축조하고 서기 247년 천도하였던 것으로 추정된다. 실제로 고구려는 남하정책을 실시하기 이전 요서 지역에 있던 중국의 군현을 축출하여 난하 유역에 이르기까지 영토를 확장해 나갔다. 이 지역은 앞에 서술한 《삼국유사》 '고조선'조의 기록에서와 같이 고조선의 영역이었는데, 고조선 말기에 위만조선에게 빼앗겼고 다시 그 영역에서 한 무제 시기에 한사군이 설치되었던 곳이다. 고구려는 바로 이 지역을 확보한 이후 전쟁 방향을 남쪽으로 향했던 것이다. 이러한 상황은 고구려가 요서 지역을 정복하고자 했던 목적이 고조선 시기 한사군 등의 설치로 빼앗겼던 영토를 되찾고자 했던 것으로 해석하게 한다. 고구려가 건국 초기부터 추구해 왔던 정치이념인 다물이념, 즉 고조선의 천하질서를 회복한다는 국가시책이었던 것이다.[122]

이러한 사실과 관련하여 동천왕이 천도한 평양성이 발해만 북부 지역의 조양일 것이라고 추정하는 필자의 견해를 뒷받침해 주는 것은 당시 조양 지역에 조성된 여러 고구려 유적들이다.

---

120 《魏書》卷 106 上 〈地形志〉 上 참조.
121 《魏書》卷 106 上 〈地形志〉 上. "營州治和龍城. … 領郡六縣十四."
122 박선희, 《고구려 금관의 정치사》 참조.

고구려의 금관테 둘레와 금제 관식들이 서기 3~4세기에 속하는 요령성의 조양 지역 유적들에서 집중되어 출토된다.[123] 이들 유적에서는 갑옷과 말 갑옷, 말 투구, 등자를 비롯한 금동 마구장식 등이 출토되는데, 그 제작기법에서 중국이나 북방 지역 개마보다 약 2세기 정도 앞섰던, 고조선을 계승한 고구려 고유 양식을 보여 이 무덤들의 국적을 고구려로 추정하게 한다.[124]

그렇다면, 동천왕의 평양성은 발해만 북부 요동 지역(지금의 요서 지역)의 어느 곳일까? 지금까지의 발굴 자료로 보면 서기 3~4세기에 속하는 고구려의 특징적인 복식 유물들이 요령성 북표 방신촌(서기 3세기 말~4세기 초), 요령성 조양 십이태향 원대자촌(서기 3~4세기), 조양 전초구(서기 3세기 말~4세기 초), 조양 십이대영자 향전역 88M1 무덤(서기 3세기 말~4세기 초), 조양 왕자분산(王子墳山) 묘군(서기 226~336년) 등으로, 주로 조양 지역에 집중되어 나타난다.[125] 특히 왕릉급 유물에서 볼 수 있는 금관테 둘레와 금제 관식, 금방울, 금장식단추, 금반지, 금과 은으로 만든 귀걸이를 비롯하여(〈자료

---

123 위와 같음.

124 박선희, 《한국고대복식: 그 원형과 정체》, 547~674쪽.

125 박선희, 《고구려 금관의 정치사》, 88~143쪽; 陳大爲, "遼寧北票房身村晋墓發掘簡報", 〈考古〉, 1960-1期, 24~26쪽; 遼寧省文物考古研究所・朝陽市博物館, "朝陽王子墳山墓群 1987, 1990年度考古發掘的主要收穫", 〈文物〉 1997-11期, 4~18쪽; 遼寧省文物考古研究所・朝陽市博物館・朝陽縣文物管理所, "遼寧朝陽田草溝晋墓", 〈文物〉 1997-11期, 33~41쪽; 遼寧省文物考古研究所・朝陽市博物館, "朝陽十二台鄉磚歷88M1發掘簡報", 〈文物〉 1977-11期, 19~32쪽.

〈자료 6-18〉 조양 지역 출토 금제 관식과 장식품

전초구 무덤 출토 금제 관식

방신촌 무덤 출토 금제 관식

전초구 무덤 출토 금제 관식

방신촌 무덤 출토 금제 관식

방신촌 무덤 출토 금제 관식

방신촌 무덤 출토 금제 방울

방신촌 무덤 출토 금제 관식

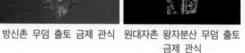
원대자촌 왕자분산 무덤 출토 금제 관식

방신촌 무덤 출토 비취를 넣은 금제 반지

6-18〉) 금동 허리띠장식, 청동장식단추, 청동방울 등 수많은 복식 유물들이 출토된 점이 특징적인데, 모두 고구려의 고유 양식을 나타내고 있다. 자료에서와 같이 관테 둘레에 꽂았을 금제 관식은 그 기본 양식이 모두 동일하다. 주목할 것은 이 고구려 양식들이 고조선의 장식기법을 그대로 계승하고 있는 점이다.[126] 특히 나뭇잎 양식과 꽂는 장식 부분의 불꽃문양에서 더욱 그러하다. 예를 들어 자료의 관식들에서 나타나는 불꽃문양의 조형성과 같은 양식으로 고구려의 청암리 출토 금동제 관식(〈자료 6-19〉)과 고구려 금동제 관식 문양(〈자료 6-20〉), 가야 복천동 11호 고분 출토 금동관(〈자료 6-21〉), 환인현 출토 고구려 환두대도의 손잡이 부분 문양(〈자료 6-22〉)[127]에서 보이는데, 이는 신라(〈자료 6-23〉)로 이어진다.

조양에 위치한 원대자(袁台子) 고분벽화[128] 역시 마찬가지이다. 은으로 만든 그릇과 복식 유물들이 여럿 출토되었고, 등자를 비롯한 금동과 청동으로 만들어진 아름다운 마구장식들이 많은 양 출토되었다. 이 원대자 고분벽화에 나타나는 복식 양식은 고구려의 고유한 특징들로 국적을 고구려로 볼 수밖에 없다. 원대자 고분벽화에 보이는 복식은 안악 3호 고분벽화에 나타나는 것과 거의 같다.

발굴자들은 원대자 고분벽화의 연대를 서기 4세기 중엽으로 보고

---

126 박선희, 《고구려 금관의 정치사》, 88~143쪽 참조.

127 조선유적유물도감편찬위원회, 《조선유적유물도감 4: 고구려편》, 1989, 237쪽 그림 405.

128 遼寧省博物館文物隊·朝陽地區博物館文物隊·朝陽縣文化館, "朝陽袁台子 東晉壁畫墓", 〈文物〉 1984-6期.

〈자료 6-19〉 청암리 출토 금동제 관식

〈자료 6-20〉 고구려 금동제 관식

〈자료 6-21〉 복천동 11호 고분 출토 금동관

〈자료 6-22〉 고구려 환두대도 손잡이 부분 불꽃문양

〈자료 6-23〉 황남대총 북분 출토 환두대도 손잡이 부분 불꽃문양

있다. 이 시기 고구려는 고국원왕 시기로, 동천왕이 천도한 평양성에서 서기 342년 환도성으로 이미 천도한 시기이다. 따라서 고구려 천도 이후 남아 있던 고구려의 귀족 혹은 고급 관리의 무덤이라 여겨진다. 이러한 조양을 중심으로 조양과 가까운 지역들에서 출토된 복식 유물들의 국적이 고구려의 고유한 특징을 보이는 점으로 보아 동천왕 시기 평양성은 조양 지역이었을 것으로 추정된다.

한국 학자들은 이러한 점들은 소홀히 하고 중국 학자들이 조양을 포함하여 당시 요서 지역 등을 발굴하고 선비족 무덤이라고 한 내용을 비판과 분석 없이 그대로 받아들이고 있다. 한반도와 만주 지역 무덤들에서 출토된 모든 유물의 통시적인 양식사를 고찰하지 않은 채 중국 학자들의 입장을 받아들여, 한반도 남부와 만주 집안 지역의 한국 고대문화의 다양한 내용들이 삼연(三燕) 문화, 즉 북방문화의 영향으로 이루어졌다는 관련성으로 무분별하게 연결시킨 것이다.

고구려는 모본왕(서기 48~53년) 때부터 미천왕(서기 300~331년) 때까지는 지금의 요서 지역으로 적극 진출하였다고 하겠다. 384년에 고국양왕이 소수림왕을 이어 즉위하였다. 중국 동북부 지역에서는 전진에게 멸망한 전연 모용황의 아들 모용수(慕容垂)가 후연(後燕)을 건국하였다. 고구려와 모용씨는 이전부터 관계가 좋지 않아 계속 충돌하였다. 이 시기에 지금의 난하 하류 유역에 위치했던 요동군과 난하 서쪽으로 옮겨 위치했던 대방군과 현도군을 고구려가 공격하였다.[129] 또한 후연이 이를 다시 탈환하는 전쟁도 있었다.[130] 이러한 고구려의 정치적 상황은 서기 3세기부터 4세기까지 고구려가 요서 지역에 많은 유적과 유물을 남기게 된 요인이라 하겠다.

요서 지역에 대한 지금까지의 정치적 분석으로부터 한반도와 만주 지역에는 홍산문화 시기부터 제의 유적이 만들어지고 뒤이어 고조선 시기부터 홍산문화 유적에서 보이는 동일한 성격의 제의를 거행하던 돌돌림 유적과 제단 유적이 만들어졌다고 올바르게 해석할 수 있었다. 아울러 고조선 시기 제단과 무덤의 기능을 함께하는 고인돌이 만들어져 제의의 기능을 하였으며, 이후 고구려 시기로 오면 홍산문화와 고조선의 특징을 이은 적석무덤들과 성곽 유적들로부터, 제사의 중심지로서 제의의 중요한 장소였음을 알 수 있다.

앞에서 서술했듯이 《삼국유사》'고조선'조에서는 평양성과 아사달이 서로 다른 곳이라는 점을 시사했다. 또한 《삼국사기》〈고구려본

---

129 윤내현, 《고조선연구》, 499~524쪽.
130 《三國史記》卷 18 〈高句麗本紀〉 '故國壤王'條.

기〉에서는 "평양은 본시 선인 왕검의 댁(宅)이다"[131]라 하여 평양에 선인으로 불리는 단군왕검이 존재했음을 말하고 있다. 고구려 시기에는 선인이라는 명칭이 관직에서 나타난다. 《삼국지》에서는 '선인'으로, 《후한서》와 《양서》에서는 '조의선인'으로, 《북사》, 《주서》, 《구당서》에서는 '선인'으로 기록하고 있다. 이는 정치적 발전과 제의식의 변화에 따라 고구려시대로 오면 관직명으로 변화되어 역할을 수행했을 것으로 생각된다.

《사기》〈진시황본기〉에는 진시황이 고조선 말기에 해당하는 기원전 199년(진시황 28년)과 기원전 195년(진시황 32년)에 선인을 찾아 나서게 했던 기록이 보인다. 즉, 《사기》〈진시황본기〉에는 "(진시황 28년) 이미 제인(齊人) 서불(徐市) 등이 글을 올리기를, 바다 가운데 삼신산이 있으니 그 이름을 봉래(蓬萊)·방장(方丈)·영주(瀛洲)라고 이르며 그곳에 선인이 산다고 말합니다. 청하옵건대 재계(齋戒)하고 동남·동녀들과 더불어 그것을 구할 수 있도록 하여 주시기 바랍니다. 이에 서불을 보내어 동남·동녀 수천 명을 풀어 바다에 들어가 선인을 구하도록 하였다"[132]는 기록이 있다. 이에 대해서 《사기정의》(史記正義)에 주석하기를, "《한서》(漢書)〈교사지〉(郊祀志)에 이르기를, 이 삼신산은 발해 가운데 있다고 전해 오는데 그곳에 (중국) 사람이 간 것은 오래지 않다. 아마도 예전에 그곳에 도달한 사람이

---

131 《三國史記》卷 17〈高句麗本紀〉'東川王 21年'條. "平壤者本仙人王儉之宅也."
132 《史記》卷 6〈秦始皇本紀〉'秦始皇 28年'條. "旣已, 齊人徐市等上書, 言海中有三神山, 名曰蓬萊·方丈·瀛洲, 仙人居之. 請得齋戒, 與童男女求之. 於是遣徐市發童男女數千人, 入海求仙人."

있었을 것이다. 여러 선인과 불사의 약이 모두 있다고 전한다"[133]고 하였고 또한 "《괄지지》에 이르기를, 단주(亶洲)는 동해 가운데 있는데 진시황은 서복(徐福, 徐市)으로 하여금 동남·동녀를 데리고 바다에 들어가 선인을 구하도록 하였다"[134]고 하였다.

앞의 내용을 보면 진시황은 선인과 불사의 약을 구하러 서복(서불)과 많은 어린 소년 소녀들을 바다로 보냈는데 그 땅은 중국의 동쪽에 있는 발해 가운데 있었으며 그 이름은 단주, 즉 단의 땅이었다. 서복이 동쪽의 바다로 도달한, 선인이 사는 땅은 한반도였을 것으로 생각된다. 경상남도 남해군 금산에 위치한 마애석각(磨崖石刻)에는 "서불이 일어나 일출에 대한 예(禮)를 올렸다"(徐市起禮日出)는 문구가 있다. 그리고 제주도 서귀포시 정방폭포에도 "서불이 이곳을 지나갔다"[135]는 내용의 마애석각이 있다. 이러한 고고학 자료들은 서불이 선인과 불사의 약을 구하기 위해 도달한 땅인 단주가 한반도였음을 밝혀 준다.

이후 4년이 지난 기원전 195년에 진시황은 갈석으로 가서 연나라 사람 노생(盧生)을 시켜 이문(羨門)과 고서(高誓)라는 사람을 찾도

---

133 《史記》卷 6 〈秦始皇本紀〉 '秦始皇 28年'條 기록의 삼신산에 대한 주석으로 실린 《史記正義》. "《漢書》〈郊祀志〉云, 此三神山者, 其傳在渤海中, 去人不遠, 蓋曾有至者, 諸仙人及不死之藥皆在焉." 이와 동일한 내용이 《史記》〈封禪書〉에도 보인다.

134 《史記》卷 6 〈秦始皇本紀〉 '秦始皇 28年'條 기록의 선인에 대한 주석으로 실린 《史記正義》. "《括地志》云, 亶洲在東海中, 秦始皇使徐福將童男女入海求仙人."

135 李元植, "徐福渡來傳說を追う", 〈讀賣新聞〉, 平成 元年(1989) 12月 28日字 文化面3.

록 했는데[136] 《사기집해》와 《사기정의》에 기록된 주석에서 이들은 고(古) 선인이라고 했다.[137] 갈석은 갈석산을 말한 것으로, 지금의 하북성 창려(昌黎) 현에 위치하며 연나라와 진제국 시대 고조선과의 국경이었다. 이러한 내용과 《삼국사기》〈고구려본기〉 '동천왕 21년' 조에서 단군왕검을 '선인 왕검'이라 부르는 것[138]에서 단군을 포함하여 고조선에서 제의를 거행하는 종교 지도자들을 선인이라 불렀다고 생각된다. 따라서 진시황은 고조선에 가장 가깝게 위치한 연나라 사람에게 갈석산과 인접한 고조선과의 경계를 넘어 고조선에서 선인, 즉 옛 종교지도자들을 찾게 했던 것으로 해석된다.

이상의 내용을 정리하면, 첫째, 진시황이 기원전 199년에 선인과 불사의 약을 구하러 서불(서복) 등을 보낸 지역은 한반도였다. 둘째, 기원전 195년에 연나라 사람 노생을 보내 선인을 찾고자 했을 때 고조선의 선인이 살고 있었던 지역은 요동 지역으로 고조선의 영역이었던 지금의 요서 지역이었다.

따라서 진시황 재위 시기 고조선의 강역은 갈석산이 있는 창려현까지 이르렀으며, 이러한 내용들에서 고조선 시기부터 고구려 시기까지 한반도와 만주 지역 모두 홍산문화의 제의적 전통을 그대로 이어 갔음

---

136 《史記》卷 6 〈秦始皇本紀〉 '秦始皇 32年'條. "始皇之碣石, 使燕人盧生求羨門·高誓."
137 《史記》卷 6 〈秦始皇本紀〉 기록의 주석으로 실린 《史記集解》와 《史記正義》. "韋昭曰: 古仙人." "亦古仙人."
138 《三國史記》卷 17 〈高句麗本紀〉 '東川王 21年'條. "平壤者本仙人王儉之宅也."

을 알 수 있다. 아울러 진시황 재위 시기 한반도와 만주 지역에 모두 선인이 살았음도 알 수 있다. 단군왕검은 고조선의 통치자이고 선(仙)을 추구했을 고조선 최고의 종교지도자를 선인이라 불렀으며, 앞에서 살펴본 제단 유적들은 선인이 종교의식을 거행했던 곳으로 한반도와 만주 지역은 모두 고조선과 같은 성격의 제의문화권이었던 것이다.

3) 관모와 장식단추에 보이는 제의 기능

홍산문화의 우하량 유적 석곽무덤들에서는 상당히 많은 양의 옥고(玉箍)가 출토되었다(〈자료 6-24〉).[139] 이 옥장식은 머리 장식품일 뿐만 아니라 신분을 나타내는 상징물의 구실도 했을 것으로 본다.[140] 이러한 옥고는 홍산문화권에서 현재까지 우하량 유적 이외의 지역에서는 출토되지 않아 제의를 거행할 때 사용했을 것으로 여겨지며, 방대한 면적에 분포되어 있는 우하량 유적들이 제의의 중심 지역이었을 가능성을 보여 준다. 옥고를 쓰지 않는 지역의 경우는 틀어 올린 머리의 끝자락을 옥으로 장식하거나 머리꽂이를 사용해서 고정시켰을 가능성이 고고학의 출토 자료로부터 나타나므로, 옥고를 집중적으로 사용했던 우하량 지역은 매우 중요한 의식을 거행했던 지역이었다고 생각된다. 옥고 등을 통해 고조선 이전 시기 한반도와 만주에서 거주하던 사람들이 머리

---

139 遼寧省文物考古研究所, 《牛河梁-紅山文化遺址發掘報告(1983-2003年度)》, 圖版 275.

140 周亞利, "紅山文化祭祀舞蹈考", 《中國考古集成: 東北卷 新石器時代(二)》, 1573쪽.

〈자료 6-24〉 우하량 유적 출토 옥고

〈자료 6-25〉 옹우특기 해방영자 출토 인형방식

꽂이와 장식을 사용해 일정한 머리 양식을 갖추기 시작했음을 알 수 있다. 소하연문화 유적(기원전 3000~2000년)에서 출토된 인형방식(人形蚌飾)의 머리 양식은 틀어 올린 상투머리로 보이며 옥고를 썼을 가능성을 보여 준다(〈자료 6-25〉). [141] 소하연문화는 고조선의 하가점하층문화로 이어지는데, 체질 인류학적인 특징에서 소하연문화와 하가점하층문화의 사람들이 같은 계통의 인종이라는 연구가 제출되었다. [142] 이러한 내용들은 소하연문화의 사람들이 하가점하층문화의 고

141 戴煒·侯文海·鄭耿杰, 《眞賞紅山》, 內蒙古人民出版社, 2007, 190쪽; 于建設, 《紅山玉器》, 遠方出版社, 2004, 39쪽; 劉冰 主編, 《赤峰博物館 文物典藏》, 遠方出版社, 2006, 20쪽.

조선 사람들과 같은 계통의 종족이었음을 말해 주며, 소하연문화의 인형방식에서 고조선 복식의 원류를 찾는 연구가 타당함을 알려 준다.

머리꽂이는 틀어 올리는 머리 양식 때문이기도 하지만 틀어 올린 머리를 덮는, 고조선과 고구려, 백제, 신라 등에서 널리 사용된 변(弁)이나 절풍(折風)과 같은 모자[143]를 고정시키는 역할을 했을 것이다. 우하량 유적에서는 작은 크기의, 옆모습이 절풍처럼 보이는 옥장식품이 출토되었다.[144] 이 옥장식품이 머리에 사용했던 것이라면, 절풍 양식은 고조선보다 앞선 홍산문화 시기부터 발전해 온 상투머리를 가리는 머리 양식이었다고 하겠다. 이러한 홍산문화 유적에서 출토된 옥고와 절풍 모양 옥장식은 고조선시대와 이후 여러 나라 시대를 거쳐 삼국시대에 이르기까지 널리 사용되었던 절풍의 원형으로 볼 수 있고 그 기원이 매우 오래되었음을 알게 한다.

《후한서》와 《삼국지》 및 《진서》 등에는[145] 고대 한민족이 머리를 틀어 올렸다고 설명하고 있다. 이 기록들은 고조선이 붕괴된 후의 한

---

142 朱泓, "中國東北地區的古代種族", 《박물관기요 13》, 단국대학교 석주선기념 박물관, 1998, 21쪽.

143 박선희, 《우리금관의 역사를 밝힌다》, 지식산업사, 2008 참조.

144 遼寧省文物考古研究所, 《牛河梁-紅山文化遺址發掘報告(1983-2003年度)》, 圖版 190; 朝陽市文化局·遼寧省文物考古研究所, 《牛河梁遺址》, 學苑出版社, 2004, 53쪽.

145 《後漢書》 卷 85 〈東夷列傳〉 '韓'條. "大率皆魁頭露紒(대체로 머리를 틀어 묶어 상투를 드러낸다)."; 《三國志》 卷 30 〈烏丸鮮卑東夷傳〉 韓傳. "其人性彊勇, 魁頭露介如炅兵(그들의 성질은 굳세고 용감하며 머리카락은 틀어 묶어 상투를 들어내는데 마치 날카로운 병기와 같다)."; 《晋書》 卷 97 〈列傳〉 '馬韓'條. "其男子科頭露紒(남자들은 머리를 틀어 상투를 드러낸다)."

(韓)에 관한 것이지만, 이러한 내용으로 보아 이러한 머리 양식은 신석기시대부터 갖추어져 고조선으로 발전되어 나갔을 것이다. 실제로 신석기시대 한반도와 만주의 유적들에서는 머리를 틀어 올리면서 꽂았을 머리꽂이가 많은 양 골고루 출토된다.[146] 머리꽂이가 한반도와 만주의 모든 유적에서 골고루 출토되는 점으로 보면 고조선문명권의 대부분 지역에서 사용되었음을 알 수 있고, 또한 고조선시대의 틀어 올린 머리 모양이 신석기시대에서부터 형성되었음을 확인할 수 있다.

주목할 것은 홍산문화 유적에서 출토된 옥고가 다른 지역에서는 출토되지 않는 점이다. 홍산문화 유적지에서도 유독 우하량 유적지에서만 많은 양이 출토된다. 이것은 우하량 유적지가 고조선 이전 시기 제의문화의 가장 중요한 중심지 역할을 했다고 여겨지는 요소이다. 제의의 중심 지도자들이 제의를 거행할 때 모두 동일하게 옥고를 쓴 머리 양식 차림새였음을 알려 준다.

고조선시대에는 머리꽂이를 금속으로 만들기도 하는데, 기원전 6세기 무렵에 속하는 요령성 금서(錦西) 사과둔(沙鍋屯) 유적에서는 금으로 만든 머리꽂이가 출토되었다.[147] 이처럼 서열이 높은 금속인 금으로 머리꽂이를 만들어 사용한 것으로 보아 당시 틀어 올린 머리 양식이 복식 양식에서 큰 의미를 가졌다고 생각된다. 같은 시대에 속하는 고조선 유적인 오한기 초모산(草帽山) 제사 유적에서 출토된 남자상은[148] 머리를 정수리 위에 틀어 올리고 그 위에 상투만을 덮는 모

---

146 박선희, 《고조선 복식문화의 발견》, 51~64쪽.
147 韓立新, "錦西沙鍋屯發現春秋晚期墓葬", 《中國考古集成: 東北卷 青銅時代 (二)》, 1580쪽.

자를 쓴 모양으로 절풍일 가능성을 보여 준다.

이러한 고대 한민족의 관에 대하여 《후한서》(後漢書)의 〈동이열전〉서(序)에서는, "동이는 거의 모두 토착민으로서, 술 마시고 노래하며 춤추기를 좋아하고, 변(弁)을 쓰고 금으로 만든 옷을 입었다"[149]고 했다. 동한시대 한반도와 만주에 거주하던 한민족이 공통적으로 변을 관으로 사용했다고 했는데 이들은 모두 토착민이라 하므로 이는 고조선시대부터 널리 사용했을 것으로 생각된다. 고조선 붕괴 이후 여러 나라 시대와 삼국시대로 오면서 부여와 고구려, 신라, 백제, 가야 등에서 상투머리에 변이나 절풍을 많이 썼음이 고분벽화에 보이는 관모와 출토된 유물들로부터 확인된다.

좋은 예로, 부여 사람들의 틀어 올린 머리 양식이 길림시 모아산 유적에서 출토된 청동으로 만든 사람에게서 나타나는데, 우하량 유적에서 출토된 옥고를 쓴 모습처럼 보인다(〈자료 6-26〉).[150] 같은 상투머리 양식이 길림시 동단산에서 출토된 부여의 금동가면(〈자료 6-27〉)과 요령성 북표에서 출토된 고구려의 금동가면(〈자료 6-28〉)에서도 나타난다.[151] 가야와 신라 및 백제에서도 마찬가지였다.

이상의 내용을 정리하면 다음과 같다. 첫째, 일반적으로 홍산문화

148 昭國田, 《敖漢旗文物精華》, 內蒙古文化出版社, 2004 참조.
149 《後漢書》卷 85 〈東夷列傳〉 序. "東夷率皆土著, 憙飮酒歌舞, 或冠弁衣錦."
150 黃斌·黃瑞, 《走進東北古國》, 遠方出版社, 2006, 72쪽.
151 李文信, "吉林市附近之史迹及遺物", 《中國考古集成: 東北卷 綜述(二)》, 1364쪽; 黃武·黃瑞, 《走進東北古國》, 67쪽; 馬德謙, "談談吉林龍潭山·東團山一帶的漢代遺物", 《中國考古集成: 東北卷 秦漢之三國(二)》, 1248~1250쪽; 遼寧省博物館·遼寧省文物考古硏究所, 《遼河文明展》, 2006, 115쪽.

〈자료 6-26〉 동부여 청동제 인형

〈자료 6-27〉 부여 금동가면

〈자료 6-28〉 고구려 금동가면

시기에는 틀어 올린 머리를 하였는데, 이러한 머리 끝자락을 옥으로 장식하거나 올린 머리를 옥고로 덮거나 옥절풍을 쓴 머리 양식은 신분을 상징하며, 동시에 제의와 관련이 있을 것으로 생각된다. 옥고 등을 썼을 경우 활동성보다 제의적 상징성이 크기 때문이다. 둘째, 고조선 시기로 오면 일반적으로 폭이 넓지 않고 높이가 있는 변이나 절풍과 같은 모자가 한민족의 고유한 복식으로 자리 잡게 된다. 변과 절풍에는 장식이 더해져 화려해지는데 이러한 양식은 장의문화에서도 마찬가지로 나타난다.

고조선 사람들은 변이나 절풍을 주로 가죽과 자작나무 껍질 또는 사직물(누에 천)로 만들어 사용했으나, 이후 여러 나라 시대와 삼국시대로 오면서 금과 은, 금동 등으로 만들어 신분을 상징하며 의식을 거행할 때 사용되었다.[152] 고구려 광개토대왕이 썼던 관 전체를 금동으로 만든 절풍이 좋은 예가 될 것이다.[153] 백제와 신라(〈자료 6-29〉), 가야에서 만들어진 금관과 금동관 등은 모두 고조선시대부터 오랫동안 지속된 상투머리와 그 위에 썼던 절풍을 기본형으로 하고 달개 등의 장식이 더해진 것이다.[154] 이처럼 우리나라 금관의 기본 양식은 홍산문화로부터 비롯된 고조선문화의 전통에서 그 실체와 정체성을 재인식할 수 있다. 아울러 금속으로 만든 금동관과 은관, 금관은 홍산문화의 옥고와 마찬가지로 의식을 거행할 때 썼던 관모라는[155] 점에서 맥락을 같이한다.

절풍 양식 관모와 더불어 금관을 비롯하여 복식에 널리 쓰였던 달개장식과 장식단추 양식도 굽은 옥과 함께 신석기시대로부터 고조선을 이어 다시 삼국시대에 이르기까지 통시적인 발달사를 지속적으로

---

152 박선희, 《우리 금관의 역사를 밝힌다》, 지식산업사, 2008 참조.

153 吉林省文物考古硏究所·集安市博物館 編著, 《集安高句麗王陵 - 1990~2003 年 集安高句麗王陵調査報告》, 216~334쪽. 집안 광개토대왕릉에서 절풍양식 금동관과 금관식들이 출토되었다(박선희, 《고구려 금관의 정치사》, 289~343쪽 참조). 필자는 이 묘 둘레에서 출토된 명문이 있는 청동방울과 기타 유물에 대한 분석을 비롯하여 묘양식, 제대유적, 배장묘, 案飾과 幔架 등의 해석을 통해 태왕릉을 광개토대왕릉으로 보았다.

154 박선희, 《우리금관의 역사를 밝힌다》 참조.

155 위와 같음.

〈자료 6-29〉천마총 출토 금제 절풍

보여 준다.

청동장식단추는 여러 모양으로 만들어졌고 표면 문양의 양식도 다양하게 나타난다. 청동장식단추에는 문양을 나타내는 경우와 문양이 없는 소면(素面)의 상태도 많은데, 대부분 햇살무늬 질그릇이나 가락바퀴 등에 보이는 문양과 유사하다. 이러한 고조선의 청동장식단추는 대부분의 고조선 유적에서부터 일관되게 출토되고, 후기로 오면 그 수가 크게 증가한다. 좋은 예로 길림성 서단산문화 유적(기원전 9~2세기 무렵)에서는 마직물과 모직물 조각이 출토되어 여러 직물의 옷을 함께 입었던 것으로 보이는데, 이 옷들에 달았을 옥과 청동으로 만든 장식품이 약 2천 개 정도 출토되었다.[156] 이러한 현상은 고조선 후기로 오면서 방직업과 장식품을 만드는 기술이 무척 발달했음과[157] 아울러 장속 혹은 제의 복식이 보다 화려하고 풍성해졌음을

---

156 董學增, "試論西團山文化的裝飾品",《中國考古集成: 東北卷 靑銅器時代 (三)》, 2206쪽; 吉林省博物館·吉林大學考古專業, "吉林市騷達溝山頂大棺 整理報告",〈考古〉1985-10期, 901~907쪽.

157 郭民·李景冰·劉雪山·韓淑華, "吉林省鎭來縣坦途北崗子靑銅時代墓葬淸理

알려 준다.

한반도에서도 가장 북쪽으로 함경북도 나진 초도 유적과 무산 범의 구석 유적을 비롯하여 남쪽으로 경상북도 영천군 어은동과 경주 죽동 리 유적에서 원형과 타원형 혹은 방형의 새김문양이 있는 장식단추들 이 광범위하게 출토되었다.[158] 고조선 시기 유적에서 보이는 공통적 인 특징은 모자와 아래옷에 많은 양의 장식을 한 점이다. 실제로 아래 옷에 많은 장식을 한 옷은 실용성이 없을 것으로, 평상시 착용했다기 보다는 장속 혹은 제의를 행할 때 갖추어 입었던 옷으로 생각된다. 이 러한 장속의 특징은 홍산문화 유적에서 묘주의 신체 여러 부분에 놓 인 옥기의 화려하고 상징적인 전통이 계승된 것으로 생각된다. 고조 선 제의문화는 홍산문화 관모의 전통과 상징적인 조형물들을 의복에 달거나 걸어 장식하는 복식 차림새로 의식을 거행하는 화려한 문화였 다고 추정된다. 이러한 제의문화의 특징이 신석기시대부터 고조선 시기에 이르기까지 한반도와 만주 모든 지역에서 동일하게 나타나 하 나의 동일한 제의문화권이었음이 재확인된다.

報告", 《中國考古集成: 東北卷 靑銅器時代(三)》, 2522쪽.
158 고고학 및 민속학연구소, 《나진초도원시유적 발굴보고서》(유적발굴보고 제1집), 과학원출판사, 1956, 45쪽; 고고학연구소, "무산범의구석 발굴보고". 〈고고민속 론문집〉 6, 사회과학출판사, 1975, 205쪽; 국립경주박물관, 《국립경주박물관》, 17쪽, 80쪽.

3. 고조선 복식과 제의문화권의 열국시대로의 계승

앞에서 홍산문화 유적들에서 출토된 인물과 동물 형상 등의 옥기는 제의에서 일종의 매개체 역할을 감당했던 예기이고, 일반적인 무덤들에서 출토된 복식 장식품과 비실용성 공구로서의 옥기는 권세와 지위의 물질적인 표상이었을 것으로 해석했다. 그리고 홍산문화 복식에 장식했을 옥기와 옥고는 제의에서 최고 통치 권력의 상징적 표지일 가능성을 분석했다. 아래에서는 고조선 이후 여러 나라에서 지속적으로 나타나는 옥장식의 성격과 발달 양상에서 고조선을 계승한 제의적 성격을 살펴볼 수 있다.

청동기의 발달과 함께, 고조선의 옥장식은 일상적인 의복에 장식하는 비율이 줄어들고 청동장식으로 적극 대체된다. 반면 장례의식에서의 쓰임새는 고조선 후기에 이르기까지 꾸준한 발전 양상을 보인다. 환웅천왕의 신시문화[159]에 이어 고조선시대에 이러한 옥기들이 출토되는 종교 유적들이 지속적으로 나타난 것은 단군사화에 보이는 종교의식의 반영으로 볼 수 있다. 단군사화에 등장하는 환웅과 곰, 호랑이의 상징성이 바로 고대인들의 종교의식으로 반영된 것이다. 고조선은 하느님을 수호신으로 했던 환웅족과 곰을 수호신으로 했던 곰족, 호랑이를 수호신으로 했던 호랑이족 등으로 구성되어 있었다. 고조선의 단군은 바로 이러한 여러 종족들을 다스리는 종교적 통치자인 동시에 정치적 통치자였던 것이다. 따라서 고조선 시기의 종교의

---

159 《三國遺事》 卷 1 〈紀異〉 '古朝鮮(王儉朝鮮)' 條.

식을 담은 상징적 유물이 삼국에 이르기까지 지속적으로 다양한 양식을 나타내며 발전되었다.

이러한 고조선의 제의적 전통이 그대로 계승되었다는 점은 요령성 평강지구 유적에서 출토된, 고구려 초기의 금동으로 만들어진 복식에 사용되었을 장식품(〈자료 6-30〉)[160]에서도 알 수 있다. 이 금동제 장식품에는 삼족오와 호랑이, 곰 등을 표현한 단군사화의 내용이 사실적으로 표현되어 있다. 또한 각저총의 씨름도에는 곰과 호랑이의 모습이 등장하고, 장천 1호 북벽벽화에는 신단수로 보이는 나무 아래 굴 속에 곰이 표현되어 단군신화의 내용이 고구려로 이어졌음을 알 수 있다.

고조선의 단군은 정치적 통치자임과 동시에 종교지도자였음을 다음의 기록으로부터 알 수 있다. 《후한서》〈한전〉에 "여러 국읍(國邑)에는 각각 한 사람으로 천신(天神)에 대한 제사를 주재하도록 했는데, 천군(天君)이라 이름했다"[161]는 내용이 보인다. '단군'은 몽골어에서 하늘을 뜻하는 '텡그리'(tengri)와 뜻이 통하며, 하느님 또는 천군(天君)으로서 종교 최고 지도자에 대한 호칭이었다.[162]

이러한 내용에서 한에는 국읍에서 하늘에 대한 제사를 주재하는 종교지도자인 천군이 있었던 것이다. 그리고 《후한서》〈동이열전〉한전의 "또 소도를 만들고, 그곳에 큰 나무를 세워 방울과 북을 매달아 놓고 귀신을 섬긴다"[163]는 내용에서 고조선을 이어 종교 지도자뿐만

---

160 徐秉琨·孫守道, 《中國地域文化大系-東北文化》, 129쪽 그림 149.
161 《後漢書》卷 85 〈東夷列傳〉韓傳. "諸國邑各以一人主祭天神, 號爲天君."
162 崔南善, "不咸文化論", 《六堂 崔南善 全集 2》, 玄岩社, 1973, 56~61쪽.
163 《後漢書》卷 85 〈東夷列傳〉韓傳. "又立蘇塗, 建大木以縣鈴鼓, 事鬼神."

〈자료 6-30〉 평강 유적 출토 금동제 장식

아니라 종교적 성지인 소도(蘇塗)가 있었음을 알 수 있다. 소도의 나무에 매달았던 방울은 고조선의 대부분 유적에서 고루 출토된다. 청동방울은 고조선의 특징적 유물 가운데 하나로, 가지 방울과 팔수형 방울을 비롯하여 다양한 양식으로 만들어졌다.[164]

고조선 건국 후 이러한 여러 종족들의 수호신은 최고신인 하느님보다 권능이 약한 신으로 계보를 이어 갔음이 단군사화에 잘 나타나 있다. 고조선의 국신(國神)은 하느님으로, 모든 나라 사람들이 하느님을 숭배하였던 사실이 《후한서》〈동이열전〉과 《삼국지》〈오환선비동이전〉에 기록된 부여의 영고, 고구려의 동맹, 예의 무천, 한의 5월제와 10월제 등의 기록에 잘 나타난다. 이러한 국가적인 종교의식이 한반도와 만주 전 지역에서 고루 이루어졌다는 것은 고조선 천신신앙의 전통과 제의문화를 그대로 계승했던 까닭이라 생각된다. 이

---

164 조선유적유물도감편찬위원회, 《조선유적유물도감 2: 고조선·부여·진국편》, 233~234쪽; 金元龍, 《韓國考古學槪說》 第3版, 일지사, 1986, 92쪽 그림 84, 97쪽 그림 91.

러한 상황은 복식문화에서도 마찬가지였다.

고조선 복식에 보이는 장식단추 혹은 달개장식들은 다양한 양식으로 만들어져 둥글거나 네모난 것뿐만 아니라 세모와 마름모 외에 입체적 형태를 갖춘 것들도 있다. 그 가운데 둥근 양식이 가장 주류를 이루며 사용되었다. 특히 관모에는 웃옷이나 아래옷 또는 겉옷에서와 달리 주로 둥근 양식의 것만 사용된 것이 특징이다. [165] 이처럼 둥근 달개장식 혹은 둥근 장식단추가 오랫동안 일관되게 고조선 영역에 전반적으로 사용된 것을 복식문화의 한 시대적인 조형적 양상으로 해석할 수도 있다. 그러나 둥근 달개장식 혹은 둥근 장식단추가 고조선 붕괴 이후 열국시대에 이르기까지 지속적으로 사용되고 이후 고구려의 불꽃문양을 표현한 금관과 금동관[166] 등에도 나타나는 것으로 볼 때 태양신을 섬기는 천신신앙의 문화적 전통이 계승되어진 것으로 해석할 수 있다. [167]

《삼국사기》〈고구려본기〉의 시조 동명왕조[168]와 《광개토왕릉비문》에서는 고구려의 건국 과정을 설명할 때, 주몽은 자신을 '천제(天帝)의 아들'이라 했다. [169] 《모두루묘지》에서는 "일월(日月)의 아들인

165 박선희, 《고조선 복식문화의 발견》, 319~414쪽.

166 박선희, 《우리 금관의 역사를 밝힌다》 참조; "고조선 관모양식을 이은 고구려 금관의 출현과 발전 재검토", 〈고조선단군학〉 20, 2010, 141~216쪽.

167 임재해, 《신라 금관의 기원을 밝힌다》, 지식산업사, 2008, 605~612쪽 참조; 임재해, "신시고국 환웅족 문화의 '해' 상징과 천신신앙의 지속성", 〈단군학연구〉 23, 2011, 343~399쪽.

168 《三國史記》卷 13〈高句麗本紀〉'始祖 東明聖王'條 참조.

169 《廣開土王陵碑文》. "惟昔始祖鄒牟王之創基也, 出自北夫餘天帝之子, 母河

추모(鄒牟)"[170]라 했다. 추모는 천제의 아들인 해모수와 류화를 부모로 한다.[171] 《삼국유사》〈기이〉편 '고구려'조의 저자 자신의 주석에서는 " 《단군기》(壇君記)에 이르기를, '단군이 서하 하백의 딸과 친하여 아들을 낳아 부루(夫婁)라 이름하였다'하였다. 《단군기》에는 '아들을 낳아 부루라 이름하였다'하였으니 부루와 주몽은 어머니가 다른 형제일 것이다"[172]라고 했다. 이 내용으로부터 단군과 해모수가 같은 사람이라는 점과 천제의 아들인 단군을 해모수라고도 불렀음을 알 수 있다. 또한 추모왕은 북부여에서 출생하여 그곳에서 성장했지만 그의 혈통은 고조선의 단군계였음이 확인된다. 단군은 고조선의 정치와 종교의 최고 우두머리, 즉 최고 통치자에 대한 칭호이다.[173]

해모수의 '해'(解)는 하늘의 해, '모수'(慕漱)는 머슴애를 뜻하는 것으로 해모수는 해의 아들, 즉 일자(日子)를 의미한다.[174] 다시 말해 고조선의 단군은 해의 아들이라고 불리었으며 태양신을 상징한다.

伯女郎(옛날 시조 추모왕은 기틀을 세울 때에 그는 북부여 천제의 아들로부터 출생하였는바 어머니는 하백의 딸이었다)."

170 《牟頭婁墓誌》. "河伯之孫, 日月之子, 鄒牟聖王元出北夫餘(하백의 손자요 해와 달의 아들인 추모성왕은 원래 북부여에서 나왔다)."

171 李奎報, 《東明王篇》.

172 《三國遺事》卷1〈紀異〉'高句麗'條의 저자 자신의 주석. "《壇君記》云, 君與西河河伯之女要親, 有産子, 名曰夫婁, 今按此記, 則解慕漱私河伯之女而後産朱蒙. 《壇君記》云, 産子名曰夫婁, 夫婁與朱蒙異母兄弟也."

173 최남선 지음·정재승·이주현 역주, 《불함문화론》, 우리역사연구재단, 2008, 113~119쪽.

174 金庠基, "國史上에 나타난 建國說話의 檢討", 《東方史論叢》, 서울대학교출판부, 1984, 6~7쪽의 주7 참조.

따라서 고구려 사람들은 고조선을 계승하여 태양을 숭배하는 전통뿐만 아니라 장식기법까지도 그대로 이어 원형 달개장식 혹은 원형 장식단추를 매개체로 하여 태양의 기능인 열과 빛의 모습을 복식 등에 표출했을 것으로 생각된다. 이러한 복식 특성은 중국이나 북방 지역에서는 나타나지 않는다.

고구려에서 복식에 장식단추를 사용하는 것은 홍산문화의 복식 양식으로부터 발전해 온 고조선의 복식 양식을 계승한 것이다. 왕회도에 보이는 고구려 사신은 붉은색 옷에 크고 화려한 문양의 겉옷을 입었는데, 문양위에 금화(金花)를 장식하여 화려함을 더했다(〈자료 6-31〉). 백제 사신도 팔 부분에 크고 화려한 장식을 했다. [175]

고조선 붕괴 이후 열국시대를 거쳐 삼국시대에 이르기까지 고조선의 복식 양식과 장식기법은 그대로 계승되어 복식뿐만 아니라 여러 예술품들과 마구 등의 생활용품에도 적용되어 한민족 고유의 장식 양식으로 정체성을 이루어나갔다고 하겠다.

홍산문화로부터 비롯된 옥 등을 재료로 한 둥근 양식의 장식단추는 고조선 복식에 가장 많이 사용된 것으로, 화려한 장식기법을 이루며 독창성과 고유성을 잘 보여 준다. 특히 장식단추 표면에 사용된 문양은 한반도와 만주 지역에서 출토되는 질그릇이나 가락바퀴, 바늘통, 청동거울, 청동방울 등에 보이는 한민족의 특징적 햇살무늬와 사선으로 표현되는 기하학 문양이 중심을 이룬다.

둥근 장식을 자주 사용하는 복식 양식은 태양을 숭배하는 천신신앙

---

175 李天鳴, 《中國疆域的變遷 上冊》(國立故宮博物院), 臺北, 1997, 80쪽.

〈자료 6-31〉 고구려 사신 그림 부분

의 전통을 배경으로 고조선 이전 시기부터 복식 장식물로 다양하게 사용되어 이후 열국과 삼국으로 이어지며 한민족의 중요한 양식으로 자리 잡게 되었다. 이렇게 고대 한민족 복식에 보이는 달개 혹은 장식단추에 대한 비교 분석과 통시적 전승의 검토로부터, 원형과 나뭇잎 양식의 장식은 생명력 있는 조형의지와 역동적이며 생동하는 한민족의 제의적 정서를 줄곧 표현해 온 고유한 문화 인소였음을 알 수 있다. 고조선 복식에 나타나는 장식기법과 문양의 고유성은 한민족의 문화적 정체성을 드러내는 결정적 자료이며 고조선문명권을 증언하는 시각적 기호로서 그 정체성이 올바르게 자리매김되어야 할 것이다.

찾아보기

저자 소개

신용하

서울대 문리대학 사회학과를 졸업하고 같은 학교 대학원에서 경제학 석사와 사회학 박사 학위를 받았다. 서울대 교수를 정년퇴임한 후 한양대, 이화여대, 울산대 석좌교수를 역임했다. 현재는 서울대 명예교수 및 대한민국학술원 회원으로 있다. 대표 저서로 《독립협회연구》, 《한국독립운동사 연구》, 《3·1운동과 독립운동의 사회사》, 《한국근대민족운동사 연구》, 《신간회의 독립운동》, 《한국근대사회사연구》, 《한국의 독도영유권 연구》, 《고조선 국가형성의 사회사》, 《한국민족의 기원과 형성 연구》, 《고조선문명의 사회사》 등 58권이 있다.

임재해

영남대 국문학과를 졸업하고 같은 학교 대학원에서 문학 석사 및 박사 학위를 받았다. 안동대 민속학과 교수로 있는 동안 민속학연구소장, 박물관장, 인문대학장을 역임하고 실천민속학회장, 한국구비문학회장, 비교민속학회장, 한국민속학술단체연합회장 등의 학회 활동을 했다. 현재 안동대 민속학과 명예교수, 남북역사문화교류협회 공동대표, 권정생어린이문화재단 이사로 있다. 저서로는 《민속문화를 읽는 열쇠말》, 《신라 금관의 기원을 밝힌다》, 《마을문화의 인문학적 가치》, 《고조선문화의 높이와 깊이》, 《고조선문명과 신시문화》 등 33권이 있다.

우실하

연세대 사회학과를 졸업하고 같은 학교에서 석사 및 박사 학위를 받았다. 현재 한국항공대 인문자연학부 교수로 재직 중이다. 동양사회사상, 한국문화론, 한국문화사 및 사상사 분야에서 한국문화와 사상의 원류를 밝히는 연구에 집중하고 있다. 중국 요녕대학(遼寧大學) 한국학과 교수와 내몽고 적봉대학(赤峰學院) 홍산문화연구원(紅山文化研究院) 방문교수를 지냈다. 동양사회사상학회 부회장, 단군학회 부회장, 중국 내몽고홍산문화학회 회원 등으로 활동하고 있다. 《요하문명과 한반도》, 《고조선문명의 기원과 요하문명》, 《3수 분화의 세계관》, 《동북공정 너머 요하문명론》 등 10권의 단독 저서와 《동양사상의 시대 진단과 비전》, 《동몽골의 가치와 미래》 등 20권의 공저를 출간한 바 있다.

윤명철

동국대 사학과를 졸업하고 성균관대 대학원에서 석사 및 박사 학위를 받았다. 한민족학회 회장과 고조선 단군학회회장을 거쳐 현재는 동국대 다르마 칼리지 교수로 재직 중이며 한국해양정책학회 부회장, 유라시아 해양연구소장, 〈지구문학〉 편집위원 등을 맡고 있다. 해양문화 창달에 기여한 공로로 대한민국 근정포장을 받은 바 있으며 제7회 지구문학상, 제1회 김찬삼여행상, 연암문학예술상 시 부문 대상 등을 수상했으며, 〈동아일보〉 '2020년 한국을 빛낼 100인'에 선정됐다. 저서로 《한민족의 해양활동과 동아지중해》, 《윤명철 해양논문선집》(총 8권), 《해양사연구 방법론》 등 60여 권이 있으며, 주요 역사사상을 다룬 14권의 시집을 출간한 바 있다.

백종오

단국대 역사학과를 졸업하고 같은 학교 대학원에서 문학 석사 및 박사 학위를 받았다. 경기도박물관 학예연구사, 경기도·인천시·충청북도 문화재위원, 일본 교토대학 방문교수, 남북학술교류협회 이사를 역임했다. 현재 한국교통대 교양학부 한국사 전공 교수 겸 박물관장으로 있다. 그리고 백산학회 부회장, 한국고대학회 편집위원장, 문화재청 문화재전문위원, 서울시 문화재위원, 남북역사학자협의회 집행위원 등으로 활동 중이다. 주요 저서는 대한민국학술원 우수 학술도서로 선정된 《고구려 기와의 성립과 왕권》과 《고구려 남진 정책 연구》, 《남녘의 고구려 문화유산》, 《요하유역의 청동기문화와 고조선》, 《고구려와 중원문화》(공저), 《발해 유적 사전》(공저), *The History and Archaeology of the Koguryo Kingdom* (공저) 등이 있다.

박선희

단국대 사학과를 졸업하고 국립대만대학(國立臺灣大學) 대학원에서 석사 학위를 받았으며, 국립대만사범대학(國立臺灣師範大學) 대학원에서 박사 과정을 수학하다가 귀국하여 단국대 대학원에서 박사 학위를 받았다. 상명대 사학과 교수로 재직하면서 사회과학부 학부장, 교육개발센터 소장, 인문사회과학대학 학장을 역임했다. 주요 저서로는 대한민국학술원 기초학문분야 우수 학술도서로 선정된 《한국고대복식: 그 원형과 정체》와 《우리 금관의 역사를 밝힌다》, 《고조선 복식문화의 발견》, 《고구려금관의 정치사》, 《고조선의 강역을 밝힌다》(공저), 《고대에도 한류가 있었다》(공저), 《신라인의 생활과 문화》(공저), 《동아시아의 지역과 인간》(공저) 등이 있다.